Character Text for Advanced Chinese

CHARACTER TEXT
FOR
ADVANCED CHINESE

by John DeFrancis

PUBLISHED FOR SETON HALL UNIVERSITY

by Yale University Press, New Haven and London

This work was developed pursuant to a contract
between the United States Office of Education
and Seton Hall University and is published with permission
of the United States Office of Education.
Department of Health, Education, and Welfare.

Library of Congress catalog card number: 66-21517
ISBN: 0-300-00411-7 (cloth), 0-300-00063-4 (paper).

Printed in the United States of America by
The Murray Printing Co., Forge Village, Mass.

Published in Great Britain, Europe, and Africa by
Yale University Press, Ltd., London.
Distributed in Canada by McGill-Queen's University
Press, Montreal; in Latin America by Kaiman & Polon,
Inc., New York City; in India by UBS Publishers'
Distributors Pvt., Ltd., Delhi; in Japan by John
Weatherhill, Inc., Tokyo.

PREFACE

The present work forms part of three closely integrated sets of texts in spoken and written Chinese prepared at Seton Hall University. The relationship among them can be seen from the following outline:

CONVERSATION SERIES

Transcription Version	Character Version
Beginning Chinese	Character Text for Beginning Chinese
Intermediate Chinese	Character Text for Intermediate Chinese
Advanced Chinese	Character Text for Advanced Chinese

READING SERIES

Beginning Chinese Reader

Intermediate Chinese Reader

Advanced Chinese Reader

This volume and the character version of Beginning Chinese have an especially close relationship to the three readers. It may, therefore, be useful to note the following summary of the relationship among the lessons of these five texts:

CTBC 1-24 are correlated with BCR 1-48 and ICR 1-6

CTAC 1-9 are correlated with ICR 7-30

CTAC 10-24 are correlated with ACR 1-20

There are 904 characters in this volume beyond the 480 in Beginning Chinese Reader and the first six lessons of Intermediate Chinese Reader. Of these 904 characters, 69 are relatively rare.* An innovation in this volume which is designed to enhance its value as a reading text is the fact that all these characters have been provided with accompanying transcription in every one of their occurrences, so that students do not need to learn them at this time but can concentrate on the remaining 835 with the assurance that they are all well worth memorizing.†

---

* A relatively rare character is one which does not occur either in the first 2,400 characters in the frequency list compiled by Ch'en Ho-ch'in (Yü-t'i-wen ying-yung tzu-hui [Shanghai, 1928]) or in the list of 2,421 characters officially determined as most important for purposes of adult education in mainland China.

† The idea of using this procedure had not occurred to me at the time of putting out Character Text for Beginning Chinese. In checking into the matter in connection with a subsequent reprinting of the text, I found it hardly worth doing. Of the 494 characters in CTBC, only nine are relatively rare as defined in the preceding footnote. These are number 9 in Lesson 2, numbers 7 and 12 in Lesson 15, number 6 in Lesson 16, numbers 9 and 20 in Lesson 17, number 4 in Lesson 19, and numbers 8 and 11 in Lesson 21. There is extensive repetition even of these characters, as they occur from 19 to 54 times each.

Of these 835 characters, 316 of the highest frequency have been selected for use in <u>Intermediate Chinese Reader</u> and 321 in <u>Advanced Chinese Reader</u>. Thus the three works provide an unparalleled amount of reading matter (an average of well over 150,000 characters of running text per work) for a limited number of characters.

The new characters occurring in each lesson are presented at the beginning—first in large size, then in smaller size together with brief definitions and the pronunciation of the character when read in isolation. The definitions given are limited to the basic meanings, especially as they represent terms in <u>Advanced Chinese</u>. It should be noted that many Chinese characters have acquired a multiplicity of meanings, which vary from one context to another; it is advisable, therefore, to learn the meanings of each character within specific combinations.

In order to facilitate locating equivalent passages in both texts, each subsection in the present volume is provided with a page reference (in parentheses) to the original section in the transcription text, <u>Advanced Chinese</u>. As a further aid for line-by-line comparison of the dialogues, lectures, and similar exercises, the first syllable of each line in the transcription text is indicated by a numeral over the corresponding character in the present text.

In the preparation of this book I am indebted to the following: Department of Health, Education, and Welfare, the Office of Education, for a grant to compile the book; Mr. Simon T. H. Chang, for contributing his excellent calligraphy in writing the text; Mr. Yung Chih-sheng, Mr. Chao Wei, and Miss Viola Liu, for proofreading and other help; Mrs. Margaret Chiang, for the major part of the typing; and other colleagues and officers at Seton Hall University, particularly Dr. John B. Tsu, Director of the Institute of Far Eastern Studies, for additional aid and encouragement.

J. DeF.

Madison, Connecticut
July, 1966

CONTENTS

1	2	3	4	5	6	7
墨	嘆	噢	成	組	解	釋
8	9	10	11	12	13	14
繼	續	例	舉	翻	譯	溫
15	16	17	18	19	20	21
註	清	楚	非	講	專	復
22	23	24	25	26	27	28
述	形	許	術	青	優	秀
29	30	31	32	33	34	35
努	相	達	求	包	括	範
36	37	38	39	40	41	42
圍	各	程	劃	感	滿	足
43	44	45	46	47	48	49
此	贊	採	決	諸	庭	寂
50	51	52	53	54	55	56
寞	樂	孔	職	參	加	況
57	58					
亦	乎					

第一課　開始上課 (p. 3)

1.	墨	mò*	ink	22.	述	shù	narrate (22)
2.	嘛	me*	(particle indicating obviousness)	23.	形	xíng	form (23)
3.	噢	oh*	(exclamation)	24.	許	xǔ	permit (24)
4.	成	chéng	complete, become; All right; as (2)	25.	術	shù	skill (25)
5.	組	zǔ	group, unit, series (3)	26.	青	qīng	blue-green (30)
6.	解	jiě	untie (4)	27.	優	yōu	superior (31)
7.	釋	shì	release (4)	28.	秀	xiù	elegant (31)
8.	繼	jì	continue (5)	29.	努	nǔ	exert (32)
9.	續	xù	continue (5)	30.	相	xiāng	mutually (33)
10.	例	lì	example (6)	31.	達	dá	attain (34)
11.	舉	jǔ	raise, lift (7)	32.	求	qiú	seek (35)
12.	翻	fān	translate (10)	33.	包	bāo	wrap (36)
13.	譯	yì	translate (10)	34.	括	kuò	include (36)
14.	溫	wēn	review (11)	35.	範	fàn	model (37)
15.	註	zhù	annotate (12)	36.	圍	wéi	surround (37)
16.	清	qīng	clear (13)	37.	各	gè	each, every (38)
17.	楚	chǔ	distinct (13)	38.	程	chéng	progress (41)
18.	非	fēi	not (14)	39.	劃	huà	draw (42)
19.	講	jiǎng	lecture (15)	40.	感	gǎn	feel (43)
20.	專	zhuān	special (17)	41.	滿	mǎn	full (44)
21.	復	fù	again (22)	42.	足	zú	enough (44)

* Numbers in parentheses mark the first occurrence of a character in the new vocabulary interspersed throughout the dialogues. Characters not accompanied by parenthetical numbers represent items used in names or already encountered by the student in <u>Beginning Chinese</u> and hence not entirely new. Asterisks designate rare characters as defined in the Preface.

43. 此 cǐ this (45)
44. 贊 zàn approve (46)
45. 採 cǎi pick (47)
46. 決 jué decide (48)
47. 諸 zhū all (50)
48. 庭 tíng courtyard (53)
49. 寂 jì quiet (54)
50. 寞 mò* quiet (54)

51. 樂 lè happy (55)
       yuè music
52. 孔 kǒng (surname) (56)
53. 職 zhí office (57)
54. 參 cān participate (59)
55. 加 jiā add (59)
56. 況 kuàng situation (60)
57. 亦 yì also
58. 乎 hū (particle)

1 白： 您是馬教授嗎？
2 馬： 是.我是馬大文.你是白文山嗎？
3 白： 是的.
4 馬： 你以前在遠大念過書,是不是？
5 白： 是的.我三年以前在這兒念書.後來我回國了.
6 馬： 你這次是甚麼時候來的？
7 白： 我這次到這兒還不到一個星期哪.
8 馬： 住在那兒？離學校遠不遠？
9 白： 不很遠.我住在北湖路十九號.
10 馬： 噢,北湖路十九號.那不是華家嗎？
    oh
11 白： 是.馬教授認識嗎？
12 馬： 認識.我們是老朋友.
13 白： 還有一位高先生,是三友書店的經理.馬教授
      認識不認識？
15 馬： 認識.認識.也是我的朋友.

16
白： 我這次到這兒是先到的高家.我在高家住了
17
四天.我住華家的房子就是高先生介紹的.

18
馬： 你很早就認識高先生,是不是?

19
白： 我第一次到這兒就認識.那個時候高美英小
20
姐還在中學念書哪.

21
馬： 好.現在我們談一談關於我們兩個人在一塊
22
兒研究功課的問題.

23
白： 馬教授太客氣.我得跟您請教.

24
馬： 噢,還有! 上課的時間你都知道嗎?
oh

25
白： 我知道.我每天八點鐘上馬教授的課.在這三
26
年裏頭沒機會說中國話,可能忘得太多了.不
27
但上課的時間跟馬教授學,就是下課以後也
28
希望馬教授多幫助我.

29
馬： 那沒問題.我不知道你以前是怎麼學的.現在
30
我把我的方法跟你說一說.我們每天的功課
31
都寫出來.現在給你這幾張紙.是我們今天的
32
功課.我們現在看:

1.0.   生詞   生詞表

1.1.   生詞表上第三個詞兒是甚麼意思?

1.2.   生詞就是沒學過的詞兒.

1.3.   你為甚麼不懂這個詞兒? ... 是生詞嘜.
me

2.0.   成   分成

2.1.   我們這樣作成不成? ... 不成.不成!

2.2.   你那本書寫成了沒有? ... 還沒哪.

2.3.　　每一門功課分成兩部分.

3.0.　　組

3.1.　　把這五十個生詞分成五組.

4.0.　　解釋　解釋明白　解釋的明白

4.1.　　那個詞兒很難解釋.

4.2.　　我先把生詞給你們解釋明白然後你們可以
　　　　用英文寫下來.

4.3.　　他解釋的不明白.我還是不懂.

5.0.　　繼續(的)

5.1.　　我沒有錢,不能繼續念書了.

5.2.　　請你繼續的念下去.

馬：　我們把生詞分成組.這是第一組.每一組裏有
　　　幾個詞兒.左邊是中文,右邊是英文解釋.我們
　　　先研究第一組的詞兒,然後第二組.第三組繼
　　　續的研究下去.

白：　每次上課要學多少生詞？

馬：　我們每次上課在詞兒一方面研究十組左右,
　　　一共大概有六十個生詞左右.

6.0.　　例子

6.1.　　你用這個詞兒說一個例子.

7.0.　　舉

7.1.　　誰會誰舉手.

7.2.　　我多舉一個例子,你就明白了.

8.0.　例句

8.1.　例句就是舉個例子的句子.

9.0.　翻成

9.1.　請你把九點兒-這個例句翻成英文.

9.2.　請你把比較文一點的生詞翻成白話.

10.0.　翻譯

10.1.　我們的課外練習每天都有翻譯.

10.2.　他用英文翻譯了一本中文小説.

10.3.　他能不能給我當翻譯?

馬[40]：生詞以外還有例句.例句就是用生詞舉個例
子,[41]把它解釋明白.例句有的我們翻成英文.

白[42]：例句為甚麼有的翻譯有的不翻譯呢?

馬[43]：比較重要的和難懂的用英文翻譯.容易的不
必[44]翻譯嘛[me].

白[45]：這對我們學生學起來很方便.

11.0.　溫習

11.1.　我們先溫習溫習昨天的.

11.2.　我們除了溫習以外還有語法練習跟問題.

12.0.　註解

12.1.　為甚麼這個有註解那個沒有呢?... 這個比
較難一點兒.

13.0.　清楚

13.1.　如果你還不清楚我再舉一個例子.

13.2. 他的中文不太好,所以他說不清楚.

14.0. 非常

14.1. 我非常喜歡念中文.

14.2. 今天天氣非常暖和.

14.3. 這種墨水非常好用.

46
馬: 我們還有語法練習,也有溫習,也有問題.最後
是 英文註解.我所說的你都清楚了嗎?
47

48
白: 清楚了.噢! 請問馬教授,我怎麼學呢?

49
馬: 我們先把詞兒念一念.會了以後,再把例句念
一念.都明白了以後,我們兩個人馬上用這幾
50
個詞兒談話.
51

52
白: 這個法子非常好.

15.0. 講

15.1. 我一聽他說 "我會講北京話" 就知道他不
是真正的北京人.

15.2. 他昨天講的是甚麼題目?

15.3. 例句那個詞兒怎麼講?

16.0. 講話

16.1. 今天是校長對我們講話.

16.2. 這個星期校長對我們講過兩次話了.

16.3. 你們能不能把他的講話翻成英文?

17.0. 專(門)

17.1. 我在大學裏專門學語言學.

17.2. 我到中國來專門研究中國歷史.

18.0. 專家

18.1. 研究元朝歷史他是專家.

18.2. 今天的講話我們是請了一位最有名的政治學專家.

19.0. 專題

19.1. 專題的專是專門的專.題是題目的題.

19.2. 我們每天有一次專題講話.

白: 馬教授,我課外怎麼練習呢?

馬: 我告訴你,除了上課以外,每天還有專題講話.

白: 甚麼叫做專題講話?

馬: 就是講專門的學問,比方歷史、地理、社會問題等等的.

白: 是不是請專家來講呢?

馬: 是的.有的是我們學校的教授,有的是從外邊兒請來的.

20.0. 講演

20.1. 你可以用中文講演嗎?

21.0. 演講

21.1. 王教授演講了兩個鐘頭.

22.0. 復述 錄音復述

22.1. 我們功課裏復述這個詞兒是比較文一點兒.

22.2. 我是錄音復述呢,還是寫下來呢?

23.0. 情形　看情形

23.1. 看情形,如果我有工夫我就去.

24.0. 也許

24.1. 我也許去,也許不去.

24.2. 我也許買墨水跟本子甚麼的.

白: [62] 我聽了演講以後作甚麼?

馬: [63] 你每次聽了講演以後,請你把聽過的用錄音機[64] 你自己再練習一次,給我聽一聽,看情形也許有的[65] 時候你把演講寫下來我看一看.可是最好還是錄音復述[66].

白: [67] 復述是甚麼意思?

馬: [68] 就是你聽了演講以後,你同樣的再說一次嘜[me].復述[69] 這個詞兒平常說話不怎麼用.書上、報上[70] 常用這個詞兒.

25.0. 學術

25.1. 這兩次的講演都是學術一方面的講演.

26.0. 演講詞

26.1. 我先念演講詞,然後聽演講.

27.0. 事前

27.1. 我明天十點鐘聽校長講話.事前我把校長的演講詞看一看.

28.0. 本校

28.1. 希望將來你們還是到本校來繼續學中文.

29.0.　學識

29.1.　我跟馬教授得到的學識不少.

白：請問馬教授,專題講話都是講那一方面的?

馬：都是學術一方面的.比方歷史、文學、語言等等.
　　也有社會、地理、政治方面的.一會兒是校長對
　　外國學生講話.

白：校長講話的內容,馬教授知道嗎?

馬：是這樣子.所有的演講詞事前學校都先給我
　　們先生們.我們每次先把演講詞在沒講以前
　　都給你們解釋明白,然後你們再聽演講去.

白：我很喜歡馬教授教的方法.我一定用功學下
　　去,希望多得到一點兒學識.

30.0.　青年

30.1.　馬教授是青年人還是中年人?

31.0.　優秀

31.1.　在這兒念書的外國人都是優秀青年.

32.0.　努力

32.1.　他念書非常努力.

33.0.　相信

33.1.　我不相信他不會用中文講話.

34.0.　達到

34.1.　我相信你一定能達到你到中國去念書的目
　　的.

35.0.　求　　求學

35.1.　這件事我想求別人幫助我.

35.2.　我相信他一定能够達到他求學的目的.

35.2.　要是你出去我想求你給我買墨水.

馬：你是個優秀的青年.你又努力.我相信你一定
[84]　學得很好.

[85]　白：我希望這次到遠大多學一點兒東西,不知道
[86]　能不能達到這個目的.

[87]　馬：你一定能够達到你求學的目的.

36.0.　包括

36.1.　我每月用三百塊錢,房錢飯錢都包括在内.

36.2.　我每星期上十五個鐘頭的課(包括專題講話
　　　　在内).

37.0.　範圍

37.1.　這次考試的範圍很大.連課本以外的都考.

38.0.　各

38.1.　今天的講話不只是文學,是包括了各方面的.

38.2.　各位同學都是優秀青年.

38.3.　那個書店初級中級高級各級的教科書他們
　　　　都有.

38.4.　各人的意見都不一樣.

38.5.　我喜歡吃豬肉做的各種菜.

39.0.　講題

39.1. 今天的講話講題是甚麼？

40.0. 主講　　主講(的)人

40.1. 今天的講話是誰主講？

40.2. 上次那個主講人所講的都出了題目的範圍以外了。

88
白：專題講話範圍很大,包括各方面.是不是？

89
馬：當然,因為每一天有一個講題,一個月裏自然
　　包括得不少。
90

91
白：主講人也很多吧？

92
馬：除了本校教授以外還請了幾位專家主講.

41.0. 課程

41.1. 我們中文這門課程非常難.

42.0. 計劃

42.1. 這個法子是校長計劃的,不是我們教中文的
　　計劃的.

42.2. 政府對於重工業有一個三年計劃.

43.0. 感到

43.1. 大家都感到這種方法非常不平等.

44.0. 滿　　滿足

44.1. 電影兒院人滿了.他們不賣票了.

44.2. 我把紙都寫滿了.

44.3. 大學念滿了四年才能畢業.

44.4. 他念中文不滿一個學期就不念了.

44.5. 你怎麼努力也滿足不了他的希望.

45.0. 因此

45.1. 他當了三十年的縣長.因此他對地方行政很有經驗.

白: 我從前在這兒念書的時候.我們的課程沒有專題講話.

馬: 這個法子是校長去年和我們幾個教中文的先生計劃的.原因是感到過去學校不能滿足有些學生的希望.因此大家為了這個問題在一塊兒談了幾次.

白: 結果怎麼樣?

46.0. 贊成

46.1. 會裏的人都贊成提高大家工作的水平.

47.0. 採用

47.1. 我們能不能採用他們的方法?

48.0. 決定

48.1. 關於那件事現在能不能決定?

49.0. 開學

49.1. 中國所有的大學都是九月開學.

50.0. 諸位

50.1. 諸位同學今天參加我們這個會我非常高興.

50.2. 今天的功課就到這兒.希望諸位下課以後多練習.

51.0.　達成

51.1.　他們希望在十年裏頭達成他們的目的.

馬[100]：結果大家都贊成採用這個方法,所以校長就[101]決定這次開學第一個月裏的課程有專題講[102]話這門課程.

白[103]：聽演講不但多得知識,而且對於語言一方面[104]也有很大的幫助.

馬[105]：學校這方面是希望諸位外國同學來到這裏[106]求學多學一點兒東西,才能達成大家求學的[107]目的.

白[108]：不怪外國學生都希望到遠大念書.遠大對外[109]國學生課程一方面非常注意.

52.0.　分子　知識分子

52.1.　這些青年都是優秀份子.

52.2.　知識分子認為政府的這個計劃怎麼樣?

52.3.　難道我不是國民一分子嗎?

53.0.　家庭

53.1.　他從小沒過過家庭生活.

54.0.　寂寞

54.1.　我一個人在外國非常寂寞.

55.0.　快樂

55.1.　他有一個很快樂的家庭.

馬: 我們今天的功課就到這兒.你對今天所講的
有甚麼問題沒有? 這種教學法成不成?

白: 好極了,沒甚麼問題.馬教授解釋的非常明白.
我都懂了.

馬: 噢,星期六有個學生晚會,你來嗎?

白: 是甚麼會? 外國學生可以來嗎?

馬: 當然可以.外國學生也是遠大學生的一分子.
遠大每年在才開學的時候常常有會原因是
恐怕學生們有的從很遠的地方來的,才離開
家庭,有的時候一定感到寂寞,如果大家常在
一塊兒見見面心裏比較快樂一點兒.

白: 是的.一點兒也不錯.

56.0. 孔子

56.1. 孔子和老子都是生在紀元前.

57.0. 職員

57.1. 職員,教員,工人,他們的工作不同.

58.0. 教職員

58.1. 我們學校的教職員青年人比較多.

59.0. 參加

59.1. 我不贊成他們參加那種學會.

59.2. 這次開會外國學生參加的較少.

60.0. 概況

60.1. 他的講題是 "今日中國工業概況."

白: 請問,今年學生會長是那位同學?

123
馬　　是四年級的孔文清.
124
白　　是孔子的孔嗎?
125
馬　　就是孔子的孔.
126
白　　學生會開會請不請教授和職員參加?
127
馬　　不一定.學生會要是請我們,我們當然參加.大
　　　　多數是學生們自己開會.很少請教職員的.
128
129
130
白　　是不是先生們也常開會?
131
馬　　我們差不多每星期也有一個會,是為了課程.
　　　　…現在校長講話的時間到了.
132
133
白　　馬教授,明天專題講話的題目是甚麼?
134
馬　　明天講本校概況,就是介紹本校的情形.
135
白　　好的,馬教授明天見.
136
馬　　明天早晨八點鐘見.

生詞表 (p.13)

1. 生詞
　　生詞表
2. 成
　　分成
3. 組
4. 解釋
　　解釋明白
　　解釋的明白
5. 繼續(的)
6. 例子

7. 舉
8. 例句
9. 翻成
10. 翻譯
11. 溫習
12. 註解
13. 清楚
14. 非常
15. 講
16. 講話

17. 專門
18. 專家
19. 專題
20. 講演
21. 演講
22. 復述
23. 情形
　　看情形
24. 也許
25. 學術

26. 演講詞
27. 事前
28. 本校
29. 學識
30. 青年
31. 優秀
32. 努力
33. 相信
34. 達到
35. 求

求學   42. 計劃   49. 開學   56. 孔子
36. 包括   43. 感到   50. 諸位   57. 職員
37. 範圍   44. 滿   51. 達成   58. 教職員
38. 各   滿足   52. 分子   59. 參加
39. 講題   45. 因此   知識分子   60 概況
40. 主講   46. 贊成   53. 家庭
   主講(的)人   47. 採用   54. 寂寞
41. 課程   48. 決定   55. 快樂

語法練習 (p.14)

1. 教中文他是很有經驗的.
2. 中國小孩子現在念書還念千字文嗎?
3. 他念書很用功.
4. 說中國話要注意四聲.
5. 我這次到中國去也許坐船去.
6. 萬教授到遠大來演講.講題是 "孔子的學說".
7. 錢校長不在這兒,他對學生講話去了.
8. 上星期我到西東大學遠東學院去參加一個會
   去.因為去晚了,人都滿了,所以我沒有坐位.
9. 諸位到本校來念書來,我們非常歡迎.
10. 他不贊成的原因是他感到用這種教學法去教
    學生去有很多短處.
11. 我才到學校專題講話就開始講了.
12. 校長才跟外國學生講完了話,又得和教職員開會.
13. 我才把第一課生詞念會了.馬上又要念第二課了.

14. 才開學不到一個星期他就病了.
15. 他才聽完了一位學者講的孔子的學說,馬上就要念四書.
16. 我們必得努力念書,才能得到實在的學問.
17. 他給我舉了五個例子我才明白生詞的用法.
18. 大家說了半天他才贊成.
19. 我把那本書快要翻譯完了才發現已經有人翻譯過了.
20. 你多溫習幾次才能明白那個演講的大意.
21. 他所講的題目都是關於學術一方面的.
22. 我把先生所教給我的生詞和例句都用漢字寫下來了.
23. 那位專家所講的和馬教授所說的完全一樣.
24. 專題講演所包括的一共有幾個題目?
25. 聽他講演所能得到的只是文學一方面的.
26. 王先生,王太太在家嗎?
27. 王先生、王太太在家嗎?
28. 孔子,老子都是中國古代的大思想家.
29. 中國近代工業概況,中國工業史都是他寫的.
30. 青年人、知識分子都歡迎他的學說.

講話 (p.15)

諸位同學:

　　今天是遠東大學開學的第一天.我代表全學校教職員和所有的中國同學歡迎諸位.

諸位都是從很遠的地方，不同的國家來到這裏．我想你們在這兒不會感到寂寞，因為從現在起遠大就是你們的大家庭．

我見到了諸位心裏非常高興．中國孔子有一句話："有朋自遠方來不亦樂乎？"我現在就用孔子這句話來歡迎諸位．

諸位都是優秀的青年．大家來到這裏都有一個同樣的目的，是求學．

在本校的歷史上，外國學生在這裏求學已經有二十多年了．在過去的二十多年裏，經驗告訴我們，學生學習的興趣和能力比較高，可是學習的期間較短．因此本校就不能不用特別的方法在短的期間內叫同學們能夠得到較多的學識，才能滿足大家的希望．所以本校今年在教學方面決定採用一個特別方法，就是專題講話．本校的計劃現在我對同學們說一說：

第一．　把專題講話當作一種課程．

第二．　在開學的頭一個月裏每一天有一個專題講話．

第三．　講題的範圍都是關於中國各方面的情形．

第四．　主講人除了本校教授以外還有幾位專家學者．

我相信諸位對於這種方法一定是贊成的．

從今天起諸位都是遠東大學的一分子．最後希望你們在這兒努力學習，達成你們求學的目的．

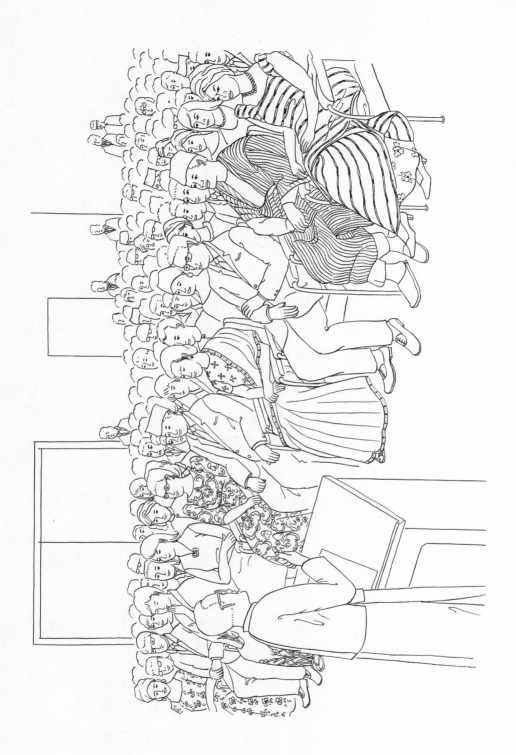

溫習 (p.16)

1. 昨天我學了很多生詞,還有例句.當時我就把生詞寫上註解,而且翻成英文.萬一忘了,一看就可以懂.

2. 上次學術講演聽的人很多,我也參加了.演講的人是專門研究原子能的.他的演講詞很長,是事前寫好的.他說了很多原子能用法的例子.這個演講他要分成兩次說.下次還要繼續講.他是用英文演講,當時有人給翻譯成中文.因為我坐的太遠有的沒聽清楚.

3. 中國的四書裏有一本是孔子學生記下了孔子所說的話.都是文言的.第一句話的意思就是說"你學習的東西要時常溫習".

4. 那個學校的職員比教員還多.

5. 昨天的講演如果叫我復述一次多一半我也許說不上來了.

6. 你昨天晚上錄音錄成了沒有?… 沒有,就錄了一半.

7. 先生說:"你念中文不滿二年就能用白話解釋生詞,而且解釋的明白.你真是好學生".

8. 外國的知識分子想要長在美國,美國是不是歡迎?… 有的歡迎,有的不歡迎.那就要看情形了.

9. 生詞表上第三個詞的意思我不懂.你能給我解釋明白嗎?

10. 先生,生詞的註解我用英文寫成不成?

問 題 (p.17)

1. 在校長的講話裏,説到中國孔子説過一句話,這句話是甚麼? 是甚麼意思?

2. 遠大的專題講話,講題的範圍是怎麼樣? 是講那一方面的? 是甚麼人主講? 是在甚麼時候?

3. 遠大的專題講話這種課程你贊成嗎? 為甚麼呢?

4. 翻譯和翻成有甚麼不同? 請你舉一個例子來說明.

5. 甚麼是生詞? 每一課有多少生詞? 一課書裏的生詞分幾組?

6. 馬教授對白文山用的是那種教學法?

7. 請你説一説書上專題講話和會話裏那個句子是比較客氣的句子?

8. 請你再看講話的句子,那個是文一點兒的? 這個句子要是説話應該怎麼説?

9. 這本書每一課都有甚麼練習? 每一課練習的內容是甚麼?

10. 你甚麼時候感到寂寞,甚麼時候感到快樂?

1	2	3	4	5	6	7
炒	尤	倒	修	辦	輔	導

8	9	10	11	12	13	14
任	留	務	制	度	績	及

15	16	17	18	19	20	21
格	凡	醫	立	取	良	博

22	23	24	25	26	27	28
士	碩	均	捐	獎	金	申

29	30	31	32	33	34	35
濟	困	糸	物	律	室	盤

36	37	38	39	40	41	42
總	織	係	育	環	境	合

43	44	45	46	47	48	49
瞭	盡	據	根	詳	細	農

50	51	52	53	54		
新	聞	樓	哲	枝		

第二課　本校概況 ^(p. 21)

1.	炒	chǎo	fry		
2.	尤	yóu	especially		
3.	倒	dào	inverted (1)		
4.	修	xiū	self-improvement (2)		
5.	辦	bàn	manage (3)		
6.	輔	fǔ*	auxiliary (4)		
7.	導	dǎo	guide (4)		
8.	任	rèn	duty (5)		
9.	留	liú	retain (6)		
10.	務	wù	matter (7)		
11.	制	zhì	institution (9)		
12.	度	dù	degree (9)		
13.	績	jì	accomplishment (11)		
14.	及	jí	reach (12)		
15.	格	gé	category (12)		
16.	凡	fán	whatever (13)		
17.	醫	yī	medical (15)		
18.	立	lì	set up (16)		
19.	取	qǔ	fetch (17)		
20.	良	liáng	good (18)		
21	博	bó	learned (20)		
22.	士	shì	scholar (20)		
23.	碩	shuò*	big (22)		
24.	均	jūn	even (27)		
25.	捐	juān	donate (29)		
26.	獎	jiǎng	encourage (30)		
27.	金	jīn	gold (30)		
28.	申	shēn	extend (31)		
29.	濟	jì	aid (32)		
30.	困	kùn	distress (33)		
31.	系	xì	course (34)		
32.	物	wù	thing (35)		
33.	律	lù	law (37)		
34.	室	shǐ / shì	room (38)		
35.	盤	pán	dish; reel (40)		
36.	總	zǒng	invariably (41)		
37.	織	zhī	weave (42)		
38.	係	xì	is (43)		
39.	育	yù	nourish (44)		
40.	環	huán	ring (45)		
41.	境	jìng	realm (45)		
42.	合	hé	merge (48)		
43.	瞭	liǎo	clear (49)		
44.	盡	jìn	exhaust (50)		
45.	據	jù	basing on (51)		
46.	根	gēn	root (51)		

47.	詳	xiáng	detailed (52)	51.	聞	wén	hear (55)
48.	細	xì	fine (52)	52.	樓	lóu	storied building (56)
49.	農	nóng	agriculture (53)	53.	哲	zhé	philosophy (59)
50.	新	xīn	new (55)	54.	枝	zhī	(measure for pencils, etc.)

1 白：馬教授早.

2 馬：早.怎麼樣,昨天校長講話都聽得懂嗎?

3 白：因為事前馬教授把生詞都已經解釋過了,而[4]且校長講得也非常清楚,所以大多數都聽[5]得[6]不好.有懂.昨天晚上我自己錄了聽聽,不成.很不好.有的時候說得太慢,有時候文法錯了,有時候[7]不[8]下知道怎麼說.或者以後要好一點兒.一會兒課以後我給馬教授聽一聽,好不好?

9 馬：好.我相信以後慢慢的就比較容易了.

10 白：對了.

11 馬：關於詞兒一方面有問題沒有?

12 白：詞兒沒有多大的問題,可以看看英文翻譯和註解.

13 馬：好.那麼現在我們研究今天的功課給你這是[14]本校概況裏頭的生詞,請你先看一看.

1.0.　倒是

1.1.　他雖然年紀小他倒很知道用功念書.

1.2.　那幾個詞兒的註解我看倒是看了,可是有的我還是不大懂.

1.3. 王教授說的話我沒聽清楚.他倒是叫我們把中文翻成英文呢,還是把英文翻成中文呢?

2.0. 重　再重　重修

2.1. 那本書買錯了.還得重買.白用了我五塊錢.

2.2. 那幾個詞兒我還沒懂.請張教授再重解釋一次.

2.3. 要是這門功課我念不好,明年我必得重修.

2.4. 那所房子得重修.

3.0. 辦　辦公　辦事　辦好　怎麼辦?　辦法

3.1. 他不是告訴過你在辦公的時間不能隨便談話嗎?

3.2. 他不能辦事.連那麼一點兒小事他都辦不好.

3.3. 我的看法,這件事一點兒辦法也沒有.你們諸位說應該怎麼辦呢?

馬: 第一組裏的詞兒都看了嗎?

白: 看倒是看了.雖然有英文解釋,可是有的我還不會用.

馬: 這幾個詞兒我們現在研究研究.

白: 重修這個詞兒就是再念的意思,是不是?

馬: 對了,是再念的意思.重字常用.比如重寫就是再寫的意思.重作就是再作的意思.修字在這兒是念的意思.這個字很少用.

白: 重修那不是把以前的時間都白用了嗎?

馬: 可不是麼! 要不然怎麼辦? 沒有別的辦法.

4.0.   輔導
4.1.   他的工作是輔導外國學生.
5.0.   主任   輔導主任
5.1.   這件事我不能作主.得問主任.
5.2.   學校裏的輔導主任他的工作是甚麼?
6.0.   留(學)   留美   留學生
6.1.   王先生是留美的,不是留英的.
6.2.   不知道我能不能達到留學的目的.
6.3.   各留學生在外國念書都很努力.
7.0.   教務   教務長
7.1.   我的工作是在教務一方面.
7.2.   毛教務長是留法的.
8.0.   處   教務處   辦公處   辦事處
8.1.   請問,教務長現在還在教務處嗎?
8.2.   所有的教職員都在辦公處計劃下學期學生
        的課程.
8.3.   我們幾個人都在一個辦事處辦事.
8.4.   我們的辦公處太小了,尤其是教務長的.

25
白 : 請問馬教授,輔導這個詞兒說話常用嗎?
26
馬 : 輔導就是幫助和告訴的意思.平常不常說.
27   28
白 : 以前的外國留學生輔導主任不是張先生,是
    一位王先生.

馬：　張有真先生從前在教務處是教務長.去年才
　　　作外國留學生輔導主任.

9.0.　制(度)　大家庭制度　學制　學分制
9.1.　我父親非常不贊成中國那種大家庭制度.
9.2.　我們現在應該決定採用那種學制.
9.3.　我認為學分制是非常好的辦法.
10.0.　學年　學年制
10.1.　學年制一定要念幾學年才能畢業.
11.0.　成績　成績單
11.1.　他在大學、中學念書每次考試的成績都好,都
　　　在九十分以上.他實在是一個優秀的青年.
11.2.　成績單是每一個學期發一次.
12.0.　及格
12.1.　他書念的很不好,各門功課都不及格.
12.2.　我相信這學期他的中文一定不會及格,因為
　　　他溫習的不夠.
13.0.　凡是
13.1.　凡是他寫的書我都看.
13.2.　昨天教務長報告說凡是小考成績在八十五
　　　分以上的不必參加大考.
14.0.　只要(是)
14.1.　只要毛教授演講,很多學生都去聽.

31 白：馬教授,生詞裏有學制這個詞,我不大清楚.

32 馬：學制就是每一個學校有一個學校的制度.中
33 學和大學的制度不同.大學多半兒是學分制,
有的是學年制.中學都是學年制.

35 白：學年制就是學生一定要念幾學年,是不是?

36 馬：對了.但是也要看成績及格不及格.學分制有
37 的人三年就能畢業,有的人五六年才畢業.凡
38 是每年學分念的多的學生就可以早畢業,學
39 分念的少畢業就晚.

40 白：大學用學分制的多,是不是？

41 馬：是的.很多都採用學分制.在遠大是這樣:只要
念滿了一百二十個學分就能畢業.

15.0. 醫　醫生　醫科　醫院　醫學院

15.1. 這裏的醫生不夠,因為學醫科的太少.

15.2. 明天上午醫學院院長對醫科的學生講演,講
題是甚麼現在我們不知道.

16.0. 成立

16.1. 我們大學的出版社才成立不久.

16.2. 那個專門學校從成立到現在畢業的學生有
三千多人了.

17.0. 取　考取

17.1. 我去取墨水去.

17.2. 我到學校取成績單去.

17.3. 遠東大學這學期一共考取了一千五百個學生.

18.0.　優良

18.1.　凡是成績優良的學生不必參加這個考試.

19.0.　相當(的)

19.1.　他念醫科念的成績相當好.

19.2.　那件事情我得找一個相當的時候再告訴他.

43
白：學分制的辦法很好,有的人可以一邊兒工作
　　一邊兒念書,學分夠了就可以畢業.
45
馬：有的人生病了或是有特別的事不必來上課.
　　要是念學年制可就麻煩了.
47
白：談到生病,我想起來了.遠大醫學院念醫科的
　　學生多不多?
49
馬：不多.因為是才成立不久,而且醫學院這方面
　　考取學生的水平相當高,因為醫生對病人很
　　重要.
52
白：我上次在這裏也感到醫生也不夠用.
53
馬：是這種情形:醫學院很難念,而且比學別的時
　　間長.還有,如果學的成績特別優良才能夠繼
　　續下去,要不然就不能往下學.

20.0.　博士　博士論文　念博士

20.1.　田大文博士常作學術演講.

20.2.　因為他的學問好,所以他的博士論文寫的特
　　　　別好.

20.3.　他的學識很好,已經念博士了.

21.0. 學位

21.1. 他這學期就可以拿到博士學位.

22.0. 碩士 (shuò)

22.1. 張一文念了五年碩士才拿到碩士學位. (shuò)

23.0. 學士

23.1. 他大學才畢業,他是個學士.

24.0. 單　單字

24.1. 我們把詞兒講了以後再單講每一個字的意思.

24.2. 有的時候一個單字也是詞兒.

25.0. 參考　參考書

25.1. 我們要參考各方面的意見.

25.2. 醫學院的學生都用馬大文醫生所寫的書作參考書.

25.3. 你要把他的意見作一個參考.

56 白: 馬教授,中文博士、碩士這兩個詞兒,我知道念 57 完大學以後就是學士,然後再念碩士學位,念 58 博士學位.博跟碩這兩個單字的意思請馬教 59 授給我解釋.

60 馬: 博就是多的意思.碩字的意思也差不多,單講 61 這個字就是大的意思.你的博士論文開始寫 62 了沒有?

63 白: 我還沒寫哪.事前我得先找參考書.

26.0. 費　費事　學費

26.1. 我費了很多工夫才把那本書翻譯完了.

26.2. 給他解釋一個生詞相當費事.怎麼解釋他也
      不懂.

26.3. 那個學校的學費相當貴.

26.4. 炒菜不很費時候.

27.0. 平均

27.1. 我平均每天要翻譯幾百個句子.

28.0. 此外

28.1. 我全部的書都在這兒.此外我沒有書了.

29.0. 捐

29.1. 王大夫在開學以前捐給醫學院很多書.

64
馬: 找參考書也相當費時候.
65
白: 遠大圖書館的書現在我想一定相當多了.
66
馬: 現在的書比以前更多,一共有十二萬本書.在[67]
    過去這二年裏,平均每一個月買兩三千本書.[68]
    此外各方面捐來的書也不少.

30.0. 獎學金

30.1. 你得到的獎學金包括不包括生活費在內？

31.0. 申請

31.1. 我申請獎學金幾次都不給.我還要繼續申請.
      我一定要達到目的.

32.0. 經濟　經濟學

32.1. 用那種辦法在時間上太不經濟了.

32.2. 他是一位留美的經濟學家.他想寫一本中國
      經濟史.

33.0.　困難

33.1.　中國話說的不很好的人用錄音機復述演講
　　　　那是感到相當困難的.

69
白：請問馬教授,申請的申字是甚麼意思?
70
馬：申是說明的意思.申字在說話的時候不常用.　71
72
白：在美國念書申請獎學金必得成績好才能申
　　　請.如果是經濟困難的得到的希望大.不知道　73
　74
　　　中國是不是有這種辦法?
75
馬：在中國也差不多.成績優良的才能得到獎學　76
　　　金.
77
白：說起經濟,在遠大念經濟學的有沒有外國留
　78
　　　學生?
79
馬：有.但是人數很少.

34.0.　(學)系　　系主任　　院系　　歷史系
34.1.　馬天生博士是我們歷史系的系主任.
34.2.　本校每一院系都有院長和主任.
35.0.　物理學　　物理學家
35.1.　他是物理學博士,也是有名的物理學家.
36.0.　生物(學)
36.1.　物理系和生物系都在一個學院嗎?
37.0.　法　　法律　　法學院
37.1.　這個大學的法學院分成幾系?
37.2.　凡是國民一分子都應該懂得一點兒本國法
　　　　律.

37.3. 那個大學的院系都很好,尤其是法學院.

白: 我想每一院系都不會有我們文學院的學生多.
馬: 因為中國是一個有四千年文化的古國,所以外
國學生多半到中國來是學中國文化的.
白: 請問馬教授,物理系跟生物學系有外國學生
沒有？
馬: 我知道物理系有兩個日本學生.生物系有外
國學生沒有我不知道.
白: 很多人說遠大生物系很有名.系主任是那位？
馬: 系主任是一位很有名的生物學家這裏各大
學常有人請他去講生物學的專題演講.
白: 馬教授,請問政治學系在那個學院？
馬: 政治學系在法學院.
白: 和法律系在一個學院.
馬: 對了.

38.0. 室　課室　錄音室　辦公室
38.1. 請問,校長室在那兒？
38.2. 今天的生物講話不在二一零課室,在二一二
課室.
38.3. 毛先生到錄音室去錄音去了.
38.4. 已經六點了.辦公室裏連一個人都沒有了.
39.0. 帶　帶子　錄音帶
39.1. 他從美國給我帶來了好幾本物理學的參考
書.

39.2. 那條帶子是用甚麼作的？

39.3. 我的錄音帶都錄完了，我得請張先生給我買.

40.0. 盤　盤子　算盤

40.1. 誰把盤子裏的炒豆腐都給吃完了？

40.2. 我想買一個算盤，不知道在美國買得到買不到？

40.3. 這盤錄音帶是英文第三組第九號，高美英復述第九次英文專題講話.

白：馬教授，昨天我到錄音室去看看，比以前大的多了，以前就是在校長辦公室後邊兒那個小白房子裏.

馬：是.現在大多了，以前的那個錄音室現在作物理系的課室了.

白：馬教授，請問錄音帶的帶字是不是帶子的帶？還有，我們學校這一帶是不是也是這個帶字？

馬：是.帶東西也是這個帶字.

白：一盤錄音帶的盤字是那個盤字？

馬：一個錄音帶叫作一盤錄音帶.吃飯的盤子，算盤的盤都是那個盤字.

41.0. 總(是)　總數

41.1. 他每次考試，每門功課總在九十分以上.

41.2. 學校開會你為甚麼總不參加呢？

41.3. 他雖然經濟很困難，但是他總是那麼很快樂.

41.4.　我買墨水總是買藍的.

41.5.　學校每一個學院有多少人我不知道我就知
　　　道學生總數一共是三千五百個人.

42.0.　組織

42.1.　我們應該組識一個中國學生留美同學會.

43.0.　關係　　沒關係　　A 對/跟 B (的) 關係
　　　因為... 的關係

43.1.　對不起我來晚了... 沒關係.

43.2.　這次的考試對我將來的關係很大.

43.3.　我因為坐飛機的關係所以沒帶很多行李.

43.4.　他今天演講或者明天演講都對我沒關係.

43.5.　總有一天那兩個國家的關係會好的.

108
白：馬教授,總是那個詞兒我不大會用.
109
馬：總是就是都是的意思.我說兩個例子,比如"我
　　每天總是八點鐘起來","我總是先念書後寫
　　字","這個字我總寫不好".
112
白：我懂了.
113
馬：總數這個詞兒你明白不明白？
114
白：那個我明白.就是所有的數目在一塊兒得到
　　的一個總數.
115
116
馬：對了.
117
白：馬教授,組織這個詞兒看書的時候我知道他
　　的意思,可是我自己寫就不大會用這個詞兒.
118
119
馬：我再說兩個例子："學校的學生組織一個同

學會" "男女結婚以後組織一個小家庭"

白： 中國還有大家庭,是不是?

馬： 中國歷來是大家庭制度嘛可是近幾十年來,因為學西方國家的關係,所以中國的家庭差不多都是小家庭了.

44.0. 教育　教育部　教育部長

44.1. 張大文博士是一位老教育家.

44.2. 昨天我到教育部申請出國留學.

44.3. 校長請教育部長到學校來給我們講教育問題.

44.4. 所有初級、中級、高級各級的教科書都是教育部出版.

44.5. 中國教育部一年有一次留學生考試.

45.0. 環境

45.1. 我們這兒不是念書的環境,每天來往的車、馬太多了.

46.0. 分數

46.1. 他每次考試的分數都比我高.

47.0. 要有

47.1. 你考那個大學你中學的成績平均要有九十分以上才能參加考試.

47.2. 我的成績如果要有你那麼好我一定申請獎學金出國留學.

125
白：馬教授,府上是大家庭還是小家庭?

126
馬：在我剛結婚的時候是小家庭,現在是大家庭
127
了!我現在有五個兒女.這不是一個大家庭嗎?
128
兒女多了真不得了.每年教育費要很多錢.

129
白：這裏的中學、小學都有學費嗎?

130
馬：都有.連平民學校都有學費.不過就是少一點
131
兒.

132
白：要是家庭環境不好的怎麼辦呢?

133
馬：那就相當困難了.

134
白：您的五個孩子都念小學嗎?

135
馬：都念小學.三個念高小,兩個念初小.這幾個孩
136
子書念的還都不錯.每次考試的成績都好.每
137
個孩子平均分數都在八十五分以上.

138
白：念書要有念書的環境.馬教授是學者,您的孩
139
子一定知道用功的.

48.0.　合　合作　合作社

48.1.　我跟邊有文我們兩個人合買了一個錄音機.

48.2.　他和我的意見不同.我們兩個人不能够合作.

48.3.　我想買錄音帶不知道學校的合作社裏有沒
有.

48.4.　我這次考試的成績不合理想.

49.0.　瞭解

49.1.　我和他說了半天他也沒瞭解我的意思.

50.0.　盡力

50.1.　我一定盡力幫助你.

51.0.　據　　根據　　據說

51.1.　據我所知道的他的成績不及格.

51.2.　據說他是個專家,可是他今天講演的不很好.

51.3.　據他說那件事他辦不了因為困難很多.

51.4.　據我看這學期張大文的成績一定好不了.

51.5.　這樣辦是根據法律上那一條?

51.6.　據我所知道的他的經濟情形是相當困難.

52.0.　詳細

52.1.　那件事情我們再詳細的研究研究.

140
馬：我的孩子他們也不一定知道用功.你有弟弟
　　　　　　　　141
　　妹妹嗎?

142
白：有.我有一個弟弟一個妹妹.

143
馬：現在都念書嗎?

144　　　　　　　　　　　　　　　　　　　　　　　　145
白：都念書.我妹妹書念的不錯.弟弟書念的成績
　　非常不好.對那門功課都沒興趣.

146
馬：應該盡力想法子瞭解他的興趣是那一方面的.

147　　　　　　　　　　　　　　　　　　　　　148
白：根據過去的情形我想他是想學一種專門的東
　　　　　　　　　　　　　　　　　　　　　　　　149
　　西.過幾天我寫封詳細的信問問他.我這個弟弟
　　　　　　　　　　　　　　　　　　　150
　　和我不一樣.不喜歡念書,可是別的事情他跟我
　　很合作.

53.0.　農　　農人　　農民　　農業　　農田　　農工業
　　農業合作社　　農學院

53.1. 我第二個弟弟是學農的.他在農學院念書.

53.2. 中國是農業國家.多數的人民是種田的.

53.3. 那一帶的地都是農田.

53.4. 那個國家沒甚麼希望.據說在經濟一方面很困難,尤其是農工業一方面很不行.

53.5. 這裏的農民都是農業合作社的社員.

53.6. 據說農人平常不吃炒菜.

54.0. 工程　工程學　工學院

54.1. 據遠大的毛先生說,遠大有一點兒工程叫我作.

54.2. 學工程學要幾年畢業?

54.3. 那個大學的工學院很不容易考.

55.0. 新　新華　新聞

55.1. 凡是新物理參考書他都要買.

55.2. 今天給我們演講的那位張先生是新從美國回來的.

55.3. 新華書店離教育部很近.

55.4. 今天報紙上有甚麼新聞沒有?

151
馬: 你弟弟現在念中學呢還是念大學呢?

152
白: 他今年高中才畢業.雖然書念的不好,可是家裏的各種東西要是不好用了都是他收拾.

154
馬: 那最好是念工學院,學工程學嘛. me

155
白: 我想他念不了工程學 oh 噢,馬教授,昨天我看中 156
華晚報上的新聞,近來政府讓人民注重農工 157
業.農工業是農業跟工業,是不是? 158

159
馬：　是．就是農業工業簡單的說法．因為中國農田
160
很多，所以歷來是農業國家，在這個時代不應
161
該只是種田，也應該注重工業．

56.0.　樓　　樓上　　樓下

56.1.　你看這個地方五年前連一所房子都沒有．現
在都是大樓了．

56.2.　新華樓是一個很有名的飯館兒．

56.3.　我樓上住的那個學生用功極了．聽說他年年
念書都是獎學金．

56.4.　這一帶的房子都是各機關的辦公室．

57.0.　理學院

57.1.　遠大的理學院是那年成立的？

58.0.　記錄

58.1.　他的成績好不好我們沒有記錄．

58.2.　每一次講演都叫一個外國學生記錄．

59.0.　哲學

59.1.　這些參考書都是專為研究哲學用的．

60.0.　本題

60.1.　你說的話離本題太遠了．

162
白：　現代的國家是應該注重工業的．馬教授，說到
163
工業我想起來，上次我在遠大的時候聽說有
164
人要捐給遠大一個大樓，專為工學院辦公用
165
的．

馬：¹⁶⁶是的.這個大樓也在這附近,就在理學院後邊兒.¹⁶⁷這個樓大部分都是捐來的.有一小部分是教職員和學生捐的.根據教務處的記錄¹⁶⁸教職員和學生捐了有五萬多塊錢.工學院辦公大¹⁷⁰樓你還沒看見嗎？¹⁶⁹

白：¹⁷¹沒有.

馬：¹⁷²今天下午我們一塊兒去看看.

白：¹⁷³好極了,馬教授沒事嗎？

馬：¹⁷⁴没甚麼事.我就是到哲學系去一次,然後就沒事了.¹⁷⁵

白：¹⁷⁶幾點鐘去？

馬：¹⁷⁷三點鐘好不好？

白：¹⁷⁸好,我在那兒等着您？

馬：¹⁷⁹請你三點鐘還到這兒來,我們今天談了很多.¹⁸⁰現在又該說本題了.生詞兒還有問題沒有？¹⁸¹

白：¹⁸²沒有甚麼大問題了.

馬：¹⁸³好,三點鐘見.

白：¹⁸⁴三點鐘見.

生詞表 (p. 35)

1. 倒(是)	3. 辦	怎麼辦？	輔導主任 (fǔ)
2. 重	辦公	辦法	6. 留(學)
再重	辦事	4. 輔導 (fǔ)	留美
重修	辦好	5. 主任	留學生

7. 教務
   教務長
8. 處
   教務處
   辦公處
   辦事處
9. 制度
   大家庭制度
   學制
   學分制
10. 學年
    學年制
11. 成績
    成績單
12. 及格
13. 凡是
14. 只要(是)
15. 醫
    醫生
    醫科
    醫院
    醫學院
16. 成立
17. 取
    考取

18. 優良
19. 相當(的)
20. 博士
    博士論文
    念博士
21. 學位
22. 碩士 shuò
23. 學士
24. 單
    單字
25. 參考
    參考書
26. 費
    費事
    學費
27. 平均
28. 此外
29. 捐
30. 獎學金
31. 申請
32. 經濟
    經濟學
33. 困難
34. (學)系
    系主任

院系
歷史系
35. 物理(學)
    物理學家
36. 生物(學)
37. 法
    法律
    法學院
38. 室
    課室
    錄音室
    辦公室
39. 帶
    帶子
    錄音帶
40. 盤
    盤子
    算盤
41. 總(是)
    總數
42. 組織
43. 關係
    沒關係
    A 對/跟 B (的)
    關係

因為...的
    關係
44. 教育
    教育部
    教育部長
45. 環境
46. 分數
47. 要有
48. 合
    合作
    合作社
49. 瞭解
50. 盡力
51. 據
    根據
    據說
52. 詳細
53. 農
    農人
    農民
    農業
    農田
    農工業
    農業合作社
54. 工程

工程學　　新華　　樓上　　58. 記錄
工學院　　新聞　　樓下　　59. 哲學
55. 新　　　56. 樓　　　57. 理學院　　60. 本題

語法練習 (p. 36)

1. 那個小學校的學費不會太貴的.
2. 因為他很久沒有工作,我想他家庭的環境不可能太好的.
3. 學校的事情輔導主任一定能告訴我們的.
4. 他怕你太太費事.他不能老上你府上去吃飯的.
5. 他說他要用張先生提的意見作參考的.
6. 只要是有關於物理學的講演我要是沒事我一定去聽.
7. 你考的分數那麼好,只要教務處能給你寫一張成績單,你當然可以拿這張成績單去申請獎學金.
8. 只要是辦公的時間我一定都在辦公處.
9. 明天去旅行只要你贊成,別人一定都贊成.
10. 那個美國人有很多參考書.只要是中文書他都喜歡買.
11. 我天天很用功的念中文,可是我考試的分數還是不好.你說我怎麼辦?
12. 那個學生雖然沒有天才,他倒是很努力的學習.
13. 昨天我去看馬教授.人家告訴我從中山路一直

的往東走,可是我找了半天沒辦法找着.

14. 我看倒是看了,可是我還得詳細的再看一次.

15. 你記錄演講的時候好好兒的記錄,不要寫錯字.

16. 凡是要到那個大學念博士和碩士(shuò)的,他大學的成績必得平均有八十五分以上才可以.

17. 他很會辦事.凡是叫他辦的事沒有一件辦不好的.

18. 校長辦公處離教務長辦公處很近.凡是到教務長那兒去的一定要經過校長辦公處.

19. 那位專家演講的內容常常跟本題不合,所以凡是他的演講我都不去聽.

20. 他本來是學工程的,因為環境的關係他現在作買賣了.他在城裏頭有一個辦事處,他昨天告訴我以後凡是找他的時候最好到他的辦事處.

講 話 (p. 37)

諸位同學:

今天這個時間[1]本來是專題講話.我現在借用這[2]個時間來說一說本校概況.為甚麼要說這[3]個題目呢?為的是新同學們可以瞭解這個新環境[4].在沒有說本校概況以前,我想跟諸位同學[5]介紹介紹我自己.我是張有真.以後諸位找[6]我可以知道我的名字.我是本校外國留學生輔導(fǔ)主任.我的工作是幫助外國留學生的[8].以後諸位如果有甚麼困難可以隨時來找我,我一定盡力幫助諸位.

現在說到本題,本校概況.諸位也許已經看到本校有一本小冊子,冊子裏面有本校的歷史組織等等,都很詳細.但是冊子裏有一些對諸位特別有關係的,我在這裏再簡單的介紹介紹.

第一,先從本校的院系說起.本校有大學也有研究院.我們一共有六個學院,就是文學院、法學院、理學院、工學院、農學院和醫學院.別的學院從遠大成立的時候就有了,只有醫學院最近才成立的,成立了還不到一年哪.明年還要成立一個教育學院.在每個學院裏都有不少的學系.根據本校教務處的記錄,諸位在文學院的最多,差不多有總數的一半見多.法學院比較少,理學院最少,別的學院現在還沒有,所以我現在就說文學院、法學院、理學院這三個學院的學系.

文學院:有中文系、外文系、哲學系、歷史系、新聞系、語言系.

法學院:有法律系、政治系、經濟系、社會系.

理學院:有數學系、物理系、化學系、生物系、心理學系.

以上所說的這幾個院系都有外國留學生.和外國留學生沒有關係的院系我不必說了.

第二要說本校的學制.本校的學制採用學分制.我現在把大學和研究院的學制分開來說:

大學:要有一百二十個學分和畢業論文,才

可以畢業,就可以得到學士學位.每門功
課六十分及格,如果不及格必得重修.
　研究院: 碩士學位,要在得學士學位以後在
本校研究院研究一年,要有三十個學分,
還要寫碩士論文.博士學位,要在得碩士
學位以後在本校研究院研究二年,要有
六十個學分,還要寫博士論文.
　　第三,獎學金.不論在大學、在研究院,凡是成績優
良,各門功課平均分數在八十分以上的就可以申
請獎學金.
　　此外還有關於圖書館、錄音室、餐廳、合作社等等
都在本校的小冊子裏面寫的很詳細.諸位可以自
己看看,如果有不明白的地方可以隨時問我,我也
歡迎和諸位常常談談.如果諸位有工夫可以隨時
到我那兒,我天天都在總辦公樓,二百六十一號.

復述^(p. 39)

　　這盤錄音帶是中文第一組第一號,白文山復述
第一次專題講話.
　　這次專題講話是校長講的.校長先說幾句客氣
話歡迎我們外國留學生.特別有意思的是他用孔
子說的一句話歡迎我們.這句話是:"有朋自遠方
來不亦樂乎?"這句話是文言文的.要不是在講話
以前我看了英文的註解,恐怕一點兒也聽不懂.因
為註解解釋的很明白,而且馬教授也把所有的生

詞都說一個例子句子，所以全部講話我都懂．現在[10]我把孔子說的話每一個字的意思說出來．

　這[11]句話裏有四個字跟現在的說法完全一樣的．這[12]四個字是有、遠、來、不．有三個字是簡單的說法．朋就[13]是朋友簡單的說法，方是地方的簡單的說法，樂是[14]快樂簡單的說法．有三個字跟現在的說法不同．自現[15]在說從，亦現在說也，乎[16]現在說嗎．

　我[17]現在說一說專題講話。據學校方面所知道的，遠東大學對我們外國[18]學生很關心，一方面是很有興趣的，可是不能夠談到這個特別求學[19]的情形。在我們學校裏念書[20]的希望，就決定專給地理、好的，因為課程的範圍[24]很大，包括非常有興趣，是課程的第一個月，主講的人多是專家。我[21]覺[26]得這個情[22]形的方法[23]，題[27]目都很有興趣。去年校長跟教授，甚麼是專題講話，據說講話呢？我覺得這些的情[28]形得[29]用，的[25]一共二十次以外還有幾位專家，是遠大的教授。外國留學生演講關於中國的社會、歷史、經濟、語言等等，外國學生對於中國，必講話得用功。教學法可以多知道一部分，所以我們也有一個專題講話[30]的教授。除[31]了教授以外，每天半是特別請來的。

　我[32]聽完了校長講話以後，非常高興。我也贊成[33]專題講話這種方法。我現在把校長講話[34]在錄音機裏錄下來，為的是可以聽聽我說[35]的大意復述一次，對不對，或者有說的不好的地方，我希望有人[36]告訴我。

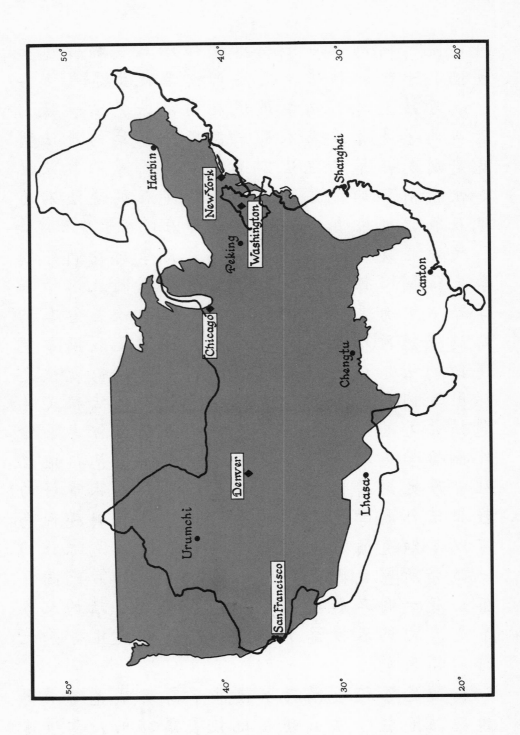

溫 習 (p. 40)

1. 今天專題講話主講的人是湖南人,講的是現在中國的農民.他用湖南話講演.當時要不是有人翻成國語,我連一句也聽不懂.

2. 王先生是圖書館的職員.他感到現在的漢語字典註解都不很詳細.他想編一本字典.他說他一定在兩年以內達成編字典的目的.

3. 這個錄音室太小,要聽錄音的人太多.現在把要聽錄音的人分為兩組.第一組在十點鐘聽錄音,第二組在十一點鐘聽.

4. 今天我去見教務長,他不在教務處.有一個教務員告訴我,教務長往理學院去了,也許在生物系系主任的辦公室哪.後來我去到理學院,樓上、樓下我都走到了也沒找到教務長.

5. 圖書館最近到的參考書相當多.有物理學的,有生物學的,有經濟學的,有工程學的,還有法律和農業的.這些書聽說都是人家捐給圖書館的.

6. 中國教育部每年都有留學生考試.考取以後出國留學.有的留學生的學費都是政府給他們.

7. 我們的課室離錄音室很近.我下了課就去聽錄音.錄音室的錄音帶很多.每盤帶子上都有第幾號是甚麼.還有一本錄音帶的目錄.不論要聽那一種錄音,只要是一看目錄就可以找到,一點兒也不費事.錄音裏有發音練習念單字,也有例句、會話、故事、演講甚麼的.

8. 我是念醫科的.兩年前我在遠大醫學院畢業.現在我在遠大的醫院當大夫.

9. 中國的中學是用學年制.有的國家的中學是用學分制.你說那一種制度好呢?

10. 有一個美國人從中國回來.他在中國買了很多東西.他買的東西裏有一個中國古代的盤子,還有一個算盤.

11. 我在王先生辦事處看見王先生了.我問他:"我前幾天請你給我辦的那件事辦了嗎?"王先生說:"那件事辦是辦了,可是沒辦好,還得重辦.要是再重辦還要一個月的時間." 我心裏想"你辦事太慢了." 可是我沒說出來.

12. 中國的土地有百分之二十七是農田.人民多數是農人,所以中國是一個農業國家.近來中國一面注重農業,設立農業合作社,一面注重工業.希望成為一個農工業的國家.

問 題 (p. 41)

1. 遠大有幾個學院? 都是甚麼名子? 甚麼學院成立的最晚? 明年要成立甚麼學院?

2. 遠大的外國留學生那個學院最多? 那個最少? 那個沒有外國學生? 這些數目是從甚麼地方知道的?

3. 留學生在遠大如果有困難去找甚麼人幫助？那個人姓甚麼？ 在甚麼地方辦公？

4. 請用遠大文法理三個學院和各學系的名字,畫一個簡單的圖表,在圖表裏要看出來甚麼學系在甚麼學院？

5. 遠大的學制,大學要有多少學分才可以畢業？畢業的時候得到甚麼學位？

6. 在遠大念書,每門功課多少分才可以及格？ 不及格怎麼辦？

7. 怎麼樣才可以得到遠大的碩士學位？ 博士學位？ 請分別說出來.

8. 在遠大念書的成績怎麼樣才可以申請獎學金？

9. 請你把第二課比較文一點兒的生詞翻成白話.

10. 請你說一說美國大學的組織跟中國大學的組織有甚麼不同？

1	2	3	4	5	6	7
步	私	塾	設	官	限	規
8	9	10	11	12	13	14
章	造	消	堂	趨	勢	增
15	16	17	18	19	20	21
身	體	團	世	界	展	之
22	23	24	25	26	27	28
基	普	遍	推	般	受	標
29	30	31	32	33	34	35
需	落	使	深	末	漸	舊
36	37	38	39	40	41	42
稱	變	流	潮	響	渡	幼
43	44	45	46	47	48	49
稚	異	屬	式	趕	充	選
50	51	52	53	54	55	56
拔	向	唐	似	香	港	台
57						
灣						

第三課　教育 (p. 45)

1.	步	bù	a step (2)	24.	遍	biàn	a time (29)
2.	私	sī	private (3)	25.	推	tuī	push (31)
3.	塾	shú*	private school (3)	26.	般	bān	sort (32)
4.	設	shè	establish (5)	27.	受	shòu	receive; suffer (33)
5.	官	guān	an official (9)	28.	標	biāo	sign, signal (34)
6.	限	xiàn	limit (10)	29.	需	xū	need (35)
7.	規	guī	compasses; rule (11)	30.	落	luò	fall; alight (36)
8.	章	zhāng	chapter (12)	31.	使	shǐ	use; cause to (37)
9.	造	zào	build, make (13)	32.	深	shēn	deep (39)
10.	消	xiāo	diminish; consume (14)	33.	末	mò	end (40)
11.	堂	táng	hall (15)	34.	漸	jiàn	gradual (41)
12.	趨	qū	walk fast (16)	35.	舊	jiù	old (42)
13.	勢	shì	tendency (16)	36.	稱	chēng	to address; term (44)
14.	增	zēng	to increase (17)	37.	變	biàn	to change (45)
15.	身	shēn	body (19)	38.	流	liú	to flow (46)
16.	體	tǐ	body (20)	39.	潮	cháo	tide (46)
17.	團	tuán	a group (21)	40.	響	xiǎng	to sound (47)
18.	世	shì	world (24)	41.	渡	dù	ferry (48)
19.	界	jiè	realm; boundary (24)	42.	幼	yòu	young (50)
20.	展	zhǎn	open out, unfold (25)	43.	稚	zhì	infantile (50)
21.	之	zhī	(particle); him, her, it (26)	44.	異	yì	different; strange (51)
22.	基	jī	foundation (28)	45.	屬	shǔ	belong, pertain (52)
23.	普	pǔ	universal (29)	46.	式	shì	form, style (53)

47. 趕　gǎn　　hurry (54)
48. 充　chōng　fill (55)
49. 選　xuǎn　select (56)
50. 拔　bá　　pull (56)
51. 向　xiàng　towards (57)
52. 唐　Táng　T'ang dynasty (59)

53. 似　shì　　resembling (61)
54. 香　xiāng　fragrant (62)
55. 港　gǎng　harbor (62)
56. 台　tái　　terrace (63)
57. 灣　wān　　a bay (63)

1 馬：文山,你今天比我先來了.
2 白：早.馬教授.
3 馬：早.我剛才到錄音室去取錄音帶去了.昨天晚
4 　　上我錄了一盤錄音帶.
5 白：是關於語言的嗎?
6 馬：不是.是關於教育的一些問題.
7 白：馬教授是研究教育的嗎?
8 馬：我本來是學教育的.後來我學文學了.
9 白：學教育難不難?
10 馬：學甚麼也不容易.學教育也是相當難.
11 白：關於教育一方面的參考書多不多?
12 馬：不少.
13 白：馬教授,昨天我回去以後我就把昨天的演講
14 　　復述了一次.自己又聽過兩次.錯兒很多,有的
15 　　字音也不正.
16 馬：也許是你很久不用的原故.我倒覺得你發音
17 　　這方面很好.給你這張生詞表.你先看一看.
19 白：好的.

1.0. 經　五經　三字經

1.1. 從前中國人念書是先從三字經念起,還是從五經念起呢?.... 當然是先從三字經念起.

1.2. 像千字文、四書、五經等書,現在的學生多半不念了.

2.0. 步　一步一步(的)　進步

2.1. 我們第一步先把單字會了,然後再學詞兒.

2.2. 從學校到醫院的路很近,我一步一步的走,一會兒就走到了.

2.3. 你看看我的成績單就知道我的功課比去年進步了.

2.4. 在這幾十年間中國在科學一方面有很大的進步.

2.5. 再進一步說,這種學術講話應該把題目說的詳細一點兒.

3.0. 私　私人　私塾（shú）

3.1. 樓上是我私人的辦事處,樓下是公共的辦公處.

3.2. 中國從前的學生都是在私塾（shú）裏求學.

4.0. 立　私立　公立　國立　省立

4.1. 我小學是在私立小學念的,中學是公立中學.大學念的是省立大學.

4.2. 我是國立北京大學中文學系畢業的.

5.0. 設　設立

5.1. 這個農業合作社是去年設立的.

6.0. 程度

6.1. 教務處要用一個職員.據教務長説,這個職員
要有大學程度的.

6.2. 據我所知道的,他只有高中一的程度.

6.3. 這兒的生活程度比我們那兒高的多.

白[20]　昨天晚上我在圖書館看書.我隨便拿了一本
三字經[21]看看.這本書我以前也看過,可是我沒[22]
詳細的看過.這本書相當好.用簡單的句子[23]從
人説起一步一步的説到天文,地理,歷史等等
的.

馬[24]：中國以前沒有學校念私塾(shú)的時候,小學生先[25]
念三字經,百家姓,千字文等等.那幾本書念完[26]
以後才念四書,五經.

白[27]：私塾(shú)是甚麼？是私人設立的學校嗎？

馬[28]：不是私人學校.私塾(shú)就是私人在家裏教學生.
每[29]一個私塾(shú)就有一個先生.先生的學問有的[30]
很好,有的很平常.學生的程度也不一樣.有的[31]
程度很高.有的是才開始念書的.

7.0. 清

7.1. 在一八七六年.清朝有三十個留學生到英國、
法國學習工業.

8.0. 科舉

8.1. 在一九零五年以前中國是科舉制度的時代

也是大家庭制度的時代.

9.0. 官　官立

9.1. 他父親在清朝的時候是做官的.後來不做官了,所以他們的生活很困難.

9.2. 在這一帶又設立了兩個官立小學

10.0. 年限

10.1. 在私塾^{shú}裏念書沒有一定的年限.你可以隨便念幾年.

11.0. 規定

11.1. 這件事在法律上是怎麼規定的?

12.0. 章　文章

12.1. 他的論文內容寫的非常好.分成十二章.字的總數有十萬多.人人都說他這個論文是很好的文章.

白[32]: 馬教授,科舉是甚麼意思?

馬[33]: 中國在清朝以前都是科舉時代.科舉是一種考試制度[34].考上的就可以做官.

白[35]: 考不上的怎麼辦?

馬[36]: 剛才我說私塾^{shú}的先生,有學問的多半就是那[37]些沒考上的.從前念書的人除了做官[38]以外,他們的出路就是教書.

白[39]: 聽說私塾^{shú}的學生也沒有考試.那麼根據甚麼知道學生的成績好不好呢?[40]

馬：在私塾[shú]念書的學生每天就是念書寫字.學生[42]
在私塾[shú]念書的年限也不規定要念幾年,每天[43]
就是念書寫字.念到一個相當的程度就學作[44]
文.誰的文章作的好就是成績最好的學生.[45]

白：每一個私塾[shú]裏的學生不會很多吧?[46]

馬：不很多.據我所知道的,大概每一個私塾[shú]裏平[47]
均不過就有十幾個學生.[48]

13.0. 造就

13.1. 那個大學的醫科最有名.在這幾十年間造就
出來的醫生都是好醫生.

14.0. 取消

14.1. 有一個農業學校辦了十年也沒辦好.結果政
府把這個農業學校取消了.

15.0. 堂　課堂　學堂　講堂

15.1. 今天第一堂功課,教授講的是合作事業還講
到合作社.

15.2. 研究工程學不一定在課堂裏研究.有時要到
有工程的地方去研究.

15.3. 北大原來的名子不是大學,是大學堂.

15.4. 那個新講堂能容多少學生?

15.5. 我到課堂去聽張教授講孔子的學說.

16.0. 趨勢

16.1. 現在民主國家越來越多.時代的趨勢必得民

主了.

17.0. 增加

17.1. 今年大學的學費增加很多,學費一多了,就要有很多學生没法子念大學了.

18.0. 學科

18.1. 現在大學的學科太多,每一個學生都感到念書的時間不够用.

49 白: 馬教授私塾 (shú) 裏也造就不少的人才.

50 馬: 是的.中國人從前求學只有在私塾 (shú) 裏.

51 白: 從前很注重寫字,是不是?

52 馬: 從前因為科舉的關係都很注重寫字.那個時代 (53) 凡是參加考試的不單文章得作的好,字也 (54) 要寫的好.

55 白: 據說現在中國人不怎麼注重寫字了.

56 馬: 從取消了科舉辦學堂以來,時代的趨勢必得注意科學 (57).學校裏增加了科學課程.學科一多了,學生 (58) 就没有時間練習寫字了.

19.0. 身　本身　起身　身心

19.1. 那個大學本身没有錢.他們的錢都是從各方面捐來的.

19.2. 他因為要上學的關係,所以每天早上必得七點鐘起身.

19.3　他寫信給他朋友,說他自從到這兒以來,身心
都比在家裏好.

20.0.　體　身體　大體　全體　簡體字

20.1.　有人說念書人的身體沒有農人的身體好.

20.2.　大體上說那個學校辦的不錯.

20.3.　校長在辦公室裏對全體職員講話哪.

20.4.　我們文學系的系主任最不喜歡簡體字.

21.0.　團　團體　團員

21.1.　他是青年團的團員.他說他們團體裏的人都
是優秀青年.

22.0.　劃　筆劃

22.1.　請問,盡力的盡字是多少劃?...這個盡字的筆
劃是十四劃.

23.0.　省

23.1.　為了省時間,我們簡單一點兒吃.

23.2.　為了省時間,我們就要個炒豆腐好不好?

59
白：馬教授,簡體字的體,全體的體都是一個體字
嗎?

60
馬：是.身體、團體也是那個體.

61
白：你對簡體字的看法怎麼樣?

62
馬：我認為簡體字有長處也有短處.簡體字的長
63
處是筆劃少容易寫,而且省時間.

64
白：在學習上也比較容易記.

65
馬：對了."我的書讓他給拿走了." 那個讓字一

共是二十四劃.要是寫簡體字才五劃.

24.0. 世界

24.1. 他是一位經濟學專家.他對世界各國的經濟情形非常瞭解,尤其是對東方國家的經濟情形.

24.2. 世界上那兒有一定平安的地方？

25.0. 發展

25.1. 他的博士論文是發展農業辦法.

25.2. 一位物理學家說希望中國能在最短的期間在科學一方面能有很大的發展.

26.0. 之

26.1. 你把心事告訴我.我們兩個人之間那兒有不能說的話呢？

26.2. 外國留學生聽了校長講話以後,有的說完全聽得懂,有的說能聽懂百分之八十.

26.3. 請你到張博士家裏給我取那本中國之政治制度.

26.4. 北大是中國最好的大學之一.

27.0. 化　簡化　簡化漢字

27.1. 那個國家進步的非常快.不到三年的工夫他們的農工業都近代化了.

27.2. 考取留學生的辦法太費事了.考取的辦法應當簡化.

27.3. 據說要把漢字簡化到三千左右.

28.0.　基本

28.1.　小學教育是基本教育,所以世界各國都注重
　　　小學教育.

67
白:　簡體字的短處是甚麼?

68
馬:　簡體字的短處是以後對於古書上的漢字大
　　　家不認識了.漢字在文化發展上雖然是往簡
　　　化的路上走,但是原來的漢字是中國文化的
　　　基本,也不能不用.

72
白:　您的意思是不喜歡漢字簡化?

73
馬:　不是.我的意思是說,中國是世界文明古國之
　　　一,原來的漢字本身已經用了幾千年了,所以
　　　我的意思是不能只用簡體字,不用原來的漢
　　　字了.

76
白:　現在外國人學中文更難了.這兩種字都要學.

29.0.　普遍　　普及

29.1.　這種病很普遍.這一帶的小孩子差不多都病
　　　了.

29.2.　普及教育這種工作是非常困難的.

30.0.　期　　長期　　短期

30.1.　你這次到美國是不是長期住在那兒?…不,我
　　　這次去是一個短期旅行.

31.0.　推行

31.1.　聽說在那兒推行教育的辦法凡是四歲的孩

子一定得到學校去… 不會的吧.那兒有四歲的孩子能上學的?

31.2. 普及教育在這裏推行倒是推行了,可是没甚麼成績.

32.0. 一般的　一般人　一般的説

32.1. 看一般的情形,那個國家的農工業在五年裏頭有很大的發展.

32.2. 根據一般人的看法,他那個政治學説人民不會歡迎的.

32.2. 一般的説現在中國的科學還不能和西方國家比.

33.0. 受

33.1. 第一期的美國留學生回到中國以後是不受歡迎的.

馬: 中國的教育還不普遍.簡化漢字對於普及教育很有關係.

白: 我想不論那個國家.普及教育這個工作不是短期能夠達到的.

馬: 是的.中國政府想出各種辦法盡力推行.可是還没達到一般人民都能受教育的目的.

白: 不但是中國.世界上別的國家也是一樣.人人能受教育那得要一個長期的時間.

馬: 可是西方國家很早就注重普及教育.中國從近幾十年才注意這個問題.現在世界上所有

的國家都很注重普及教育,希望沒有一個人
不受教育的.

34.0.　目標

34.1.　他們的目標希望在五年裏頭設立五個大學.

35.0.　需　需要

35.1.　從這兒坐船到美國去需多少日子?

35.2.　這一帶的孩子很多,十分需要增加幾所小學校.

36.0.　落　落下來　落後

36.1.　你看,那個飛機落在海裏了!

36.2.　因為天氣不好,那個飛機找不到目標了,在天
上飛了半天也沒落下來.

36.3.　我才到飛機場飛機就落下來了.

36.4.　那個國家是一個經濟落後的國家.

37.0.　使

37.1.　這個辦法是使每一個人都有基本常識.

38.0.　總而言之　總之

38.1.　總而言之和總之是不是一樣的意思?

白：要達到人人有機會受教育的目標,我想最需
要的就是要普遍設立學校.

馬：普遍設立學校當然是普及教育的第一步,拿
中國來說,一個經濟落後的國家,說起來容易,
事實上不是很短的時間能夠辦到的.

白：這倒是實在的情形.

馬： 總而言之七萬萬人口的一個國家要是使人人能受教育不是短時間辦得到的.

39.0. 深　高深

39.1. 那條河的水很深連大船都能走.

39.2. 我們看書要深深的瞭解書的內容.

39.3. 他雖然沒有甚麼高深的學問,可是他對教學一方面是有相當的經驗

40.0. 末　末年

40.1. 請你看中國大事年表上明末都有甚麼大事?

40.2. 那本小說是元朝末年一位文學家寫的.

41.0. 漸漸(的)

41.1. 一個落後的國家不上十年的工夫能漸漸的發展到這個樣子.

41.2. 現在從小學到大學,各級學校的程度都漸漸的提高了.

42.0. 舊

42.1. 舊文學是文言文,新文學是白話文.

43.0. 相同

43.1. 私塾的教育和學校的教育大不相同.

白： 談到教育問題,聽說中國從前是男人受教育,女人多數不受教育.

馬： 是,男的可以受高深的教育,女人很少同樣的受教育.女人有百分之九十九連一個字也不

認識. 在清朝末年,科舉取消了以後,漸漸的女
人也和男人同樣的受教育了.

白: 甚麼道理從前的女人不受教育?

馬: 那是男女不平等的原故.一般人的看法,女人
應該在家裏,不必有學問.

白: 女人雖然不出去作事,也應該有一點兒學問.

馬: 一直到現在,在舊家庭裏的思想上還認為女
人念書是不必要的.

白: 事實上現在男女都受相同的教育了.

馬: 是.現在中國的教育是不分男女了.

44.0. 名稱

44.1. 那個東西雖然有兩個名稱,可是事實上是一
個東西.

45.0. 演變

45.1. 因為時代的演變,中國的家庭也是小家庭制
度了.

46.0. 流　潮流　河流

46.1. 那條河裏的水都流到那個大湖裏頭.

46.2. 因為時代的潮流我們不得不研究原子能.

46.3. 中國有三條大河流.

47.0. 影響

47.1. 因為大水的關係農人多半不能種田.今年的
農業很受影響.

48.0. 過渡

48.1. 那是一個從舊社會演變到新社會的一個過渡時期.

[112] 白: 馬教授,學堂跟學校這兩個名稱有甚麼[113]分別?
[114] 馬: 現在的學校就是從從前的學堂演變的.在[115]清末受了時代潮流的影響,從私塾^{shú}演變到[116]學校在那個過渡時期叫學堂,不叫學校.
[117] 白: 聽說那個時候才有人到各國去留學.
[118] 馬: 是的.我父親就是那個時候考取到美國留學.他是第[119]一期的留美學生.

49.0. 修業
49.1. 在清朝末年的時候馬有文先生就在北大修業.
50.0. 幼稚　幼稚園
50.1. 你想的太幼稚了.
50.2. 那是一個私人辦的幼稚園.
51.0. 大同小異
51.1. 這裏所有中學的課程都是大同小異.
52.0. 屬　屬於
52.1. 這個農業合作社是屬於我們遠大農學院的嗎?

[120] 白: 馬教授,修業這個詞兒在甚麼時候常用?
[121] 馬: 修業這個詞兒是文言的,是在演講和寫文章

的時候用的.說話的時候都是說:"在學校受
教育." 不說 "在學校修業".

白: 中國小學生開始受教育,幼稚園跟學校一共
幾年?

馬: 幼稚園二年,初小高小一共六年.美國呢?

白: 美國小學制度和中國的制度是大同小異.

馬: 一般的說我想現代的教育制度大體上都差
不多.

白: 中國的幼稚園都是跟小學在一塊兒屬於小
學一部分嗎?

馬: 不一定.有的幼稚園單是幼稚園,不一定跟小
學在一塊兒.

白: 幼稚園的學費貴不貴?

馬: 官立的不貴,私立的比較貴一點兒.

53.0. 方式

53.1. 那個大學對外國留學生的教學法他們是採
用那種方式?

54.0. 趕 趕上 趕快

54.1. 我們這本書能不能在八月念完?…我們趕一
趕,一定可以念完.

54.2. 我們現在忙的很,我們趕高級課本哪.

54.3. 我們是工業落後的國家.我們必得努力才能
夠趕上外國.

54.4. 三年的工夫工業怎麼能趕上西方國家呢?

54.5. 請你趕快把那本<u>簡化漢字課本</u>給張先生.

54.6. 快一點兒走吧.要不然趕不上火車了.

55.0. 充實

55.1. 我的學問不够,我必得多看書充實自己.

56.0. 選　選舉　選上　選拔

56.1. 一般的選舉都是在大會上提出幾個人來,再從這幾個人裏來選拔.

56.2. 他不會選上的,因為大多數人都不歡迎他.

57.0. 向(着)　方向　向來

57.1. 他把我的書借去了好幾個月了.我向他要了好幾次他也不給我.

57.2. 他作起事來向來都是很賣力的.

57.3. 請問,到遠東大學醫學院去這個方向對不對?

馬: [136] 我現在有個問題問你.你覺得現在我們的教學[137]方式怎麼樣?

白: [138] 我認為這是最好的教學法.我想一般同學都[139]喜歡這個教學法.

馬: [140] 學校裏也認為這種方法很好.

白: [141] 我相信對我的幫助很大.近幾年來我覺得進[142]步的非常慢.我應該趕快的想法子充實自己.[143]

馬: [144] 你原來的程度我不知道,可是我覺得你的中文[145]相當好.

白: [146] 您客氣.您有工夫的時候還得請您給選幾本[147]書.我這次没到中國來以前,我就想這次到中[148]

國第一要多買書.

149
馬：好,我明天寫幾本書名子給你.在美國買中文 150
書容易不容易?

151
白：在美國買中文書向來不大容易,因為需要的 152
少,所以書店的中文書不多.

58.0. 自然而然(的)
58.1. 你每天聽錄音自己練習發音,日子久了自然
而然中國話就會進步的.

59.0. 唐
59.1. 名畫家張大千所畫的美女都是唐代的.
59.2. 昨天唐學禮從國內給我來信說:"請你代我
買高中物理學和經濟學,社會學等書.價錢多
少請來信."

60.0. 過程
60.1. 你知道從文言文演變到白話文的過程嗎?

61.0. 好像... 似的
61.1. 看他的樣子好像不大高興似的.

62.0. 香港
62.1. 香港是一個大海口.每一個國家的船都可以
到那兒去.

63.0. 台灣
63.1. 據說台灣的人口在一九五三年已經有七百
五十萬人了.

153
白：馬教授,今天晚上七點鐘有個學術演講,我想 154

去聽聽.

155
馬：對.你應該去聽.多聽自然而然會進步的.是甚
156
麼題目？是誰主講？

157
白：是一位才從香港來的毛海天先生.講題是"漢
158
唐文化進步的過程."

159
馬：毛海天這個人好像我認識似的.我想起來了.
160
我在報紙上看見過他的名字.他以前在台灣
161
大學當教授還有問題嗎？

162
白：沒甚麼問題.噢,馬教授.朋友從香港給我買了
163
兩本書.我明天拿來您看看.

164
馬：甚麼書'？

165
白：一本漢語語法,一本是香港大學出版的中國
166
文化講話.

167
馬：漢語語法我有,你就把中國文化講話拿來我
168
看看得了.

169
白：好的.明天見馬教授.

170
馬：明天見.

生詞表 (p. 58)

1. 經	進步	私立	設立
五經	3. 私	公立	6. 程度
三字經	私人	國立	7. 清
2. 步	私塾 shú	省立	8. 科舉
一步一步(的)	4. 立	5. 設	9. 官

官立
10. 年限
11. 規定
12. 章　文章
13. 造就
14. 取消
15. 堂　課堂　學堂　講堂
16. 趨勢
17. 增加
18. 學科
19. 身　本身　起身　身心
20. 體　身體　體體　大全　簡體字
21. 團

團體　團員
22. 劃　筆劃
23. 省
24. 世界
25. 發展
26. 之
27. 化　簡化　簡化漢字
28. 基本
29. 普遍　普及
30. 期　短期　長期
31. 推行
32. 一般(的)　一般人　一般的説
33. 受
34. 目標
35. 需

需要
36. 落　落下來　落後
37. 使
38. 總而言之　總之
39. 深　高深
40. 末　末年
41. 漸漸(的)
42. 舊
43. 相同
44. 名稱
45. 演變
46. 流　潮流　河流
47. 影響
48. 過渡　修業
49. 修業
50. 幼稚　幼稚園

51. 大同小異
52. 屬　屬於
53. 方式
54. 趕　趕上　趕快
55. 充實
56. 選　選舉　選上　選拔
57. 向(着)　向來　方向
58. 自然而然(的)
59. 唐
60. 過程
61. 好像...似的
62. 香港
63. 台灣

語法練習 (p. 59)

1. 那本漢語教科書上的簡體字我念是念完了,可是我記住的還不到五分之一哪.

2. 這兒的官立中學都很注重科學.他們的學科十分之八是科學課程.而且課程都很深.

3. 飛機落下來之後馬大文同張一山就離開飛機場了.

4. 在沒有學校之前小學生都是在私塾念<u>三字經千字文</u>等書.

5. 總之就是總而言之簡單的說法.

6. 那個公立學校的學生分為兩部分上課,有的上午上課,有的下午上課.

7. 考試的時候先生讓我們寫課堂兩個字.我把堂字寫為程了.課堂寫成課程了.

8. 我把四聲看錯了.我把一般念為一半了.

9. 全世界上的國家都把那個國家看作是一個不能進步的國家了.

10. 請你把那些個詞兒分作四組.

11. 拿身體來說吧,你的身體比我好的多.

12. 你要是還沒有明白,我再用一個例子來給你解釋解釋.

13. 今天的地理是講大山跟河流.第一我先從河流來說起.

14. 拿寫字來看你就比我好的多.

15. 根據教育部的記錄來説,這裏學生今年增加了
　　百分之二十五.

16. 唐先生説他還有三個月才到中國去,可是看他
　　的樣子好像馬上就要起身似的.

17. 我叫他往南走,可是他向着西北的方向走了,他
　　好像沒聽明白我的話似的.

18. 他的身體雖然很好,可是作起事來好像連一點
　　兒力氣也沒有似的.

19. 那個團體的全體團員選舉代表,結果張先生選
　　上了.可是我看他好像是很不高興當代表的樣
　　子.

20. 高大文在這兒住了好久了也沒走.好像是要長
　　期住在這裏的樣子.

講話(p. 60)

　　説到中國的教育,最好是從近百年來説起,因為
近百年來中國的教育有很大的演變.演變的原因,
一方面是受了西方文化的影響,一方面是時代潮
流的趨勢,所以就自然而然的一步一步的演變.演
變的過程可以分為三個時期.第一期是私塾時期,
也就是舊教育時期.第二是學堂時期,也可以叫作
過渡時期.第三是學校時期,就是現代這個時期.現
在把這三個時期分別説明.

　　第一,私塾時期.這個時期也可以説是舊教育時

期、私[10]塾[11]本來是中國從古時就有的。這裏所說的私塾時期就是清朝末年幾十年間。當時正是科舉時期。從唐[13]朝以來到清朝末年都是用科舉制度。科舉是一種考試制度，用他來選拔人才。這種[14]制度在考念書[16]的人就專門地設立的學生，念書的人就寫[15]文章，不是政府設立的學生，或者十幾個念書沒有一定去參加科舉的考試，就去參加官。

當時念的書和私人先生，有學以作參[21]考。有幾個[17]念書設立[18]私塾[19]。在私塾加科舉的考試，就去參加[20]，考取之後就可以作官。這是私塾時期舊教育情形。私塾念的書都是念四書[12]五經等等文學，所以當時念的書和私塾念的書各種文可以作為自己之後就可以。

方叫作一個私塾。私塾有各種文學可以作參考。每一個私塾念四書、五經為自己之後就可以作官。都是念四書五經。只要認考取之後就可以作官。這是私塾年限，只要認試，考取各己之後。加考試，情形。育情形。

第二[22]，學堂時期。這個時期也可以叫作過渡時期。當時中國對於西方文化[23]...在清朝[24]最後的幾年，當時也知道科學的重要了，又知道科學[25]...年裏，所以在一八九八[26]年，學生在學堂裏學習一點兒西方的科學，在北京設立大[29]學堂。這個時期最後的幾年，當時也知道時代的需要了，所以在一九零五年取消科舉，學生在學堂裏學習本國文學[27]，也要學習一點兒西方的科學。在一九零五年取消科舉，在各省設中學堂[28]，在各縣設小學堂，規定學生畢業的年限。這些學堂多半是[30]政府教育走[31]向舊教育。

也是漸漸[24]制度設立，不但在各縣規定和以前私塾[shú]教育一個過渡時期[32]的教育，就是學堂教育。這是從舊教育走向新教育，就是學堂教育。

第三[33]，學校時期。這是現代教育的時期。這個時期是[34]從一九一二年民國成立之後到現在。這個期間[35]

的教育方式完全是用學校制度.現在把各級學[36]校
的名稱和修業的年限説一説：

[37]幼　稚　園　　　一年或二年
[38]小　　　學　　　六　年
[39]初　中　學　　　三　年
[40]高　中　學　　　三　年
[41]大　　　學　　　四　年
[42]研　究　院　　　一年以上

　　[43]各級學校教育的目標,在幼稚園時期是注意身
[44]心的發展,在小學時期是學習基本知識,在中學時
[45]期是充實各種學識.大學教育是造就專門人才.[46]研
究院是研究高深的學術.自從學校教育推行以來,[47]
受教育的人數比較以前增加很多.學生的程度也[48]
都相當的好.大學的學術水平也漸漸的提高.中[49]國
教育在這個時期是進步的.

　　[50]總而言之,在這近一百年來中國的教育是從舊[51]
的教育走到了現代化的教育.各級學校的制度和
西方[52]國家學校制度是大同小異.現在中國教育正[54]
[53]向兩個目標前進,一個目標是注重科學,因為從前[55]
在科學上是落後的,所以要特別注重科學.希望趕
上西方國家.

　　[56]還有一個目標,是想要普及教育.因為中國人[57]能
識字的只不過十分之二三,所以要使每一個國[58]民
都要受過小學教育.可是中國人口太多,短期裏[59]還
是不容易實現的.

復述 (p. 62)

這盤錄音帶是中文第一組第二號,白文山復述第二次的專題講話.

第二次專題講話的講題是"本校概況". 主講人是遠大外國留學生輔導主任張有真先生. 在沒演講以前,輔導主任張先生介紹他自己. 他說他的工作是幫助外國留學生. 他還說我們如果在學校遇見甚麼困難,我們可以隨時去看他. 他告訴我們他辦事的地方是在總辦公樓二六一號.

關於本校概況,張主任說各學院都有甚麼學系. 他還說明年遠大要成立一個教育學院.醫學院是去年新成立的. 遠大除了醫學院以外,一共有五個學院.有工學院,理學院,法學院,文學院跟農學院.工學院和農學院沒有外國留學生. 只有三個學院有的外國學生. 那就是文學院,法學院,理學院.理學院的外國學生最少.法學院的外國學生也不多.就是文學院的外國學生最多.

張主任又說到那一個學系屬於那個學院等等.關於學校院系的組織這一點,有的和美國大學不物同.比如遠大理學院有數學系,物理系,化學系,生物系,心理系.在美國心理系不屬於理學院,是屬於文學院的.還有,在遠大法學院,除了法律系以外還有政治系,社會系和經濟系.在美國政治,社會和經濟系不是屬於法學院的,是屬於文學院的.遠大文學院的學系跟美國文學院的學系差不多,遠大當然[27]有中文系,也有外文系,哲學系,歷史系,還有新聞系[28]和語言學系.

張主任把院系講完了以後,又提到學制,一般的[29]學校有兩種學制,有學年制跟學分制兩種.學年制[30][31]是有年限的,比如念大學的學生凡是念滿了四年成績都及格就可以畢業,得到學士學位.學分制沒[32][33]有年限,得念滿一百二十個學分,也要作畢業論文[34]才可以畢業.念碩士要有三十個學分,寫碩士論文[35]才能拿到碩士學位.念博士哪,要念六十個學分,寫[36]博士論文.當然每門功課要及格,不然就得重修.[37]

最後張主任又說到獎學金的問題.他說遠大的獎[38][39]學金是這樣:凡是成績優良的學生分數平均在八[40]十分以上,都可以申請獎學金.不論大學或是研究[41]院的學生都可以申請.

温習 (p. 63)

1. 我們學校除了有一個大講堂以外還有十幾個課堂.
2. 現在中國的學校裏學數學都不用算盤了,可是作買賣的還是多數用算盤.
3. 新華樓不但菜好吃而且他們的盤子也相當好看.
4. 中國從開始辦學堂到現在也不過七十年左右.
5. 在世界上很多落後的國家現在都開始注意科學了.科學已經成了一種很普通的學問.他們都

希望在短期裏趕上西方國家.

6. 我今天向諸位談一談中國的人口問題.

7. 國立省立私立大學的課程一般的說都是大同小異.

8. 那個團體又開會了,為了要省時間你告訴那幾個團員趕快坐車去.

9. 我覺得他近來好像很用功似的.相信他這次考試的成績一定比以前進步.

10. 我們兩個人合捐給香港紅十字會分會三十塊錢.

11. 剛才選舉學生會會長,是誰選上了?

12. 那條帶子太短,我們應該重買一條.

13. 請問萬教授,總之,修業跟身心這三個詞兒是寫文章用的還是說話用的?

14. 中國的教育現在向着新的方向走.近來又設立了很多大、中、小學校和幼稚園,希望在最近的將來學校教育都是現代化的.

15. 他今年已經八十五歲了.可是他老人家的身體非常好,走起路來和青年人一樣.

16. 我們到飛機場的時候飛機已經落下來半天了.

17. 大體上說他們的工作能力很不錯了.

18. 他自己本身是有名的物理學家所以他很希望他的兒子學科學.他說現在的潮流是太需要科學了.

19. 中國科舉制度是在清末的時候取消的.

20. 一般人的看法,那個國家幾年裏頭能夠趕上西方國家.

問 題(p. 64)

1. 近百年來中國教育有很大的演變,演變的原因
   是甚麼?

2. 近百年中國教育的演變可以分成幾個時期?
   每個時期的名稱是甚麼?

3. 甚麼是科舉制度?是從那一個朝代開始的?
   那個朝代取消的?

4. 中國的學制,規定中學的年限是幾年？中學教育的目標是甚麼？

5. 甚麼叫普及教育？怎麼樣能達到普及教育的目的？

6. 一個中國小學生從七歲起念小學學習基本知識,要是念到中學畢業的時候是幾歲？念到有高深學問得了博士學位的時候是多大歲數？

7. 念大學和研究院在甚麼情形之下才可以申請獎學金？

8. 念大學的時候每門功課多少分及格？要念多少學分才能畢業？

9. 學分制和學年制有甚麼不同？那一種制度比較好？中國的大學採用的是那一種制度？

10. 私塾教育時期學生念的甚麼書？學校教育的時期都有甚麼功課？那個時期的功課比較實用呢？

1 產	2 米	3 豐	4 富	5 致	6 災	7 旱
8 害	9 損	10 區	11 域	12 黃	13 積	14 風
15 景	16 洲	17 澳	18 歐	19 亞	20 蘇	21 聯
22 俄	23 置	24 熱	25 島	26 陸	27 性	28 殖
29 商	30 通	31 佔	32 疆	33 藏	34 蒙	35 交
36 印	37 緬	38 甸	39 靠	40 洞	41 鄱	42 陽
43 江	44 揚	45 浙	46 珠	47 沿	48 鄉	49 沙
50 漠	51 低	52 麗	53 雨	54 泥	55 石	56 養
57 羊	58 冷	59 含	60 利	61 益	62 入	

第四課　地理 (p. 69)

1.	產	chǎn	produce (3)	24.	熱	rè	hot (25)

1. 產　chǎn　produce (3)
2. 米　mǐ　rice, grain (4)
3. 豐　fēng　rich, abundant (5)
4. 富　fù　rich (5)
5. 致　zhì　arrive (6)
6. 災　zāi　disaster (7)
7. 旱　hàn　drought (7)
8. 害　hài　harm (8)
9. 損　sǔn　damage (8)
10. 區　qū　district (9)
11. 域　yù　region (10)
12. 黃　huáng　yellow (11)
13. 積　jī　accumulate (13)
14. 風　fēng　wind (14)
15. 景　jǐng　scenery (14)
16. 洲　zhōu　continent (16)
17. 澳　ào　Australia (17)
18. 歐　ōu　Europe (19)
19. 亞　yǎ　Asia (2)
20. 蘇　sū　revive (21)
21. 聯　lián　unite (21)
22. 俄　ē, é, è　Russia (22)
23. 置　zhì　establish (23)

24. 熱　rè　hot (25)
25. 島　dǎo　island (26)
26. 陸　lù　land (27)
27. 性　xìng　quality (28)
28. 殖　zhì　grow (30)
29. 商　shāng　commerce (31)
30. 通　tōng　go through (32)
31. 佔　zhàn　occupy (33)
32. 疆　jiāng　border (34)
33. 藏　zàng　store; Tibet (36)
34. 蒙　měng　Mongolia (37)
35. 交　jiāo　join; deliver (38)
36. 印　yìn　print (39)
37. 緬　miǎn*　Burma (40)
38. 甸　diàn*　suburb (40)
39. 靠　kào　lean on (41)
40. 洞　dòng　cave (43)
41. 鄱　pó*　Poyang Lake (44)
42. 陽　yáng　male principle (44)
43. 江　jiāng　large river (45)
44. 揚　yáng　raise (45)
45. 浙　zhè　Chekiang (45)
46. 珠　zhū　pearl (45)

47.	沿	yán	along (46)	55.	石	shí	stone (55)
48.	鄉	xiāng	the country (47)	56.	養	yǎng	give birth to; raise (58)
49.	沙	shā	sand (48)	57.	羊	yáng	sheep (59)
50.	漠	mò	desert (48)	58.	冷	lěng	cold (60)
51.	低	dī	low (50)	59.	含	hán	contain (61)
52.	麗	lì	beautiful (52)	60.	利	lì	profit (62)
53.	雨	yǔ	rain (53)	61.	益	yì	benefit (62)
54.	泥	ní	mud (54)	62.	入	rù	enter (67)

白¹：馬教授,早.

馬²：早.今天天氣很好.

白³：我到這兒這幾天今天天氣最好了.

馬⁴：昨天聽的關於教育的講話有甚麼問題沒有⁵?

白⁶：講的我都懂了,沒甚麼問題.可是我這次的復⁷
　　述沒有前兩次的好.

馬⁸：甚麼原因呢?

白⁹：因為我都懂了,再復述的時候就隨便說,沒怎¹⁰
　　麼注意用生詞.

馬¹¹：只要你都明白了,就是生詞少也沒多大關係.¹²
　　就是和作文章一樣.雖然文章的題目相¹³同,大
　　家不一定要用一樣的詞兒寫文章.¹⁴主要的是
　　意思相同.可是在復述的時候還是多用生詞¹⁵
　　比較好,為的是多練習嘛.ᵐᵉ

白¹⁶：對了.下次我得注意這一點.

馬¹⁷：拿你的程度來說,事前把生詞多看一會兒,在

錄音以前多想一想,自然而然的就多用生詞[18]
了,昨天那位張教授講的怎麼樣?[19]

白: 講的好極了,可是他說的話有的不是國語,得[20]
很注意聽才聽得懂.[21]

馬: 張教授是湖南人,聽學術演講要注意的是他[22][23]
們主講的內容,不要注意主講的語言,使你的[24]
語言受了影響.

白: 您說的對,我們今天的專題講話是講中國地[25][26]
理,是不是?

馬: 是.這是今天的生詞表.[27]

白: 馬教授,不得了! 這麼多生詞![28]

馬: 多是很多,可是有很多地理名子,很容易記.[29]

1.0.   形容   形容詞

1.1.   "張先生的身體很好" 在這句話裏的好字是
       形容詞,形容張先生的身體很好.

2.0.   地大物博

2.1.   中國和美國都是地大物博的國家.

3.0.   產   出產   農產   土產   物產   產生

3.1.   這兒的出產多不多? 產的最多的是甚麼?

3.2.   湖邊兒的農田很多,所以農產也很多.

3.3.   有一個美國人從中國回到美國,他說中國的
       物產太多了,太好了,他這次回國買了不少中
       國的土產.

3.4.   有人說中國的白話文是五四以後產生的,你

說對嗎?

4.0. 米

4.1. 中國農產最多的是米.

5.0. 豐富

5.1. 昨天的專題講話,所講的題目是中國的物產. 張先生把那裏的出產豐富,那裏沒有出產,給 我們解釋的很明白.

5.2. 我們這本書如果請王先生給寫說明,內容就 會豐富.

6.0. 大致

6.1. 中國幼稚園和外國的幼稚園大致相同.

30
馬: 形容中國大,出產多都是用 "中國地大[31]物博" 這句話,這是事實,也是人人都知道的.

32
白: 中國是不是米出產的最多呢?

33
馬: 是,米是南方最主要的農產,南方出產的最[34]多.

35
白: 北方不產米嗎?

36
馬: 北方水田很少,所以出產的米不多.

37
白: 那麼南方的米一定不很貴了?

38
馬: 那是當然了,出產的多就不會太貴.

39
白: 北方人也吃米嗎?

40
馬: 也吃,不過就是貴一點兒.

41
白: 在地理書上看,中國的物產很豐富.

42
馬: 大致說,中國的物產是很豐富.

7.0.　災　天災　水災　旱災

7.1.　水災旱災都是天災,此外還有甚麼災也是屬
　　　於天災呢?

8.0.　害　災害　損害

8.1.　水災在中國是一大害,這種災害對於人民的
　　　損害太大了.

8.2.　這次水災受害最大的是河南省.

9.0.　區　自治區

9.1.　今年的水災,我們那區受的災害最大.

9.2.　那個地方是自治區.自治區裏的人民都在公
　　　立學校受過小學教育.

10.0.　域　區域　流域

10.1.　如果把中國分成兩個大區域,是怎樣分開呢?

10.2.　中國大的河流有幾條? 甚麼河的流域常有
　　　水災?

11.0.　黃　黃海　黃河

11.1.　黃河的水是黃顏色.黃海的水也是黃顏色的
　　　嗎?

43
白: 中國的出産相當的豐富.可是很多人生活還
　　是很困難.
45
馬: 雖然有別的原因,可是主要是天災.
46
白: 甚麼叫作天災?
47
馬: 就是旱災和水災.

48
白：災字的意思是…
49
馬：災就是災害,也就是受損害的意思.
50
白：華北這個區域人民的生活相當困難是不是
因為黃河水災的影響? 51
52
馬：多半是黃河水災向來也沒治好過從古到今 53
多少專家採用各種辦法努力去治,都不行. 54
55
白：中國文化的開始是黃河流域呀.
56
馬：那倒是.
57
白：山東、山西、河北、河南都屬於黃河流域,是不是? 58
59
馬：是的.

12.0.　廣　　廣大　　廣東　　廣西
12.1.　廣東廣西兩省水災的區域太廣了,廣大的農
田都受了損害.

13.0.　面積
13.1.　本校的面積有三方英里,包括農學院在內.

14.0.　風景
14.1.　國立醫學院的環境太好了.風景非常好看.

15.0.　州　　廣州
15.1.　廣州是一個商業中心.

16.0.　(大)洲　　美(洲)
16.1.　美洲的洲和廣州的州是不是相同呢?…不相同.
美洲的洲九劃,跟大洲的洲是一個字,廣州的
州只有六劃.
16.2.　是南美洲大還是北美洲大?

60 白： 廣字的意思就是大的意思,是不是？

61 馬： 不錯,我給你舉個例子："我們考試的題目包括的範圍很廣。"廣東,廣西就是那個廣字.

63 白： 廣東廣西都在中國的東南部,這兩省的面積差不多,可是人口是廣東多還是廣西多呢？

66 馬： 在一九五三年廣東有三千五百萬人,廣西有兩千萬人.現在也許又增加了很多.

68 白： 廣東,廣西的風景很好看,是不是？

69 馬： 廣西的山水是有名的.

70 白： 噢！請問馬教授,廣州的州和五大洲的洲是一個字嗎？

72 馬： 不是.

17.0. 澳(洲)

17.1. 澳洲的面積大還是美洲的面積大？

18.0. 非(洲)

18.1. 非洲的物產也非常豐富嗎？

19.0. 歐(洲) 歐化 西歐 歐美

19.1. 英國,法國都在歐洲,也都在西歐.

19.2. 在歐美的中國留學生,多數喜歡西方的生活,所以有人說中國留學生的生活已經歐化了.

20.0. 亞(洲) 亞(細亞) 東亞

20.1. 亞洲最大的國家是中國,中國在亞細亞的東部,所以也可以說中國是東亞最大的國家.

21.0. 蘇聯 中蘇

21.1. 中蘇文化學會是中國和蘇聯的知識份子組織的.

22.0. 俄(國) 俄(文) 中俄

22.1. 俄國就是蘇聯從前的名稱.比如說中俄合作就是說中國和蘇聯兩國合作.

馬: 五大洲的英文名子當然你會,用中文說你知道怎麼說嗎?

白: 澳洲,非洲,歐洲,美洲,亞洲.

馬: 對了.

白: 美洲有南美洲,北美洲,歐洲有西歐,北歐等等.亞洲有時候叫亞細亞.

馬: 也說東亞.

白: 歐美就是歐洲,美洲這兩洲簡單的名稱,是不是?報紙上常看見.

馬: 還有歐亞,亞非也常用,國家和國家也常把兩個國家的名稱合在一起.比如中國和蘇聯就簡單用中蘇,還有中美、中英、中日等等.

白: 中蘇也說中俄是不是?

馬: 以前是說中俄,因為以前蘇聯叫俄國.現在都是用中蘇了.但是字典還是用中俄兩個字,不用中蘇字典.念書也說念俄文,不說念蘇聯文.

23.0. 位置

23.1. 學校要買那所房子作辦公室,因為那所房子的位置就在本校的對面.學校規定只能作教職員辦公用.

23.2. 昨天我病了,沒參加地理考試.聽說只有兩個題目.一個是廣州的位置跟出產,一個是說一說亞洲的概況.

24.0. 溫　溫書　溫和　溫帶

24.1. 昨天我溫書的時候馬教授來看我.我有不明白的地方,都是馬教授給我解釋明白的.

24.2. 溫帶的氣候是溫和的.

25.0. 熱　熱帶

25.1. 澳洲的位置一部分是在熱帶,所以有的地方天氣很熱.

26.0. (海)島　半島

26.1. 海島是四面都是海.半島是三面是海.

27.0. 陸　陸地　大陸

27.1. 他們在船上遠遠的看見了陸地了.後來他們才知道那是一個新的大陸.

28.0. 性　特性

28.1. 那幾個農人他們私人組織的那個農業合作社是長期性的嗎?…是短期的.將來不種田的時候就取消了.

28.2. 大陸性的氣候有甚麼特性,你知道嗎?

馬: 我現在問你幾個問題.中國的位置是在亞洲的那個方向?

93
白： 在亞洲的東南部。

94
馬： 在溫帶還是在熱帶？

95
白： 在北溫帶。

96
馬： 中國的氣候怎麼樣？

97
白： 氣候是溫和的。

98
馬： 對了。中國不是海島，是陸地，所以氣候是屬於
99
大陸性的。

100
白： 是不是中國各地方的氣候都相同？

101
馬： 一般的說是差不了很多。

29.0.　讓　　讓步

29.1.　學校裏的職員說，現在講堂裏的人滿了，誰都
不能進去了。我說了很多話他才讓我進去了。

29.2.　那本書讓張先生給拿去了。

29.3.　那個團裏因為選拔團員的問題有意見了，兩
方面都不讓步。

29.4.　我的墨水讓誰給拿去了？

30.0.　殖民　　殖民地

30.1.　英國從前向美國殖民。

30.2.　昨天的講題是＂殖民地取消之後過渡時期
的殖民問題＂。

31.0.　商　　商人　　商業

31.1.　他在商業學校念書。他是學商的。將來畢業以
後他作商人。

32.0. 通　通商　通信　通過

32.1. 那幾個大城都通火車.

32.2. 中國和外國通商以後作進出口生意的商人
多半兒是用通信的方法作生意.

32.3. 關於東亞那個問題,很快的就通過了.

33.0. 佔

33.1. 這次選舉他一定選上,因為選舉他的人數佔
總數百分之八十.

33.2. 從前台灣讓日本給佔去了五十年.

白: [102] 在地圖上看,中國的大小海島很多.但是最有[103]
名的是香港和台灣了.香港現在不屬於中國[104]
了.

馬: [105] 香港跟台灣這兩個海島都有歷史性,相信你[106]
一定知道.先說香港從一八四二年讓給英國[107]
人作殖民地了.

白: [108] 聽說香港的商業非常發達,商人在那裏可以[109]
和各國通商.

馬: [110] 是的,香港的海水很深,連最大的船都可以進[111]
海口.

白: [112] 馬教授到過香港嗎?

馬: [113] 我在那兒住過幾年.我們再說台灣這個海島.[114]
台灣在中國的東南邊兒,一九四五年以前讓[115]
日本佔了五十年.

116
白： 所以台灣當地人都會說日本話哪.

34.0.　疆　邊疆　新疆
34.1.　疆是土地的意思,邊疆就是在邊上的土地.
34.2.　新疆的北邊就是蘇聯.
34.3.　國家跟國家時常在邊疆上發生問題.
35.0.　邊界
35.1.　中國在清朝末年常常和俄國發生邊界問題.
　　　　每次都是中國讓步.
36.0.　(西)藏　藏文
36.1.　圖書館的藏文書都是從西藏買來的嗎?
37.0.　蒙古　内蒙古　外蒙古　蒙(古)文
37.1.　清朝的時候把蒙古分為内蒙古,外蒙古,都是
　　　　中國的土地.
37.2.　蒙字這組裏一共有幾個詞兒? 每一個詞兒
　　　　都有註解嗎?
37.3.　在美國那個大學可以念蒙文?
37.4.　外蒙古是一個新的國家.他的位置是在中俄之間.

117
白： 馬教授,請解釋解釋邊疆這個詞兒的意思.
118
馬： 邊疆就是邊界的土地,比如新疆,西藏,蒙古都
119
　　 是中國的邊疆.
120
白： 我明白了.蒙古分成内蒙古外蒙古,我知道外
121
　　 蒙古不屬於中國了.現在是蒙古人民共和國
122

了,可是内蒙古呢?

123
馬: 内蒙古屬於中國,西藏是自治區.

124
白: 我有機會還想學一點兒蒙文、藏文.

125
馬: 據我知道的教蒙文、藏文的先生在這兒恐怕很難找到.

38.0. 交界

38.1. 中國的東北部和蘇聯交界的地方有兩條很大的河流.

39.0. 印度

39.1. 中國和印度都是亞洲的古國.

miǎn diàn
40.0. 緬甸

miǎn diàn
40.1. 緬甸現在是亞洲的一個新的國家.

41.0. 靠(着)　可靠　靠的住

41.1. 張教授靠着寫小說過日子.

41.2. 他說的話向來是靠不住的,你為甚麼說他說的話都可靠呢?

41.3. 在香港走路都是靠左邊走.

42.0. 青海

42.1. 青海是一省的名子,在這省裏有一個大湖叫青海,因此就把這省叫作青海省.

127
馬: 我們現在再研究一個問題,請你說一說跟中
128
國交界的國家都是那幾個國家?

129
白：在中國西邊兒跟西南邊兒和中國交界的國
130
是印度.南邊兒是緬甸(miǎn diàn)跟越南.在北邊兒交界
131
國是蘇聯跟蒙古人民共和國.

132
馬：東邊兒呢?

133
白：東邊兒靠海.

134
馬：靠甚麼海?

135
白：黃海、東海、南海.說海我想起來一個問題.在中
國西北部有一省叫青海,我不明白為甚麼叫
137
青海?
136

138
馬：因為那省有一個大湖叫青海,地方名子是根
139
據那個湖的名子起的.

43.0.　洞庭湖

43.1.　洞庭湖裏的水如果太滿了就自然而然的流
　　　到一個大的河流去了.

44.0.　鄱陽湖(pó)

44.1.　鄱陽湖(pó)一帶有甚麼土産?

45.0.　江　揚子江　長江　江南　江西　江蘇
　　　浙江　珠江

45.1.　江蘇是在長江流域,浙江不是在長江流域.

45.2.　江西是一省的名子,可是江南不是一省的名
　　　子.

45.3.　長江、珠江雖然都是江,可是珠江比長江小多
　　　了.

46.0.　沿(著)　沿海

46.1. 這裏沿海有一條公路.要是坐車沿着公路走,
又有山又有水,風景很好看.

47.0. 鄉　　鄉下　　同鄉

47.1. 甚麼叫作魚米之鄉呢？就是又有魚又有米
的地方.

47.2. 我和張先生是同鄉.我們都住在鄉下.

140
馬：我現在問你中國有幾個大湖？
141
白：有三個大湖,就是洞庭湖鄱陽湖跟太湖.
142
馬：都在那兒？
143
白：這三個湖都在揚子江流域.
144
馬：對了.都在長江的南邊兒.你知道不知道這三[145]
個湖都在那省裏頭？
146
白：洞庭湖在湖南.鄱陽湖在江西.太湖在江蘇浙[147]
江之間.
148
馬：不錯.
149
白：是不是沿海幾省出產比較豐富？
150
馬：是的,就拿鄉下人的生活來説.沿海一帶鄉下[151]
人的生活比較好.

48.0. 沙　　沙漠　　長沙

48.1. 你如果走到沙漠,你遠看,近看都是沙.

48.2. 長沙在湖南省,是中國從古時候就很有名的
地方.

49.0. 本部

49.1. 清末取消了科舉,在本部十八省裏普遍的設
       立學校.

50.0. 低

50.1. 他在省立中學修業一年,所以他的程度很低.
       他說要選幾本書自己念充實他自己.

51.0. 形成

51.1. 那個小島是怎麼形成的?

152
馬: 你知道不知道中國的沙漠地帶在甚麼地方?
153
白: 內蒙古和新疆都有沙漠.
154
馬: 中國本部有沙漠沒有?
155   156
白: 這個我不大清楚.我想沒有,沙漠多半兒在邊
     疆.都在高原地方,低的地方沒有沙漠.
157
馬: 你知道世界最大的沙漠在甚麼地方?
158
白: 在非洲北部.
159
馬: 在中亞細亞有沙漠嗎?
160
白: 中亞細亞有,而且沙漠很大.
161
馬: 沙漠是怎麼形成的?
162
白: 是自然環境所形成的.

52.0. 美麗

52.1. 四書上說孔子去看一個美麗的女子,孔子的
       學生知道了這件事,使他們很不高興.

52.2. 我二年沒看見他,現在長成了一個很美麗的
       小姐了.

52.3. 那裏的風景真美麗.美麗的叫我沒法子形容.

53.0. 雨 下雨

53.1. 我從家裏起身的時候就下雨.我走在路上雨越下越大.我看這個雨的趨勢說不定要下三天五天哪.

53.2. 他最喜歡出去了.就是下雨他也要出去.

53.3. 我想他不會下雨天去的.

53.4. 因為下雨昨天的會取消了.那天開會再重定日子.

54.0. 泥

54.1. 不下雨的時候路上有很多土,下雨以後路上都是泥.總之這條路沒有好走的時候.

55.0. 石(頭)

55.1. 今天第一堂我在課堂裏有人叫我的小名石頭.

56.0. 發達

56.1. 要想達到農業發達的目的必得趕快造就農業人才.

57.0. 不見得

57.1. 一般人雖然念過研究院不見得都有高深的學問.

163
馬: 中國是農業國家.你知道甚麼地方出產最豐 164
富?

165
白: 長江,珠江,黃河流域農產最豐富.

馬：對了,尤其是長江一帶,大家常說江南是魚米
之鄉,當然是說江南出產的很豐富,又有魚又
有米.

白：風景是南方的美麗,是北方的美麗?

馬：我認為南方的風景好看,我求學的時期很喜
歡旅行,我雖然在北方念書,可是常到南方去.

白：聽說有的地方路很不好.

馬：是.北方的路很不好,是土的.要是一下雨,路上
都是泥,實在不好走.南方我去過的一些地方
路都很好,都是石頭的.

白：我也聽人說過,下雨天有的地方簡直的不能
出門.

馬：我們再研究一個問題.中國工商業怎麼樣?

白：近些年來中國的工商業很發達,我想最近的
將來可以趕上西方國家.

馬：短期不能趕上,原因是中國是一個經濟落後
的國家.

白：也不見得.近些年來中國各方面的情形都很
進步.

58.0.   養
58.1.   他喜歡養魚,他把從小魚養到大魚的過程和
各種魚的特性,都說的很詳細,很有意思.

58.2.   我現在念書哪,没作事,我不能養家.

59.0.   羊   羊肉

59.1. 養羊的人不見得都有羊肉吃.

60.0. 冷

60.1. 大陸性的氣候是有時候很冷,有時候很熱.

61.0. 含有

61.1. 揚子江的水裏也含有泥沙嗎?

62.0. 利益

62.1. 作官的人不應當只想到本身的利益.

186 馬: 你知道甚麼地方靠着養牛,養羊生活?

187 白: 蒙古人靠養牛,養羊生活.

188 馬: 對了,邊疆一帶天氣很冷,比較最冷的地方是 189 那兒?

190 白: 西藏比較最冷,馬教授,含有這個詞兒請解釋 191 解釋.

192 馬: 含有這個詞兒說話不大用.就是裏面有的意 193 思.比如 "水裏含有泥沙."

194 白: 利益這個詞兒是不是就是好處的意思?

195 馬: 是的.

63.0. 地勢

63.1. 那本地理第一張講的是中國地勢.

64.0. 方   四方(的)   長方(的)   方里

64.1. 本校的大講堂是長方的,小課室多半是四方 的.還有錄音室也是四方的.

64.2. 江南一帶水田很多.總面積有多少方里呢?

65.0. 功　有功　成功　作成功

65.1. 他在學術上是很有功的，他有甚麼功呢？他是怎樣一步一步成功的呢？

65.2. 如果在那裏推行普及教育，我相信得二十年的年限才能成功.

65.3. 那件事他作的成功作不成功？

66.0. 收　收起來

66.1. 他給我寫的那封簡體字的信我收到以後馬上就收起來了.現在怎麼找也找不着了.

67.0. 入　入門

67.1. 我今年要入大學了.

67.2. <u>國語入門</u>是中國的有名的語言學家寫的.

196 馬：中國的地勢是甚麼樣子？

197 白：中國的地勢西北高東南低.

198 馬：中國的面積一共有多少方里？

199 白：我不知道.我就知道和美國的面積差不多.

200 馬：中國的面積有九百六十多萬方里.

201 白：是華里是英里？

202 馬：是公里.

203 白：還有成功這個詞兒就是成了的意思嗎？

204 馬：是的.我舉個例子："那件事情作成功了."

205 白：噢！馬教授，昨天有個朋友來封信.他想學中國話.他問我<u>國語入門</u>這本書好不好？您說那本書怎麼樣？

208 馬：那本書不錯.寫那本書的是有名的語言學家.

209
白：馬教授謝謝您．明天見．
210
馬：明天見．你的生詞表還沒收起來哪．
211
白：我忘了．明天見．
212
馬：明天見．

生詞表 (p. 84)

1. 形容	9. 區	18. 非(洲)	熱帶
形容詞	自治區	19. 歐(洲)	26. (海)島
2. 地大物博	10. 域	歐化	島
3. 產	區域	西歐	半島
出產	流域	歐美	27. 陸
農產	11. 黃	20. 亞(洲)	陸地
土產	黃河	亞(西亞)	大陸
物產	黃海	東亞	28. 性
產生	12. 廣	21. 蘇聯	特性
4. 米	廣大	中蘇	29. 讓
5. 豐富	廣東	22. 俄(國)	讓步
6. 大致	廣西	俄(文)	30. 殖民
7. 災	13. 面積	中俄	殖民地
天災	14. 風景	23. 位置	31. 商
水災	15. 州	24. 溫	商人
旱災	廣州	溫書	商業
8. 害	16. (大)洲	溫和	32. 通
災害	美(洲)	溫帶	通商
損害	17. 澳(洲)	25. 熱	通信
			通過

33. 佔

34. 疆
　　邊疆
　　新疆

35. 邊界

36. (西)藏
　　藏文

37. 蒙(古)
　　內蒙(古)
　　外蒙(古)
　　蒙(古)文

38. 交界

39. 印度

40. 緬甸 *miǎn diàn*

41. 靠(着)
　　可靠
　　靠的住

42. 青海

43. 洞庭湖

44. 鄱陽湖 *pó*

45. 江
　　揚子江
　　長江
　　江南
　　江西
　　江蘇
　　浙江
　　珠江

46. 沿(着)
　　沿海

47. 鄉
　　鄉下
　　同鄉

48. 沙

沙漠
長沙

49. 本部

50. 低

51. 形成

52. 美麗

53. 雨
　　下雨

54. 泥

55. 石(頭)

56. 發達

57. 不見得

58. 養

59. 羊
　　羊肉

60. 冷

61. 含有

62. 利益

63. 地勢

64. 方
　　四方的
　　長方的
　　方里

65. 功
　　有功
　　成功
　　作成功

66. 收
　　收起來

67. 入
　　入門

語法練習 (p. 85)

1. 這次演講 "非洲概況" 是誰主講? 馬教授講我去聽,別人講我不想去了.

2. 他到了浙江公立學校以後他就不和我通信了. 他不來信我不想給他寫信了.

3. 三字經、千字文、四書、五經、中俄字典等書我都有你要用我借給你.

4. 你們諸位到東亞去旅行坐船還是坐飛機? 坐船我也去,坐飛機我不去.

5. 那個私立學校各種學科都好,造就了很多人才.可是很難考進去.學生考那個學校,程度高他們收,程度低他們不要.

6. 飛機落下來半天了,他也沒下來.

7. 我最喜歡吃羊肉了.隨便怎麼貴我也得買着吃.

8. 那件事情你說甚麼他都不讓步.

9. 就是你說他靠得住,我也不相信他可靠.

10. 用功這個詞兒我怎麼給他解釋他也不瞭解.

11. 你們誰說長沙好,我也不喜歡那個地方.

12. 我怎麼說台灣土產好,他都不想買.

13. 他的事業那麼多,他還是不滿足.就是你把五大洲給了他,他都不會感到快樂的.

14. 那個商人只看利益這一方面了.不論你怎麼說那個地方不平安,他都要去.

15. 今天演講殖民地問題的那位王博士各方面的學識都相當好.隨便講那一方面的問題他也不覺得困難.

16. 因為時代潮流的關係,亞洲人到歐美留學的一天比一天多.

17. 據一般人說,到內蒙古自治區的人一年比一年多.

18. 我聽那幾個外國學生在課堂上用 國語入門 那本書學習國語,他們一個人比一個人說得好.

19. 一個同鄉從西歐來信說,那裏的女孩子一個比一個好看.

20. 希望受黃河災害的地區治水治的一年比一年成功.

21. 中國地大物博,物產豐富各地方有各地方的出產.

22. 我到蘇聯旅行了之後,我感到他們每一個區域有每一個區域發展的方式.

23. 那個團體的全體團員關於東亞的問題開會,因為各人有各人的意見,會開了三天,一件事也沒通過.

24. 那幾塊石頭有的是長方的,有的是四方的,各有各的用處.

25. 總之關於東亞的問題我們的看法不同,他們有他們的看法,我們有我們的看法.

26. 請你用中文把廣東廣西兩省普及教育的概況寫下來,然後再翻譯成英文.

27. 用甚麼方法把澳洲產的鹽出口到全世界去?

28. 今天張先生的講題是中國文化,雖然範圍很廣,他拿很簡單的話把文化發展大致情形說的很清楚.

29. 他很會用形容詞,他用了幾個形容詞把那鄉下女孩子形容的非常美麗.

30. 古時候蒙古人用蒙文把藏文和印度文的名著都翻成蒙古文了.

講 話 (p. 86)

中國[1]是一個地大物博，人口多的國家。這種地[2]大物博人口多的最好的條件是怎麼形成的呢？這多[3]半是自然環境形成的，也就是地理的關係[4]形成的，所以要瞭解中國，必先明白中國的自然[5]環境，也就是説必先明白中國的地理。

中[6]國的位置，在亞洲的東南部。東邊是黃海[7]、東海、南海。北邊是外蒙古和蘇聯，西邊是中[8]亞細亞。西南是印度。南邊是越南、緬甸（miǎn diǎn）。全國的[9]面積差不多有四百萬方英里。佔世界陸地總面積[10]十分之一，是亞洲第一大國。

中[11]國國內的區域在地理上分為本部和邊疆[12]地方。本部十八省。邊疆有東北、蒙古、新疆、西藏[13]四個。行政上分為二十三省。三個大自治區[14]。除了本部十八省以外，有青海省[15]、台灣自治區。分成三省，一共是二十三省[16]。三個大自治區是蒙古、新疆和西藏。

中[17]國本部的人口佔總人口的百分之九十。邊疆[18]的人口佔百分之十。在這幾個邊疆區域裏，有西藏[19]這麼多。北的土地很好，物產也多。還有像蒙古、新疆，只[20]有西山太多，這些地方，農田很少。有的是沙漠很多，有的是[21]西部和南部當地的人多半靠着養牛養羊過日子[22]。

中[23]國的地勢東部低，北部比東部高一些。西部和[25]南部多半是高原，還有很多大山。因為地勢[24]是西部

比東部高,所以中國的河流多半是從西往東流,中[26]
國的著名的河流有三條.

第一,長江.也叫作揚子江.在中國的中部,是中國[28]
最長的河流.長江流域土地很好,農產豐富,而且長[29]
江入海的海口是上海.上海的工商業很發達,是全[30]
國的經濟中心,所以長江是給中國帶來經濟利益[31]
的一條河流.

第二,黃河.在中國的北部.河水是黃顏色的,水裏[33]
含有泥沙.黃河常常發生水災,每次水災人民都受[34]
很大的災害.但是中國在三千年前最早的文化是[35]
從黃河流域開始,以後才漸漸的發展.黃河雖然對[36]
人民有害,可是在中國文化上是有功的.[37]

第三,珠江.在中國南部.他的流域只有廣西廣東[39]
兩省.珠江流域雖然有很多山,但是農田也不少.珠[40]
江入海的海口是廣州,是中外通商最早的地方.現[41]
在是中國南方的商業中心.[42]

在中國的中部有三個大湖,就是洞庭湖.鄱陽湖、[44]
太湖.這些湖的四面農田很多,出產的米也很多,湖[45]
裏又有很多魚.因為這一帶地方都在長江以南,所[46]
以中國人說江南是魚米之鄉.

中國沿海有一些海島,最大的海島是台灣,在東[48]
海和南海之間,離中國大陸差不多一百公里左右.[49]
台灣物產豐富,風景美麗,現在是中國的一省.還有[50]
一個最小又最著名的海島是香港,本來是屬於中[51]
國,從一八四二年以來是英國的殖民地.[52]

因為中國的位置是在北溫帶,所以中國的氣候[54]

大部分是溫和的,又因為中國三面是陸地,只有一[55]
面是海,所以中國的氣候又是大陸性的,但是中[56]國
的地方太大了,所以北部的氣候和南部不同,東部[57]
的氣候也和西部不同.大致說來,北部西部較冷,南[58]
部較熱,東部、中部溫和.

　　總之中國的[59]自然環境從大體上來看是相[60]當的
好.中國人有一句常說的話:"大好河[61]山" 就是形
容中國自然環境很好的意思.

復述 (p. 88)

　　這盤錄音帶是中文第一組第三號,白文山復述[1]
第三[2]次專題講話.

　　這次專題講話的[3]題目是中國教育,主講人[4]沒有一
把中國教育從古到今都講過,只是講[5]的中國近一
百年的教育,為甚麼就講近一百年的教育[6]呢? 因
為中國的教育在近一百年裏頭有很大的[7]演變,演[8]
變的主因是受了外國的影響.所以時代的趨勢是
必得注重新教育.

　　這一百年可以分為三個時期.頭一個時期是私[9]呢?個
塾[shú][10]時期,是在一八九八年以前.甚麼叫作私塾[shú]組的一
就是[11]一位有點兒學問的人在他的家裏面收幾個書[15]課,
學生[12],在家裏看學生的程度教給他們、比如才開始念程度高
織[13],只是看學生程度教給他甚麼的.要是程度高[16]
就[14]教給他們三字經、百家姓甚麼的.總之沒有一定的課程,
點兒的就念五經、四書等書.

也沒有年限,也沒有考試.私塾[17]那個時期就是科舉
時代.

　　從唐朝到清末都是科舉制度[18].那是一種考試[19]的
制度.那個時代,私塾[shú]的學生認為他們的程度[20]可以
了,他們就去參加考試,要是考上了就可以作官.有[21]不
的人雖然他們沒考上,可是他們的學問不見得不
好.[22]那些人雖然沒考取不能作官,有的在家繼續的
研究[23]學問.有的他們的出路就是在家設私塾[shú]教學
生.[24]

　　第二個時期是學堂時期[25].從一八九八年開始,一
九零五年科舉取消了以後,學堂成立的更多了.學[26]
堂[27]跟學校差不多,就是名稱不同.學堂有的是官立[28]
的,有的是私立的.課程和學生修業的年限都是政[29]
府規定的.學堂時期是新舊教育的一個過渡[30]時期.
時間不很長,不過有十五年左右.

　　第三個時期就是學校時期.學校時期是從民國
初年[31]開始.學校和私塾[shú]大不相同,私塾[shú]的學生不分[33]
年級[32]學生裏小孩子,青年人,中年人都有.學校裏分[34]
年級有幼稚園,小學,中學,大學,還有研究院[35].下面說
一說教育的目標.在幼稚園和小學是教給小學生
們基本的知識.中學是讓學生多知道各種的學識[36].
大學和研究院是造就專門[37][38]人才.

　　總而言之[39]中國的教育是漸漸的提高了.雖然中[40]
國現在沒達到普及教育這個目標,可是學生的總[41]
數一天比一天增加.大體上說中國的教育制度和[42]

歐美是大同小異,也可以說中國現在的教育制度[43]
是歐化的.

溫習 (p. 90)

1. 清朝的時候中俄兩國交界的地方常常發生邊界問題.每次都是中國讓步,所以中國有不少的土地就讓俄國佔去了.

2. 現在商人多半用通信的方法把當地的土產賣到外國去.但是這種方法有時靠得住有時不可靠.有一次在信上說的是土產,可是東西到了外國都是一些大石頭.

3. 青海省雖然有很多山,可是也有廣大的平原.在這個平原地區的四面都是山.

4. 熱帶氣候的特性是時常下雨,所以產生的東西多半是又高又大.可是雨下的太多了,也會成了災害.

5. 長方的、四方的都是形容詞.比方說:"那個半島大致是長方的."就是形容那個半島像是長方的似的.

6. 東亞國家的學生到歐洲去留學,多半在西歐.他們回國以後常以為學了不少東西,對國家很有功.可是有的留學生除了在生活上歐化以外,他們真的學到了甚麼呢?

7. 中國的東北離俄國很近,所以有不少人懂得俄文.要是到了中國的南方像廣州這一帶,因為離俄國太遠,所以懂得俄文的人就很少了.

8. 今年河南、山西區域很久不下雨,已經成了旱災.
可是沿著長江一帶雨下的特別多,看情形又要
有水災.今年不是旱災就是水災,真是天災太多了.

9. 世界上最冷的地方是在蘇聯.

10. 黃河是從山東半島入海,在中國歷史上看,有的
時候是從半島南邊兒入海,有的時候是從半島
北邊兒入海.

11. 蒙古、西藏的人民多數都是養牛、養羊,所以他們
吃的也是牛肉、羊肉.

12. 為了那件事開了五次會,也沒通過.原因是大家
都不贊成.

13. 自從取消私塾(shú)以後,本來在私塾念書的學生漸
漸的都到政府立的學校去念書了.政府設立學
校一方面是為了學生身心的發展,一方面為的
是普及教育.現在向著這兩個目標前進,看情形
他們一定可以作成功的.

14. 那個留學生是念博士的,他近來趕博士論文哪.
有人說他寫的論文很好.博士學位大體上是沒
甚麼問題,他可以達成得博士的目的了.那個留
學生說,他得了博士學位也不回國,他想長期在
外國研究學問.

15. 張先生最喜歡買中國書,不論新書或者舊書凡
是中國書只要是他喜歡的他就買.前天他看見
一本古版的書,他本來想價錢太貴了,他不想買
了,可是最後的決定還是買了.

16. 有一個中學生正在家裏温書,他有一個同鄉來看他,他就把書收起來了,他的同鄉說今年沿着太湖的地域都有水災,湖南的長沙跟江西的幾個小縣受到災害最大.

問題 (p. 91)

1. 中國的位置在甚麼地方? 中國的東面是甚麼海? 西、北、南三面都有甚麼國家?

2. 中國有幾條大河? 都是甚麼名子? 多半往甚麼方向流去? 為甚麼往那個方向流去?

3. 那條河流對中國最有利益? 有甚麼利益? 甚麼河流對中國有害? 有甚麼害? 這條有害的河流在那一方面是有功的?

4. 請你說中國兩個大海口的名子,山東半島有海口嗎?

5. 中國有幾個大湖都叫甚麼名子? 都在那條河流的流域? 在那省裏?

6. "江南是魚米之鄉" 是甚麼意思?

7. 中國的氣候怎麼樣?

8. 中國沿海最大的和最小又最有名的海島叫甚麼名子? 現在這兩個海島的情形是怎麼樣?

9. 中國國內分為幾個區域? 都是甚麼名稱? 那個區域的人口最多?

10. 中國邊疆有的地方農田很少,當地人民靠甚麼生活?

1	2	3	4	5	6	7
喂	遷	搬	禍	指	戰	爭

8	9	10	11	12	13	14
仗	川	態	動	狀	游	模

15	16	17	18	19	20	21
換	集	孫	傳	統	顧	節

22	23	24	25	26	27	28
按	照	調	查	億	確	速

29	30	31	32	33	34	35
密	稀	僑	移	被	逼	迫

36	37	38	39	40	41	42
族	佈	僅	村	亂	至	殺

43	44	45	46	47	48	49
死	倡	驚	複	雜	零	慣

50	51	52	53	54	55	56
竟	質	際	絕	觀	量	測

57	58					
頁	答					

1.	喂	wai	Hello! Say!	24.	調	diào tune; investigate (23) / tiáo harmonize
2.	遷	qiān	move (1)	25.	查	chá investigate (23)
3.	搬	bān	move (3)	26.	億	yì hundred million (25)
4.	禍	huò	disaster (5)	27.	確	què true (26)
5.	指	zhǐ	point at (6)	28.	速	sù rapid (27)
6.	戰	zhàn	warfare (7)	29.	密	mì dense (28)
7.	爭	zhēng	fight over (7)	30.	稀	xī sparse (31)
8.	仗	zhàng	battle (8)	31.	僑	qiáo reside abroad (33)
9.	川	chuān	river (9)	32.	移	yí remove (34)
10.	態	tài	attitude (10)	33.	被	bèi by (35)
11.	動	dòng	move (10)	34.	逼	bī compel (36)
12.	狀	zhuàng	condition (10)	35.	迫	pò compel (36)
13.	游	yóu	travel (12)	36.	族	zú clan (38)
14.	模	mó	model (14)	37.	佈	bù extend (39)
15.	換	huàn	exchange (15)	38.	僅	jǐn merely (40)
16.	集	jí	collect (16)	39.	村	cūn village (41)
17.	孫	sūn	grandson (17)	40.	亂	luàn disordered (42)
18.	傳	chuán pass on (18) / zhuàn biography		41.	至	zhì arrive, to, most (43)
19.	統	tǒng	whole (18)	42.	殺	shā kill (44)
20.	願	yuàn	willing (19)	43.	死	sǐ die (45)
21.	節	jié	section;festival (20)	44.	倡	chàng advocate (46)
22.	按	àn	according to (22)	45.	驚	jīng alarm (47)
23.	照	zhào	according to (22)	46.	複	fù complex (48)

119

47.	雜	zá	mixed (48)	53.	絕	jué	cut short (56)
48.	零	líng	zero (51)	54.	觀	guān	behold (58)
49.	慣	guàn	accustomed (52)	55.	量	liàng	amount (59)
50.	竟	jìng	indeed (53)	56.	測	cè	measure (61)
51.	質	zhí zhǐ	matter (54)	57.	頁	yè	page (63)
52.	際	jì	interval (55)	58.	答	dá	answer (64)

1 白：馬教授，您今天怎麼這麼早就來了？

2 馬：文山，你來的也不晚，現在才八點．

3 白：我們學生應該早來，先生倒先來了．

4 馬：昨天晚上雨下的很大．

5 白：可不是嗎！我晚上聽見雨下在石頭地上的
6 聲音非常好聽．

7 馬：今天早上幾點鐘起來的？

8 白：我起來的時候還不到六點哪．

9 馬：昨天晚上錄音了沒有？

10 白：錄了，不過我覺得還是不成，我想再錄一次．

11 馬：怎麼不成？我相信你自然而然就會進步的．
12 你錄的復述中國教育我聽了，大致不錯，一點
13 兒也聽不出來是外國人錄的音．

14 白：是真的，您還是客氣呢？

15 馬：真的，昨天地理講話講的怎麼樣？

16 白：講的相當好這位張博士的口音是北方口音．17
我們聽起來很容易．

馬[18]： 他對地理學相當有研究這兒有好幾個大學
用他寫的[19]書做地理參考書.

白[20]： 他講的很好.他先從中國的位置給我們講起[21],
又講中國的邊疆,再講中國的沿海[22]和交界的
國家,一步一步的講下去.本來地理這門功[23]課
不容易講的讓人發生興趣,可是他講的我們[24]
非常喜歡聽.

馬[25]： 不論那種學科必得講得好,才受人歡迎.

白[26]： 張博士講黃河常常發生水災.雖然年年治水[27],
可是都沒治好.

馬[28]： 因為黃河的泥沙太多了.

白[29]： 我記得在古代的時候有人治水治了十三年
也沒[30]回家,在治水的期間他從家門口兒經過
三[31]次,他都沒進去看一看.那次大水是不是也
是黃[32]河水災?

馬[33]： 那次的大水跟黃河也有關係.昨天演講內[34]容
都沒問題嗎?

白[35]： 沒甚麼問題.

馬[36]： 這是講中國人口的生詞表,你先看一看.

1.0. 安土重遷

1.1. 安土重遷這句話是文言的,是不隨便離開本
土的意思.

2.0. A (意思就)是說 B

2.1. 歐美兩個字的意思就是說歐洲和美洲.

3.0. 　搬　　搬家

3.1. 　因為這裏是熱帶,天氣太熱,所以他要搬家.他想搬到天氣溫和的地方去.

4.0. 　非　非得　除非

4.1. 　中國古時有一位哲學家說"白馬非馬."你知道是甚麼意思嗎?

4.2. 　明天要考經濟學,我非得溫書不可.

4.3. 　除非有天災要不然他一生也不會搬家.

4.4. 　我不想買那本書,除非先生叫我們買我才買哪.

5.0. 　禍　人禍

5.1. 　禍是害的意思,人禍就是人作出來的損害.

6.0. 　指着　指着說

6.1. 　自治區的意思是指那個區域裏的人民是自治的.

6.2. 　揚子江流域是指着揚子江的水經過的地方說的.

白: 馬教授安土重遷這個詞兒我覺得很生,我還是第一次看見這個詞兒.

馬: 這個詞兒是漢書上的,安土重遷的意思就是說人們喜歡在一個地方長期住下去,決不隨便的搬家除非是發生天災人禍,不得不搬家.

白: 據說以前有的人一生也沒出過門兒.

43
馬：這是事實,沿海一帶的人比較好一點.從前的
44
商人大多數是山東人,再不然就是江蘇浙江
45
人.

46
白：這是因為地理的關係了.
47
馬：不錯,我說個故事.當初我父親和我母親在沒
48
定親事以前,我母親家裏第一件事先問,我父
49
親將來出門兒不出門兒.

50
白：那是甚麼意思呢?
51
馬：要是說出門兒這門親事他們就不想定了.

7.0. 戰　戰爭　戰事　戰時　戰前　戰後　內戰
　　　世界大戰

7.1. 戰就是戰爭,本國和本國的戰爭叫作內戰.

7.2. 在第一次世界大戰時候,戰事剛一開始就有
　　　人寫了一本書叫戰時經濟.

7.3. 戰時經濟裏邊寫的也包括戰前,戰後的經濟
　　　問題.

7.4. 中日戰爭是不是第二次世界大戰開始?

7.5. 這張片子是形容戰爭的可怕.

8.0. 仗　打仗

8.1. 中國和日本一共打了八年仗,是在一九三七
　　　年開始的.

8.2. 喂!老王嗎?你知道不知道北邊兒又打起
　　　仗來了?

9.0.　四川

9.1.　四川是中國的一省,四川省的西北是青海省.

10.0.　態　態度　動態　狀態

10.1.　輔導主任的態度對我很不好.

10.2.　教育部長對教育部的職員說:"近來留學生出國,回國的都不少.要把留學生的動態詳細的記錄下來".

10.3.　王校長對人的態度好極了,尤其是對學生.

10.4.　那兩個國家因為邊界的問題很可能打起來.你看他們的樣子已經是一種戰時狀態了.

11.0.　狀況

11.1.　今年農工業的狀況比去年好的多.

白:　剛才您說天災人禍,人禍是指着甚麼說的?

馬:　多半是指着戰爭說的.中國從民國初年起就常有內戰.有一年四川一省一年就打了幾十次仗.人民不能平安的過日子,天天是戰時狀態.

白:　請問,狀態和狀況有甚麼分別?

馬:　這兩個詞兒的意思差不多.可是用的時候有分別.比如談到戰爭,我們說戰時狀態,談到經濟我們就說經濟狀況.

12.0.　游　上游　下游

12.1.　四川在長江的上游,江蘇在長江的下游.

13.0. 聯合　聯合起來　聯合國　西南聯合大學
聯大

13.1. 聯合國在第二次世界大戰以後成立的.

13.2. 西歐國家聯合起來組織一個經濟性的團體.
這種聯合組織為的是共同利益.

13.3. 中國跟日本打仗的時候把北方的幾個有名
的大學搬到西南,都在一個地方上課.那就是
西南聯合大學,也叫聯大.

14.0. 規模

14.1. 那個大學近來成立了農學院、工學院,連原來
的理學院等等一共有八個學院.規模很大.

15.0. 換　換(一)句話說

15.1. 中國人安土重遷,換一句話說就是中國人不
喜歡搬家,不喜歡換地方.

16.0. 集中

16.1. 鄉下是土產產生的地方,城裏是土產集中的
地方.

白: 四川的風景很美麗,是不是?

馬: 四川的山水好看極了.從四川交界的湖北坐
船往四川去,船在江裏走,兩邊的大山真好看.

白: 四川在長江上游,船不好走,是不是?

馬: 是.船走上游相當不容易,尤其是四川那條水
路.

白: 四川的出產也很豐富,是不是?

馬：是,四川出產非常豐富.

白：四川出產最多的是甚麼?

馬：米和糖.

白：馬教授您去過四川嗎?

馬：去過.跟日本打仗的時候我跟家裏人先到四川.我念大學是在西南聯大.

白：西南聯合大學是從內地搬到西南的幾個學校組織的,是不是?

馬：是的.

白：幾個大學組織成一個大學當然規模很大了.

馬：在戰時組織的學校因為環境的關係當然很簡單的,規模也不怎麼大.換句話說就是大家集中在一塊兒上課就是了.可是教授都相當好,都是很有名的教授.

白：聽說造就了不少的人才.

馬：是的.

17.0.　孫　孫子　孫女兒　孫中山　多子多孫　子孫

17.1.　孫先生是我的同鄉.他為了要下一代的人都受教育,所以在鄉下辦了一個學校.

17.2.　孫中山先生本來是念醫科的,後來他在政治上很有表現.

17.3.　他的子孫很多.他有四個兒子,還有六個孫子八個孫女兒,人家說他是多子多孫.

18.0.　傳統

18.1.　中國傳統的思想是兒子應當養父母.

19.0.　願意

19.1.　我願意學蒙文,藏文,因為我想瞭解蒙古、西藏的文化.

20.0.　節制

20.1.　很久不下雨要有旱災了,所以應當節制用水.

21.0.　生育

21.1.　凡是生育太多的女人,他的身體多半不很好.

白: 馬教授,多子多孫意思就是兒子多孫子多,是不是?

馬: 是的.中國舊的大家庭制度都希望子孫多,兒子長大了結了婚.孫子孫女兒很多,人口是越多越好.

白: 如果經濟情形不好的家庭,人口多不是生活很困難嗎?

馬: 這是中國歷來傳統的思想.不論有錢沒錢就是願意下一代的人多.

白: 近來有人主張節制生育.馬教授的看法怎麼樣?

馬: 我認為應該節制生育,不然世界上人口將來不得了,尤其是中國.

22.0.　按　　按著　　按照

22.1. 他的工錢是按月計算,不是按天計算.

22.2. 教生物學的教授常常不按時候上課.

22.3. 你是按着理論說的,我是按着法律說的.

22.4. 按照那位語法專家的看法,中文沒有形容詞.

22.5. 按着一般人講歷史的方法,應該先從原始社
會講起.

23.0. 調查

23.1. 中亞細亞和東亞的人口一共有多少,有法子
調查嗎?

24.0. 統計   統計學

24.1. 據說學統計很難,是真的嗎?

24.2. 我們要請一位懂得統計學的統計統計這區
裏的農民數目.

25.0. 億

25.1. 中國人口有六億多是根據一九五三年的統
計.

26.0. 確實

26.1. 他所說的澳洲,非洲兩洲的人口數目是確實
的嗎?

99
白: 馬教授現在中國有多少人口?
100
馬: 一九五三年按照人民政府調查統計的結果,
101
有六億多人,現在可能有七億人了.
102
白: 那個數目確實嗎?
103
馬: 這個數目字是比較可靠的.

27.0. 度　溫度　溫度表　速度

27.1. 他的溫度在一百度以上了.

27.2. 我去看看溫度表,今天的溫度是多少度.

27.3. 他開車的速度太快了.

28.0. 密　密度

28.1. 說起來中國人口的密度,上海是最密的了.

29.0. 人口學　人口學家

29.1. 人口學家說世界上人口增加的速度太快了.
研究人口學的人認為是一個大問題.

30.0. 市　市長　城市

30.1. 上海市是中國物產出口的城市所以上海市
的市長對於物產出口非常注意.

31.0. 稀　稀少

31.1. 世界人口的密度,歐洲最密,澳洲最稀,是不是?

31.2. 沙漠地方人口稀少.

104
白: 請問密度這個詞兒怎麼用呢?
105
馬: 本來是物理學上用的詞兒,人口學家在人口
學上也用.
106
107
白: 噢,我明白了. "長江下游人口的密度是比較
108
密的" 您看這麼說用的對不對?
109
馬: 對,用得很好.你知道不知道長江下游每方英
110
里平均有多少人?
111
白: 不知道.
112
馬: 平均八百人到兩千人,但是上海市的人比較
113

更多.你知道不知道中國甚麼地方人口最¹¹⁴稀?

¹¹⁵白: 中國邊疆的人口最稀,平均每英方里就有幾¹¹⁶
個人.

32.0. 位

32.1. 中國人口最多,佔世界人口第一位.那個國家
佔第二位呢?

33.0. 華僑

33.1. 那幾個華僑要在緬甸作買賣,你說作得成功
作不成功?

miǎn diàn

34.0. 移動　移動性

34.1. 那個國家人口的移動性最大? 移動的原因
你知道嗎?

35.0. 被

35.1. 清朝時代中國邊界有不少的地方被外國佔
去了.

35.2. 新疆的中部有大山,所以新疆被大山分為南
北兩部.

36.0. 逼迫

36.1. 上次世界大戰有的國家是被逼迫參加的.

36.2. 天災人禍逼迫的人們沒法子生活了.

37.0. 許　許多　許久

37.1. 輔導主任不許我離開他的辦公室.

fǔ

37.2. 張先生說他許久沒有跟朋友們通信了.

37.3. 我許多日子沒吃炒牛肉了.

馬： 人口,中國在世界上可佔第一位.你知道不知道中國在國外的華僑有多少?

白： 據我聽說的大概有一千萬左右,中國人口的移動性不大,是不是?

馬： 我們剛才說的安土重遷意思就是說中國人是不願意搬家,在一個地方住下去,從來不打算往別的地方搬的,除非是發生了天災人禍被逼迫,再不然就是作了不好的事,人家不許他住下去了.

白： 現在和從前不同了.

38.0. 民族　少數民族

38.1. 這三族一共有一千萬人.

38.2. 中國少數民族裏頭,那個民族的人口最多?

39.0. 分佈

39.1. 少數民族不一定集中在一個區域,他們分佈在許多地方.

40.0. 僅　僅僅的

40.1. 那個海島上僅有一個報館,他們出版的報紙僅僅一小張,都是本地新聞.

40.2. 拿我來說,僅僅的學了一年統計,怎麼可以作統計主任呢?

40.3. 他搬到這裏僅有三天,好像又要搬家似的.

40.4. 那次黃河水災僅我們家這一帶受損害的就有兩千多家.

41.0. 村(子)　鄉村

41.1. 他住在江西省的鄉村,那個村子離鄱陽湖很
近,也是產米的地方.

127
馬: 我現在問你,中國民族漢人佔百分之幾?
128
白: 漢人佔百分之九十幾,少數民族一共佔百分
之五左右.
129

130
馬: 漢人分佈在甚麼地方?
131
白: 按人口學家的統計,百分之九十以上都在本
部,僅百分之十左右分佈在邊疆.
132

133
馬: 要是拿城市和鄉村的人口來比較,那裏的人
口多?
134

135
白: 鄉村人口多.
136
馬: 甚麼原因?
137
白: 因為中國是農業國家多數人都是在村子裏種
田的.
138

42.0. 動亂

42.1. 我們這裏很平安.從來沒發生過動亂.

43.0. 至　至少　至於

43.1. 去年八月至十二月我在內蒙古旅行,至少走
了有一千多里.

43.2. 凡是你讓我辦的事我一定想辦法辦好,至於
怎麼辦的,你就不必問了.

44.0.　殺　　自殺

44.1.　蒙古人喜歡吃牛羊肉,所以時常殺牛,殺羊.

44.2.　他是被殺還是自殺的?

45.0.　死　　殺死

45.1.　這條牛倒是有病死的呢,還是被人殺死的呢?

45.2.　你知道上次打仗打死了多少人?

45.3.　喂! 喂! 你是王大文嗎? 我是老張,我今天
　　　不到你那兒去了,我這幾天又得念書又得找
　　　房子搬家,真是忙死了.

45.4.　他白天在聯大教書,晚上在家寫文章,一天到
　　　晚忙的要死.

45.5.　那個先生不懂得教學法,只是讓學生一課一
　　　課的念死書.

46.0.　提倡

46.1.　亞洲有很多國家提倡節制生育.

139
白: 中國以前時常發生內戰.在動亂的時候鄉村
　　種田也很受影響了,是不是?

141
馬: 當然.至少鄉下人不能按時候種地,要不然中
　　國老百姓不會那麼困難.

143
白: 是的.您才說過了,僅僅四川一省一年就打了
　　幾十次仗.不但不能種田,而且要殺死很多人.

146
馬: 所以有人提倡節制生育,有人不贊成.他們有
　　他們的道理.

47.0. 驚人

47.1 我十年沒回國了,今年回國一看,農工業的進步實在驚人.

47.2 報紙上說近來自殺的多的驚人.

48.0. 複雜

48.1 近百年來中俄兩國的問題太多了,太複雜了.

49.0. 輕易

49.1 一個國家的土地決不能輕易被別的國家佔去.

50.0. 年歲

50.1 女人都不願意別人問他的年歲.

51.0. 零

51.1 那個地方的溫度有時候是零下二十多度.

51.2 這裏的華僑有兩萬零八個人.

52.0. 習慣

52.1 在這兒住我很不習慣.

52.2 一個民族有一個民族的生活習慣.

148
馬: 從前中國每年因為天災人禍死的人很多,有
人說美國人平均活到七十歲,中國人平均活
到二十幾歲這是個驚人的事情.

151
白: 這是醫學不發達的問題.

152
馬: 這個問題很複雜,一來是醫學不發達,人民也
沒有醫學常識,有病不輕易去看醫生,二來是
跟生活也有關係吃的不夠就容易生病.

155
白: 現在中國人的年歲平均比以前增加了許多.
156
馬: 有人這麼說.
157
白: 是不是這裏的醫生不夠?
158
馬: 是的.學醫科太難,學的人也少.說到醫生,今天
159
我得帶小孩子去看醫生.
160
白: 您的小孩兒病了嗎?
161
馬: 是的.昨天晚上試試溫度表熱度相當高,一百
162
零三度.
163
白: 這幾天天氣不好容易生病.
164
馬: 本來這個孩子有個特性是不聽話.還有個習
165
慣,天天早上到院子去玩兒.可是前天非常冷,
166
他母親不讓他出去.他非去不可.

53.0. 究竟

53.1. 中國農民的總數究竟有多少? 是根據甚麼
說的?

54.0. 性質

54.1. 那個團體是甚麼性質? 是不是學術團體?

55.0. 實際 實際上

55.1. 他用俄文寫了一本書.書的內容多半是世界
大戰實際情形.

55.2. 他說他捐給一個大學很多錢,可是實際上他
僅僅的捐了一百塊錢.

56.0. 絕 絕對

56.1. 一個人絕不應當自殺.

56.2. 有人說中蘇兩國絕對不會打仗的,你說這個話靠得住嗎?

57.0. 可以不必

57.1. 那個問題已經開會通過了,我們可以不必再研究了.

[167]
白: 我們學校的醫學院設立的醫院據說現在規
[168]
模很大了.究竟怎麼樣?
[169]
馬: 現在有好幾個醫生.以前你在這兒的時候才
[170]
有一個醫生.
[171]
白: 美英也告訴我了.
[172]   [173]
馬: 醫生的態度都相當好,而且給病人看病也非常認真.
[174]
白: 這個醫院是甚麼性質?
[175]
馬: 雖然是學校醫院實際上是幫助一般人,絕對
[176]
不求本身的利益.
[177]
白: 那麼一般人看病可以不必給錢了?
[178]
馬: 不必.

58.0. 觀點

58.1. 觀點的意思就是說從那一方面看.比方說有兩個觀點就是說從兩個不同的方面來看.

59.0. 量　大量

59.1. 近來有大量土產從上海出口了.

60.0. 解決

60.1. 有人說提倡節制生育不見得就能解決人口增加的問題.

61.0. 推測

61.1. 按着我的推測他們兩個人可能合作.

179
白: 馬教授,觀點是甚麼意思,怎麼用?
180
馬: 就是看法的意思.
181
白: 您給我舉個例子.
182   183
馬: "按照他們的觀點,應該大量出產才能解決人民生活問題".
184
白: 推測就是猜一猜的意思,是不是?
185
馬: 是.比如說:"那件事按着我的推測..."

62.0. 以及

62.1. 我念大學的時候所有學費,房錢以及買書等等都是我自己想辦法.

63.0. 頁

63.1. 先生,移動這個詞兒在第三十八頁的第幾行?

64.0. 答   回答   問答

64.1. 請大家把書收起來,我問,你們答.

64.2. 今天的題目太難了,有很多我們答不上來.

64.3. 王大文,我問你的問題你還沒回答我哪.

64.4. 我很喜歡看報紙上的文學問答.

65.0. 短文

65.1. 張教授常在報紙上寫短文.

186
白：今天所講的非常有意思.
187
馬：今天和你隨隨便便的說了很多,從人口問題
188　　　　　　　　　　　　　　　　　　　　　189
談到中國傳統思想,又說到我家裏以及我父
母定親的故事.
190
白：日子很快星期五了.跟您學習了一個星期了.
191
馬：我們這一個星期研究了不少的東西應該把
192
所學的都溫習一次.這是溫習課.你先看第一
頁的目錄,除了復述發音以外還有問答和短
193
文.
194
白：好的.
195
馬：有甚麼問題沒有？
196
白：沒有.
197
馬：我想星期天請你到我家去吃晚飯去.
198
白：太費事了.
199
馬：不費事,我們簡簡單單的吃便飯.我把美英和
200
學新也找來.
201
白：謝謝您.

生詞表 (p. 108)

1. 安土重遷	4. 非	6. 指(着)
2. A (意思就)	非得	指着說
是說 B	除非	7. 戰,戰爭
3. 搬	5. 禍	戰事
搬家	人禍	戰時

戰前
戰後
內戰
世界大戰
8. 仗

打 仗	子 孫	稀 少	46. 提 倡
9. 四 川	18. 傳 統	32. 位	47. 驚 人
10. 態	19. 願 意	33. 華 僑	48. 複 雜
態 度	20. 節 制	34. 移 動	49. 輕 易
動 態	21. 生 育	移 動 性	50. 年 歲
狀 態	22. 按	35. 被	51. 零
11. 狀 況	按 着	36. 逼 迫	52. 習 慣
12. 游	按 照	37. 許	53. 究 竟
上 游	23. 調 查	許 多	54. 性 質
下 游	24. 統 計	許 久	55. 實 際
13. 聯 合	統 計 學	38. (民)族	實 際 上
聯 合 起 來	25. 億	少 數 民 族	56. 絕
聯 合 國	26. 確 實	39. 分 佈	絕 對
西 南 聯 合	27. 度	40. 僅	57. 可 以 不 必
大 學	溫 度	僅 僅 的	58. 觀 點
聯 大	溫 度 表	41. 村 (子)	59. 量
14. 規 模	速 度	鄉 村	大 量
15. 換	28. 密	42. 動 亂	60. 解 決
換 (一)句 話 說	密 度	43. 至	61. 推 測
16. 集 中	29. 人 口 學	至 少	62. 以 及
17. 孫	人 口 學 家	至 於	63. 頁
孫 子	30. 市	44. 殺	64. 答
孫 女 兒	市 長	自 殺	回 答
孫 中 山	城 市	45. 死	問 答
多 子 多 孫	31. 稀	殺 死	65. 短 文

語法練習 (p. 109)

1. 他的成績在法學院裏不是最好的,是平平常常的.
2. 他成績單上的分數明明白白的都不及格,可是他對他的父親說都及格了.
3. 我到府上吃飯,你千萬不要費事,我們吃的東西要簡簡單單的.
4. 醫生說那個病人雖然沒有好了的希望可是現在千千萬萬不要告訴他.
5. 他的博士論文我已經詳詳細細的看過了,不用再重看了.
6. 留美的學生在美國都是快快樂樂的念書.
7. 中國的農人多數是老老實實的.
8. 辦公室裏怎麼能容得下這麼許許多多的人?
9. 我實實在在的告訴你,你申請的獎學金是沒有希望了.
10. 那盤錄音帶是我隨隨便便錄的.
11. 從長江上游的四川坐船得七天才可以到上海.
    fǔ
12. 輔導主任跟外國學生分別談話.跟他們都談過了.現在該我了.
13. 教務長沒叫我們兩個人去.你不要去.應該我一個人去.
14. 因為你是聯大學生會的會長,那件事情必得你去才能辦好.
15. 我想念完這本統計學至少需要三個月.

16. 我就喜歡念法律,不喜歡念別的.

17. 我每次在錄音室錄音,不錄別的就錄我復述的專題講話.

18. 外國留學生輔導主任不作別的事,他就是幫助外國學生.

19. 昨天專題講話的那位專家他甚麼也沒講就講中蘇邊疆的情形.

20. 他辦公的時候不辦別的事只是計算學生的分數.

21. 香港是英國的殖民地已經有一百多年了.

22. 張先生的博士論文寫了不到兩年就寫完了.

23. 他在歐洲不過兩天.他怎麼能夠知道歐洲的商業情形呢?

24. 我離開台灣沒有三天,我內人就從台灣來信叫我回去.

25. 他在內蒙古和外蒙古一共有二十多天,在俄國只有兩天.

26. 他在船上好像是有病似的,一到陸地他的病就好了.

27. 我最不喜歡熱帶地方.一去熱帶我就生病.

28. 我一聽說我的成績及格我就馬上給我父親寫信.

29. 這條路很低.一下大雨就沒法子走了.

30. 人家告訴我那個合作社有很多土產.我到那兒一看,原來都是日本的土產.

講話 (p. 111)

中國[1]是一個人口最多的國家。中國的人口多到[2]甚麼程度呢？如果拿世界人口總數來比較[3]，中國的人口差不多佔世界人口總數四分之一。又差不[4]多佔亞洲人口總數二分之一。所以中國的人口[5]究竟有多少[6]呢？根據中國政府一九五三年的實際調查統計[7]，有六億零一百九十三萬八千零三十五個人，那次調查[8]相當可靠[9]的，數目據各國人口學專家的看法是相當確實的。現在離那次調查又有不少年[10]了，有些專家們認為中國人口實際上現在至少有六億[11]五千萬左右。

[12]這六億多人口分佈的狀況是怎麼樣呢？我們[13]可以從兩個觀點來看。第一，按照地域來看，中國[14]大部分人口是集中在三大河流的流域，這三大流域[15]也就都是中國的本部，就是長江、黃河、跟珠江[16]。這三大河本部人口[17]佔全國人口的百分之九十，本部就是中國的百分之九十。蒙古、新疆、西藏等地方是分佈[18]在邊疆區域，邊疆區域地方的人口也就是性質上佔百分之十。第二，按照城市和鄉村來看，鄉村的人口佔全國人口總數的百分之八十，城市人口只佔百分之二十。這是因為中國是農業[22]國家，所以鄉村的人口佔多數。可是近來中國正在提倡[23]工業，工業多半設在城市區域以

内。如果工業[24]發達，城市人口一定一天比一天多了。

我們[25]都知道中國的土地很大。現在就研究這六[26]億多人口在這塊很大的土地上，是人多地少呢？換一句話說，也就是研究人口密度[27]。我們先看世界人口的密度，世界人口平均每方英里有六十人。中國人口的密度是甚麼呢？比世界人口比較密[30]，更密。甚麼地方人口比較密？甚麼地方人口比較少？那麼地下游人口比較[32]少。至於西藏、蒙古的人口，平均每[29]方英里僅有一兩個人。可見中國人口各地甚麼地方人口稠密？甚麼地方人口稀少呢？據調查，長江上游[33]人口最密，平均每方英里[34]從八百人至二千人。北方平原平均每方[35]英里有六十五人。看中國國內各地甚麼地方人口稀少呢？一帶人口最密，平均每方英里[36]有二百人。

現[37]在要說一說中國人口的動態。動態的意思就[38]是指着人口移動的狀態。一般來說中國人口的移動性不大。中國人的習慣是「安土重遷」，甚麼叫「安土重遷」[40]呢？意思[39]的意思就是說很願意平平[41]安安[42]的在老家過日子。絕對不輕易的搬到別的地方去，除非是因為戰爭，社會上的動亂，或者是水[43]災、旱災，吃不飽飯[44]，他們才不得不走，不得不換一個地方去找飯吃。我們可以舉出近代兩個例子來說，一個例子是明朝[45]末死了很多人，在中國西部四川省的人[46]多半被人殺了。後來從廣東、湖北去四川的人很多[47]。又一個例子是山東省的人因為水災大量[48]到東北去。沿海[49]一帶有不少人到

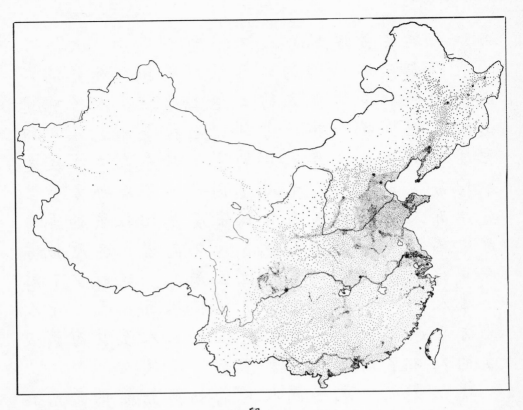

外國去。這就是華僑。中[50]國在國外的華僑約有一千萬人左右。可是這種移[51]動並不是政府有計劃的大規模的叫人民移動。

如[52]果再進一步研究研究中國人口增加的趨勢，增加的速度是驚人的，所以[54]中國人口有一個是一個很不容易解決的問題，是屬於[59]甚[58]麼民族的人口最多。按[53]照近來的思想，現在有人提倡節制生育，可是有的人是喜歡多子多孫的。我們應該知道這六億多的人口，那一個[57]民族的人口最多？這些問題等到下次講到中國的民族的時候再詳細的講[60]。此外我們還有一個很複雜的問題，就是中國有多少個民族，各個民族的情形是怎麼樣？

復述 (p. 113)

這盤錄音帶是中文第一組第四號白文山復述第四次的專題講話.

昨天我聽了地理講話以後,我覺得中國的自然環境非常好.中國有一句話說"大好山河"形容中國地方好.我現在把講話的大意復述一次.

中國是亞洲第一個大國.位置在亞洲的東南部,是地大物博人口多的國家,中國的面積和美國的面積差不多.東邊兒是黃海東海,南邊兒是南海,北邊兒是外蒙古跟蘇聯,西南邊兒是印度,南邊兒是越南跟緬甸. (miǎn diàn)

中國本部有三條大河.最長的要算是長江了.長江流域的土地好極了.長江南邊兒有三個大湖,有太湖、洞庭湖、鄱陽湖.湖邊兒上有農田,出產米相當豐富,洞庭湖裏的魚也很多.要是一說"魚米之鄉"就知道說的是江南.長江入海的地方是上海.上海是和世界各國通商的大海口.是中國經濟中心.長江對中國是有利益的.

中國第二條大河是黃河,在中國的北部.幾千年以前中國文化開始是在黃河流域,但是常常發生水災,沿黃河一帶住的人民年年受黃河的災害.黃河的水裏還有泥沙,所以水是黃色的.

第三條河就是珠江.珠江在中國南部.廣東廣西這兩省屬於珠江流域.珠江流域有很多山,農田也中國[28]和外國通商最早的一個海口，就是珠江入海的海口。廣州[29]相當豐富，農產也很多。

中國本部[30]一共有十八個省。中國邊疆[31]的地方[32]是蒙古、新疆、西藏。東北的出產很多，當地人多半是靠著養牛養羊[33]生活。蒙古、新疆有很多沙漠，西藏有很多山。

中國氣候[34]是大陸性的氣候，他的位置是在北溫帶。不過[35]北方比較冷，南方比較熱，西邊更冷一些[37]。

中國沿海[36]有不少的海島，最大的島是台灣，最有名的小島是香港。但是香港這個小島在一八四二[38]年在清朝的時候讓給英國，是英國的殖民[39]地了。

溫習 (p. 114)

1. 張大文是一位市長，也是一位學者。他對人的態度非常客氣。他最喜歡看書。他說為增加學識非得多看書不可。他又說從前他在美國念博士的時候，總是盡力多買參考書，只要是可以作為參考用的，他都買。買書雖然費了很多錢，可是也得到許多學識。

2. 我們學校的總辦事處是一所舊樓，今年重修了。重修的計劃是按照校長的意思，請工程學的教授參加。這位教授事前也叫幾個學工程的學生參加。他按著實際上的需要把原來的校長室、教務長室、輔導主任室都給搬了家了，都搬到樓上.至於樓下從前有兩個課室和合作社也都搬走了.現在完全是各院系的辦公室.各院的院長,各學系的系主任都集中在樓下辦公.

3. 現在中國的教育制度以及學制多半是採用西方國家的制度.中學、小學採用學年制,大學多半是學分制.學年制非得念滿規定的學年不可.學分制可以不必一定念多少年.只要是把規定的學分念滿就可以了.

4. 他是錄音室的主任,所有錄音帶都是他收起來.有人問他一共有多少盤.他說:"現在已經錄音的僅僅有十幾盤至於錄的是甚麼,你看看這張單子就知道了."

5. 他是學統計學的.在大學的時候成績就特別優良.得了學士和碩士學位.後來在一個機關裏當統計主任.現在他用考試的方法選懂統計的職員.有人問他要取幾個人？他說要取一個人,也許取兩個人.

6. 我們大學有一位有名的教授.一位是物理學家,一位是生物學家.他們兩位的年歲都是五十歲左右.此外有一位教哲學的教授,差不多有六十歲了.

7. 有一個外國學生問我,中國的盤子和算盤是不是一樣的東西？我告訴他不是一樣的.盤子是吃飯用的,算盤是計算數目用的.

8. 孫先生的家本來在廣州的鄉下,是在一個山下的小村子裏.這個村子裏人口稀少,風景美麗.他們平平安安的生活在那個環境裏.但是近幾年來天災人禍逼迫的他們不得不搬家.他們搬到了廣州市.他們覺得城市又沒有好風景,人口又密.他天天想回到鄉下的老家,可是不能回去,有一天他很不高興的說:"不但我不能回到鄉下去,就是將來我的子孫也不一定能回到鄉下."

9. 你知道不知道蒙古的沙漠有多少方英里?那裏的天氣是不是很冷?白天的溫度有多少度?晚上的溫度是不是更低?在沙漠區域是不是人口稀?他們靠着甚麼生活?是不是時常移動?還有,沙漠倒是怎麼形成的?

10. 弟弟問我甚麼是半島?甚麼是陸地?大陸和陸地有沒有分別?我告訴他:"這些都是地理上的常識,你先看看地理教科書.你要是看不明白我再告訴你."

11. 在第二次世界大戰以前有很多國家都向非洲殖民,所以非洲有不少地方都是殖民地.到了戰後,這些殖民地都是新的國家了.他們對原來國家已經沒關係了.

12. 一九三七年長沙市發生戰事,很多人民都搬走了.到了戰後又漸漸的搬回來.有人調查長沙戰時人口動態,把戰前和戰時以及戰後人口的數目調查的非常詳細.

13. 從前中國人除了念書的以外還有農、工、商三種人,連念書的人一共有四種人.在這四種人裏念書人的地位最高.

14. 一六八九年中俄邊界發生問題.後來俄國讓步了.這是中國對外國的關係最成功的一次.當時中國辦這件事的人對於國家真是有功了.

15. 我正在念<u>俄文入門</u>陸先生來問我,從中國的東北到俄國,通火車嗎?我告訴他可以坐火車.

16. 我就知道孫中山先生生在廣東省中山縣.至於中山縣是不是在珠江上游那我就不知道了.

17. 新華農業合作社的社長從前是英國留學生.他的日常生活已經歐化了.有一天他看見他的孫子、孫女兒都在溫習功課.他説:"念過的書當然非重溫不可.可是新書也要多看.最近有一本新小説<u>黃海</u>是歐洲有名的小説.你們可以看看".

18. 寫文章的時候千萬注意不要離開本題.如果離開本題,寫的範圍太廣,那就一定不是好文章了.

19. 我要買車.我姐姐想跟我合買.我説:"我用車的時候多,我要自己單買,我不跟你合買."

20. 這次水災受害的地方非常廣大.水災區裏的鄉村,農田凡是地勢不高的地方都是大水.那一帶的人民據説也死了不少.這樣大的水是從那裏來的呢?有人説是江裏出來的水,有人説是下雨下的太多了.所以成了水災.

21. 他寫了一本<u>科學問</u>答全書一共有三百六十頁.包括八百多個問題.每一個問題後面都有很詳

細的回答,是一本很好的參考書.

22. 學了許多生詞之後,就要用這些生詞練習寫作.
練習寫作的方法最好是先練習寫短文,短文練
習好了,就自然而然的能寫長的文章了.

23. 張市長叫我把市裏在戰前和戰後的人口作一
個比較.我問他:"你說的戰事是指世界大戰說
的還是指着上一次內戰說的?"張市長說:"就
按上次內戰的前後作一個比較就可以了."

24. 張先生是從前的西南聯合大學的教授.他說:"
從前孫中山先生說過,中國要聯合世界上對中
國好的國家共同努力."這句話說了沒有許久,
後來在世界第二次大戰之後就有了聯合國.聯
合國有許多國家大家都很合作.

25. 我們在上課的時候常有問題.有一天張先生有
一個問題問我們能不能答,他說:"現在許多國
家都主張不打仗.可是將來是不是真的不打仗
了呢?誰能知道?"我們說"這個問題沒法子
回答."

問 題(p. 116)

1. 根據中國政府一九五三年調查的中國人口總
數是多少人?佔世界人口總數的幾分之幾?
那麼世界人口總數有多少呢?

2. 中國人口的分佈,甚麼地方最密?平均每方英

里有多少人？鄉村人口佔總數幾分之幾？為甚麼鄉村的人口多？

3. 中國人口的動態很小是甚麼原因呢？中國人在甚麼情形之下才不得不搬家？

4. 請將中國近代人口移動的兩個例子詳細說說.

5. 中國人口增加的速度驚人,這和中國一種傳統的思想很有關係.這種思想是甚麼？

6. 中國人口大部分分佈在那幾條河流流域？佔人口總數百分之幾？

7. 甚麼是華僑？華僑分佈在甚麼地方？有多少人？那一省的人最多？

8. 甚麼叫內戰？內戰對人口有甚麼影響？

9. 節制生育對於人口的關係是怎麼樣？

10. 請你們回答人口和戰爭的關係？

第六課　温習 (p. 121)

復述 (p. 121)

這盤録音帶是中文第一組第五號,白文山復述第五次的專題講話.

這次專題講話講的是中國人口問題主講人是一位人口學專家.這位專家說世界上人口最多的國家是中國、中國人口佔世界人口總數的四分之一,佔亞洲的二分之一.中國人口有六億零一百多萬人.這個數目是根據中國政府在一九五三年實地調查統計的結果.可是那是很久以前的記録,現在實際上可能有七萬萬了.

這位專家接着又講中國人口分佈狀況,他說這個問題可以用兩個觀點來看.先按照地方的區域來說,有百分之九十是集中在長江、黄河、珠江三個流域的.此外的百分之十,是在東北和邊疆等地方他又說,如果按着地方[15]性質來說,意思就是說拿城市跟鄉村來說,[16]城市人口[17]僅僅的佔百分之二十,鄉下的人口佔百分之八十。他說鄉下的人口為甚麼這麼多呢?[18]因為中國是農業國家,大多數的人民是農人。[19]不過近年以來因為提倡工業,所以城市的人口一天[20]比一天多了。

　[21]說到這裏他又說中國甚麼地方的人口最多,[22]甚麼地方的人口稀少。他說那是人口密度的問題。[23]中國人口的密度最密的地方是長江下游一帶,[24]平均每方英里從八百人到二千人。人口最稀的[25]地方是西藏,平均每英方里只有一兩個人。北方[26]平原平均有六十五個人左右。

　[27]這位專家接着又講人口的動態。他說[28]中國人是安土重遷,意思就是說中國人不習慣[29]隨便移動,所以人民的移動性不大。一般的人都喜歡在[30]老家平平安安的過日子,絕對不輕易搬家,除非有了[31]天災人禍被逼迫搬家。甚麼是天災呢?就是水災[32]旱災。人禍呢?就是指着戰爭。還有社會上的[33]動亂甚麼的。

　[34]在東北有很多山東人。因為[35]當初山東省有了天災,很多人到東三省去了。[36]四川很多人是從廣東,湖北搬去的。那是因為四川[37]明末年的動亂,人民多半被[38]殺死了。所以四川人口太少了。因此廣東,湖北的人[39]搬到四川去了。可是這種移動不是政府的計劃讓人民大[40]規模的移動,那是人民自己漸漸

的搬去的.

最後說到中國人口一天比一天多,增加的速度
很驚人的.這是因為中國人傳統的思想,希望子孫
多,也就是願意多子多孫.要是有人提倡節制生育
來解決人口增加的問題,老百姓多數不大贊成.

問答(p. 123)

I. 你為甚麼…?(p. 123)

（第一課）　　　說沒關係　　　　長期在那兒
不參加這個會　　沒帶錢　　　　　需要墨水
採用這個法子　　不留美去　　　　（第四課）
不翻成英文　　　費那麼多事　　　沒成功
不要講演　　　　不捐錢　　　　　說他不可靠
決定不去　　　　（第三課）　　　到長沙去
不贊成　　　　　不趕快走　　　　不作商人
不努力學習　　　寫簡化漢字　　　跟他不通信
念這個課程　　　買五經　　　　　不溫書
不相信他　　　　不作官　　　　　在鄉下住
（第二課）　　　買舊書　　　　　養羊
說沒辦法　　　　今天起身　　　　站在那兒
不念博士　　　　不到講堂去　　　買黃紙
成績那麼好　　　需要那麼多錢　　念藏文
必得重修　　　　沒選上　　　　　不讓步
念工程學　　　　不寫文章　　　　拿着石頭

念俄文　　　　　　搬家　　　　　　　說他被殺了
不喜歡澳洲　　　　非去不可　　　　　不住村子裏
到印度去　　　　　念人口學　　　　　換錢
離開台灣　　　　　去看市長　　　　　說溫度不够
說廣東話　　　　　到四川去　　　　　絕對不說
　(第五課)　　　　不願意去　　　　　說他死了

II. ...是甚麼? (p. 123)

　(第一課)　　　　合作社　　　　　　普及教育
生詞　　　　　　　獎學金　　　　　　私塾 (shú)
例句　　　　　　　農業合作社　　　　簡體字
溫習句子　　　　　客室,錄音室　　　　幼稚園
註解　　　　　　　辦公室　　　　　　學堂
復述　　　　　　　碩士論文 (shuò)　　三字經
五年計劃　　　　　醫院　　　　　　　課堂
大家庭　　　　　　盤子　　　　　　　　(第四課)
講話　　　　　　　算盤　　　　　　　農產
演講詞　　　　　　學年制　　　　　　風景
生詞表　　　　　　參考書　　　　　　海島
今天的講題　　　　單子　　　　　　　自治區
　(第二課)　　　　學費　　　　　　　熱帶
博士論文　　　　　　(第三課)　　　　國語入門
成績單　　　　　　簡化漢字　　　　　土產
辦公處　　　　　　科舉　　　　　　　半島
辦事處　　　　　　私立學校　　　　　沙漠

形容詞　　　　　　　水災　　　　　　　城市
羊肉　　　　　　　　　（第五課）　　　統計學
旱災　　　　　　　　密度　　　　　　　世界大戰
殖民地　　　　　　　人口學
邊疆　　　　　　　　速度

III. ... 在那兒?(p. 124)

（第一課）　　　　（第四課）　　　西藏
主講人　　　　　　山東半島　　　　蒙古
教職員都　　　　　黃海　　　　　　內蒙古
（第二課）　　　　黃河　　　　　　外蒙古
　　　　　　　　　　　　　　　　　miǎn diàn
教務處　　　　　　洞庭湖　　　　　緬甸
　　　　　　　　　pô
教育部長　　　　　鄱陽湖　　　　　蘇聯
系主任　　　　　　香港　　　　　　印度
新華路　　　　　　揚子江　　　　　俄國
衣裳　　　　　　　江南　　　　　　西歐
fǔ
輔導主任　　　　　江西　　　　　　東亞
我的帶子　　　　　江蘇　　　　　　青海
工學院　　　　　　浙江　　　　　　（第五課）
你的算盤　　　　　珠江　　　　　　上海市
（第三課）　　　　廣西　　　　　　四川
清朝的國都　　　　廣東　　　　　　黃河的上游
幼稚園　　　　　　廣州　　　　　　市長
省立大學　　　　　新疆　　　　　　你的孫女兒

IV. ...白話怎麼說? (p. 125)

〈第一課〉　　　　本題　　　　　　産生

本校　　　　　　　此外　　　　　　含有

感到　　　　　　〈第三課〉　　　　利益

例句　　　　　　　名稱　　　　　　美麗

因此　　　　　　　總而言之　　　　地大物博

諸位　　　　　　　漸漸的　　　　　〈第五課〉

達成　　　　　　　總之　　　　　　安土重遷

概況　　　　　　〈第四課〉　　　　多子多孫

〈第二課〉　　　　本部

V. 你怎麼知道...? (p. 125)

〈第一課〉　　　　　　我的家庭情形

這次考試的範圍　　　他來求我

他是優秀分子　　　　他事前不知道

他非常寂寞　　　　　他有專門學識

他要講的專題　　　　他也許不來

他解釋的清楚　　　　他是職員

他心裏滿足了　　　　他是專家

甚麼時候開學　　　　他講的不清楚

孔子的生日　　　　　我們都是第一組

他很快樂　　　　　　是我主講的

人滿了　　　　　　　必得復述這個專題

那個青年很好　　　　包括我在內

（第二課）

他辦那件事

我的辦公地方

他很能辦事

我已經辦好了

要成立法學院

要再重寫一次

那是根據法律

我的分數

他是輔導主任

他們的關係

他是學工程的

他教工程學

他跟我有關係

我們能合作

那個環境不好

是他記錄的

教務長要走了

教育部有多少人

他在理學院

我不瞭解你

那所樓是我的

樓上樓下都沒人

他是農人

農工業的情形

我的平均分數

他申請留學

他喜歡生物

他教生物學

我買了新車

他得了學士學位

他要有病

他在醫學院

中國是大家庭制度

總數是多少

他有幾盤錄音帶

他是農民

（第三課）

他的文章進步了

我的程度趕上他了

他們講的是大同小異

發展的方式

演變的過程

是誰規定的

那是過渡時期

那是國立大學

省立學校有多少呢

他的思想落後了

飛機要落下來了

以後的趨勢呢

那個團體取消了

設立學堂的過程

河水不深

他有高深的學問

他的身心都很好呢

他受了我的影響

那是屬於私人的

唐朝就有科舉了

他的身體很好

全體不參加

簡體字有多少

我們的看法相同

船走的方向

他修業不到一年

選舉的日期

他沒選上

要增加學費

那是潮流的趨勢

第二堂沒有課

怎樣發展農業

他念五個學科

筆劃的先後

他是一步一步學的

他的工作是短期的

（第四課）

大陸的出產很多

中國的物產豐富

商業很發達

他靠得住

他靠着寫書生活

有很大的損害

是誰治水有功

珠江流域天氣不冷

長江從那裏入海

香港的面積

通商有利益

江南氣候溫和

沙漠是怎麼形成的

我們是同鄉

年年有天災

蒙古有廣大的沙漠

我會蒙文

是我讓他來的

西藏不產米

水裏有泥沙

那件事沒通過

他的生活歐化了

沒造就人才

那是他本身的事

（第五課）

是按照實際說的

他是被逼迫的

我願意住在鄉村

調查的很確實

我們的觀點不同

華僑的狀況

那個團體的性質

澳洲人口稀少

是他提倡的

是指着他說的

那是傳統思想

問題太複雜

没法子解決

僅有一個人

這兒節制生育

孫中山的學說

他們要打仗

一般人的習慣

他的子孫多呢

他絕對不贊成

他們聯合起來了

他自殺了呢

要節制用水了

VI. 你甚麼時候…? (p 127)

（第一課）

繼續給我講

給我舉一個例子

去聽學術演講

感到最寂寞

把註解寫好

才可以作完

（第二課）

才可以重寫

到法學院去

學的教育

有困難

研究的經濟

想見系主任

給我詳細說說

開始研究哲學

研究的各國學制

組織的這個學會

買的這本參考書

（第三課）

才可以趕上他

選的這本書

受了他的影響　　　　（第五課）
立的這個目標
寫的文章　　　　　　換的車
講中國的河流　　　　看見我的態度不好
　　（第四課）　　　統計的人數
開始跟他通信　　　　寫的戰時教育
沿着河邊走的　　　　去過聯合國
到過沿海的地方　　　在西南聯合大學念書
去過江西　　　　　　離開了聯大
離開了江蘇　　　　　許他出國
在浙江念書　　　　　大規模的請客
在亞洲旅行　　　　　叫他搬家
把書收起來的　　　　溫習短文
收的信　　　　　　　回答我
到歐洲去　　　　　　看問答的句子
到過中俄邊界　　　　看到最後一頁
買的這些石頭　　　　見過孫小姐
　　　　　　　　　　到四川去

發音 (p. 128)

1. 達成, 大城
2. 達到, 大刀
3. 計劃, 幾劃
4. 課室, 可是
5. 及格, 幾個
6. 物理, 五里
7. 醫科, 一課
8. 醫院, 一元
9. 主任, 主人
10. 單字, 單子
11. 基本, 幾本
12. 私立, 四里
13. 私塾, 四書
14. 向來, 想來
15. 幼稚, 有紙

16. 地勢,第十　　　18. 市長,十張　　　20. 學系,學習.

17. 集中,幾種　　　19. 實際,十幾

會話 (p. 128)

1　美：喂.

2　白：喂.美英嗎?

3　美：噢,文山,怎麼樣? 功課忙不忙?

4　白：忙的不得了,連給你電話的時間都沒有.

5　美：聽説你們這學期有了專題講話.專題講話究
　　竟有意思沒有? 都是屬於那種的題目?

7　白：很有意思.我們這個星期有五個不同的題目.

8　美：講的都是和那種學科有關係的?

9　白：你聽我告訴你.校長講話,學校概況,中國教育,
　　中國地理,還有中國人口.

11　美：你們一個學期學很多東西呀.

12　白：東西倒是學的不少,可是忙的要死.

13　美：噢! 馬教授後天請我們三個人到他家去吃
　　飯去.你跟學新一定早就知道了吧?

15　白：我就是為這個打電話給你.後天三點鐘我到
　　府上來我們一塊兒去.

17　美：學新是不是跟我們一塊兒去呢?

18　白：他跟我們一塊兒去.不過他到府上來的晚一
　　點兒.

19　美：文山,馬太太菜做的好極了.馬太太是四川人,
　　做四川菜.我最喜歡吃他做的菜,尤其是他炒
　　的菜.

22
白： 馬太太說話恐怕我聽不懂.

23
美： 你一定聽得懂,因為他受了馬教授的影響,他[24]
的四川口音不太重了.

25
白： 馬教授是在四川結的婚嗎?

26
美： 是的.和日本打仗以後馬教授是在四川結的[27]
婚.

28
白： 馬教授不是在西南聯大念的書嗎?

29
美： 結婚跟念書有甚麼關係?

30
白： 我的意思是西南聯大不在四川.

31
美： 那個時候他家在四川.他在四川認識的馬太[32]
太.

33
白： 噢.原來是這麼回事

34
美： 馬太太人好極了.

35
白： 馬太太作事嗎?

36
美： 他在一個私立的幼稚園當教員.那個幼稚園[37]
是專為了回國華僑的小孩子辦的.

38
白： 規模大不大?

39
美： 一般的幼稚園規模都不大.這一帶很需要幼[40]
稚園,必需多辦幾個.有許多小孩子在家裏不[41]
能入學校,僅僅這一帶至少有兩百小孩子沒[42]
上學.

43
白： 普及教育第一件事是得多設立學校.

44
美： 你說的很對.

45
白： 好.後天三點鐘見了.請向高先生高太太問好.[46]

47
美： 好的.謝謝你.後天見…

〈文山到了高家〉

48 美：文山,你真按着時候來了.

49 白：跟小姐定時間那裏能夠不按時候呢? 做甚
50 麼呢,美英?

51 美：看書哪.

52 白：真用功.

53 美：學問不夠得趕快自己充實自己嘿.

54 白：你向來是那麼努力.

55 美：那兒啊,那有你那麼努力呀.

56 白：別提了,我在這三年裏頭簡直把中文都給忘
57 了.我們課程裏有專題講話每次聽完了以後
58 非得復述不可,我感覺相當的難.

59 美：甚麼叫作復述? 這個名稱很特別,也是一門
60 功課嗎?

61 白：就是聽了演講之後按原來的演講拿錄音機
62 把那個演講自己再說一次.

63 美：馬教授教書當然教得不錯了,他對學生的態
64 度怎麼樣?

65 白：他人好極了,他確實是個好先生.跟他學習我
66 覺着非常進步.

67 美：很多人說他的教學法相當好,尤其是對於外
68 國學生.

69 白：是的,他採用的教學法很好.他不是用一種念
70 私塾的教學法.他的教學法是用很平常的話
71 慢慢的一步一步的講到本題.他是用很容易

懂的話解釋很高深的學問.

73 美：先生的教學法好,學生自然而然的進步.

74 白：總而言之馬教授學過教育,所以他瞭解教學
75 的方法.

76 美：大體上說我們遠大的教授都不錯,對於學生
77 的課程都相當認真.

78 白：別的教授我都不認識哪,現在只認識馬教授,
79 還有外國學生輔導(fǔ)主任,因為見面的機會比
80 較多一點兒.

81 美：你們專題講話是不是包括各種學科的題目?

82 白：是的,我們每天一個題目,所講的都是不相同
83 的學科.

84 美：都是馬教授一個人教啊?

85 白：是,只是馬教授一個人教我.

86 美：馬教授是一位萬能教授.

87 白：馬教授的學問是很好.

88 美：我父親跟他是同學,據父親說馬教授在西南
89 聯大四年,成績都好,每學期都考第一.我父親
說他文章寫得非常好,說他作學生的[90]時期,有
一次報紙上要選一個最好的論文,題[91]目是"怎
樣推行普及教育."字數至少要寫三萬字,[92]結
果馬教授的文章選上了.[93]

94 白：我們下星期要寫論文了.

95 美：甚麼題目?

96 白："中國文字的演變." 我還沒想出來怎麼寫哪.[97]

98 美：這個題目看起來很簡單，寫起來很複雜。

99 白：規定我們至少要寫五千字，我得請教你了。

100 美：客氣，你原來還是我的數學老師哪。

101 白：現在你是我的中文老師了。

102 美：寫論文先把題目瞭解了以後，再有一個中心
103 思想就容易了。作文的目的是要把你的思想
104 告訴了別人。

105 白：我寫好了以後請你給我看一看。

106 美：你別客氣了…外面有人叫門，大概是學新。

107 白：我去開，誰呀？

108 學：我，文山！

109 白：你不是說四點鐘就來嗎？

110 學：我們歷史那個會開晚了。

111 美：學新！

112 學：美英！忙吧？

113 美：不忙，我們三個人裏頭我相信最忙的是文山。
114

115 學：這倒是真的，每天晚上他用功都是到一點鐘。
116

117 白：因為許久沒念中文了，感覺有點兒困難，總得
118
用一點兒功。

119 學：我認為你們的功課裏最麻煩的是專題講話。
120 不但要學詞兒要聽講，又得復述，而且講的題
121
目也很多，一個星期要講幾個題目？

122 白：我們一個星期要講五個題目。

123 學：上星期都講甚麼？

124 白：除了校長講話和輔導主任報告學校概況以
125

外,只有三個專題演講,講的是中國教育,人口,
以及地理.

學: 每一次的講演因為時間很短不能把全部的
東西都講完了吧?

白: 只是講一個大概的情形,換句話說就是講的
很簡單,比如說講中國教育就是講科舉制度
跟私塾(shú),還有過渡時期的學堂和現代的學校,
以及怎樣推行普及教育等等.

美: 關於人口問題講些甚麼呢? 也講民族嗎?

白: 只講中國人口佔世界第一位,也講到中國雖
然經濟落後,生活狀況不論怎麼不好,但是都
不贊成提倡節制生育,意思就是說願意多子
多孫.

美: 這是中國傳統的思想.老先生老太太們都喜
歡下一代人口多.要是跟別人見面先說他一
共有多少孫子、孫女兒.

白: 中國傳統的思想也有他們的道理.

學: 那麼你贊成多子多孫了.

白: 中國大家庭很有意思.

學: 像個小團體.

美: 兒子、孫子好像團員.

學: 老先生、老太太就是團長.

美: 大家都說中國有六億多人,這個數目確實不
確實?

白: 這是根據人口學家說的,在一九五三年的時

候調查統計的結果是六億人.他們的推測現
在有六億五千萬人了.中國人口的增加速度
真是驚人.

學: 他說中國人口的動態怎麼樣?

美: 學新,我們現在是考文山哪.

白: 他說中國人在習慣上是決不輕易搬家的,所
以移動性很小.

美: 像住在城市的人有時候還搬家,鄉村的人一
生也不知道甚麼叫做搬家.

學: 中國人口這麼多,那兒的人口最密呢?

白: 說起中國人口的密度,長江下游人口最密.

美: 長江上游呢?

白: 一般的說河流的上流人口都比下游稀,因為
上游多半是高山,人口自然的稀少.

學: 人口和戰爭有甚麼關係?

白: 世界上不論是甚麼地方只要是有了戰事,就
有大量的人民被殺死,所以不論是內戰或者
世界大戰絕對不應該再發生了.

美: 按着現在的推測是不是一定能够沒有戰爭
呢?

白: 很難說,因為大家已經知道在戰時受的損害
太大,還有時代潮流的趨勢,所以近來國家和
國家發生問題多半是大家在聯合國想法子
解決.至於實際上能不能不打仗能解決問題,
那就很難說了.

175
學：總而言之戰爭就是人禍.

176
美：不錯戰爭就是人禍.我說一個事實,從前我父親有一位朋友當過師長.因為老了,全家搬到鄉下一個小的村子去住.有一年因為內戰地方上有了動亂.本來很有錢,後來跑到別的地方連飯都吃不上了.

181
白：你們兩位的觀點是指著受損害一方面說的.可是在過去有的人口學家認為戰爭能解決人口增加的問題,所以說戰爭和人口很有關係.

185
美：人口學家這種說法我不贊成.

186
白：現在是原子時代了.戰爭也演變到原子戰爭.要是再發生戰爭的時候給人的災害更大了.

189
學：昨天我參加了一個演講會就是講原子能.

190
美：你參加的那個會是甚麼性質的？是學術性的還是政治性的呢？

192
學：是學術性的.

193
白：你在那兒聽的演講？

194
學：在學校課堂裏.

195
白：聽的人多不多？

196
學：有三百多人.

197
美：課堂容得下嗎？

198
學：在二百零五號那個大講堂.

199
白：講的好不好？

200
學：好.主講的是一位國立大學物理學教授.年歲

就有三十左右．我從前聽過許多次原子能講[202]
演，都是大同小異，這次他講的和別人大不相[203]
同，我聽了以後才知道他真有高深的學識．[204]

[205]
美：你是研究歷史的聽原子能作甚麼？
[206]
學：這是常識啊．
[207]
白：現在該我考考你們了．
[208]
學：好，你出題目吧．
[209]
白：人都是願意一生在自己老家平安過日子，不
[210]
　　喜歡隨便搬家，這兩句話要是用文言怎麼說？[211]
[212]
學子：說話為甚麼要用文言呢？
[213]
美：用文言來說是不是"安土重遷"？
[214]
白：對了，我也是昨天才學的，這句話是甚麼書上[215]
　　的？
[216]
美：是漢書上的．
[217]
學：美英是古今文學都懂．
[218]
美：那裏．
[219]
白：中國從前有的人真是幾百年不搬家的．
[220]
美：從前的人除非被逼迫才搬家．
[221]
學：時間不早了，我們該往馬教授那兒去了．
[222]
白：美英，坐車去呢，還是走着去呢？
[223]
學：不很遠，可以不必坐車．
[224]
白：美英不行吧．
[225]
美：誰說的？我天天到學校都是走路．
[226]
白：高先生從前很喜歡走路，他還是那個習慣嗎？[227]
[228]
美：我父親還是那個老毛病，下雨他也出去，他說

229 走路對身心都有好處.

230 白： 高先生每天早上幾點鐘起來?

231 美： 早上五點鐘就起來.

232 白： 怪不得高先生身體那麼好哪.

233 學： 文山,我們下星期上山好不好?

234 白： 好啊.

235 美： 我也參加.

236 學： 如果天氣不好要是下雨就取消,再重定日子.

237 白： 星期六幾點鐘在那兒見面?

238 學： 下星期六早上八點鐘在省立工學院門口兒見. 239

240 白： 省立工學院在那兒? 好像在北湖路似的.

241 美： 對了.

242 學： 說着話走路不知不覺已經要到了.

243 白： 馬教授家我還沒去過哪.

244 美： 你看那個小紅樓就是.

短文 (p. 135)

1. 我小的時候在一個私塾裏念書.三字經,百家姓
都念完了.又念四書.先生說四書念完之後就念
五經.後來這裏設立了一個公立學校.有一天我
到公立學校去見校長.我說想到學校來念書.校
長說按着我的程度可以念初中二.我中學就是
在那個公立學校畢的業.

2. 中國從唐朝以來到清朝末年選拔人才都是用

科舉考試制度,如果想作官必須經過這種考試.

3. 西南聯大是戰時才成立的,不是戰前就有的,那裏造就了不少人才.馬先生的統計學就是在那裏念的.

4. 那個地方從戰後工商業非常發達,最近那裏的工商業聯合起來組織了一個旅行團,他們的目標是訪問歐洲.

5. 中國字有的筆劃很多,有的有三十幾劃,近來有人提倡用簡體字,就是把複雜的漢字簡化了,寫起來可以省時間.

6. 這裏的幾個中學聯合辦了一個平民學校,目的是希望普及教育,學校的名稱是平民識字學校.從開學到現在僅有幾百人來.他們的口號是使人人有書念,使人人有基本常識.

7. 從前在私塾裏念書沒有修業的年限,不分初級,高級,從小學至中學程度都有.

8. 那個地方屬於温帶,氣候不太冷,也不太熱,温度總是在六十度左右.

9. 那條河的水是向東流,都是流到那個大湖裏,據說那條河的水不很深.

10. 孫中山先生是廣東省中山縣人,生在公元一八六六年十一月十二日,死在中華民國十四年三月十二日.

11. 在第一期的人口學月報上第一張是孫先生寫的文章,題目是華僑的分佈和動態,大意說因為美國從前需要大量工人,所以華僑到美國來的很多.華僑在美國一般的說都是集中在大城市裏.

12. 聯合國今天早上九點鐘開會.王先生趕着開會去.他自己開車去的.可是他不認識路,在路上用了很多時候,他想一定趕不上開會了.沒法子.他問別人,別人指着地圖告訴他,叫他換個方向走,他才找到了目標.

13. 張先生.

昨天我出去買書,回來以後就覺得身上很難過.我用溫度表試試溫度,有一百零四度,所以今天不能到學校上課去了. 祝

好.

學生 馬大山上

三月二十五日

14. 第二次世界大戰才完,世界上的國家好像又向着打仗的路上走.有的國家又是戰時的狀態了.雖然成立了聯合國盡力用各種方式希望不再發生戰爭,可是各國有各國的打算,究竟能不能沒有戰爭還是沒有法子推測.

15. 中國是農業國家.甚麼叫作農業國家呢?意思就是說中國人民百分之八十幾是種地的.因為多數人種地,所以是農業國家.中國人多數吃米,而且產米的區域很廣.凡是華中、華南大河流域的下游地區都產米.

16. 紙是常用的東西,世界越文明用的紙越多.據聯

合國的統計,世界上每人每天用的紙在美洲是美國人佔第一位,在亞洲是日本人佔第一位,在歐洲是一個小的國家佔第一位,英國人佔第二位.至於非洲用紙就比較少了.

17. 據說中國留學生在出國之前必得經過留學考試.如果程度低,就不能考取,就是考取了也有很多問題.從開始申請至出國,總是要費相當的時間.這是指着以前說的.現在出國比以前容易多了.可以不必費那麼多時間了.

18. 張先生是農學院院長.近來他在教務方面推行一種新辦法.這種新辦法是按着現在實際需要又參考許多外國大學的辦法才規定的.

19. 有一個大學要選拔幾個在物理方面有天才的學生.有人主張可以在每學年成績最好的學生當中選拔.有人說天才和成績是兩回事有天才的學生不一定成績優良.換一句話說成績優良的學生不見得就有天才.

20. 有一位人口學家寫了一本書叫人口和少數民族.他說少數民族在人口的數目上雖然較少,可是按着這些民族的本身來說各有各的生活習慣,各有各的傳統思想.因為以上種種原因他們不能輕易就被別的民族同化的.

21. 在東亞有一個小島,面積很小,人口很密.島上的人所用的水全靠着下雨.如果不按時候下雨或者雨下得少了,大家就沒有水用.有一次島上有了戰事而且許久沒下雨,社會上發生了動亂,島上的人走了很多,走的原因是為了戰爭,都是被環境逼迫的.僅僅的在一個月裏走的人數真是驚人.到了戰後有人把戰前和戰時以及戰後的人口的動態詳細統計比較,才知道在這一次戰爭中走的人口確實的數目.

22. 一個國家如果跟別的國家沒有戰事,國內也沒有內戰人民的生活自然而然便會很好的,至少是平平安安的.前幾天有一個老年人說到戰爭,他便形容受戰爭的損害.他說有一年打仗,他們那個小村子裏就死了一百零五個人.他有一個最喜歡的孫子,年歲還不到二十,也被打死了.所以他說仗是不能再打的了,不能老讓人民受害.

23. 張先生是聯大的教授,他每天都看書,為的是充實自己的學識.他說他看書有兩種方法.一種是大體的看一看,只要懂的大意就可以了.這種方法可以在短期內多看一些書,有的時候一天能看幾十頁到幾百頁.還有一種看法是把每章每句都詳細的看,要深深的瞭解書的內容.這兩種方法各有各的好處.至於那種書用那種方法看,這個問題很難回答.總之每天看書不論用那種方法都是有好處的.

24. 這次選舉會長不知道是怎麼選的.據說在選舉的過程裏發生了很多問題,才把會長選出來.就有人主張應當重選.一般的看法也認為應當重選.

25. 在天氣熱的時候,我喜歡到海邊去.那個海邊有一條小河,在那裏流到海裏.海水,河水都是溫的.海邊上有沙,我有時在沙上畫字,有時在海裏坐小船,一直到晚上,還不想回家去.

26. 在這城裏有兩個飯館,一個是中華樓,一個是西華樓.有一天有人要請我吃中國飯,他問我:"倒是吃中華樓還是吃西華樓呢?"

27. 有一天我坐在船上,船走的很快.我往路上一看,好像是陸地在移動似的.我心裏想,雖然陸地沒有移動性,可是我為甚麼看陸地好像在移動呢?

28. 長方的就是兩邊是長的兩邊是短的.四方的就是四邊都是一樣長,也叫方的.比如說一方里就是四邊都是一樣長,都是一里長,就叫做一方里.

29. 在中國歷史上每個朝代的末年多半是各地方有了動亂人民沒法子生活,一直到新的朝代出現,人民才可以得到平安的生活.

30. 從前中俄交界有很多地方人口很稀,又因為邊界不大清楚的關係,所以兩國的商人和旅行的人,除非有特別的原因,很少有人到那些地方去.

31. 他是前天從美國起身到日本去的.他想在日本念大學.事前有人告訴他日本大學一般來說都很好.畢業的年限多半是四年,也有採用學分制的.

32. 據最近的統計分佈在各國的華僑有一千六百五十萬人現在我把分佈的情況寫在下面:

亞洲	一千六百萬
美洲	四十四萬
歐洲	兩萬
非洲	四萬

33. 昨天我在圖書館看書,發現了一本新書,書名子是在<u>亞洲的殖民問題</u>開始是短文,後頭是會話,我開始不想看,看了一會兒很有意思,用問答方法把殖民問題解釋的非常詳細.

34. 有人問我身體怎麼樣? 我說:"我的身體從前不大好,近來比以前好的多了."

35. 有一個留學生,所有學費以及吃飯住房子的錢都是朋友給他的,他有時候想:"要是朋友將來不給我錢我怎麼辦? 我應當早一點兒自己想辦法."

1	2	3	4	5	6	7
笨	紐	藩	漂	獅	糖	宗

8	9	10	11	12	13	14
並	皇	帝	佛	源	喇	嘛

15	16	17	18	19	20	21
維	吾	爾	雲	約	甘	肅

22	23	24	25	26	27	28
彝	僮	苗	仲	康	改	革

29	30	31	32	33	34	35
鮮	俗	整	奪	擴	領	抵

36	37	38	39	40	41	42
抗	鄰	德	彼	析	旗	創

43	44	45	46			
若	干	互	構			

第七課 民族 (p. 140)

1.	笨	bèn	stupid	24.	苗	miáo	sprouts (19)

1. 笨　bèn　stupid
2. 紐　niǔ*　button; (translit. for 'new')
3. 藩　fán*　frontier
4. 漂　piào　elegant
5. 獅　shī　lion
6. 糖　táng　sugar
7. 宗　zōng　ancestor; sect (1)
8. 並　bìng　really (before neg.) (3)
9. 皇　huáng　emperor (4)
10. 帝　dì　emperor (4)
11. 佛　fó　Buddha (5)
12. 源　yuán　source (6)
13. 喇　lǎ*　bugle (6)
14. 嘛　ma*　(used in Lǎma) (8)
15. 維　wéi　maintain (12)
16. 吾　wú　I; my; our (12)
17. 爾　ěr　thou (12)
18. 雲　yún　cloud (13)
19. 約　yuē　invite; about (14)
20. 甘　gān　sweet (15)
21. 肅　sù*　austere (15)
22. 彝　yí*　Yi (17)
23. 僮　zhuàng*　Zhuang (18)

24. 苗　miáo　sprouts (19)
25. 仲　zhòng　2nd in seniority (20)
26. 康　kāng　peaceful (21)
27. 改　gǎi　alter; correct (25)
28. 革　gé　remove (25)
29. 鮮　xiǎn　fresh (27)
30. 俗　sú　vulgar (30)
31. 整　zhěng　whole; exactly (33)
32. 奪　duó　snatch; rob (34)
33. 擴　kuò　enlarge (36)
34. 領　lǐng　to lead (37)
35. 抵　dǐ　push against (38)
36. 抗　kàng　resist (38)
37. 鄰　lín　neighbor (40)
38. 德　dé　virtue (42)
39. 彼　bǐ　that; he (50)
40. 析　xì　analyze (51)
41. 旗　qí　flag (52)
42. 創　chuàng　create (53)
43. 若　ruò　as; if (59)
44. 干　gān　concern (59)
45. 互　hù　mutually (60)
46. 構　gòu　construct (64)

白：馬教授早.

馬：早.昨天到家很晚了吧？

白：不晚.我們先送美英回去.到家的時候還不到十點鐘.昨天我們在府上吃的好.談得高興,就是太麻煩馬太太了.昨天馬太太累了吧？

馬：你們到我家去我內人非常高興.

白：馬太太菜做的真好.而且菜也太豐富了.那個紅燒羊肉跟炒豆腐太好吃了.

馬：那個炒豆腐是四川做法.你喜歡吃嗎？

白：我很喜歡.

馬：我內人羊肉作得倒是不錯是因為我喜歡吃的原故.在我們才結婚的時候她不喜歡吃羊肉.因為我喜歡.他慢慢的習慣了,也喜歡了.

白：是不是北方人喜歡吃羊肉？

馬：是的.因為張家口出產的羊好吃,所以北方人喜歡吃羊肉.尤其是蒙古人,他們都是吃牛羊肉.我那個男孩子有個特性.每天吃飯不吃別的就專門的吃牛羊肉.還喜歡吃糖.

白：牛羊肉對身體倒是有好處.

馬：也許.你看他的身體多麼好.

白：馬教授府上的房子很好.

馬：我也很喜歡那所房子.是一個同鄉的.這所房子他買了.不過一年他到別的地方去了.就把這所房子賣給我了.我最喜歡的是有一個四方方的大院子.天氣暖和的時候孩子們可

以在外頭玩兒.

27 白： 您在那兒住多少年了?

28 馬： 我在那兒住還不到二年哪.

29 白： 地方真不錯,四面的環境好的很,前面有水,後
面有山,風景相當美麗.

31 馬： 過幾天再請你們到我家去吃紅燒雞和紅燒
32 獅子頭去.

33 白： 那兒能老讓您請客! 下次該我們請您和馬
34 太太了.

35 馬： 還是你們到我那兒,雞是我內人自己養的,養
36 了還沒有一年哪,現在小雞長成大雞了.

37 白： 有人說自己養的雞比買的雞好吃.

38 馬： 也許自己養雞是給米吃,這兒買的雞一般都
39 是鄉下人養的,人都很少吃米,雞那兒能夠吃
米呢?

41 白： 這倒是真的.

42 馬： 今天的講話是中國的民族,現在開始研究研
43 究這些詞兒.

44 白： 好吧,我先看看.

1.0. 宗教　孔教

1.1. 中國人把孔教看作是宗教之一.

2.0. 其實

2.1. 有人說珠江是中國三大河流之一,其實珠江
不太長.

2.2. 張先生給我買了很多糖,其實我不喜歡吃糖.

3.0. 並

3.1. 那個地方作買賣一定作不成功因為那裏的商業並不發達.

4.0. 皇帝

4.1. 現在歐洲和亞洲的國家還有有皇帝的嗎?

白: 馬教授,一般的人常說中國有三大宗教,把孔子的學說也算是一種宗教,其實孔子的學說並不是一種宗教.

馬: 孔子是一位哲學家、教育家、文學家,也可以說是政治家.孔子很注意文學.他有很多學生.孔子的教育觀點特別注意普及教育.

白: 那個時代中國的教育也不普遍嗎?

馬: 在孔子那個時代有政府設立的學校,只收作官的兒子.不收平民.可是孔子說人人可以受教育.他把文化教育跟學術知識都教給一般人.不論學生是聰明的還是笨的,孔子都想法子教.後來中國的社會都拿孔子的學說作中心,所以說孔子的學說是孔教.

白: 孔子的學說影響中國一直到現在,是不是?

馬: 是.中國歷代皇帝都認為孔子的學說能治國.

5.0. 佛　佛教　佛學

5.1. 中國人說佛是從西方來的.

miǎn diàn
5.2. 緬甸信佛教的人很多,可是研究佛學的人並不多.

5.3. 他們家幾代都是信佛的.

6.0. 起源

6.1. 中國文化的起源在黃河流域.

7.0. 傳　傳下來　傳說

7.1. 中國的佛教是從印度傳來的.

7.2. 科舉制度是從唐朝傳下來的.

7.3. 聽別人傳說的事情,有的靠得住,有的是不可靠的.

lǎ ma lǎ ma
8.0. 喇嘛　喇嘛教

lǎ ma
8.1. 蒙古人和西藏人都信喇嘛教,從前男人有三
lǎ ma
分之一當喇嘛.

9.0. 滿洲　滿族

9.1. 滿族起源在中國的東北部,那個地方的名子叫滿洲.

10.0. 統治

10.1. 台灣從前被日本統治了五十年,從一八九五年到一九四五年.

61
白: 中國人多數是信佛教的.佛教的起源是在印
62
度,我不知道是甚麼時候傳到中國的?

63
馬: 佛教是前漢時期傳到中國的.
64
白: 很多人研究佛學,佛學的書據說很不容易懂,
65
是不是?

66
馬：是.很難懂,而且也很多.

67
白：喇嘛教也是屬於佛教的嗎?

68
馬：是.喇嘛教也是佛教.是西藏的佛教.喇嘛是西
藏 69 話.

70
白：中國那裏有喇嘛教? 普遍不普遍? 是全國
性 71 的嗎?

72
馬：不是.只是在西藏,青海和內蒙古外蒙古 73 一帶
地方.自從滿洲人統治中國以來(就是清 74 朝)很
注重喇嘛教.

11.0. 回(回)　回族　回教

11.1. 中國人有時把回族的人叫做回回.

11.2. 中國本部和沿海一帶信回教的人不多.

12.0. 維吾爾族

12.1. 青海省也有維吾爾族人嗎?

13.0. 雲南

13.1. 雲南的位置在溫帶,所以氣候溫和,而且風景
也很漂亮.

14.0. 約　大約

14.1. 那個海島的面積約有八百多方里.

14.2. 中國和外國通商大約有一百多年了.

14.3. 從三藩市到紐約大約有多少英里?

15.0. 甘肅

15.1. 甘肅省的地勢是西部高,東部低.

16.0. 團結

16.1. 有人說從前中國人不知道團結.現在的中國
人知道團結了.

75 白： 信回教的除了回族以外還有別的民族嗎？
76 馬： 除了回族以外還有維吾爾族也信回教.
77 白： 在中國內地信回教的人大半都在那幾省？
78 馬： 山西、四川、河北都有.在南邊的廣東、雲南也有
人信.
80 白： 據說回回相當團結.
81 馬： 是、有這麼一說.
82 白： 這兩個民族分佈的地區都在那兒？
83 馬： 回族大部份在西北部,比如新疆、青海、甘肅一
帶.
84 白： 他們的人口有多少？
85 馬： 大約有三百五十萬人.
86 白： 維吾爾族呢？
87 馬： 維吾爾族分佈在新疆,人口也有三百多萬.
88 白： 這兩個民族有甚麼分別呢？
89 馬： 在語言上有分別.回族人說中國話、維吾爾族
有他們自己的語言.

17.0. 彝(族)

17.1. 那個區域的人民,彝族佔百分之八十.其餘的
是漢人.

18.0. 僮(族)

18.1. 僮族自治區內農產豐富,別的土產也多.

18.2. 把所有分佈到別的地方的僮族算在一起有
六百多萬人哪.

19.0. 苗族

19.1. 你知道苗族的特點和分佈在甚麼地方嗎?

20.0. 仲家族

20.1. 仲家族是少數民族之一,大約有一百多萬人.

21.0. 西康

21.1. 西康在西藏的東面,這個地域大山很多.

22.0. 貴州

22.1. 貴州出產糖嗎?

白: 中國以前只說五族,現在把所有的民族都算
在一塊兒有六十多個民族.比如猓族、僮族、苗
族、仲家族都在中國那部分?

馬: 猓族在雲南西康交界,僮族分佈在廣西,還有
廣西附近一帶地方.苗族在貴州和湖南.仲家
族分佈在貴州西南一帶.

白: 這些民族都是各有各的語言嗎?

馬: 除了回族以外各民族有各民族的語言.

23.0. 拼　拼音　漢語拼音

23.1. 那些中國字,你能用漢語拼音拼出來嗎?

23.2. 這個字怎麼拼? 是不是我拼錯了?

23.3. 這本書是用漢語拼音寫出來的.

24.0. 蒙(古)族

24.1. 從前滿族人的生活很像蒙古族,後來很像漢人了.

24.2. 內蒙自治區的人口,就有七分之一是蒙族人.

25.0. 改　改(V)　改用　改革

25.1. 那幾個句子都好,不用改.

25.2. 中國從前都是用算盤,近來也有改用計算機的了.

25.3. 他從前學藏文,現在改學蒙文了.

25.4. 中國文字改革的過程你知道嗎?

99
白: 中國少數民族的文字有沒有用拼音字的?

100
馬: 有.像蒙古已經把文字改革了.他們已經改用
101
拼音字了.其他民族也有用拼音字的.文山,我
102
知道在美國大學裏有人研究蒙文和藏文的.
103
有沒有研究滿文的?

104
白: 有是有,可是不太多.據說三藩市跟紐約大學有.
　　　　　　　　　　　　fān　　　　niǔ　　　105

26.0. 其他

26.1. 就是我一個人會漢語拼音.其他的人都不會.

27.0. 朝鮮　朝鮮族

27.1. 在中國東北和朝鮮交界的地方有一個朝鮮族自治區.

28.0. 漢族

28.1. 在清朝的初年滿族人不能和漢族人結婚.

29.0. 共和

29.1. 中國在民國初年的時候是一個五族共和的

國家.

29.2. 亞州有多少國家是共和國?

30.0. 風俗

30.1. 中國的風俗和歐美的風俗比較起來大不相同.

30.2. 少數民族在生活上各有各的風俗習慣.

31.0. 同化

31.1. 近來蒙古族也有不少的人和漢族同化了.

32.0. 藏族

32.1. 藏族人不輕易離開西藏.

馬: [106] 我相信你知道朝鮮在那兒,可是我現在要讓你[107]說一說.

白: [108] 朝鮮在日本海和黃海之間,是一個半島的國[109]家,朝鮮族有一部分在中國東北一帶地方.

馬: [110] 對了.

白: [111] 中國最大的民族是漢族,民國初年的時候都說[112]漢、滿、蒙、回、藏五族共和,在風俗習慣上[113]這五個民族一樣不一樣?

馬: [114] 比如滿族被漢族同化了,風俗習慣是大同小異[115]了,其他幾個民族像蒙族、藏族甚麼的就不相[116]同了.

33.0. 整   整個兒

33.1. 昨天整天都下雨.

33.2. 昨天我到書店買東西,買的書和本子一共五塊錢,我整有五塊錢都給書店了.

33.3. 從前的非洲整個兒是殖民地.

33.4. 整個兒說起來,民族跟民族總是有問題的.

33.5. 是不是非洲整個兒到處都有獅子?

34.0. 爭奪

34.1. 那兩個國家因為都要爭奪那個殖民地就打起仗來了.

35.0. 而

35.1. 他為了研究喇嘛教而去當喇嘛.

35.2. 他到美國不是留學而是作買賣.

35.2. 中國的佛教是從印度而來.

36.0. 擴展

36.1. 那個商人想要擴展他的生意,他想在紐約三藩市都設一個分號.

37.0. 領土

37.1. 那個地方是不是蘇聯的領土?

37.2. 那兩個國家為了爭奪領土起了戰爭.

117
白: 中國整個的說起來是很多民族組織起來的.
118
是不是有的時候為了爭奪土地而戰爭?
119
馬: 在過去歷史上這種事情是時常發生的,比如
120
別的民族要佔漢族的土地,或者漢族要擴展
121
他們的領土.

白: 每一個國家民族和民族都是有問題的. [122]

馬: 尤其是中國,歷來是戰爭的國家.從古到今不 [123] [124]
論是跟別的民族或者是內戰時常打仗.老百 [125]
姓沒有平平安安的好好兒的過日子,都是在
戰爭的環境裏生活. [126]

38.0. 抵抗 抗戰

38.1. 七七是中國對日本抗戰的日子.日本來打中
國,中國不得不抵抗.

38.2. 一個人的力氣能够抵抗獅子嗎?

39.0. 擴大

39.1. 七七以後中國和日本的戰事就擴大了.

40.0. 鄰近

40.1. 他家在江西,鄰近是鄱陽湖. pó

41.0. 世紀

41.1. 二十世紀的中國人生活很多歐化了.

41.2. 中世紀的時候歐洲各地方常有動亂.

白: 昨天我在圖書館看了一本書是關於中國抗 [127]
戰時期的故事. [128]

馬: 寫的好不好? [129]

白: 寫的不錯.大致寫的是中國抵抗日本,戰事漸 [130]
漸的擴大到第二次世界大戰.關於那次日本 [131]
和中國打仗,日本主要的目的是甚麼? [132]

馬: 日本主要的目的要佔中國的領土. [133]

134
白： 在歷史上看歷來兩國時常發生戰爭.

135
馬： 因為兩國是臨近的國家,而且日本這個國家
又喜歡佔人家的土地.在十九世紀的時候把
136
台灣佔了,在一九三一年佔東三省,一九三七
137
年打到中國內地.
138

42.0. 德國　德文

42.1. 他是江蘇人,在德國留學,德文好極了.

43.0. 意大利

43.1. 在中國有一個歐美同學會,我最喜歡到會裏
去吃意大利飯.

44.0. 交通

44.1. 沙漠地帶交通不大方便.

44.2. 因為交通不便那裏的商業不很發達.

45.0. 其次　又其次

45.1. 亞洲國家人口最多的是中國,其次是印度,又
其次是日本.

45.2. 我們這一省主要的出產是米,其次是產糖.

46.0. 和平

46.1. 聯合國對於世界和平是有功的.

139
白： 有人說中日戰爭是第二次世界大戰的開始.
140
日本開始是先打中國,然後跟德國,意大利聯
141
合起來了,中國跟法國,英國,蘇聯和美國也聯
142

合起來了．這次戰爭一共八年．

143
馬：那個時候我正在雲南．有的時候到四川去看 [144]
看父母．

145
白：那個時候聽說交通很不方便．

146
馬：是的．中國在抗戰的時候，不但因為戰爭死了 [147]
不少人．而且車船出事也死了很多人．

148
白：常聽說到四川去的路非常困難．

149
馬：到四川去就靠着坐船跟走公路．雖然有飛機 [150]
可是飛機太少．

151
白：那個時候車、船常出事的原因是甚麼？

152
馬：第一是人多，車、船太少．比如只容一千人的船 [153]
要坐兩千人．太重了就得出事．公路上的車也 [154]
是一樣．其次是西南的山路多半交通不便，公 [155]
路不怎麼好．

156
白：希望將來世界上是一個和平的世界．不要再 [157]
打仗了．

47.0. 系統
47.1. 蒙文和藏文大不相同，各有各的語文系統．

48.0. 例如
48.1. 大江、大河入海的海口，商業不見得都很發達．
例如黃河入海的地方商業並不發達．

49.0. 境　邊境
49.1. 世界最高的山是在中國和印度邊境．

49.2. 朝鮮族自治區是在中國境內,在中國的東北和朝鮮的邊境.

50.0. 彼此

50.1. 我很早就想看見你 … 彼此,彼此.

50.2. 他把我看作弟弟一樣…. 那是你對他好.這是彼此兩方面的事情.

51.0. 分析

51.1. 王教授講 "世界的交通" 分析的很詳細.

白: 馬教授,我在圖書館找參考書的時候,看到了¹⁵⁸ 一本歷史寫的相當清楚.寫的很有系統.例如¹⁵⁹ 中國邊境的國家和中國歷來彼此的關係有¹⁶⁰ 很詳細的解釋,而把每一個朝代都寫一個表.¹⁶¹ 分析的很明白.¹⁶²

馬: 那本歷史叫甚麼名子?¹⁶³

白: 中國歷史研究.¹⁶⁴

馬: 那本歷史是一位張大文先生寫的.他是有名¹⁶⁵ 的歷史家.只要是研究歷史的人都知道他.¹⁶⁶

52.0. 旗子　國旗　五色旗

52.1. 這兩面旗子,一面是新的,一面是舊的.

52.2. 你知道意大利的國旗是甚麼樣子嗎?

52.3. 中華民國從前的國旗是五色旗.

52.4. 五色旗很漂亮.他有五種顏色是紅、黃、藍、白、黑.

52.5. 那個旗子上為甚麼有一個十字？

53.0. 創造

53.1. 你知道中國的文字是誰創造的嗎？

53.2. 這本書上有一課 "創造文字跟文字改革."

54.0. 一律

54.1. 民主國家的人民在法律上一律平等.

55.0. 根本

55.1. 我太笨了.根本不明白那個形容詞怎麼用.

167
白：中國掛五色旗的時候您看見過嗎？
168
馬：在我出生以後就不掛五色旗了.可是我念小
169
學的時候國文上有一課 "紅、黃、藍、白、黑." 先
170
生告訴我們那是從前國旗的顏色.
171   172
白：那五種顏色很漂亮.當初創造中華民國的時
候規定的國旗好像就是五色旗似的.
173
馬：是五色旗.說起國旗來很有意思.在民國十七
174
年的時候南京的政府到了北京讓人民在門
175
上一律都要掛國旗.中國的老百姓根本不知
176
道國旗的重要性,國旗跟國家的關係.那次的
177
國旗掛的真有意思.奇奇怪怪的甚麼樣子的
旗子都有.

56.0. 觀念

56.1. 現代的中國人對於國家的觀念和以前不同了.

57.0. 意識

57.1. 商人的意識多半都在本身的利益.

57.2. 在那些人的意識裏根本沒有團結.

58.0. 變　改變　變更

58.1. 過了一會兒溫水變了涼水了.

58.2. 一個人的生活習慣不容易改變.

58.3. 他們的計劃變更了.五年計劃改為七年了.

59.0. 若干

59.1. 在若干年以前中國也發明了不少的東西.

白：馬教授,有人說中國人就有家庭觀念,沒有國家觀念.這是實在的嗎?

馬：在意識上中國人對家庭的觀念深.

白：現在這種思想是不是已經改變了?

馬：這是若干年傳統的思想,一時變不了.

60.0. 互助

60.1. 人和人應當互助.

61.0. (相)處　(相)處不來

61.1. 中俄邊境的人民相處的好不好?

61.2. 我們雖然都在一個大學念書,可是我們相處不來,兩個人常常發生意見彼此整天不說話.

62.0. 等於

62.1. 他在美國留學並不用心念書,甚麼也沒學到,等於没去留學.

63.0. 部

63.1. 那部<u>文學史</u>一共有四本.

64.0. 結構

64.1. 中國語法結構那本書很好,把語法的結構分析的非常清楚.

65.0. 幾(幾)乎

65.1. 上次他病的幾幾乎死了,醫生根本研究不出來他是甚麼病.

65.2. 那個人在没法子生活的時候幾乎要自殺.

65.3. 我幾乎没趕上火車.

65.4. 我小兒子太笨了,而且整天玩兒,每門功課都是六十分,幾乎今年高中没畢業.

183
白: 請問馬教授,互助的意思是甚麼?
184
馬: 互是彼此的意思.助就是幫助.比如"朋友在
185
一塊兒相處要互助."
186
白: 我明白了.
187
馬: 還有甚麼問題没有?
188
白: 没有了.今天等於念了一部中華民族史.明天[189]
講甚麼題目?
190
馬: 明天講社會的結構.噢 oh 我幾幾乎忘了,講話[191]今
天要晚一個鐘頭,因為今天講話的主講[192]人是
外邊請來的.
193
白: 好的.

生詞表 (p. 153)

1. 宗教
   孔教
2. 其實
3. 並
4. 皇帝
5. 佛
   佛教
   佛學
6. 起源
7. 傳
   傳下來
   傳說
8. 喇嘛 (la ma)
   喇嘛教 (la ma)
9. 滿(洲)
   滿族
10. 統治
11. 回(回)
    回族
    回教
12. 維吾爾(族)
13. 雲南
14. 約

大約 (su)
15. 甘肅
16. 團結
17. 彝(族) (yí)
18. 僮(族) (zhuàng)
19. 苗(族)
20. 仲家
21. 西康
22. 貴州
23. 拼
    拼音
    漢語拼音
24. 蒙(古)族
25. 改
    改 v
    改用
    改革
26. 其他
27. 朝鮮
    朝鮮族
28. 漢族
29. 共和
30. 風俗

31. 同化
32. 藏族
33. 整
    整個(兒)
    整天
34. 爭奪
35. 而
36. 擴展
37. 領土
38. 抵抗
    抗戰
39. 擴大
40. 鄰近
41. 世紀
42. 德國
    德文
43. 意大利
44. 交通
45. 其次
    又其次
46. 和平
47. 系統
48. 例如

49. 境
    邊境
50. 彼此
51. 分析
52. 旗子
    國旗
    五色旗
53. 創造
54. 一律
55. 根本
56. 觀念
57. 意識
58. 變
    改變
    變更
59. 若干
60. 互助
61. (相)處
    (相)處不來
62. 等於
63. 部
64. 結構
65. 幾(幾)乎

語法練習 (p. 154)

1. 他是因為和他姐姐相處不來而離開家的.
2. 關於朝鮮族是從那裏而來的那是一個還沒解決的問題.
3. 他到這裏來不是專門為了旅行而來的.主要的是到這裏來開會其次才是旅行哪.
4. 我為他的事情而變更了我所有的計劃.
5. 這次的戰爭是從西北的邊疆而打到中國境內的.
6. 那個團體是很多單位組織而成的.
7. 那本小說原文不是英文而是從德文翻譯的.
8. 他並不是信佛的,而是研究佛學的.
9. 佛教是從印度來的,而喇嘛教是從西藏來的.
10. 抗戰的時候他為國而死了.
11. 我們五個人裏頭就他一個人是滿洲人.
12. 這三面旗子就一面是本國的.
13. 他到那兒大約就三天.
14. 據我所知道就滿族那一個民族被漢族同化了.
15. 今年各省都有旱災,就廣東一省沒有.
16. 請你把那幾個漢字一個一個的都教給他怎麼拼.
17. 風俗習慣都是一代一代的從上古傳下來的.
18. 那兩國邊境上的戰事,看情形一點兒一點兒的要擴大了.
19. 漢語拼音怎麼教他,他也不會.一次一次的老是問我.

20．你把他寫的字一個一個字詳細的看一看．要是有錯字請你改一改．

講　話 (p. 155)

諸[1]位同學：今[2]天講的題目是中國的民族。講這個題目應[3]該從[4]民族史。在這很短的時間裏當然講不完。這個題目本來一部民族史，所以只[5]以民國初年講起。

民國初年是甚麼樣子呢？那時候中國的國旗是五色旗。甚麼是五色旗？五色旗是一個長方第二顏色。五種顏色，上面有黃種顏色的，分為五條[9]，頭一條是紅[11]色，第二條是藍色、白色、黑色，以下是甚麼意思呢？

紅[11]代表漢族，黃的代表滿族，黑色代表藏族，藍色代表蒙族，白色代表回族。從這面國旗看來那個的國家五種顏色代表五個民族，就是那時候的五個民族。

從這個說法是有五族共和、五族平[15]等。對當時人常說，中國是五族。事實上在中國土地上不[16]只五族，所以後來說是五族而是說中國的民族究竟有多少了？每個民族分佈在甚麼地方？有多少人？

現[19]在[6]民國分析分析中國的民族大概有多少人？分佈在甚麼地方？有甚麼特[21]點？

先[22]從人[23]數最多的漢族說起。漢族佔中國人口總數百分之九十四，約有五億四千多萬人[24]，大部分是在各大[25]城市[26]的，也在東北各地和新疆各地，中國的內地。在中國歷史上多數時期是漢族統治中國。漢族創造了中國的文化。

其次[27]說滿族。滿族本來住在中國的東北部，公元[28]一六四四年滿族做了中國的皇帝，就是清朝[29]統治中國的內地。滿族有二百六十多年，所以有很多的人[30]到了中國的內地，在語言上風俗習慣上，漸漸的被漢族同化[31]了。現在的滿洲人雖然約有二百多萬[32]人，可是多數和漢人[33]一樣，幾乎分不出來了。

又其次說蒙族。大部分在內蒙古和鄰近的地方。公元[34]一二八零年蒙族做了中國的皇帝，就是元朝[35]。元朝成了古今中外第一個大國，而且國土擴展到歐洲[36]東部，約有[37]一百四十多萬。他們說蒙古話，他們信的宗教是佛教的喇嘛[38]（lǎ ma）教，蒙古文字已經改革[39]，不但統治中國，他們用蒙古的文字，可是現在蒙古文字改用拼音文字了。

現在說回族[40]。回族是唐朝時候來到中國的西北[41]一帶，現在大部分在中國西北部的新疆、青海、甘肅[42]（su）一帶[43]，內地的北部，西南部也有不少回族，一共約有一百五十多萬人。他們的特點是都信回教。

藏族[44]大部分在西藏、青海一帶和鄰近的地方。約有二百七十多萬人，他們的特點也是都信佛教[45]的喇嘛[46]（lǎ ma）教[47]。他們用的文字是藏文，西藏的語言跟中國[48]語言是一個系統，可是文字是在十七世紀從印度來的。

以上[49]所說的是人數較多的五個民族大概的情……

⁵⁰形.除了這些民族以外,還有若干其他人數較少的⁵¹
民族.現在把人口在一百萬以上的少數民族説一⁵²
説:

⁵³苗族,分佈在中國西南、中南一帶.在貴州和湖南⁵⁴
西部的最多一共約有三百二十多萬人.

⁵⁵維吾爾族,分佈在新疆境内,一共約有三百多萬⁵⁶
人.有維吾爾的文字.現在維吾爾的文字已經改革⁵⁷
了,改用拼音文字了.

彞族,^{yí 58}大部分在雲南、西康交界,約有三百四十多⁵⁹
萬人.

僮族,^{zhuàng}分佈在廣西和鄰近的地方,約有六百五十⁶¹
萬人.

⁶²仲家,在貴州的西南一帶,約有一百八十多萬人.⁶³
朝鮮族,⁶⁴分佈在中國的東北和朝鮮交界一帶,約⁶⁵
有一百一十多萬人.他們用的是朝鮮語文.

⁶⁶此外還有一些少數民族,都是人口不太多的.就⁶⁷地
不必一個一個的説了.在這些少數民族裏,因為的比
⁶⁸跟交通不方便的關係,他們的經濟、文化有的中國⁷⁰政
⁶⁹落後,在生活習慣上也和漢族大不相同.族省⁷¹自
府現在在這些少數民族的主要區域設立民族治區,⁷²自治區有的很大,有的很小.例如新疆是一個最大的自治區.有六十三萬多方英里,比德國、意大⁷³利、法國的總面積還大.

⁷⁴最後説到中國民族彼此的關係.在中國的歷史⁷⁵
上來看漢族是中國民族的中心.漢族跟其他民族⁷⁶的原因其
有時和平相處,有時打起仗來.可是打仗的

實並不是完全為了民族問題，一半是為了別[78]的民
族要爭奪漢族的土地，漢族不得不抵抗，也[79]有時候
是漢族要擴大領土，就去打別的民族，這都是[80]過去
的事了，現在的中國各民族之間的觀念都[81]根本改
變了，大家的想法是在地位上一律平等，整[82]個民族
意識是向着互助團結的路上走，

溫習 (p., 158)

1. 有一個外國人在中國旅行，他是從香港去的中
國大陸，先到廣州，又到長沙，又到過洞庭湖，然後
沿着長江到了上海，他旅行整六個月，他說："江
南一帶山水太美麗了，山水美麗的叫我沒法子
形容。"

2. 水災，旱災都是天災，每次天災對於人民的損害
都是很大，我記得我們鄉下有一次發生水災，陸
地上幾幾乎都是大水，不但死了很多人，連養的
牛、羊也死了不少，那次水災受害太大了。

3. 從前中國的大家庭人口很多，家裏的人有的相
處的很好，有的相處不來，可是大家在表面上還
得客客氣氣的住在一塊兒。

4. 古時候社會結構比較簡單，經過了若干年代的
演變，形成了現在的社會，現在的社會結構真是
太複雜了。

5. 在剛發現美洲以後，因為土地廣大，人口稀少，所

以許多歐洲國家一聽說了就都向美洲殖民,凡是歐洲人民,只要是自己願意去美洲,就可以隨便的去.

6. 他甚麼也不喜歡,就喜歡到熱帶的海上旅行,其次是熱帶的陸地有山的地域,又其次是亞細亞一帶的小的國家.

7. 有人說中國大河的水多半含有泥沙,只有揚子江的水比較起來又沒有泥又沒有沙.

8. 我正看地圖有人問我黃海在亞洲的甚麼地方?我指着地圖告訴他,黃海的位置在東亞,如果從山東坐船往朝鮮去,一定要走黃海.

9. 張先生有一位從邊疆來的朋友是回回,張先生說回回的特點是很團結,還有只吃牛羊肉不吃猪肉.

10. 我叫弟弟學漢語拼音,我告訴他:"漢語是一代一代傳下來的,拼音是最近研究出來的,你要用心學,我給你一本書又有漢字又有拼音,你要注意音是怎麼拼,如果差不多會拼了,就把書收起來自己練習着拼,然後再把書拿出來重看一次,以後還要常常溫習,這樣學習你一定會成功的."

11. 我看見王先生念英語入門,我問他:"為甚麼要念英文呢?"他說:"英文的用處很廣,現在五大洲裏用英文的國家太多了,所以我學英文."

12. 弟弟問我方字怎麼講?我告訴他:"方字是形容詞,例如那張紙是四方的是形容紙的樣子是四方的."

Hànzú

Zàngzú

Měngzú

Wéiwú'ěrzú

Yízú

Miáozú

Cháoxiǎnzú

問 題 (p. 159)

1. 中國在民國初年的時候用的國旗叫作甚麼旗是甚麼樣子？有幾種顏色？都是甚麼顏色？每一種顏色代表的是甚麼呢？

2. 中國民族在事實上有多少族？那一個民族的人數最多？

3. 中國歷史上有少數民族統治過中國嗎？是甚麼民族？是甚麼朝代？統治多少年？

4. 中國甚麼民族信喇嘛教？信喇嘛教的民族多數分佈在甚麼地方？孔教是宗教嗎？

5. 回族是甚麼時候來到中國？分佈在甚麼地域他們大約有多少人？他們的特點是甚麼？

6. 藏族的語言是屬於甚麼語言系統？藏文是在甚麼時候從甚麼地方來的？

7. 中國的少數民族人口在一百萬以上的是甚麼族？請你說出五個或者是六個少數民族名稱.

8. 中國的少數民族多半成立了自治區,最大的自治區在甚麼地方？他的面積有多大？比歐洲那三個國家的總面積還大？

9. 中國民族的中心是那個民族？

10. 漢族佔中國人總數百分之幾？約有多少人？大部分分佈在甚麼地方？

1	2	3	4	5	6	7
筷	鋼	鉛	餃	謂	階	佃

8	9	10	11	12	13	14
戶	窮	何	服	嫁	由	切

15	16	17	18	19	20	21
祖	兄	僕	礎	祠	廟	責

22	23	24	25	26	27	28
負	無	耕	持	苦	反	存

29	30	31	32	33	34	35
讀	遞	供	類	匠	技	謀

36	37	38	39	40	41	42
福	保	障	揮	詩	誌	週

43	44	45	46	47	48	
刊	篇	支	義	批	評	

第八課　社會結構 (p. 162)

1.	筷	kuài	chopsticks	25.	持	chí	hold (34)
2.	鋼	gāng	steel	26.	苦	kǔ	bitter (35)
3.	鉛	qiān	lead (metal)	27.	反	fǎn	reverse (37)
4.	餃	jiǎo	dumplings	28.	存	cún	exist (39)
5.	謂	wèi	speak of (1)	29.	讀	dú	read (41)
6.	階	jiē	step (2)	30.	遞	dì	hand over (43)
7.	佃	diàn	tenant farmer (6)	31.	供	gōng / gòng	supply (45) / offer
8.	戶	hù	door; household (7)	32.	類	lèi	category (47)
9.	窮	qióng	poor (8)	33.	匠	jiàng	artisan (48)
10.	何	hé	what (12)	34.	技	jì	skill (49)
11.	服	fú	garment; yield (13)	35.	謀	móu	to scheme (50)
12.	嫁	jià	marry (14)	36.	福	fú	good luck (51)
13.	由	yóu	from; by (15)	37.	保	bǎo	protect (52)
14.	切	qiē, qiè	cut; all (16)	38.	障	zhàng	obstacle (52)
15.	祖	zǔ	ancestor (17)	39.	揮	huī	wield (53)
16.	兄	xiōng	elder brother (18)	40.	詩	shī	poem (54)
17.	僕	pú	servant (20)	41.	誌	zhì	record (56)
18.	礎	chǔ	foundations (21)	42.	週	zhōu	cycle (57)
19.	祠	cí*	ancestral hall (23)	43.	刊	kān	print (57)
20.	廟	miào	temple (25)	44.	篇	piān	section, chapter (58)
21.	責	zé	duty (27)	45.	支	zhī	branch (60)
22.	負	fù	bear (28)	46.	義	yì	meaning (65)
23.	無	wú	to lack (32)	47.	批	pī	criticize (67)
24.	耕	gēng / jīng	to plough (33)	48.	評	píng	judge (67)

1 白：馬教授早.

2 馬：早早.我今天起來晚了,連早飯都沒吃.

3 白：您要不要先去吃早飯?

4 馬：不必.我早飯吃不吃都沒甚麼大關係.

5 白：我今天早上表不走了,我結果起來的倒早了.
6 我起來大約有半個鐘頭學新才起來.

7 馬：你和學新你們兩個人一塊兒到學校來嗎?

8 白：是的.我們兩個人早上一塊兒吃早飯.我們兩
個人相處的非常好.

10 馬：如果住在一塊兒大家相處不來很沒意思.

11 白：是的.我跟學新我們兩個人年歲差不多.各方
面的興趣和習慣都相同.

13 馬：你和華先生很少見面吧?

14 白：是的.有時候整天看不見,有時候在吃晚飯的
15 時候才能看見他們.華先生和華太太對人的
態度非常好.對我好極了.換句話說把我當作
自己家裏人一樣.

18 馬：這也是彼此兩方面的事情.

19 白：這是華先生華太太對人好.

20 馬：說起人和人相處的問題.我給你說個故事,在
21 抗戰時期我在西南聯大念書的時候,我就在
學校附近找的房子,房東是個沒知識的中年
女人.從我搬進去之後天天麻煩我,不是說我
回來的太晚了,就是說我起來的太早了.開始
我跟他客氣,後來我就不理他了.僅僅的住了

一個月，我實在住不下去了，非搬家不可了，只
好找個房子搬了，那所房子離學校很近，我真
不願意搬。

白：　人沒有一樣的。

馬：　是，有的人對人很好，有的人就不行。

白：　其實人都應當互助。

馬：　有的人也不希望別人幫助他，而他也不願意
　　　幫助別人。

白：　現在的人整個兒思想差不多都變了。

馬：　時代的趨勢一切都變了，越變越進步。

白：　說到進步這兩年來這裏真是進步不少，就拿
　　　交通來說吧，從前這兒都是小路，現在差不多
　　　都是大路了。

馬：　市長有一個三年計劃，他想在三年以內把這
　　　個城市的路一律改成大路。

白：　時候到了，馬教授您去吃早飯吧，我自己先把
　　　生詞看一看。

馬：　算了，我不吃了，一會兒就吃中飯了，我內人中
　　　午做餃子。

1.0.　所謂

1.1.　所謂孔教其實是孔子學說，不能算是宗教。

2.0.　階級

2.1.　現在人人平等決不應當再有階級的觀念。

3.0.　士大夫

3.1.   士大夫階級是指着念書和作官人說的.

4.0.   一向

4.1.   蒙族,藏族一向都信佛教嗎?

5.0.   小農

5.1.   喂! 我是張又山,昨天我請你去調查那個鄉
       村裏究竟有多少小農,你調查了嗎?

45
馬: 文山,你對中國古時候的社會很有研究,所謂
   46
       兩大階級都包括那兩種人?
47
白: 所謂兩大階級第一是士大夫,就是知識份子,
        48
       大地主,跟作官的,其次就是農民階級.士大夫
              49
       裏也包括念書人,把書念好以後去作官,他們
          50
       就是統治階級了.中國一向把念書人看的最
        51
       高.念書的作了官當然是最高階級了.
52
馬: 農民階級是指着那種農民說的呢?
53
白: 是指着小農說的.

6.0.   佃農

6.1.   孫中山主張種地的人都要自己有土地,那就
       是說可以不必有佃農了.

7.0.   戶   大戶   小戶

7.1.   明朝末年到處都有動亂,人民死的很多.四川
       有一個鄉村有二百多戶,有的人被殺死了,有
       的人自殺了,全村的人都死了.

7.2.   上次戰爭,城裏的大戶,小戶都被逼迫的搬走了.

8.0. 窮　窮人

8.1. 那個人並不窮至少現在的生活是沒問題的.

8.2. 這個村子裏都是窮人,就有王家是有錢的.

9.0. 富　富貴　富人

9.1. 華僑的經濟狀況並不相同,有的很富,有的很窮.

9.2. 他們雖然不是富貴家庭,可是也不是窮人,說的
上是富人.

10.0. 家　人家

10.1. 中國人對於家的觀念一向很深.

10.2. 貴州山多人稀,一個鄉村也許就有幾家人家.

10.3. 人家的兒子那麼聰明,我的兒子這麼笨.

10.4. 我們家歷代是佃農,都是種大戶人家的田地.

10.5. 王縣長把那一縣治的很好,老百姓家家都有
飯吃.

54
白: 馬教授,請問佃農這個詞兒我不大懂.
55
馬: 佃農就是種大戶人家田地的.
56
白: 佃農自己都沒有地嗎?
57
馬: 沒有,佃農有的是窮人,有的並不太窮, 58 可是也
不很富,都是小戶人家. 一般的村子裏大戶不
59 很多,只有兩三家,其餘的都是若干小戶.換 60 句
話說,就是窮人多富人少.

11.0. 式　中式　西式　舊式　新式

11.1. 那個大學規模很大,舊式的和新式的房子都有.

11.2. 張先生家裏用的東西幾幾乎全是西式的,沒有中式的.

11.3. 聯合國門外頭掛着各式各樣的旗子.

12.0. 任何

12.1. 任何性質的團體他都不願意參加.

13.0. 服從

13.1. 舊式的家庭對於家長所說的話要絕對服從.

14.0. 嫁　出嫁　嫁出

14.1. 張小姐嫁了一個德國人.出嫁以後他們相處的很好.

14.2. 中國人常說:"嫁出的女兒就是人家的人了".

14.3. 你為甚麼說你姐姐嫁不出去了?

15.0. 由　由於　由(於) A 而 V

15.1. 中國的萬里長城實際上僅有七千多里,由河北省至甘肅省.

15.2. 由於人口增加的速度驚人,很多人提倡節制生育.

15.3. 由於邊境的城市都成了戰時狀態,所以各工商業都受了影響了.

15.4. 那個地方的人民由於天災人禍而搬家,並不是自己願意移動的.

16.0. 一切

16.1. 天天看報紙,可以知道世界上一切動態.

61
白: 是不是只有大戶是大家庭制度?
62
馬: 當然了.

白： 聽說從前中國舊式大家庭裏任何事情都要
服從家長．比如兒子結婚，女兒出嫁都得由父
母作主．

馬： 不但是兒女親事一切都得聽家長的．

白： 漢族、滿族都是這種風俗習慣嗎？

馬： 我想差不多．

17.0. 祖　　祖父　　祖母　　祖先

17.1. 他的祖父、祖母說在他們念中學的時候國旗
是五色旗．在紀念日家家都要掛旗子．

17.2. 我家是個大家庭，祖父祖母他們大家時常彼
此發生意見，而大家有了意見就得好幾天誰
也不跟誰說話了．

18.0. 弟兄　　兄弟　　兄弟

18.1. 我家的弟兄很多．我是老大．我有三個兄弟．

18.2. 我最小的兄弟最喜歡吃糖了，拿糖當飯吃．

18.3. 少數民族彼此互助像兄弟一樣．

18.4. 他們弟兄三個人吃飯都是用左手使筷子．

19.0. 姐妹　　姊妹

19.1. 他們姐妹五個都會德文．

19.2. 姊妹三個人的鋼筆字寫的都那麼漂亮．

20.0. 僕人

20.1. 他家從前有一個很老的僕人，年歲和他的祖
父差不多．

21.0. 基礎

21.1. 那個大學功課很難，除非你在中學的功課有

    了好的基礎要不然一定跟不上.

21.2. 我四聲不準是因為發音的基礎不好.

22.0. 生產

22.1. 要想發展經濟必得增加生產.

69
馬：關於中國大家庭我說一個事實給你聽.當初
70
我家裏就是一個大家庭,我記得我小的時候
家裏有祖父,祖母,父親的弟兄姐妹等等連男
71
女僕人有四十幾口人,他們都在家裏,誰也不
72
出去作事,書也念的不太多.大概都是高中的
73
程度就是我父親大學畢業了出國留學去.
74

75
白：大家都不作事,錢從那裏來呢? 怎麼生活呢?
76
馬：大家庭的經濟基礎都是相當好的,因為家裏
有飯吃,誰也不想去生產,都靠着家庭生活.
77   78
79
白：人人都不工作,都靠家庭生活,大家庭很容易
80
窮了.
81
馬：是的.有的大家庭慢慢的就越來越窮,而大家
82
有了意見就得分開.
83
白：中國家庭怎麼分家呢?
84
馬：要是有五個兒子,就把東西分給五個兒子.
85
白：那麼女兒和孫子孫女呢?
86
馬：中國人的風俗習慣不分給嫁出的女兒.孫子
87
孫女兒是屬於兒子的,所以也不分給他們.
88
白：這樣的家庭都是富貴人家是不是?

馬： 當然了,要不是富貴人家也就沒有東西分給
[90] 兒子了.

23.0. 祠堂 (cí)

23.1. 漢族人家多半有祠堂(cí),其他民族例如苗族仲
家彝族、維吾爾族等等是不是也有祠堂(cí)呢?

24.0. 祖宗

24.1. 他家有不少古書,都是他祖宗傳下來的.

25.0. 廟　　孔廟

25.1. 中國各地方都有廟,全國的廟多的沒法子統計.

25.2. 北京有孔廟也有喇嘛廟(lǎ ma).孔廟跟喇嘛廟(lǎ ma)門口
都有兩個大石頭獅子.

26.0. 後代

26.1. 現代的美國人多半是德國、英國、法國、意大利
的後代.

[91] 白： 請您給我解釋解釋祠堂(cí)這個詞兒的意思是
甚麼?

[92] 馬： 祠堂(cí)就是紀念祖宗的地方,等於廟一樣.廟你[93]
當然知道了.

[94] 白： 知道.佛教都有廟.此外還有孔廟.中國人,家家[95]
都有祠堂(cí)嗎?

[96] 馬： 祠堂(cí)並不是家家都有的.凡是一個祖先傳下[97]
來的後代大家只有一個祠堂(cí).

27.0. 責任

27.1. 那件事沒辦好,我們要分析分析那是誰的責任.

28.0. 負　　負責　　負責任

28.1. 那個地方是由他統治的,所以應當他負責.

28.2. 如果他不負責任,請問,這個責任應當誰負?

29.0. (宗)族　　同族　　族長

29.1. 宗族是中國古時社會結構的中心.

29.2. 同族的人應當團結,要不然就對不起祖先了.

29.3. 我們這一族的族長是一位老年人,他對同族
　　　人的態度非常和氣.

30.0. (要是)...的話

30.1. 中國人雖然是安土重遷,可是要是有天災人
　　　禍的話他們還是要移動的.

30.2. 你今天能來的話,我就在家等你了.

30.3. 要是我兒子不笨的話,他大學早就畢業了.

31.0. 甚至(於)

31.1. 那個河的上游氣候太冷了,有時候溫度是零
　　　下十度,甚至於是零下二十多度.

31.2. 他不識字,甚至於連他自己的名字也不認得.

32.0. 無　　無論　　無所謂

32.1. 有人推測無論到甚麼時候也不會有第三次
　　　世界大戰發生的,你說這個話可靠嗎?

32.2. 無論那個報上的社論都說,那兩個國家為了
　　　邊疆領土的問題要發生戰事.

32.2. 中國人對於過年,有人認為很重要,有人認為
　　　無所謂.

32.4. 有一個中國人在外國過陰曆年.他説:"我在外國無所謂過年,只是吃一點兒好吃的東西就算過年了."

98 白 : 中國的祠堂是誰員責呢?

99 馬 : 按着傳統上的辦法是大家選宗族裏的一個

100 族長來員責任.

101 白 : 族長是甚麼意思?

102 馬 : 族長就是同族人在本族人裏選出的,要是本 103 族有事的話都找他.

104 白 : 甚麼事都找他嗎?

105 馬 : 無論大事小事,甚至於同族人發生意見也去 106 找族長,給説和.族長要是本族有事好像是他 107 的責任似的.

108 白 : 族長是不是選出以後永遠當下去呢?

109 馬 : 也不一定.

33.0. 自耕農

33.1. 自耕農的移動性很小,因為他們自己已經有了土地,就不輕易搬家了.

34.0. 維持

34.1. 聯合國確實是在想法子維持世界和平.

34.2. 我一個月才五十塊錢的工錢怎麼能維持一家人的生活呢?

35.0. 苦　苦工　吃苦

35.1. 一個人要是不能吃苦的話他的事業不容易

成功的.

35.2. 能作苦工的人不一定最苦,不能作苦工的人,
也許是最苦的人.

35.3. 那些苦工的生活一年比一年難.

36.0. 接受

36.1. 他說的條件我們都不能接受.

37.0. 反對

37.1. 在清朝末年,漢族反對滿族統治中國.

37.2. 從前我念書的時候我的老師反對我用鋼筆
寫中國字.

37.3. 我祖父反對我們用鉛筆寫字,他叫我們用毛筆.

110
白: 馬教授,甚麼叫自耕農?
111
馬: 自己有地種的,不是大地主而是地主和佃農
112
中間的.
113
白: 我知道了.就是他們自己種自己的田地維持
114
一家人的生活.
115
馬: 對了.
116
白: 自耕農和佃農是不是都是屬於小農?
117
馬: 都是小農.
118
白: 中國農人一般的說起來很苦是不是?
119   120
馬: 苦的不得了.過年才殺豬,平常根本吃不着肉.
121   122
白: 近來有人提倡用現代新式的方法種田,不知
道農人願意不願意接受這種方法?
123
馬: 我想有人反對,有人贊成.

38.0.　士

38.1.　士是有學識的人,在從前中國的社會裏士的
地位比農、工、商都高.

39.0.　存在

39.1.　中華民國的國旗最初是五色旗,後來變更了.
現在五色旗已經不存在了.

40.0.　普通　普通話

40.1.　中國近來把說國語叫作說普通話.據說現在
一般人多半會說普通話了.

40.2.　你聽那個漂亮小姐的普通話說的真好.

41.0.　讀‧讀書

41.1.　讀書最主要的是了解大意.

41.2.　我們家幾代都是讀書人.

41.3.　如果你想作文言文最好是多讀古書.

42.0.　的確

42.1.　在語言學家觀點看來認為漢語拼音在學習
漢語上的確有用.

42.2.　他的確喜歡吃餃子他一吃餃子就得吃五十個.

124
白:　馬教授,在以前的社會裏把人的階級分的很
125
清楚,把人分為四個階級,所謂士、農、工、商.這種
126
觀念現在已經不存在了吧?

127
馬:　表面上這種觀念現在是完全改變了.在實際128
上這種思想到現在還存在.拿普通一般人家129
定親事來說,有的人還希望和讀書的或者和130

作官的定親事.

131
白：傳統思想的確不容易改.

43.0.　遞　傳遞

43.1.　請你把人口學和統計學那兩本書遞給我.

43.2.　那些石頭是由工人一個傳一個傳遞到樓上
　　　來的.

43.3.　請你把鉛筆和鋼筆都遞給我.

44.0.　功用

44.1.　長江下游不常有水災多半是洞庭湖的功用.

45.0.　供(給)

45.1.　我供他留學.

45.2.　他的學費以及生活費都是由我供給.

45.3.　我得供給我兩個兒女念大學.

45.4.　我現在有兩個意見供諸位參考.

46.0.　天然

46.1.　這裏的風景是天然的,你看多麼漂亮.

47.0.　類　人類　種類

47.1.　他寫的書分兩類.一類是課本一類是參考書.

47.2.　戰爭給人類帶來了很大損害.

47.3.　魚有很多種類,你喜歡吃那一種呢?

47.4.　菜單兒上湯類,肉類的種類特別多,怎麼沒有
　　　點心類呢?

132
白：馬教授,單用"遞"這個詞兒我知道,例如 "遞我
　　一杯茶". "遞我那本書",可是傳遞怎麼用呢"?

馬: ¹³⁴傳遞就是有很多人在這兒要把一個東西
從¹³⁵第一個人傳到最後一個人,一個人一個
人的傳¹³⁶過去叫作傳遞.遞是說的,傳遞說
話的時候很少用.演講詞¹³⁷裏或是寫作常用
傳遞.

白: ¹³⁸還有功用這個詞兒怎麼用呢?

馬: ¹³⁹比如一種東西所能供給我們的好處叫作功
用.¹⁴⁰舉個例子來說,牛天然對人類有好處,他的
¹⁴¹功用是幫人種田.

48.0. 匠人　木匠

48.1. 有一個小學生說他將來願意作匠人,更願意
當木匠.

49.0. 技術

49.1. 每個國家都需要有專門技術人才.

49.2. 這部科學技術字典是王教授編的.

50.0. 謀　謀生

50.1. 在歷史上看常有人謀殺皇帝.

50.2. 有專門技術的人謀生一定容易.

51.0. 福利

51.1. 政府應當給人民謀福利.

52.0. 保障

52.1. 作短工的人如果沒有工作就沒有工錢,所以
在生活上是沒有保障的.

53.0. 指揮

53.1. 他不會指揮人,也不受人指揮.

142
白：　馬教授，匠人和工人有分別嗎？
143
馬：　匠人是有技術的，倒如木匠，也是工人的一種。
144
白：　這裏工人謀生容易麼？他們的福利怎麼樣？
145
馬：　他們謀生不很難，福利也很好，而且生活很有 146
　　　保障。就拿生病來說吧，雖然不作工可是一樣 147
　　　給他們工錢，所以這裏的工人在工作上非常 148
　　　認真，而且也很聽指揮。
149
白：　是，我看報紙上常論到為工人謀福利的問題。
150
馬：　是這裏特別注意工人的生活。

54.0.　　詩　　詩人

54.1.　　王先生喜歡作詩，詩也作的很好，所以大家都
　　　　說他是詩人。

54.2.　　據說在紐約的中國人有很多會作詩的。

55.0.　　照　　照樣

55.1.　　因為他是市長，我們應該照他的意思去作。

55.2.　　創造一件新的東西是很難的，如果照樣作一
　　　　件東西，就比較容易了。

56.0.　　雜誌

56.1.　　在這裏各國的雜誌都可以買得到。

57.0.　　週刊

57.1.　　我要買一本最近的科學週刊。

58.0.　　篇

58.1.　　高先生新寫了一篇文章是多子多孫。

58.2.　　那本書裏分為三篇，第一篇有三萬多字，第二

篇有兩萬多字,第三篇就有一萬多字.

59.0. 通俗

59.1. 陸先生寫的小說有很多種類.有一種是白話小說,男女老少都喜歡看.有人說那是通俗小說.

151
白: 馬教授您會作詩嗎?
152
馬: 會是會,可是我作的不好.
153
白: 作詩難不難? 中國詩是不是有很多種類[154]?
155
馬: 中國詩有文言的,有白話的,文言詩相當難[156]白話詩比較容易.
157
白: 要是學作白話詩應該怎麼學?
158
馬: 開始的時候先念別人寫的白話詩念的多了[159]就可以照樣作了.
160
白: 作詩先要注意的是甚麼?
161
馬: 作詩就是說話,就是要說明你的意思.意思好,[162]句子好,就是好詩.作詩最好是用通俗的話寫出[163]來,讓人人看的懂.
164
白: 我昨天看見一本雜誌上有篇文章提到寫詩,[165]寫的很詳細.
166
馬: 甚麼雜誌上?
167
白: 文學週刊.

60.0. 支持

60.1. 他帶來的學費僅僅的能支持一年.

61.0. 主持

61.1. 每次開會都是由教務主任主持,可是這次開
會是由校長自己主持的.

62.0. 共同

62.1. 西歐國家經濟合作是為了共同利益.

63.0. 於是乎

63.1. 長江下游土地好,氣候好,於是乎人口的密度
比別的地方密的多了.

63.2. 從前傳統的習慣是不要離開家,於是到外國
去的人就很少了.

168
白: 請問支持和主持有甚麼分別？

169
馬: 支持有兩個意思,比如 "這次的選舉我們一
170
定支持他成功." 還有 "我的錢只能支持一
171
年的生活."

172
白: 主持呢？

173
馬: 主持就是作主的意思,比如很多人共同作一
174
件事,必得有一個人來主持,意思是要是有人
175
作主於是大家可以按着他的意思去作.

64.0. 自由

64.1. 在法律範圍之內人人可以自由.

65.0. 主義　民族主義　自由主義　三民主義

65.1. 有人問甚麼叫作主義？有人回答說: "凡是
一個學說已經實行了就叫作主義."

65.2. "民族主義"是三民主義的一部分.

65.3. 他們從前不知道甚麼是自由主義.

66.0. 原文

66.1. 他這次寫的不和原文一樣了.有很多句子都改了.還有不少的字也換了.

67.0. 批評

67.1. 他寫了一本書是<u>文學</u>批評,對於古今中外有名的文學都有批評.

67.2. 這本書是我弟弟寫的.請你批評批評.

白: 我記得中山先生在三民主義上説過自由這[176]個詞兒是外國傳來的.難道中國沒有這個詞[177]兒嗎?[178]

馬: 有.唐朝有一位詩人寫的詩上就有自由這兩[179]個字.但是那個時候人的思想上對這兩個字[180]是不是現在這個意思呢?那我們就不知道了.[181][182]

白: 在三民主義上怎麼説的我也忘了.[183]

馬: 我們再看看三民主義是怎麼説的...在第八十[184]四頁上...找着了嗎?[185]

白: 找着了.[186]

馬: 請你先看看,然後把大意説一説.[187]

白: 好...大意是: 歐洲兩三百年來的戰爭差不[188]多都是為了自由,所以歐美學者對於自由看[189]得很重要,一般人民都很了解自由是甚麼意[190]思.但是這個詞兒近來傳到中國,只有一般學[191]者懂得甚麼叫自由.至於普通人民,像在鄉村[192][193]

或者路上的人．如果我們說自由，他們一定不[194]
懂得．三民主義的原文是："外國人批評[195]中國
人說中國人的文明程度真是太低[196]，思想太幼
稚連自由的知識都沒有．"

馬：[197]你對三民主義上外國人對中國人關於自由[198]
　　的批評有甚麼意見？

白：[199]有的外國人他們的知識不夠．他們不了解中
　　國人，[200]也不知道中國的歷史，所以他們不了解
　　中國人[201]傳統的思想是願意自由．也許自由[202]這
　　個詞兒中國人不大注意可是人人要自由，為
　　甚麼[203]說中國人沒有自由的知識呢？

馬：[204]你說的很對……時間到了．明天見．

白：[205]明天見．

生詞表 (p.176)

1. 所謂	8. 窮	西式	由於
2. 階級	窮人	舊式	由(於) A 而 B
3. 士大夫	9. 富	新式	16. 一切
4. 一向	富貴	12. 任何	17. 祖
5. 小農	富人	13. 服從	祖父
6. 佃農	10. 家	14. 嫁	祖母
7. 戶	人家	出嫁	祖先
大戶	11. 式	嫁出	18. 兄弟
小戶	中式	15. 由	兄弟

兄弟
19. 姐妹
20. 僕人
21. 基礎
22. 生産
23. 祠堂 $_{ci}$
24. 祖宗
25. 廟
　孔廟
26. 後代
27. 責任
28. 負
　負責
　負責任
29. (宗)族
　同族
　族長
30. (要是)...的話

31. 甚至(於)
32. 無
　無論
　無所謂
33. 自耕農
34. 維持
35. 苦
　苦工
　吃苦
36. 接受
37. 反對
38. 士
39. 存在
40. 普通
　普通話
41. 讀
　讀書
42. 的確

43. 遞
　傳遞
44. 功用
45. 供給
46. 天然
47. 類
　人類
　種類
48. 匠人
　木匠
49. 技術
50. 謀
　謀生
51. 福利
52. 保障
53. 指揮
54. 詩
　詩人

55. 照(着)
　照樣
56. 雜誌
57. 週刊
58. 篇
59. 通俗
60. 支持
61. 主持
62. 共同
63. 於是乎
64. 自由
65. 主義
　民族主義
　自由主義
　三民主義
66. 原文
67. 批評

語法練習 (p. 177)

1. 我兄弟雖然比我小十歲,可是我們兩個人很談得來.
2. 叫我說普通話我說得來,廣東話我可說不來.
3. 要是用筷子吃飯的話你用得來用不來?

4. 我雖然很希望有工作可是那類的事我作不來.

5. 雖然我中文書讀了不少,可是中國字連一個也寫不來.

6. 這個責任只有張先生才能負.

7. 只有馬先生支持我,才能把那件事情作成功.

8. 非我祖父作族長他們才不反對.

9. 只有我去作工才能維持一家人的生活跟供我兩個孩子念書.

10. 我姐姐說要是他結婚的話,非馬教授她才嫁.

11. 他是作詩的,他是一個很有名的詩人.

12. 你們讀書的都可以參加那個考試.

13. 作本匠的很吃苦.

14. 他不是大地主,是佃農,是種地的.

15. 王先生並不是富人,他很窮,因為他是個教書的.所以他供給不了他兒子念大學.

16. 張大文的確是比誰都聰明.上課先生講的別人還沒懂哪,他完全都會了.

17. 我在三藩市買的那本漢語字典比任何一本都詳細.

18. 我們家那一帶只有兩三家人家.車少人也少,比那兒都好.

19. 他說那本小說比那本小說寫的都好,很通俗.無論你有學問沒學問都看的懂.

20. 中國人民比那國的人民都能吃苦.

講 話 (p.178)

各位同學：今天我所講的題目是中國的社會結構。中國社會在這幾十年裏有很大的改變。要懂得現在的社會，必得先明白從前的社會，我們今天就講從前的社會結構，現在要說的有兩點，第一要說中國社會裏的階級是怎麼樣？第二要說中國社會的中心是甚麼？

中國社會裏的階級可以分為四級，就是士、農、工、商。士就是知識分子，是第一級，地位最高，農因為農業是中國經濟的基礎，所以把農民就放在第二位，工並不是像美國所謂工人，而是手工業的匠人，工的地位最低，因為傳統的看法認為商人高一點兒，商人自己甚麼也不作，由買賣裏而得到利益，不是真正生產的人，中國商人跟西方國家的商人也有不同的地方，中國商人要是有了錢就買土地，就要變成一個地主階級。

中國社會裏最主要的可以說是兩大階級，第一是士大夫，包括所有知識分子，地主、和作官的，這是指有知識階級才可以作官，第二就是農民階級，這個士大夫小農民說的，這兩個階級的生活大不相同，階級也是由讀書而作官，後來就成了統治階級，因為只有士大夫階級有相當的中國文化的一個階級，知識跟時間來研究學問，研究甚至於作詩、寫文章。農個就不念書，他就不念書，作官去了，於是成了士大夫階級。士大夫階級佔人民裏最大的一部分。他自己種田，研究[36]一類的事情，他自己的兒子也可以念書、作詩、寫文章。農民以後就變成地主階級了。農民階級一向是佔人民裏最大的一部分。小自耕農跟佃農[41]就是被統治[42]的階級。

小大地主[37]變成[38]大地主，他參加[39]科舉[40]的考試。中國畫[35]、民農、是書讀好，官去了。歷史等等指了大地主階級，變農民。

　　現在[43]說中國[44]社會組織的中心是甚麼？中國社會是一個拿家庭和宗族作中心的社會。甚麼叫[45]做家[46]較[47]的大家庭呢？大家庭就是子孫多、人口多。在這種家庭裏，有父親、母親，已經結婚的兒子，還有沒出嫁的女[48]兒，還有僕人等等。一戶包括兩代以上的人。大家[49]庭個小戶的個長，有功用，它能給人一種天然的社會福利的保障。

家庭裏一切事都由家長來主持，大家都服從家長。那麼甚麼是宗族呢？宗族這[50]是能[51]有一個族形，包括很多戶，可能有一個祖宗的後代。可是永遠要聽大家的話，宗族制度在社會裏同[53]時又是一種社會福利的保障，同[54]意思就是說，人要聽大家，大概[55]也像[59]是說[60]人要是一戶[52]，同族共有一個情[56]形，一概給人要是……

這種大家庭制度，有的是窮人家，有的是富貴人家，無論甚麼人家，了就是一家人家。這許多戶都是祖宗傳下來的，都是一家人家。這許多戶都是一個祖宗傳下來的。有的是大家庭制度，經濟的保障。它能給人一個社會福利的保障。祠[ci][57]堂指了這種大家庭制度，說這能給[58]人一種天然的社會福利的保障。

没法子自己謀生的話，大家庭要負責供給[61]。這種說法好像也有一點兒道理。其實這是[62]他的一種大户[63]。「大[64]户人家」[65]這[66]就是說這家人不是窮人，相[67]當多半是比較富的人家。中國通俗有一句話，能够支持一個大家庭許多年代的生活的，多半是士大夫階級和有錢的商人。要是你到鄉村去看，普[68]通的農人家，自耕農，不能够有這種大家庭和宗[69]族制度，口並不太多。這種舊式大家庭的影響，二十世紀因為受了西方文化，就没法子存在了。一般青年人由於接受了[70]西方文化的自由主義，都反對這種舊的制度。

復述 (p. 180)

[1]這盤錄音帶是中文第一組第六號，白文山復述[2]第六次的專題講話。

[3]這次專題講話的主講人是歷史系的[4]教授。他把講的五民族[5]概念[6]，能够讓現在有個大概的整個兒的了解[7]。他說講的是中國民族，[8]他說中國民族從開始的時候就不同。他說在民國初年的時候是五色國旗——紅、黃、藍、白、黑，這[9]五族共和。可是在實[10]際上不只是五種顏色，[11]接着又給我們分析每一個民族的……

特點跟他們分佈在甚麼[12]地方,他開始先說漢族,其次說別的民族.

　[13]他說漢族的人數佔整個中華民族的百分之九[14]十四.他又說漢族大部分在中國內地.新疆[15]、東北、滿洲[16]人作皇帝.統治了中國清朝二百六十[17]多年.滿族後來都被漢族同化了,所以在文化和風俗習慣[18]等等方面都和漢人一樣了.雖然現[19]在還有二百多萬滿族人,和漢人沒多大的分別[20]了.

　[21]又說到蒙族,蒙族人也作過中國的皇帝[23],就是元[22]朝,已經是最古老.有蒙古為皇帝.中國土地擴展最大的時候,也是元[24]朝的時候.蒙古到歐洲的東部去了.那個時候元朝[25]的國家要算最大的[26].蒙古人信喇嘛(lǎ ma)教,也是佛教,以前用蒙古的文字.他們現在不用以前的文字了,用拼音字了.他們的文字改革了.

　[27]回族是從唐朝來到中國的,在中國[28]的西北部,像新疆、甘肅(su)、青海等地方.他們[29]信回教.回族人還有個名字叫回回[30].回族大部分在中國的西北部.他們有二百七十萬人.

　[31]藏族在西藏、青海一帶,他們的宗教也是喇嘛(lǎ ma)教[32].他們有文字,是藏文.

　[33]以上所說的是人口多的民族.又說到人口少[34]的民族.他說人口在一百萬以上的少數民族[35]有苗族、仲家、彝(yí)族、僮(zhuàng)族,西北有維吾爾[36]族,東北有朝鮮族.除了上面所說的民族以外,還有一些少數民[37]族

因為交通不方便的關係，他們的文化落後，生活和
風俗習慣跟漢族一點兒也不一樣．現在政府在少
數民族地帶設立了民族自治區．

最後邊教授說．按照整個中國歷史來說，漢族創
造了中國的文化．漢族是中華民族的中心．後來又
說到民族彼此相處的情形，他說以前為了爭奪土
地時常打仗．現在大家的思想都改變了，各民族都
希望彼此和平相處了．

<h2>溫習 (p. 181)</h2>

1. 據人傳說，邊境的戰事已經擴大，臨近的城市都
成了戰時狀態，至於實際情形究竟是怎麼樣，非
等到邊境來了人，才能知道．

2. 有一位語言學家近來研究中國語言系統，有人
問他僮族、回族的語言是屬於那一個系統？又
問他朝鮮族所說的朝鮮話是不是中國語言系
統？他回答說回族語言就是中國話，朝鮮族的
語言不是中國語言系統．僮族語言是那一個系
統，現在正研究哪．

3. 有一位人口學家在一本雜誌上寫了一篇文章
是 "東方少數民族的宗教." 有人問他信喇嘛
教的喇嘛，信回教的回回分佈在甚麼地方？
集中在甚麼地方？他們的動態怎麼樣？有沒

有和漢族同化的？他說："請你看看我寫的那篇文章,那就是給你們明白這個問題的."

4. 在中世紀的時候有些國家常常為了爭奪領土起了戰爭,每一個國家所受的損害簡直沒法子統計.

5. 張先生是<u>漢語週刊</u>的編者.他說:"學習漢語要先學拼音,音會拼了以後,其次學會話,又其次學認字.我最近看見一本漢語課本,有四百多頁,書的內容就是這樣寫的."

6. 要是有人來打我,我是不是要抵抗呢？如果不抵抗,不是被人家打了嗎？如果抵抗的話,那不是我也打了人了嗎？

7. 沙漠地帶因為水少所以人家也很稀少.如果有一個地方有大量的水,那麼很快就有很多人家了.有一次我在沙漠旅行,走了約有一百多里才看見了一家人家.這家人家有一個小孩子.我問他:"你知道甚麼是海嗎？"他好像不懂我的話似的.這孩子的意識裏根本沒有海.

8. 中國在民國初年是五族共和國.有人說共和制度是中國古時就有了,不是從外國傳來的.

9. 抗戰的時候我在四川第四中學念書.很多同學要到西康去旅行.他們問我去不去.我說我無所謂,去不去都可以.我們這些青年人到西康的目的也就是上山去.

10. 中國政府在一九五三年調查中國的人口已經有六億一百九十多萬人了.按一般人的看法現在已經有七億人了.

11. 孫中山先生提倡三民主義.三民主義有民族主義.從前有人批評民族主義.我最近看到民族主義的原文,我認為沒有甚麼可以批評的.

12. 我祖母對我說:"我在沒嫁出的時候我家裏的弟兄姐妹很多.我幾個兄弟都要學普通話,我們家裏就請了一位教普通話的先生,天天來教普通話這位教普通話的先生後來就是你的祖父."

13. 那個木匠技術很好中式的西式的東西他都會作.他說在他的想法無所謂中式西式都是一樣的作.

14. 人類為甚麼時常有戰爭?如果人類沒有戰爭,世界文明一定更進步了.

15. 有人問我中國為甚麼有很多廟?又為甚麼有孔廟?我說這個問題很複雜,不是一兩句話就能回答的.

16. 有一個外國人說"中國人吃東西的時候用的一種東西好像是兩枝鉛筆.那種東西叫甚麼名子?"有人告訴他,那叫筷子.又告訴他外國人用筷子吃東西很不容易,要是用筷子吃餃子更不容易.

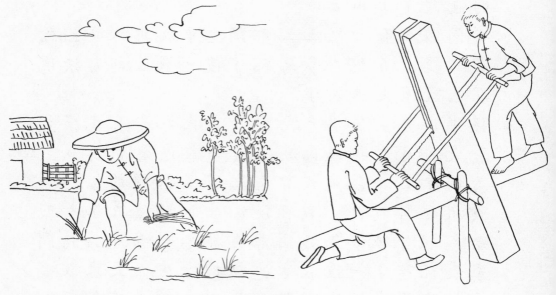

問題 (p. 183)

1. 中國從前的社會分為幾個階級？都是甚麼階級？那個階級是第一位？第二位呢？甚麼階級最低？為甚麼最低？

2. 中國從前的社會所謂工人和現在美國的工人是一樣麼？如果不一樣中國工人是屬於那一類的？

3. 中國從前的社會最主要的兩個階級是甚麼階級？這兩個階級生活是一樣麼？如果不一樣的話,他們的生活是怎麼樣的？

4. 中國從前的社會結構是拿甚麼作中心？甚麼叫作大家庭制度？大家庭制度有甚麼功用？為甚麼現在不能存在了？

5. 甚麼是宗族？同族人的經濟狀況都相同嗎？

同族的人要聽甚麼人的指揮？

6. 農民階級是指着那種農人說的？農民自己不種田他就變成甚麼階級了？

7. 中國從前的社會甚麼人是統治階級？

8. 甚麼是佃農？甚麼是小自耕農？甚麼是小農？

9. 大家庭一切的事都由誰主持？大家庭的人對於家長應該怎麼樣？為甚麼呢？

10. 甚麼叫作大戶？甚麼是小戶？大戶人家多半是甚麼階級？鄉村裏也有大戶嗎？大戶和大家庭有分別嗎？有甚麼分別？

1	2	3	4	5	6	7
絲	綢	緞	品	蟲	蠶	吐

8	9	10	11	12	13	14
線	衣	穿	另	途	守	秘

15	16	17	18	19	20	21
羅	抓	周	竹	义	藥	炮

22	23	24	25	26	27	28
爆	武	器	禁	止	刷	板

29	30	31	32	33	34	35
宋	針	空	航	軍	銅	鐵

36	37	38	39	40	41	42
證	曾	銀	幣	仍	偶	哥

43	44	45	46	47	48	
征	光	貢	獻	花	汁	

第九課　發明 (p. 187)

1. 絲 sī　(raw) silk (1)
2. 綢 chóu　silk cloth (2)
3. 緞 duàn　satin (3)
4. 品 pǐn　article (5)
5. 蟲 chóng　insect (6)
6. 蠶 cán　silkworm (7)
7. 吐 tǔ, tù　spit (out), vomit (8)
8. 線 xiàn　thread (10)
9. 衣 yī　clothes (11)
10. 穿 chuān　wear (12)
11. 另 lìng　besides (13)
12. 途 tú　road (14)
13. 守 shǒu　guard (16)
14. 秘 mì　secret (17)
15. 羅 luó　gauze (18)
16. 抓 zhuā　grasp (21)
17. 周 zhōu　all around; Chou (dynasty) (23)
18. 竹 zhú　bamboo (24)
19. 叉 chā　fork (26)
20. 藥 yào　medicine (27)
21. 炮 pào*　firecracker (28)
22. 爆 bào　explode (29)
23. 武 wǔ　martial (30)
24. 器 qì　tool (30)

25. 禁 jìn　prohibit (31)
26. 止 zhǐ　stop (31)
27. 刷 shuā　brush (32)
28. 板 bǎn　board (34)
29. 宋 sòng　Sung (dynasty) (36)
30. 針 zhēn　needle (38)
31. 空 kōng　empty; air (39)
32. 航 háng　sail (40)
33. 軍 jūn　army (41)
34. 銅 tóng　copper (43)
35. 鐵 tiě　iron (44)
36. 證 zhèng　proof (46)
37. 曾 céng, zēng　once, before (a surname)
38. 銀 yín　silver (52)
39. 幣 bì　currency (52)
40. 仍 réng　still, yet (55)
41. 偶 ǒu　accidentally (56)
42. 哥 gē　elder brother (58)
43. 征 zhēng　attack (59)
44. 光 guāng　light; bare; merely (62)
45. 貢 gòng　tribute (63)
46. 獻 xiàn　offer (63)
47. 花 huā　flower; fancy; spend (64)
48. 汁 zhī　juice (65)

白: 馬教授早.

馬: 早.昨天晚上下雨了.今天早上相當冷.

白: 可不是嗎！昨天晚上高先生叫我到他府上去吃晚飯.吃完飯我才到家就下起雨來了.

馬: 高先生他們都好嗎？

白: 都好.高先生,高太太還提到您了,他們說過幾天要到您府上去看您去.

馬: 我也是老沒工夫去看他們.

白: 高先生近來又作詩呢.

馬: 老高一向就喜歡寫字作詩.

白: 高太太很有本事.家裏一切的事情都由高太太主持.高先生在家沒事,也就是寫寫字,作作詩.

馬: 昨天的專題講話你錄音了嗎？

白: 錄了.昨天所講的是中國的社會結構.我聽過以後,了解了兩件事情.一個是甚麼是士大夫.一個是甚麼是大家庭和宗族制度.以前我不大了解這兩個問題.現在都清楚了.

馬: 好極了.今天講中國的發明.這次的講話內容跟詞兒倒是沒甚麼.我相信你沒有很多不懂的.你先看一看,我們再研究.

白: 我想我還是不懂的多.

馬: 不懂的我們就研究.

1.0. 絲

1.1. 用絲作的東西,多半是富人用的.

2.0. 綢〈子〉

2.1. 你知道由絲怎麼作綢子嗎?

3.0. 緞〈子〉 綢緞

3.1. 小農階級很少買緞子.

3.2. 喜歡買綢緞的人多半是士大夫階級.

4.0. 織

4.1. 他家從來就靠着織綢緞維持生活.

5.0. 品 日用品 絲織品

5.1. 女孩子出嫁的時候,都買不少日用品跟絲織品甚麼的.

5.2. 從前的絲織品要是經過年代久了就變顏色了.

白: [24] 馬教授,昨天接到我母親的信說朋友的女兒要出嫁了.[25]他說想買中國絲織品送給那位[26]小姐.我又得去麻煩美英了.

馬: [27]中國絲織品種類很多,買這類的東西必得太太小姐們.[28]你母親喜歡中國綢緞嗎?

白: [29]他太喜歡了.前幾天我還給他買了一件,也是[30]美英給選的.

馬: [31]中國緞子是好,都是真絲的.

白: [32]不但是真絲的,而且織的也好看.

6.0. 蟲子

6.1. 田裏種的東西都被蟲子吃了.無論佃農、自耕農今年的生活都成問題了.

7.0. 蠶

7.1. 中國江南的人家無論大戶,小戶都喜歡養蠶.

8.0. 吐

8.1. 你不要往地下吐東西.

8.2. 我最小的兄弟不知道吃了甚麼東西,才吃完飯就吐了.

33
白: 吐絲的那種蟲子叫甚麼名子? 我忘了.
34
馬: 叫蠶.三字經上有一句"蠶吐絲"蠶看見過
35
沒有?
36
白: 我沒看見過.美國根本沒有,上次在這裏也沒[37]機會看見這種東西.
38
馬: 我有個朋友喜歡養蠶.我們可以到他那兒去[39]看看去.

9.0. 人工

9.1. 西湖的山水是天然的,不是人工的.

10.0. 線　絲線　無線電

10.1. 把絲作成線叫做絲線.作絲線也是一種技術.必得有匠人才能做.

10.2. 現在有無線電的人家太多了,甚至於鄉下人家也有了.

11.0. 衣服

11.1. 那個人衣服的樣子是舊式的.

12.0. 穿

12.1. 他們兄弟都喜歡穿西式的衣服.

13.0. 另外

13.1. 同族的人都是一個祖先的後代,只有一個祠堂,沒有另外再有一個祠堂的.

14.0. 用途

14.1. 任何東西都有他的用途.

14.2. 筷子的用途就是吃東西.

40
白: 蠶吐了絲以後不用人工去做,自然就是絲線嗎?

41
馬: 不.蠶原來是一個很小的蟲子.天氣一暖和他就長大了.由小蟲子變成大蟲子,長大了以後就吐絲.蠶吐的絲經過人工成了絲線,用絲線再織成絲織品.

45
白: 絲織品除了做衣服穿,另外還有用途嗎?

46
馬: 不只是做衣服穿,也有人在絲織品上寫字,畫
47
畫兒.

48
白: 是不是多半都是拿綢緞做衣服?

49
馬: 是的.不過多半是有錢人穿,窮人可穿不起綢緞.

15.0. 造

15.1. 他是那種匠人? 他是一個木匠,他給人家造了不少的房子.

16.0. 保守

16.1. 時代是進步的.他只知道保守,怎麼能夠跟上時代呢!

17.0. 秘密

17.1. 中國古代的人發明很多東西都保守秘密,不

讓別人知道於是乎很多東西不能傳到現在.

18.0. 羅馬　羅馬字　國語羅馬字

18.1. 羅馬有名的詩人是誰?

18.2. <u>國語入門</u>是用國語羅馬字寫的.

18.3. 有人反對用羅馬字學國語.

19.0. 金子　黃金　美金

19.1. 美國的錢叫做美金.

19.2. 因為金子是黃顏色的所以叫作黃金.

19.3. 那個國家用黃金換原子能技術上的秘密.

20.0. (有)多麼

20.1. 你看那些苦工的生活有多麼苦啊!

51
白: 傳說中國原來養蠶造絲的方法是保守秘密
52
的可是後來外國怎麼知道這個法子了呢?

53
馬: 因為當時提倡大家養蠶造絲,養蠶造絲的人
54
一多了當然就沒法子保守秘密了.

55
白: 到了漢朝又把絲織品傳到羅馬.

56
馬: 說起羅馬很有意思,傳說當初羅馬是用黃金
57
換中國的絲織品,你想中國的絲織品是多麼
58
漂亮啊! 外國人多麼喜歡!

21.0. 抓

21.1. 在從前的時候人民如果不服從政府的指揮
政府就把人民抓起來.

22.0. 使　使用

22.1. 外國人多數不會使筷子.

22.2. 在日本買東西,可以使用美金嗎?

22.3. 我祖父不會使鋼筆跟鉛筆寫字.他老人家就
會用毛筆.

23.0. 周朝

23.1. 孔子是周朝時候的人.

24.0. 竹(子)

24.1. 那個東西是用竹子做的.

25.0. 木頭

25.1. 美國很多房子是用木頭造的.

26.0. 叉(子) 刀叉

26.1. 吃飯的時候如果用刀叉是左手拿叉子呢,還
是用右手拿叉子呢?

59
白: 在原始的時候人類吃東西都是用手抓着 60 吃,
不知道在甚麼時候中國人發明使筷子了 61 ?

62
馬: 據說在紀元前三世紀人就使筷子吃飯了.那
就是 63 周朝的時候.

64
白: 筷子是用竹子作的還是用木頭作的?

65
馬: 一般的筷子都是竹子作的.比較好一點兒的
是木頭作 66 的.

67
白: 當初我一開始用筷子很不好用.那個時候我 68
覺得刀叉吃東西最容易.

69
馬: 你吃中國飯用過刀叉嗎?

70
白: 沒有.我從開始一吃中國飯就使筷子.絕 71 不用刀叉.

27.0.　藥　吃藥　火藥

27.1.　有的地方,窮人生病不吃藥,因為他們沒錢買藥.

27.2.　火藥有甚麼用途,你知道嗎?

28.0.　炮仗　放炮仗

28.1.　他們幾個兄弟都喜歡放炮仗,時常找我來放炮仗,所以我買了很多炮仗.

28.2.　火藥的用途很多,往大的方面講,可以用在軍事上,往小的方面講,可以做炮仗.

29.0.　爆竹

29.1.　爆竹就是炮仗,中國人過年的時候都買爆竹.

30.0.　武器

30.1.　那個國家的武器都是新式的.

31.0.　禁止

31.1.　從前皇帝做的事禁止批評.

31.2.　那個電影院禁止十二歲以下的小孩子進去看電影.

72
白:　據歷史上說火藥是中國人老早發明的.

73
馬:　火藥發明在第六世紀,在那個時候火藥只是做炮仗用的.後來人類拿火藥做武器用在戰
75
爭上了.

76
白:　爆竹就是炮仗是不是?

77
馬:　是的.爆竹是寫的普通說話叫做炮仗.

78
白:　炮仗是紙跟火藥做的.跟竹子有甚麼關係?

為甚麼又叫爆竹呢？[79]

馬：[80] 古代爆竹是用竹子做的,所以叫爆竹.

白：[81] 中國的炮仗(pào)每年出口不少啊.

馬：[82] 是的.就是在國外的華僑每年還是放炮仗(pào).[83] 從前政府禁止人民過年放炮仗(pào).可是這種傳統[84]的風俗無論怎麼禁止也禁止不了.人民還是[85]照樣放.

32.0.　印　印刷　印刷所

32.1.　如果印書最好到大華印刷所.因為大華印的又好又快.

32.2.　王先生開一個印刷所,他是作印刷生意的.

33.0.　正確

33.1.　他所説的生產數目字不大正確.

34.0.　木板

34.1.　中國富貴人家的房子很少是用木板造的.

35.0.　刻　刻字

35.1.　他能在木板上刻字,而且刻的很好.

36.0.　宋

36.1.　那個城裏的孔廟,據説是從宋朝就有了.

37.0.　活字

37.1.　中國用活字印刷是從宋朝開始嗎?

白：[86] 馬教授,中國發明印刷是在甚麼時候?

馬：[87] 按着正確的説法是在公元六百年的時候.

白: 開始是用木板刻字印刷是不是？
馬: 是的,開始是用一塊木板,上面刻很多字,後來到宋朝才進步到活字印刷.
白: 甚麼叫活字印刷？
馬: 就是把每一個字刻在一塊木頭上,要是印東西的時候需要那個字就拿那個字.

38.0. 針　打針　指南針
38.1. 要是打針的話最好請醫生,不要自己打針.
38.2. 指南針的針是有特性的,永遠指着南北的方向.
39.0. 空　空話
39.1. 那個房子裏沒有人,也沒有東西,完全空了.
39.2. 他是老實人,一向不說空話的.
40.0. 航　航空　航空信　航海
40.1. 他最喜歡航海,所以他在船上作事.
40.2. 現在航空事業非常發達,從前喜歡航海旅行的人都改航空旅行了.
40.3. 由航空傳遞的信是航空信.
41.0. 軍　軍人　軍官　軍事　美軍
41.1. 我們的族長從前是高級軍官.
41.2. 軍人是國家的保障,沒有軍人,國家就沒有了保障.
41.3. 有的軍人不一定懂得軍事.
41.4. 在國外的美軍有多少,你知道嗎？
41.5. 軍人們一定要聽軍官的指揮.

白: 聽說指南針在上古的時候就發明了.這個話
可靠不可靠?

馬: 確實在甚麼時代發明的我們也沒法子知道.
也有人說在南北朝的時代才有的.

白: 那麼也有一千五百年左右了.

馬: 指南針是永遠指着南北的.指南針在航空航
海,和軍事上的功用很大.

白: 往小的一方面講,我們旅行也有用處.

42.0. 商

42.1. 商朝的文字是中國最古的文字.

43.0. 銅   銅器

43.1. 那個東西是銅的還是金的?

43.2. 中國從甚麼時代開始用銅器?

44.0. 鐵   鐵器

44.1. 很多武器是用鐵造的.

44.2. 我想找一個會做鐵器的匠人.

45.0. 保存

45.1. 祖宗留下的東西,應當由後代負責保存.

46.0. 證明

46.1. 你說政府給人民謀福利,有事實可以證明嗎?

47.0. 古物

47.1. 保存新發現的古物是政府的責任.不應當叫
私人負責任.

白: 商朝、周朝都是銅器時代.至於鐵器時代我知

道歐洲是在紀元前一千年的時候,中國比較[104]
晚一點兒是在甚麼時候?

105
馬: 中國開始使用鐵器是在紀元前五百年左右
106
的時候.

107
白: 在我們學校歷史研究院一定保存了不少商、
108
周時代的銅器和鐵器吧.

109
馬: 當然研究歷史要用古物來證明,所以必得有
110
一些古物.

48.0. 圖章

48.1. 他是靠刻圖章謀生的.

48.2. 他會刻圖章還不算,並且有很多古代的圖章
哪.

48.3. 我買圖章並不是為了用,是為了玩兒.

49.0. 曾(經) V 過

49.1. 中國曾經用過三民主義作治國的基礎嗎?

49.2. 我曾經說過中國的大家庭制度已經不存在了.

49.3. 我在美國曾經吃過中國餃子.

50.0. 節省

50.1. 我們家裏沒有多少錢了,從現在開始一切都
要節省.

51.0. 並且

51.1. 他不但會說中國普通話,並且讀過四書五經.

51.2. 他不但不喜歡念書,並且常作壞事.

52.0. 銀(子)

52.1. 那些刀义是用銀子作的.

白: 馬教授,學校附近有刻圖章的嗎？我想刻¹¹²一個.

馬: 你是刻普通的還是刻好一點兒的？

白: 普普通通的刻一個就可以.

馬: 要是刻普通的不必找人刻,我給你刻一個.

白: 您能刻圖章？我太不好意思麻煩您.

馬: 我對刻字很有興趣,我念高小的時候刻字刻的我連書都不念.我母親為了我刻圖章不念書曾經打過我.

白: 刻圖章難不難？

馬: 石頭的不難刻銅的比較難刻一點兒.

白: 請您刻圖章的多不多？

馬: 開始刻的時候人不多.後來有很多人找我刻.會刻圖章了以後費了很多錢,我把節省出來的錢都買了石頭.要是有人找我刻圖章,給人家刻還不算並且還給人家買石頭.

白: 銀子也可以刻嗎？

馬: 可以.銀子很容易刻.

53.0. 幣　紙幣　港幣　人民幣　台幣

53.1. 所謂幣就是代表錢的意思.

53.2. 香港的紙幣叫做港幣.

53.3. 這本漢語教科書人民幣多少錢？

53.4. 國民政府在台灣用的紙幣叫做台幣.

54.0. 合

54.1. 美軍到台灣也用美金一塊美金差不多合四

十塊台幣.

54.2. 在香港買那本字典,要合美金三塊錢要是按
港幣算是十八塊左右.

55.0. 仍然

55.1. 有的人雖然能够吃苦,仍然不能維持一家人
的生活.

55.2. 歐洲有的地方是不是現在仍然有些美軍?

56.0. 偶然　偶然(的)一個機會

56.1. 有人說對於窮人偶然幫助他一些錢是可以
的,不應當常常供給他.

56.2. 那個小姐在偶然的一個機會裏認識一個軍
人,後來就嫁給那個軍人了.

57.0. 利用

57.1. 很多地方利用天然的水力發電.

白: ¹²⁹是不是刻圖章有的價錢相當貴?

馬: ¹³⁰是,要是刻的好的就相當貴了,大概刻一個圖
章¹³¹要合美金三四十塊錢哪.

白: ¹³²要是按港幣算是多少錢?

馬: 一塊美金合港幣差不多六塊錢,大概要二百
¹³⁴多塊港幣了.雖然貴,仍然有很多人刻.¹³⁵其實圖
章有一個就够用了.有的人並不是為了用,¹³⁶是
為玩兒.各式各樣的圖章都有,前幾天偶然一¹³⁷
個機會見着了一位老先生.談起圖章來.他說
¹³⁸他有三百多個圖章.

白: ¹³⁹您天天教書還有時間刻圖章嗎?

140
馬：我都是利用星期六或是星期日沒事的時候．

58.0. 哥哥

58.1. 我哥哥喜歡談自由主義,民族主義,可是他並不真懂這兩個主義的意思．

59.0. 征服

59.1. 很多男人被女人征服了．

60.0. 接　接着

60.1. 第一中學校長自從馬大文接了以後,學校裏的大事,小事都是由馬大文一個人主持．

60.2. 我正在讀書,來了一個朋友.後來朋友走了,我又接着讀書．

61.0. 緊　緊接着

61.1. 我這幾天手裏沒錢,很緊．

61.2. 前幾天是張先生的生日,緊接着又是張太太的生日．

62.0. 光

62.1. 那個山上光有一個廟,沒有人家．

62.2. 我的錢都用光了．

141　　　　　　　　　　　　　　　　　**142**
白：生詞表上第四行從上面往下數第六七個詞兒我看不大清楚．

143
馬：你說的是哥哥和征服中間的那兩個詞兒,印的不大清楚嗎？**144**

145
白：不大清楚,看不出來是甚麼．

146
馬：是"緊"跟"緊接着．"

白： 緊接着這個詞兒我會用,要是單用一個緊字
    怎麼用呢?

馬： 我舉個例子:"我上個月病了,別的不算,光吃
    藥打針就用了二百美金,所以這個月我緊的
    不得了."

白： 我明白了.

63.0. 貢獻
63.1. 一個人對國家社會要有一點兒貢獻.
64.0. 花(兒) 花園
64.1. 現在花園的花兒正在開着哪.
65.0. 墨 墨水 墨汁
65.1. 我要買一枝毛筆,一塊墨.
65.2. 他用鋼筆寫字的時候喜歡用紅墨水.
65.3. 三友書店賣的墨汁特別好.

馬： 我們接着往下研究,請你用貢獻說一個句子.
白： "據考古家證明,中國很早就知道養蠶造絲這
    也是在發明上最大貢獻之一."

馬： 用的很好.你說那是發明上最大貢獻之一一
    點兒也不錯.中國綢緞真是織的好看,上面織
    的花兒漂亮極了.

白： 中國是甚麼時候有墨水的?

馬： 中國很早就有了墨.中國不叫墨水,叫墨汁.用
    鋼筆寫字的叫墨水,用毛筆寫字的叫墨汁.

生 詞 表 (p. 199)

1. 絲
2. 綢(子)
3. 緞(子)
   綢緞
4. 織
5. 品
   日用品
   絲織品
6. 蟲子
7. 蠶
8. 吐
9. 人工
10. 線
    絲線
    無線電
11. 衣服
12. 穿
13. 另外
14. 用途
15. 造
16. 保守
17. 秘密
18. 羅馬

　　羅馬字
　　國語羅字
　　　馬字
19. 金(子)
    黃金
    美金
20. (有)多麼
21. 抓
22. 使
    使用
23. 周
24. 竹(子)
25. 木頭
26. 义(子)
    刀义
27. 藥
    吃藥
    火藥
28. 炮仗 (pào)
    放炮仗 (pào)
29. 爆竹
30. 武器
31. 禁止

32.
    印刷
    印刷所
33. 正確
34. 木板
35. 刻
    刻字
36. 宋
37. 活字
38. 針
    打針
    指南針
39. 空
    空話
40. 航
    航空
    航空信
    航海
41. 軍
    軍人
    軍官
    軍事
    美軍

42. 商
43. 銅
    銅器
44. 鐵
    鐵器
45. 保存
46. 證明
47. 古物
48. 圖章
49. 曾(經) V (過)
50. 節省
51. 並且
52. 銀子
53. 幣
    紙幣
    港幣
    人民幣
    台幣
54. 合
55. 仍然
56. 偶然
    偶然(的)一
    　個機會

57. 利用　　　　　　接着　　　　63. 貢獻　　　　　墨水

58. 哥哥　　　61. 緊　　　　　　64. 花(兒)　　　　墨汁

59. 征服　　　　　　緊接着　　　　　　花園

60. 接　　　　62. 光　　　　　　65. 墨

語法練習 (p. 200)

1. 你看張小姐穿的那件緞子衣服多麼漂亮啊！
   她說這件衣服,比那件她都喜歡.

2. 他們家的花園比誰家的都大,而且花兒也多.

3. 你可別到那個印刷所去印東西比那家印的都貴.

4. 過年的時候,我比誰都喜歡放炮仗

5. 這本國語羅馬字的課本,我比那本都喜歡.

6. 近來美國學生到中國留學的比以前多起來了.

7. 世界大戰以後各地的生活水平都高起來了.

8. 因為日用品都貴起來了,所以生活更困難了.

9. 從十九世紀以來中國受西方文化的影響就大
   起來了.

10. 我弟弟的平均分數及格了.他的成績比以前好
    起來了.

11. 就我所知道的,他哥哥來的不是航空信.

12. 就我的看法,日用品要一天比一天貴.

13. 就他所說的,他已經拿台幣把東西都買來了.

14. 就今天的價錢來說,美金一塊合港幣五塊七.

15. 就他的過去來看,他這次說的可能還是空話.

16. 你預備的墨汁不夠用.

17. 無線電裏的報告有時候很難懂。

18. 那個叉子是鐵的，很不好用。

19. 中國墨在美國容易買嗎？

20. 那枝鋼筆好使嗎？如果好使借我使一使。

講話 (p. 201)

[1]中國是一個文明古國，所以在古時候有很多的[2]發明。現在先把幾種重要的說一說。

[3]絲的發明最早。根據考古學家在已經發現的古物裏[4]所得到的證明。在商朝以前就有了絲。另外還[5]有一種說法。據說絲的發明的經過是這樣的：古時候[6]有人在花園裏偶然看見一個蟲子在那裏吐絲，而且這[7]種絲是很長很長一條一條的，於是他就想法子[8]養這個蟲子，那就是蠶。接着又想法子把蠶吐出來[9]的絲用人工做成了絲線，又用絲線織成了綢[10]緞等等絲織品。

[11]絲織品很美麗，用途也很多。可以在上面寫字[12]畫畫兒。後來不但用在中國，也賣給外國人。在[13]漢朝的時候曾把絲織品傳到羅馬。那時候羅馬是[14]用黃金換絲織品，羅馬皇帝為了節省黃金，所以[15]禁止穿織品的衣服。當時對於養蠶造絲的法子很[16]保守秘密。後來養蠶造絲的人多起來了，就把這種[17]法子傳到了日本、印度，以及全世界。

[18]茶在中國也許很早就有了。可是到了公元三[19]世

紀的時候才有人提到茶.先是在中國南部發現[20]後來北部也有了.到了唐朝以後才普遍了全中國[21]後來公元一二零零年日本也有了茶.十七世紀歐洲[22]也有很多人喝茶.據說茶對於人的身體[23]很有好處.所以喝茶的人很多.

指南針[24]的發明,按着中國歷來的傳說,是在很早[25]以前就有了.但是確實的證明,是在公元五[26]世紀南北朝的時候才有了指南針.後來到了公元一一一[27]九年有人寫了一本書說到指南針對於航海[28]的用途.指南針的特性是永遠指着南北的方向[29],所以在航海、航空和很多別的方面都利用[30]他才能知道正確的方向.

火藥[31]的發明很早.到了公元六世紀的時候就有人用火藥作爆竹.當時並沒有別的用途.後來[33]到了[32]十二世紀才開始把火藥用在戰爭上.以後到了[34]元朝征服歐亞,就是利用火藥作武器.所以元朝[35]在軍事使用的火藥最多.

紙[36]的發明是在公元一百年左右漢朝的時候.紙[37]的用途很廣.尤其是在文化上的功用更大.自從[38]發明了紙以後寫書都用紙了.所以有很多古書[39]有的因為是寫在紙上,經過年代太久了就沒法子[40]保存了.用紙做成的紙幣是從唐朝末年開[41]始的.

印刷[42]的發明大約是在公元六百年左右.中國人[43]在很早以前就已經有了紙,也有了墨.又知道刻[44]圖章了,也知道在銅上和石頭上刻字.並且從銅上[45]和石頭上印下來。後來就發明印刷。在發明印刷[46]開始的時候是先用木板刻字，然後再印刷[47]。到了宋朝才用活字印刷。西方國家在十五世紀[48]德國才有印刷，比中國晚了很多年了。

　筷子[49]普通用的都是竹子跟木頭的，是中國[50]人吃東西[49']的時候使用的。在公元前三世紀中國[51]周朝的時候[52]就發明了。可見在公元前三世紀還早筷子就發明了。世界上的人[53]吃東西的時候都是用手抓，後來才有[54]的。西方人在十六世紀才開始用刀叉。據[55]說現在世界上的人有三分之一用刀叉，有三分之一用筷[56]子，還有三分之一仍然用手抓。

　從以上[57]所說的幾種發明來看，中國人在發明上[58]多麼有貢獻啊！

復述 (p. 203)

　這[1]盤錄音帶是中文第一組第八號，白文山復述第[2]八次[3]專題講話。

　昨天學校請了一位社會學專家講中[7]國的社[6]會[5]結構[4]。他是先從舊的社會講起。他說如果要了解中國現代的社會必得從先前的階[8]級講起。他說了兩點，第一是說中國的社會制度，第二說的是中國社會的中心。

　他說中國的社會以前分成四個階級，就是士、農、工、商。甚麼叫做士呢？就是念書的知識分子[10]，在中國過去念書人就是知識分子，地位看的[11]很高。其次是農。因為中國是農業國家，農業是中國[12]的經濟基礎，所以農人是第二位。又其次是工人，就是匠人[13]。工人和匠人有點兒分別。工人是用力氣[14]，匠人是用技術的，最後才是商。中國以前的看法[15]，工人和商人地位低，尤其是商人，過去認為[16]商人不是實際能夠生產的人。

他又說中國的社會有兩大階級[17]，一個是士大夫階級[18]，一個是農民階級，是指着小農說的。這兩個階[19]級有很大的分別。士大夫階級是念書然後作了官，就是統治階級。士大夫階級對中國文化一方面他[20]們很有功，他們天天不是寫文章、作詩、畫畫兒，就是[21][22]研究五經四書跟史學等等的。[23]

再說農民階級，就是被統治的階級，就是小自耕[24]農跟佃農，換句話說是自己沒有田地的農民[25]，他們種的地大多數是地主的。這種農人要是買了[26]田地他們也就是地主了。他們的兒子也可以參加科舉[27]考試，於是也就變成了士大夫階級作官了。[28]

再說中國的社會中心。中國的社會是拿家庭和[29]宗族作中心。中國以前是大家庭制度。甚麼是大家[30]庭呢？那就是家裏有幾代人都住在一塊兒，有祖[31]父、祖母、父親、母親、沒有出嫁的小姐、結了婚的兒子，當然[32]還有孫子、孫女兒等等的。大家庭都是有錢的[33]男女用人也不少了。一個家庭男女老少大大小小有[34]

幾十口人。大家庭裏任何事情都是由家長作主[35]。兒
女定親事以及家庭生活上的大小事情都是家長[36]
主持，別人都得服從他。中國人常說"大戶人家"[37]，
就是指着這種家庭說的。這種大家庭都是大商人[38]
或者是作官的。

宗族[39]就是一個祖宗傳下來一姓的人。雖然是一
個祖宗[40]傳下來的，可是多少代以後這些同族人有
的很富[41]，有的很窮。雖然經濟環境不同，可是大家共
有一個祠[ci]堂，祠[ci]堂好像一個廟，是紀念祖宗的地[43]
方[42]。因為祠[ci]堂是大家的，必得有一個人負責這個祠[ci]
堂。這[44]就是族長。同族人有事都得聽族長的。

大家庭有大家庭的好處。如果自己不能謀生的
話[46]，一切生活大家庭都能供給。這種大家庭在這[47]二
十世紀受了西方文化的影響，已經不存在了。

溫習 (p. 205)

1. 校長對一個寫字的人說："你所寫的字是照原
文寫的嗎？怎麼我看好像和原文不一樣？請
你把原文遞給我，我看看原文。再不然我們兩個
人共同看一看。"

2. 我記得我小的時候，我家裏常來一位外國人。這
位外國人的姓名我不記得。我當時叫他"謝先
生"。"謝"不是他的姓，你一會兒就明白了。謝先
生最初是我祖父的朋友。後來跟我祖父學作詩。

謝先生由朋友而變學生,大家更常來往了,他會說國語,喜歡穿中式衣服,他來的時候僕人給他開門,他一定說:"謝謝". 有時跟我們弟兄姐妹說完話,也說:"謝謝". 祖母給他作點心吃,他說的"謝謝"更不知道有多少次了.由於他常說:"謝謝",我就給他起個外號叫"謝先生".

3. 在一本雜誌上有一篇文章是"<u>說自由主義</u>".文章的大意說: 有的人十分需要自由,有的人無所謂,自己以為沒有甚麼不自由,因此對於這種主義並不怎麼關心.

4. 有一個外國留學生在中國研究中國的風俗,他手裏沒有錢,有人要供他學費以及生活費,他不接受.他說他自己想辦法.他想給一個英文週刊寫文章,專門寫中國風俗這一類的文章.他也可以寫小說,他已經寫了一篇"<u>嫁出的女兒</u>". 他想他可以自己支持自己的學費和生活.

5. 有人說:"台幣、港幣、人民幣以及美國人民使用的錢都是從印刷所裏印出來的紙幣,為甚麼美國錢不叫美幣而叫美金呢?"有人說:"這也許是因為美國的紙幣從前可以向政府換金子,所以就叫美金了."

6. 有一個軍人他生病的時候也不吃藥也不打針.光在房子裏不出來.他說:"人有病的時候,各有各的治法,我的治法是不出房子,過兩天病就好了."

7. 我的朋友給美軍的軍官當翻譯,每天一個一個

的給他們翻譯.他說事情太麻煩了,他不想作下
去了.

8. 那些古物是鐵器時代開始時候的東西,就歷史
研究所的所員能去看.

問 題 (p. 206)

1. 中國在甚麼時候就有了絲? 發明絲的經過是
怎麼樣? 後來用絲做成甚麼?

2. 絲織品有甚麼用? 絲織品是在甚麼時候傳到
甚麼地方? 甚麼地方禁止穿絲織品的衣服?
為甚麼禁止?

3. 在中國甚麼時候才有人提到茶? 先在甚麼地
方發現? 甚麼時候才普遍全中國? 日本在甚
麼時候也有了茶? 歐洲呢?

4. 發明指南針有確實證明是在甚麼時候? 指南
針有甚麼特性? 對於甚麼方面最有用?

5. 中國甚麼時候發明了火藥? 當時做甚麼用?
後來又用在甚麼上? 是在甚麼時候開始用的?
中國那一朝代用的火藥最多? 為甚麼用的最
多?

6. 紙是甚麼時候發明的? 在那一方面紙的功用
最大? 古書為甚麼不容易保存? 用紙做成紙
幣是從那一朝代開始的?

7. 印刷的發明大約是在甚麼時候？中國人在沒有發明印刷以前,先有甚麼在印刷上很需要的東西？

8. 開始發明印刷的時候先用甚麼刻字？甚麼時候才用的活字？西方國家在甚麼時候才有印刷？

9. 中國人吃飯或者吃東西的時候常用甚麼？在甚麼時候才有人用筷子？筷子是甚麼樣,是甚麼作的？

10. 人類原始時期吃東西的時候用甚麼東西？到了甚麼時候西方人才開始用刀叉？現在世界上有幾分之幾用筷子？幾分之幾用刀叉？用手的佔幾分之幾？你吃東西的時候用甚麼呢？

1	2	3	4	5	6	7
曆	陰	夕	春	燈	戚	恭

8	9	10	11	12	13	14
財	吉	磕	餘	席	管	灶

15	16	17	18	19	20	21
祭	爺	臘	神	牌	婦	遣

22	23	24	25	26	27	28
鬧	屋	預	備	布	司	貨

29	30	31	32	33	34	35
睡	夜	精	禮	避	免	招

36	37	38	39	40	41	42
待	既	壞	兵	聚	須	命

43	44	45	46	47	48	49
令	哭	序	失	運	遊	戲

50	51					
座	味					

第十課 過年 (p. 208)

1. 曆 lì · calendar (2)
2. 陰 yīn female principle (2)
3. 夕 xī, xì evening (5)
4. 春 chūn spring (6)
5. 燈 dēng lamp (7)
6. 戚 qì relatives (10)
7. 恭 gōng respectful (13)
8. 財 cái wealth (14)
9. 吉 jí lucky (15)
10. 磕 kē tap, knock (16)
11. 餘 yú remainder (17)
12. 席 xí banquet (18)
13. 管 guǎn control; tube (19)
14. 灶 zào kitchen stove (22)
15. 祭 jì offer sacrifice (23)
16. 爺 yé old gentleman (24)
17. 臘 là twelfth lunar month (25)
18. 神 shén spirit, god (26)
19. 牌 pái signboard; playing piece (30)
20. 婦 fù woman (32)
21. 遣 qiǎn depute (34)
22. 鬧 nào noisy (35)
23. 屋 wū house, room (37)

24. 預 yù beforehand (38)
25. 備 bèi prepare (38)
26. 布 bù cotton cloth (39)
27. 司 sī control (40)
28. 貨 huò goods (40)
29. 睡 shuì sleep (41)
30. 夜 yè night (42)
31. 精 jīng essence; fine (43)
32. 禮 lǐ gift; etiquette (45)
33. 避 bì avoid (48)
34. 免 miǎn avoid (48)
35. 招 zhāo recruit (50)
36. 待 dài treat; wait (50)
37. 既 jì since (51)
38. 壞 huài bad; spoiled (52)
39. 兵 bīng soldier (53)
40. 聚 jù gather (54)
41. 須 xū must (55)
42. 命 mìng order; life (56)
43. 令 lìng command (56)
44. 哭 kū cry, weep (57)
45. 序 xù preface; series (58)
46. 失 shī lose (59)

267

47. 運 yùn　　move (60)　　　　50. 座 zuò　　seat (62)

48. 遊 yóu　　travel (61)　　　　51. 味 wèi　　taste; odor (63)

49. 戲 xì　　a play (61)

白：馬教授早．

馬：早．

白：昨天天氣很冷我整天沒出門兒，今天更冷．其實還不到冷的時候哪．

馬：這裏的天氣就是這個樣子．天氣好就暖和，天氣不好就冷的不得了，你穿的太少了．

白：沒關係．我倒是不怎麼怕冷．

馬：昨天專題講話，講中國的發明．不知道講的怎麼樣？

白：講的不錯，他還帶來了一些古物來證明他所講的．

馬：帶來的甚麼古物？

白：他帶來了一件銅器時代的銅器還有商朝時代的文字．他還帶來一點兒沒經過人工的蠶吐的絲叫我們看．我很喜歡商朝的文字漂亮極了．

馬：這位主講人是一位最有名的史學家．

白：中國的發明真不少．

馬：是的，像印刷、火藥、指南針這些東西用起來很方便，可是開始發明是很不容易．

21
白： 實在是不容易.

22
馬： 今天專題講話,講中國人過年,我們兩個人談
談過年的問題.這些個都是過年的詞兒.

1.0. 新年
1.1. 中國人在新年的時候放炮仗這是傳統的習
慣.
2.0. 曆　日曆　陰曆　陽曆　舊曆　新曆
2.1. 我買了一個日曆用了美金兩塊.
2.2. 陰曆年(就是陰曆的新年)大約在陽曆的二月
裏.
2.3. 他哥哥的生日是舊曆六月二十七日... 新曆
應該是幾月幾日呢?
3.0. 正月
3.1. 陰曆的正月其實就是陰曆的一月.
4.0. 初
4.1. 中國人提到陰曆的時候,對於每月的前十天
都用一個初字.例如三月五日應當說三月初
五.
5.0. 除夕
5.1. 過了除夕緊接著就是新年.

25
白： 馬教授,是不是陰曆也叫舊曆,陽曆也叫新曆?
26
馬： 是.
27
白： 陰曆新年是正月初一.記得一年最後的一天

28
不叫三十,另外有一個名子,我忘了怎麼說了?

29
馬: 叫除夕.

30
白: 對了.您一說我想起來了.還有,是不是陰曆新
年都是在陽曆的二月?是在二月幾號?

31

32
馬: 不一定.差不多都是在二月前十天裏頭.

33
白: 我上次在這兒看見中國朋友們家裏過年很
有意思.

34

35
馬: 鄉下人過年,更有意思了.家家殺豬,小孩子穿
新衣服,放炮仗買糖吃.

36

pao

37
白: 中國地方大各地方過年的風俗也不相同吧?

38
馬: 雖然各地方有些不同的風俗,可是大致都差
不多.

39
白: 滿族跟漢族的風俗一樣嗎?

40
馬: 大致都差不多.

6.0. 春   春天

6.1. 一年裏頭最好的時候是春天.我願意一年裏
都是春天.

7.0. 燈   開燈

7.1. 燈的用處是在晚上.現在還是白天.為甚麼要
開燈?

8.0. 節   過節   春節   燈節(兒)   節日

8.1. 陰曆正月裏的節日特別多,才過了春節接着
就是燈節.

8.2. 你知道陰曆八月十五日是甚麼節?過節的

時候放爆竹不放?

9.0. 小年(兒)

9.1. 一個軍官說:"明天就過小年兒,可是年年的小年兒我都不能在家裏."

10.0. 親戚

10.1. 我有一個親戚會織綢子,不會織緞子.

11.0. 拜　拜年　拜神

11.1. 過年的時候有人到親戚家裏去拜年,有人到廟裏去拜神.我是甚麼也不拜.

白[41]: 春節是舊曆新年.燈節和春節有甚麼關係?

馬[42]: 春節是過年,燈節是春節最後的一個日子.

白[43]: 燈節是在那一天?

馬[44]: 燈節是正月十五.中國過年的日子可長了,[45]從過小年兒開始一直得到了正月十五才算[46]把年過完了.

白[47]: 過年的時候,親戚朋友大家彼此拜年,過小年兒並[48]不拜年是不是?

馬[49]: 因為小年兒是在過新年以前,所以不拜年.

12.0. 互相

12.1. 有人說社會上的人多半是互相利用.

13.0. 恭喜

13.1. 在過年的時候如果有相處不來的人大家見了面彼此也說:"恭喜" 嗎?

14.0. 發財

14.1. 聽說那個賣炮仗的人發財了.

14.2. 你如果去看一個買賣人正是他第一天開始作買賣,你可以對他說:"恭喜發財".

15.0. 吉利

15.1. 中國的風俗認為在過年的時候吃藥打針是不吉利的.

16.0. 磕頭

16.1. 中國從前作官的見了皇帝必得磕頭.

白: 在過年的時候親戚朋友們見面大家互相說:"恭喜發財"說這句吉利話的風俗一直到現在還有.至於磕頭這個風俗現在還有嗎?

馬: 現在過年磕頭的很少了.可能在鄉下和舊式家庭裏還有.

17.0. 餘 其餘(的) 多餘

17.1. 邊境的戰事一天比一天擴大,人民差不多都走了.所餘的不過幾百人.

17.2. 這些竹子、木頭你可以拿去一半去造房子,其餘的我另外有用途.

17.3. 我就有這一面國旗,沒有多餘的,我怎麼能借給你呢?

18.0. 席 酒席 主席

18.1. 滿洲人酒席和回族的酒席都和漢人的酒席

不一樣.

18.2. 他是佛學研究會的主席,所以他信佛教.

19.0. 管　不管　只管 V　只管 V 好了

19.1. 那個孩子用手抓泥,他的父母怎麼不管呢?

19.2. 那個太太不管有錢沒錢,他一定要穿綢子,緞子的衣服.

19.3. 張先生只管寫書,不管印書.

19.4. 你只管說好了,不要怕.

19.5. 他只管說他的,我只管買我的.

19.6. 北方的小孩子管爆竹叫炮仗. ^(pào)

20.0. 多出來　(多)餘出來

20.1. 我數一數我的港幣,不知道怎麼多出來一塊錢.

20.2. 我買東西以後多餘出來的錢都給我弟弟了.

21.0. 同音　同音字

21.1. 中國字同音的很多.

21.2. 同音字雖然是同音,可是意思不同.

[55]
白：馬教授,恭喜這句話生孩子結婚的時候都可以用,至於富貴有餘這句話只是過年才能用,是不是? [56] [57]

[58]
馬：富貴有餘是過年專用的詞兒,中國家庭在除夕晚上的酒席上,不管喜歡吃魚不喜歡吃魚,都要作一條魚. [59] [60]

[61]
白：那是甚麼意思?

馬: 富貴的意思你是知道的.有餘的餘和一條魚
的魚同音.所以有餘的意思就是多出來的意
思.那就是說富貴老也不完.

22.0. 灶
22.1. 中國北方鄉下用的灶多半是用泥做的.
23.0. 祭　祭灶
23.1. 中國人在過小年兒的時候除了祭灶以外還
祭甚麼?
24.0. 爺　少爺　老爺　灶王爺
24.1. 蒙古人和西藏人是不是也都祭灶王爺?
24.2. 從前對人叫老爺等於現在對人叫先生.
24.3. 我帶着我們小少爺到公園去看獅子.
25.0. 臘月
25.1. 中國人一到了陰曆的臘月就預備過年.

白: 過小年兒就是祭灶,是不是?
馬: 是的.你知道祭灶是甚麼意思嗎?
白: 祭灶就是祭灶王爺.
馬: 你知道不知道中國人在甚麼時候祭灶?
白: 是不是在臘月二十三?
馬: 是的.

26.0. 神　接神　灶神　神話
26.1. 苗族的人信甚麼神?

26.2. 中國人在過年的時候是不是家家一律接神?

26.3. 世界各國上古的歷史多半是神話的.

26.4. 灶神就是灶王爺.

27.0. 燒

27.1. 前天大火那個印刷所幾幾乎都燒光了.

28.0. 香

28.1. 接神的時候必須燒香.

29.0. 上天

29.1. 過小年兒的晚上送灶神上天.

71
白 : 請問,祭灶怎麼祭呢?

72
馬 : 據說灶王爺在臘月二十三那天晚上上天. 所 73
以在二十三晚上給灶王爺供水果,點心,燒香 74
送灶王爺上天.

75
白 : 甚麼時候灶王爺再回來呢?

76
馬 : 等到除夕晚上接神的時候灶王爺又回來了.

30.0. 牌(子)　紙牌　玩(兒)牌

30.1. 你的車很好,是甚麼牌子的?

30.2. 張大夫的門口有一個牌子. 我一看見那個牌
子才知道是張大夫看病的地方.

30.3. 他們吃過晚飯緊接着就玩兒紙牌.

30.4. 中國紙牌在甚麼時候有的,你知道嗎?

31.0. 麻將　打麻將

31.1. 中國在抗戰的時候,政府禁止人民打麻將.

31.2.　他把這個月的工錢,打麻將都打光了.

32.0.　婦女

32.1.　從前中國江南的婦女都會養蠶.

33.0.　幾時

33.1.　你幾時學的德文?是不是在德國學的?

33.2.　你幾時有工夫我們一塊兒玩兒牌.

34.0.　消遣

34.1.　打麻將、聽無線電、看電影兒,你樣樣都不喜歡,
　　　那麼你作甚麼消遣呢?

34.2.　我每天除了工作以外要消遣消遣.

白: 聽說過年、過節中國人都喜歡玩兒牌,是不是?

馬: 多數是婦女在家沒事,大家在一塊兒玩兒玩
　　兒牌.

白: 是打麻將呢,還是玩兒紙牌呢?

馬: 有玩兒紙牌的,也有打麻將的.

白: 您會打麻將嗎?

馬: 我會是會,可是我不喜歡.

白: 我還沒看見過打麻將的.

馬: 我們有一家親戚他們家裏很喜歡打.幾時我
　　們到他家去看他們打.其實老人在一塊兒打
　　麻將消遣消遣倒可以,我不贊成青年人常打.

35.0.　熱鬧

35.1.　他不喜歡熱鬧.他喜歡一個人在花園裏看花兒.

35.2. 過年的時候,要是人多才能熱鬧,我家人少,熱鬧不起來.

36.0. 大人

36.1. 燈節的晚上,大人小孩兒都去看燈.

37.0. 屋(子)

37.1. 那間屋子從來沒人進去過,偶然有一個機會我進去一看,原來是空的.

38.0. 預備

38.1. 我要寫大字,請你先給我預備筆和墨汁.

39.0. 布

39.1. 他要用布作一面五色旗,別的顏色的布都有了,就沒有藍色的布.

40.0. 公司   百貨公司

40.1. 那個公司門前的牌子是銅的呢,還是鐵的呢?

40.2. 有一家百貨公司東西很多,不但有日用品,並且連種田的鐵器都有.

馬: 從前我小的時候,因為家裏是大家庭,人口多一到了過年的時候特別熱鬧,家裏的大人們每一個人都忙的不得了.有的收拾屋子,有的買東西.

白: 過年都買甚麼東西呢?

馬: 買吃的,穿的,用的.過年以前也要買很多菜,比如雞、魚、肉甚麼的,要在過年以前預備出來一

個星期的菜來.家裏太太們到百貨公司去買
日用品.綢緞跟布甚麼的.

41.0.　睡(覺)
41.1.　高先生在印刷所作事.那個印刷所的工作很
　　　多.他說他從昨天忙到現在.還沒睡覺哪.
42.0.　夜　半夜
42.1.　昨天夜裏我和張先生談到宗教和孔教我們
　　　談到半夜以後才睡覺.
43.0.　精神
43.1.　身體不好的人精神也一定不好.
44.0.　供　供神　上供　供菜
44.1.　中國人的家裏在過年的時候有人供神,有人
　　　不供.
44.2.　過年的時候家家都要給神上供.
44.3.　中國人上供的時候都供菜.

白：馬教授,您府上是小家庭,過年還是那麼熱鬧
　　嗎？
馬：現在不熱鬧了,一來人少,二來我的內人不願
　　意為了過年用很多錢.
白：您府上還祭灶嗎？
馬：現在沒有賣灶王爺的了.
白：怎麼灶王爺還得買嗎？
馬：你大概沒看見過灶王爺.我老家那兒一到了

臘月就有賣灶王爺的了.要是去買灶王爺不
能說買,得說請灶王爺.

白: 灶王爺甚麼樣兒?

馬: 就是印出來的一種畫兒,是一個古代人的樣
子.我們家現在不祭灶,可是過燈節兒.因為孩
子們喜歡燈.所以買很多用紙做的燈掛起來.

白: 除夕晚上您府上睡覺不睡?

馬: 不睡.因為中國傳統說,如果在除夕夜裏睡覺
一年就不精神.

白: 您府上供神不供啊?

馬: 我內人不信佛.他甚麼也不供.

白: 就是信佛的供神嗎?

馬: 是的.

45.0. 禮　送禮

45.1. 我和田先生相處的很好.每年過年的時候他
給我送禮,我也送禮給他.

45.2. 他給我送的禮太多了.

45.3. 我給萬先生送過節禮去.

46.0. 人情

46.1. 彼此互相送禮是表示人和人之間的人情.

47.0. 人們

47.1. 不願意被人征服的人們應該團結起來.

48.0. 避免

48.1. 航海用指南針可以避免走錯方向.

49.0. 假　假話　假如

49.1. 他常說假話,所以這次他說的話一定也是假的.

49.2. 假如你鄰近的國家來爭奪你的領土,你是不是要抵抗呢?

117
白： 中國人過節、過年是不是都要送禮?
118
馬： 這是一種人情,雖然近來有人提倡過年、過節
119
不要送禮,可是還避免不了人們送禮的風俗
120
習慣.
121
白： 一般的送禮,都送甚麼?
122
馬： 不一定.有送點心、水果的,也有送魚、肉的,還有
123
送日用品的.
124
白： 送禮是很難的一件事.假如我給人家送禮,我
125
根本就不知道給人家買甚麼.

50.0. 招待　招待室

50.1. 我在招待室等了兩個鐘頭並沒有人出來招待我.

50.2. 如果他到三藩市來,我得好好招待招待他.

51.0. 既(是)　既然

51.1. 他既是不信喇嘛教為甚麼時常去喇嘛廟?

51.2. 你既然來了就在這裏多住幾天吧.

52.0. 壞　壞話　氣壞　壞人　壞事

52.1. 那個錄音機壞了,不能用了.

52.2. 一個人不要老說別人的壞話,也不要作壞事.

52.3. 那個孩子不聽大人的話,把他母親氣壞了.

52.4. 你說他家沒有好人等於說他也是壞人了.

126
馬: 說送禮我想起來,下星期六有個朋友的少爺
127/
結婚.
128
白: 結婚送禮都送甚麼?
129
馬: 多數送錢,也有的送東西,送東西多半是穿的、
130
用的.這個朋友是回回.他們那天用回教酒席
131/
招待親戚朋友.
132
白: 回教酒席是不是就是沒有豬肉?
133
馬: 對了,就是沒有豬肉.其餘的菜跟我們的差不
多.
134
白: 您這位朋友是我們學校的嗎?
135
馬: 是的,他是法學院的邊又文邊先生.
136
白: 嗯,邊先生我認識.
oh
137
馬: 既然認識你也參加好不好?
138
白: 好.我送甚麼禮呢?
139
馬: 你送四塊錢吧.
140
白: 在那兒? 是在他家裏嗎?
141
馬: 不是.在大華路中華飯店.
142
白: 中華飯店很有名.
143
馬: 是.中華飯店的地方好,而且菜也不壞,所以結
144
婚的都喜歡在那兒.

53.0. 兵

53.1. 從前中國人不重視當兵的,所以常說:"好男不當兵." 可是現在觀念改變了,不認為當兵不好了,所以又說:"好男要當兵"了.

54.0. 聚　團聚

54.1. 我希望我們幾個人有機會再聚一聚.

54.2. 他的兒子在意大利念書,有五年沒回家,現在回家來了,一家人團聚了.

55.0. 必須

55.1. 人們相處必須互助.

56.0. 命令

56.1. 軍人必須服從命令.

57.0. 哭

57.1. 聽說那個人死了,若干人都哭了.

145
馬: 邊先生在抗戰的時候,他兒子剛生出來他就 146 去給美軍當翻譯.

147
白: 抗戰的時候,美國兵在中國的多不多?

148
馬: 這個我不大清楚,打完了仗以後他又到羅馬 149 去了.他說離開家很久才跟家裏人團聚.

150
白: 他怎麼不想法子早點兒回家看看呢?

151
馬: 當軍人必須服從命令,不能隨便回家,邊先生 152 有一次跟我說起來了,他說他那個時候因為 153 想家想的真想哭.

58.0. 次序
58.1. 他把人名冊上人名的次序寫錯了.
59.0. 失望
59.1. 他考大學沒考上他很失望.
59.2. 我這次不能到紐約去.我非常失望.
60.0. 運氣
60.1. 人人都希望有好運氣,可是人人不一定都有
　　　 好運氣.

白: 我父親從前是軍人.他說從前軍人在外國的
　　 時候.政府是讓他們按着次序回家的.他一聽
　　 說有人要回家了,要是沒有他的名子.他就很
　　 失望.
馬: 那當然了.誰不想回家呢?
白: 我父親有一次跟我們說的很有意思.他說那
　　 個時候他比誰都想回家,因為他才跟我母親
　　 結婚不久,但是政府不管你新結婚不新結婚.
　　 可是他的運氣好.沒有好久政府就讓他回國了.

61.0. 遊戲
61.1. 有的學生只喜歡遊戲,不喜歡念書.
61.2. 這種遊戲在美國也有嗎?
62.0. 座(兒)　上座(兒)
62.1. 我家有三口人,吃飯的時候有三個座兒.父親

　　　　　總是坐上座.

63.0.　　味　味兒

63.1.　我喜歡吃中國飯因為中國飯的味兒好.

63.2.　這兒怎麼這麼大的火藥味兒呢？是不是剛
　　　　才你放炮仗了？

63.3.　老張一點兒人情味兒也沒有,我病了幾個月
　　　　他也沒來看看我.

64.0.　　包　紙包(兒)

64.1.　請你把我買的書包起來.

64.2.　中國北方人在過年的時候多半包餃子吃.

64.3.　你那個紙包兒裏頭是甚麼東西？

163
馬：今天下午四五點鐘你有工夫嗎？
164
白：我想一想...沒甚麼事.
165
馬：第一中學有個會,我那兩個孩子也參加表演,
166
　　另外還有小孩子們遊戲,你要不要去？
167
白：好,我去.學生們表演,小孩子們遊戲都很有意[168]
　　思.
169
馬：聽說去的人很多,我們得早點兒去,要不然就
170
　　沒座兒了.你四點鐘左右到我家去吃點兒點
　　心,[171]然後我們一塊兒去.
172
白：太麻煩馬太太了.
173
馬：沒甚麼.
174
白：我忘了說了,上次馬太太做的菜味兒真好.
175
馬：要是你喜歡吃的話,可以常到我那兒吃便飯

去.

¹⁷⁶
白： 謝謝您.

¹⁷⁷
馬： 今天很冷.我們去得穿厚一點兒的衣服.

¹⁷⁸
白： 對了、那麼下午見了.

¹⁷⁹
馬： 下午見.這個紙包兒是你的嗎？

¹⁸⁰
白： 是我的.我忘了.

生 詞 表 (p. 223)

1. 新年	春節	18. 席	24. 爺
2. 曆	燈節	酒席	少爺
日曆	節日	主席	老爺
陰曆	9. 小年(兒)	19. 管	灶王爺
陽曆	10. 親戚	不管	25. 臘月
舊曆	11. 拜	只管 v	26. 神
新曆	拜年	只管 v	接神
3. 正月	拜神	好了	灶神
4. 初	12. 互相	20. 多出來	神話
5. 除夕	13. 恭喜	(多)餘出來	27. 燒
6. 春	14. 發財	來	28. 香
春天	15. 吉利	21. 同音	29. 上天
7. 燈	16. 磕頭	同音字	30. 牌(子)
開燈	17. 餘	22. 灶	紙牌
8. 節	其餘(的)	23. 祭	玩(兒)牌
過節	多餘	祭灶	31. 麻將

打麻將	半夜	假如	55. 必須
32. 婦女	43. 精神	50. 招待	56. 命令
33. 幾時	44. 供	招待室	57. 哭
34. 消遣	供神	51. 既(是)	58. 次序
35. 熱鬧	上供	既然	59. 失望
36. 大人	供菜	52. 壞	60. 運氣
37. 屋(子)	45. 禮	壞話	61. 遊戲
38. 預備	送禮	氣壞	62. 座兒
39. 布	46. 人情	壞人	上座兒
40. 公司	47. 人們	壞事	63. 味
百貨公司	48. 避免	53. 兵	味兒
41. 睡覺	49. 假	54. 聚	64. 包
42. 夜	假話	團聚	紙包(兒)

語法練習 (p. 224)

1. 他說的話句句是空話。
2. 現在是春天，天天都很暖和。
3. 他們招待客人用的义子個個是銀的。
4. 我手裏的台幣張張都是五塊錢的。
5. 條條大路通羅馬。
6. 他開車從來不小心，有一次在半夜出事了，一車的人都死了。
7. 我到了百貨公司一看，一公司都是日本的東西。
8. 一學校的學生個個都是朝鮮人。

9. 有人說維吾爾族的酒席一酒席都是牛羊肉.

10. 一屋子人昨天打了一夜的麻將,所以今天白天他們睡了一天的覺.

11. 你把紙牌包上,好拿回家去給少爺玩兒.

12. 你先到招待室去開燈,好讓客人在那裏等我.

13. 我去買月餅,好給人家送過節禮.

14. 請你念一念這幾個拼音句子好知道你會不會羅馬字的拼音.

15. 過年的時候家家做很多的菜好給祖先跟神上供.

16. 我對於軍事改革沒有甚麼可說的.

17. 他的朋友沒有一個可靠的.

18. 我們沒有路可走了.

19. 我們來晚了.沒有座兒可坐了.

20. 我到了百貨公司一看,沒有甚麼東西可買.

講話 (p. 224)

各位同學:[1]

今天談談中國的過年.[2]中國過年是最熱鬧的,也[3]是最能表現人情味兒的.每年一到陰曆臘月(就是[4]十二月.家家就開始預備過年——買布做新衣服啦,收拾屋子啦,買過年用的東西啦,親戚朋友互相送[6]禮啦.一直忙到臘月二十三就過小年兒了.過小年[7]兒是祭灶的日子.甚麼叫祭灶呢? 祭灶就是燒香

[8]上供，送灶神上天。中國神話說灶神（[9]普通叫灶王爺，就是管灶的神）在臘月二十三[10]上天，臘月三十除夕晚上再回來。據說一家人[11]所作的事，無論是好事或者是壞事，灶神都記下來。到了過[12]小年兒的這一天，灶神上了天，要向[13]天上的神報告這一家人在一年裏頭[14]所做的事，所以家家在這一晚上祭灶，請他上天時候多說[15]好話。

　　[16]過了小年兒以後，接著就是除夕。除夕是臘月最後[17]這一天的晚上，也是一年最後一天的晚上，叫除夕。[18]這一晚上最主要的一件事是全家團聚。凡是家人不管是作事的或是念書的，如果可能都要回到家裏，大家在一塊兒吃除夕的晚飯。有人不能回來過年的話，家裏人就會很失望。[19]假如[20]遠的[21]地方，家裏[22]如果全家團聚了，大家當然都很快樂的在一塊兒。孩子、[23]大人都避免說出不吉利的話，小孩子也不許哭。

　　[24]這[25]因為中國人過年都要說吉利話，所以有一句話“富貴有餘”。[28]餘就是多餘的意思，有餘的意思，因為吃魚的[26]魚，魚是跟多餘的餘是同音字，所以過年一定有一條魚。這魚就是[27]希望今年的錢多出來的意思。

　　[29]吃完了晚飯到了半夜，全家都到院子裏接神。據說神可以給人[31]們[30]好的運氣。燒紙、燒香、磕頭、放炮（pào）仗。接過了神，大家回到屋子裏請老年人[32]坐上每個座。家人按著次序給老人磕頭拜年。老年人[33]對每個

人説些吉利的話，給孩子們一個紅紙包，裏面是錢[34]。大人們有的打麻將，有的玩紙牌，多半整夜不睡覺[35]，意思是有精神。就這樣熱熱鬧鬧的由除夕[36]到了新年。

　新年[37]是指着正月初一説的。這[38]是新年的第一天[39]。這一天家家要彼此拜年。每個人既然要出來[40]去拜年，又要在家裏招待[42]來拜年的人，所以家家忙的不得了。差不多最少忙五六[41]天。在拜年的時候大家見面第一句話[43]，給[44]小孩子錢。人家如果有小孩子也要給小孩子錢。在拜完年的時候説：「恭喜發財」。到了正月十五，家家掛着燈，孩子們聚在一塊兒遊戲，或者放炮[pào]仗，叫做燈節[45]。前後也有幾天熱鬧的。燈節完了之後才算過完了年[46]。

　以上所説的過年情形，現在[47]很少有人磕頭了。過陰曆年本[50]來是中國人[49]多年傳統的習慣。在民國初[51]年，政府命令人民改用陽曆，比方[48]中國人要過這兩個年。但是這是一種習[52]慣，很不容易改，政府只好把陰曆年照樣過，結果現在叫做[53]春節。中國人在一年之內要過兩個年，陰曆年和陽曆年[54]。

復述 (p. 226)

　這盤錄音帶是中文第一組第九號，第九次的錄音[1]。是白文山復述中國的發明[2]。

我們學校從外邊兒請來一位很有名的史學家，給我們講中國以前的發明。他開始先講絲。

他說中國古時候發明了絲，又說蠶吐絲（就是線），然後織的也可以把絲做成綢子、緞子等等，而且那個時候人們把綢緞傳到了羅馬。羅馬皇帝用黃金來買中國的綢緞做衣服。他不願意羅馬的金子都流到中國去，所以他就開始禁止穿綢緞做的衣服。

他在商朝偶然就養蠶，蠶吐絲，把蠶吐的絲織成絲織品。絲織品不但能做衣服，例如寫字跟畫畫兒都很漂亮。他還說那個秘密保守秘密了。在漢朝的時候用黃金來換綢緞，金子都流到中國去。羅馬這個國家用金子換綢緞，金子都流到中國去。羅馬一看用金子換綢緞的法子保守秘密了。於是他就用綢緞子保守秘密了。

指南針也是中國發明的。事實證明指南針在南有確。指南針對航空、航海都相當正確。指南針在北朝的時候就有人用了。他的特性是他老指著南北，他指的絕對不會錯的。用處絕對不會錯的。

中國還發明造紙。在漢朝的時候就已經發明了。那個時候紙的用處很大，因為那個時候書都是用紙寫出來的。在那個時候人用紙寫出來的。

印刷也是中國古代發明之一。也是很早就發明，或知道這可以。大約在公元六百年的時候就知道了。那個時候就知道在銅上、石頭上刻字，同時也會刻圖章了。用紙和墨把他印下來。在銅上和石頭上的字……

以說是印刷的開始.發明印刷是先用木板把字刻上去再印下來.到宋朝的時候就有了活字印刷了.等到十五六世紀的時候,德國才有印刷這可以證明西方的印刷比中國晚.

　喝茶也是中國人開始的.在公元三世紀就有人提到喝茶.在唐朝之後喝茶的習慣才普遍了.

　又說到筷子中國人吃東西都是用筷子筷子在公元前三世紀就用了.因為那個時候就有人提到用筷子.說不定周朝以前就不用手而用筷吃東西了.西方人十六世紀才用刀义.那麼中國人用筷子比西方人用刀义早了差不多兩千年.據說現在世界上的人還有三分之一仍然用手抓着吃呢.

溫 習 (p. 227)

1. 春是一年裏頭最好的日子.天氣不冷也不熱假如有工夫,正好去旅行.在過去幾年的春天我都到有山有水的地方住幾天,只有在有山有水的地方才能深深的感到春天的美.

2. 今天過節我正在家裏包餃子忽然有幾個朋友來看我.我對他們說:"我沒有甚麼可以招待你們的.就在我家過節吃餃子吧.你們吃餃子吃得來嗎?"有一個朋友說:"吃得來."又有一個朋友說:"我不但吃得來,要是有多餘的我還要拿幾個回家去呢."

3. 有一個研究中國民族的外國人,他說在中國整
   個兒民族裏包括有六十多個少數民族,這些少
   數民族的名稱太不容易記,現在把主要的民族
   和大約的人數寫在下邊:

漢族	五億三千多萬人
滿族	二百多萬人
蒙族	一百四十多萬人
回族	三百五十多萬人
藏族	二百七十多萬人
苗族	三百二十多萬人
維吾爾族	三百多萬人
彝族 (yí)	三百四十多萬人
僮族 (zhuàng)	六百五十多萬人
仲家族	一百八十多萬人
朝鮮族	一百一十多萬人

4. 有幾個學生要到很高的山上去畫畫兒去,還想
   在山上住幾天,他們知道山上沒有人家,必得自
   己做飯吃,他們又想到山上一定沒有灶,怎麼做
   飯呢? 後來有一個學生說:"我們可以在山上
   用土作一個灶"大家說:"好".

5. 中國人在節日多半要祭神和拜神.祭神和拜神
   有甚麼分別呢? 有人說祭神一定要上供,要供
   菜跟水果甚麼的,當然也要燒香磕頭.拜神不一
   定上供,只是燒香磕頭就可以了.

6. 中國人從前過新年的時候家家供神.現在有的

供神有的不供神了.

7. 中國鄉村的人們平常不能拿玩紙牌作為消遣,認為玩紙牌是壞事,可是一到了過年可就隨便玩紙牌了.

8. 馬先生有一個銅器,據傳說是從周朝傳下來的,離現在約有幾千年了.有壞人說馬先生的壞話,說那個銅器是假的,馬先生說:"不管是真的是假的我要好好的保存這個銅器."

9. 陰曆臘月初五是王主席的生日.他想預備酒席招待親戚朋友.可是他為了避免大家送禮,他在事前不叫人家知道是他的生日.

10. 有兩個學生是同姓,他們的名字又是同音字,所以大家叫起他們兩個人的名字很難分別.他們聽了有人叫,也不知道是叫誰? 後來有一個學生把他名字第二個同音的字改了.大家叫起來才方便了.

11. 人不應當說假話,如果說了一次假話,下次說話人家不相信了.有一次,有一個人有一個銅的义子,他說是金的,大家知道他是說假話.後來他真的有了一個黃金的义子.他又對大家說是金的义子.他才一說大家就以為他又在說假話了.

12. 人在社會上對於其他的人要互相幫助,不要只管自己,不管別人.

13. 用錢應當節省,最好能在有錢的日子想到將來沒有錢的日子千萬不要到了沒錢的時候才想起當初有錢的時候，那就晚了．

14. 有一位主席常說大話，有人說："說大話就是說假話．" 又有人說："大話是大話，假話是假話，並不完全相同．" 現在我請問你，大話和假話是不是相同？ 請你詳細分析分析．

15. 西康是中國現在的一個省．西康省境內有一部分土地最初是由西藏的喇嘛統治，後來變為由政府統治了．這種變更對國家人民都有好處．

16. 中國的紙幣起源在唐朝．當時是公元七八世紀．唐朝的領土一天比一天擴展，對外的交通也一天比一天多起來了．原來所有銅鐵作的錢帶起來很不方便，所以就自然而然的改用紙做的錢．那就是紙幣．

17. 我對弟弟說："報上有一篇文章寫的最好．我一看這篇文章就知道是張先生寫的．" 弟弟問我："張先生的文章好在甚麼地方呢？" 我說："張先生的文章第一是有創造性．其次是文章的結構好，有系統．" 弟弟說："張先生一天不作別的就寫文章．他的文章當然好了．"

18. 有一個人學漢語拼音．他問我共和的和字怎麼拼？ 他又問共和的和跟和平的和，漢字是不是一個字？

19. 有人問我多少人民幣合一塊美金？ 我說我沒看見過人民幣，我不知道．

20. 有一個要飯的緊跟着一個人的後邊，一邊走一邊說:"老爺給我一點兒錢吧!"這個要飯的又說:"先生幫幫忙吧!"那個人就給他一點兒錢.可是心裏想:"這個要飯的為甚麼叫我老爺又叫我是先生呢?或者他是一個舊時代的人,所以他對人還叫老爺.後來他也許覺得在這個新時代對人應當叫先生,所以又叫我是先生了."

21. 招待室裏坐着好幾位客人.坐在中間的一個老年人,據說是清朝時候在甘肅省作過官.從前大家都叫他是張老爺.今天來見這裏的主人.他說:"從前我和這裏的主人常聚在一塊兒.可是今天我來的時候這裏的主人不但沒出來接我,又叫我在招待室等了半天.這該叫人多麼難過啊真把人氣壞了."

22. 我有一個朋友是美軍的醫生.有一天他來看我.我們談了一會兒.在他要走的時候忽然發現他的車壞了,沒法子走了.我對他說:"車既是壞了,你就不必走了.就在我這裏吃過晚飯再走吧."他說:"我一定要馬上就走,因為我還要給一個人去買藥哪."

23. 有一個外國人問我:"中國人吃飯時候的座位那裏是上座?那裏是主人坐的地方?是不是跟外國人的習慣一樣?我告訴他不是一樣的.

24. 在青年人的意識裏最好能有創造性.能夠創造才能夠進步.

25. 有三個學生時常在一塊兒做飯吃.有一個人說:

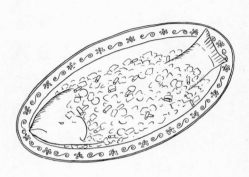

"前幾次做飯都是你們買的東西,我既是常在這裏吃飯這次做飯該我買東西了."

問 題(p. 230)

1. 中國人開始預備過年是在陰曆那一個月？怎麼預備？

2. 甚麼是過小年？過小年要做甚麼？

3. 甚麼叫祭灶？為甚麼要祭灶？灶神要到那裏去？甚麼時候回來？

4. 陰曆臘月最後一天的晚上叫做甚麼日子？在這晚上最注重的一件事是甚麼？

5. 除夕的晚飯必須有甚麼菜？為甚麼要有那個菜呢？

6. 陰曆的正月其實是幾月？正月十五是甚麼節？為甚麼叫這個名稱呢？

7. 拜年的時候大家見面第一句話多半要說甚麼？這句話除了在拜年時候說還在甚麼時候可以說呢？

8. 正月初一是新年的第一天,家家為甚麼都很忙？大約要忙幾天？

9. 除夕為甚麼要接神？是怎麼樣的接？

10. 為甚麼中國人在一年裏要過兩次年？陰曆年為甚麼又叫春節？

1 登	2 樹	3 林	4 楳	5 未	6 隻	7 端
8 屈	9 投	10 梭	11 愛	12 敗	13 扔	14 龍
15 賽	16 划	17 旁	18 勝	19 秋	20 餅	21 兔
22 終	23 洋	24 賞	25 桌	26 擺	27 掃	28 丈
29 急	30 獨	31 逃	32 墳	33 墓	34 裝	35 承
36 忽	37 局	38 替	39 肯	40 某	41 救	42 黨
43 派	44 息	45 憂	46 愁	47 強	48 委	49 視
50 破	51 曙	52 議	53 街			

第十一課 過節 ^(p. 235)

1. 登 dēng mount; publish (1)
2. 樹 shù tree (2)
3. 林 lín woods (2)
4. 棵 kē (measure for trees) (3)
5. 未 wèi not yet (4)
6. 隻 zhī (measure for animals, etc.) (6)
7. 端 duān end; regular (7)
8. 屈 qū bent; crooked (9)
9. 投 tóu throw (11)
10. 糉 zòng glutinous dumpling (12)
11. 愛 ài love (to) (13)
12. 敗 bài defeated (14)
13. 扔 rēng throw (15)
14. 龍 lóng dragon (16)
15. 賽 sài compete (17)
16. 划 huá* to row (18)
17. 旁 páng side (19)
18. 勝 shèng conquer (21)
19. 秋 qiū autumn (22)
20. 餅 bǐng cake, bread (24)
21. 兔 tù rabbit, hare (25)
22. 終 zhōng finish, end (26)
23. 洋 yáng ocean; foreign (27)

24. 賞 shǎng bestow; enjoy (28)
25. 桌 zhuō table (30)
26. 擺 bǎi display; put (31)
27. 掃 sǎo sweep (32)
28. 丈 zhàng elderly person (33)
29. 急 jí hurried; worried (35)
30. 獨 dú alone; independent (36)
31. 逃 táo escape (37)
32. 墳 fén a grave (38)
33. 墓 mù tomb (39)
34. 裝 zhuāng costume; pretend; load (41)
35. 承 chéng admit (42)
36. 忽 hū neglect; suddenly (43)
37. 局 jú office, bureau (44)
38. 替 tì for (45)
39. 肯 kěn be willing to (47)
40. 某 mǒu a certain (48)
41. 救 jiù rescue (49)
42. 黨 dǎng party, clique (50)
43. 派 pài depute (51)
44. 息 xí rest; extinguish (52)
45. 憂 yōu worried (53)
46. 愁 chóu worry about (53)

47. **強** qiáng   strong; compel; superior (54)
48. **委** wěi   depute (55)
49. **視** shì   look at (56)
50. **破** pò   break, broken (59)

51. **畧** lüè   somewhat; outline (60)
52. **議** yì   discuss (62)
53. **街** jiē   street (63)

1 白：馬教授早.
2 馬：早.昨天講過年,對於詞兒和所講的內容有甚麼問題沒有?
4 白：沒有甚麼問題.
5 馬：錄音復述了嗎?
6 白：昨天晚上錄過了.我自己聽聽比以前幾次說的比較進步了.
8 馬：那好極了.
9 白：昨天講的過中國年很有意思 — 祭灶、接神、過燈節甚麼的.
11 馬：你一說過年我就很想我的老家.在老家的時候同族的人和親戚朋友多,所以一到了過年那是相當熱鬧.
14 白：那多麼有意思啊.馬教授,昨天我接到我母親來信說,我弟弟考上大學了.
16 馬：你弟弟也念大學了?
17 白：別提了.我這個弟弟呀,為了念書不用功.把我父母給氣壞了.父母都認為他不可能念大學.沒想到他考上了.

20
馬: 他雖然不用功我相信他一定很聰明,可是考
試也有的時候靠運氣.
21

22
白: 我說他是屬於第二種的,是靠運氣了.

23
馬: 你弟弟今年多大了?

24
白: 十八歲了.說起他念書來真有意思.他有一樣
好處—家裏甚麼東西壞了他都會收拾.白天
玩兒,晚上很早就睡覺.從來不預備功課,非得
大考才看書.
25
26
27

28
馬: 他念那系?

29
白: 念工程.

30
馬: 他一定數學很好了?

31
白: 也不見得.我想星期六有工夫給他寫封信,告
訴他念大學不要像念中學那麼不用功.要有
好的成績必得努力學習.
32
33

34
馬: 他既然進了大學自然而然的就知道用功了.

1.0. 登　登山　登高
1.1. 我最喜歡登山,因為在山上可以看到很遠的
地方.
1.2. 請你看看日曆,明天如果是陰曆九月初九我
想跟你一塊兒去登高.
2.0. 樹　樹林子
2.1. 我們那個祠堂門前有很多樹,都是我們族長
種的.
ci
2.2. 那幾個孩子天天在樹林子裏遊戲.

3.0.　棵

3.1.　那棵大樹下邊有一個小廟,廟裏不知道是甚
　　　麼神,天天有人來拜.

4.0.　未　未來(的)

4.1.　據說神能知道未來的事.

5.0.　難　難民　災難

5.1.　水、火的功用雖然很大,可是有時候也給人類
　　　帶來很大的災難.

5.2.　因為戰爭沒法子種地,凡是農民,無論地主、自
　　　耕農、佃農都變成難民了.

6.0.　隻

6.1.　我在陽曆新年吃了一隻難,味兒很好.

35
白：馬教授,又快到登高的時候了.
36
馬：還有兩個星期呢.
37
白：您到那兒登高去?
38
馬：也無所謂登高了.要是星期六的話,帶着小孩
39
　　兒登山去,找一個樹林子在那兒吃吃東西,玩
40
　　兒玩兒.也許找兩個朋友一塊兒去.
41
白：登高也是士大夫階級的一種消遣.
42
馬：對的.要是沒有飯吃誰還去登高?
43
白：馬教授,這個風俗是從甚麼時候有的?
44
馬：據傳說是在東漢的時候有一個人,他的老師
45
　　知道未來的事情.有一天告訴他,九月初九那
46
　　天他們一家人都有災難,那天必得到高山上

去、到了九月初九那天,他們一家人就到山上
去了,等到晚上回來一看,真的有了災難,家裏
的雞、鴨一隻也沒活,都死了.

7.0.　節　五月節　八月節　清明(節)　中元(節)
端陽(節)
7.1.　中國人在五月節、八月節過節的時候互相送
禮.
7.2.　據說每年的清明節多半是下雨.
7.3.　很多詩人都喜歡在重陽節登高的時候作詩.
7.4.　有的木匠在端陽節過節這一天還是照樣作
工.
8.0.　來源
8.1.　你幾時有工夫請你給我講一講中國舊曆和
新曆的來源.
9.0.　屈原
9.1.　假如屈原對於當時的政治不失望,也許他不
會自殺的.
10.0.　楚
10.1.　中國古時候的楚國就在現在的湖南、湖北兩
省的地方.
11.0.　投　投江
11.1.　今天早上有人投江.要不是我看見的話他一
定死了.

50
馬: 中國最大的節日有幾個,你知道嗎?
51
白: 中國有三個大節,除了過年就是五月節和八 52
　　月節.
53
馬: 你知道五月節還有一個名子叫甚麼?
54
白: 叫端陽節.
55
馬: 你知道端陽節的來源嗎?
56
白: 是紀念屈原.
57
馬: 屈原是甚麼時候的人?
58
白: 是兩千多年以前楚國人,他是楚國的官.
59
馬: 你知道楚國是現在甚麼地方?
60
白: 從前湖南、湖北都屬於楚國的範圍.
61
馬: 你知道屈原怎麼死的嗎?
62
白: 投江死的.

12.0.　糭子

12.1.　五月節家家户户吃糭子是中國的風俗.

13.0.　愛　愛國

13.1.　小孩子們最愛聽人家講故事.

13.2.　國家既是人民的保障,所以人民應當愛國.

14.0.　敗　打敗　失敗

14.1.　有兩個孩子打起來了.那個小的孩子打敗了,
　　　哭了.

14.2.　那個國家的生產計劃失敗了.

15.0.　扔

15.1.　我在中學讀書的時候讀過的書就隨便扔了.

白：端陽節吃糉子是紀念屈原,是不是?

馬：是的.屈原很愛國,楚王聽了別人的壞話,所以屈原的政治計劃失敗了.投江死了以後人們把糉子扔在江裏祭他.後來變成了一個風俗.年年五月初五這一天,家家戶戶吃糉子.

白：屈原的詩在文學上也佔很重要的地位.

馬：屈原作的詩,基本特點是愛國愛人民.

16.0.　龍　　龍船

16.1.　那條船的樣子像一條龍,所以叫做龍船.

17.0.　賽　　賽船　　賽不過

17.1.　有幾個大學每年賽船,在賽的時候有一個大學總是賽不過人家.

18.0.　划
　　　　huá

18.1.　我最喜歡夜裏在湖裏划船.有時划到半夜,越划越有精神.

19.0.　旁　　旁邊(兒)　　旁人　　旁門　　旁聽

19.1.　昨天王家同族的人在族長的屋子裏開會吃飯的時候沒有旁人,都是王家本族人,所以讓族長坐在上座兒.

19.2.　張先生結婚請客.吃酒席的時候,我旁邊兒那個座兒上坐了一位漂亮小姐.

19.3.　那個百貨公司的門很多,我是從西邊的旁門進去的.

19.4.　昨天有人用普通話對中國學生講三民主義,

　　　　有幾個外國學生也來旁聽.

20.0.　目的地

20.1.　我們這次旅行是以孔廟為目的地.

21.0.　勝　勝利　打勝

21.1.　從前德國和法國常有戰爭.有時是德國勝了,
　　　　有時是法國勝了.

21.2.　近百年來,中日戰爭有兩次.一次是日本打勝
　　　　了,一次是中國勝利了.

70
馬：你看見過賽龍船的嗎?
71
白：沒有.我聽說過.
72
馬：賽龍船也是在端陽節這一天.
73
白：賽龍船都是在南方,是不是?
74
馬：是.賽龍船都是在有水的地方.
75
白：賽龍船一定很熱鬧吧?
76
馬：對了.每年端陽節只要是賽龍船就相當熱鬧[77].
　　　海邊兒跟河邊兒人都站滿了.
78
白：為甚麼叫龍船呢?
79
馬：是木頭做的.船的樣子像一條龍.划(huá)船的人[80]坐
　　　在船的兩旁邊兒.每一邊兒坐十個人或[81]十五
　　　個人.穿着很漂亮的衣服.跟很多別的船[82]比賽.
　　　誰先到目的地誰就勝了.

22.0.　秋　秋天　秋收　中秋節

22.1.　中國所謂小農就是種田不多的農民.他們最

大的希望就是有好的秋收.

22.2. 秋天裏有兩個節,一個是中秋節,一個是重陽節.

23.0. 感覺

23.1. 沒有技術的人感覺謀生很不容易.

24.0. 餅　月餅

24.1. 我有時候吃飯,有時候吃餅.

24.2. 中國人過八月節的時候家家吃月餅.

25.0. 兔(兒)　兔兒爺

25.1. 那個孩子最喜歡兔兒,所以他到了八月節一定買一個兔兒爺.

26.0. 始終

26.1. 今年從春天以來始終沒下雨一定要有旱災了.

26.2. 我始終不喜歡吃餃子.

27.0. 洋　洋人　西洋　大西洋

27.1. 從前中國人管外國人叫洋人.

27.2. 中國從十八、十九世紀才接受西洋文明.

27.3. 他的祖先從前是由英國坐船經過大西洋來到美國的.

83
白：從前有一位朋友告訴我他曾經到過中國北
方,他去的時候正是中秋節,他說過節有意思極了.

86
馬：他對中秋節的甚麼事情最感覺興趣?

87
白：他說他愛吃月餅,他也喜歡兔兒爺,他還把兔兒爺[88]買了一個帶回國去給他們的孩子.

[89] 馬：我在七八歲的時候還在北方呢,凡是看見兔
兒爺[90]我就要買.

[91] 白：我始終沒看見過兔兒爺甚麼樣子.

[92] 馬：是用泥做的兔兒,穿着古代人的衣服.很好看.
[93] 在北方很多洋人買兔兒爺.他們覺得很好玩兒.

28.0. 賞　賞錢　賞月

28.1. 要是有人叫他的僕人來給你送禮,你必須給
僕人賞錢.

28.2. 中國人在中秋節的晚上,無論窮人,富人都一
樣賞月.

28.3. 有人給你開車門,你賞不賞錢?

29.0. 月亮

29.1. 這本雜誌上有一篇關於月亮的神話是張先
生寫的.

30.0. 桌(子)

30.1. 他們想打麻將,可是沒有桌子.

30.2. 我們幾個人在大華飯店吃了一桌酒席.

30.3. 大家都坐那兒要吃飯了,可是桌子上沒筷子.

31.0. 擺

31.1. 這個桌子太小.能擺酒席嗎?

[94] 白：馬教授,賞月是不是供月亮?

[95] 馬：不.賞月是看月亮,供月亮是祭月亮,是兩回事.[96]

賞月是在八月十五中秋節這天晚上大家在
院子裏,一邊兒看月亮,一邊兒吃着月餅、喝着
茶.大家很高興的談話.

白: 中國過節過年都很有意思.

馬: 的確是有意思,尤其是小孩子們.

白: 怎麼樣兒供月亮呢?

馬: 對着月亮放一張桌子,擺上水果、月餅.好像過
年供神一樣.

32.0. 掃　　打掃

32.1. 院子裏落下來的花兒太多了.怎麼沒有人掃
呢?

32.2. 今天要來很多客人.你去把招待室打掃打掃
好招待客人.

33.0. 丈夫

33.1. 有人說女人出嫁之後一切的事都要服從丈
夫.

34.0. 長生不老

34.1. 正月初一是我祖母的生日.我對祖母說:"希
望您長生不老"

35.0. 急　　急忙　　着急

35.1. 我的兄弟平常對於考試的分數多少都無所
謂.後來大考不及格,他才急了,可是也晚了.

35.2. 他對任何事情一向不着急的.

35.3. 那幾個孩子正玩兒紙牌,看見大人來了急忙

把紙牌收起來了.

36.0. 獨　獨立　獨自

36.1. 這種樹是日本獨有的,別的國都沒有.

36.2. 那個地方不服從政府的命令,等於獨立了.

36.3. 除夕的夜裏他獨自在屋子裏,也不說話也不開燈.大家以為他睡覺了.

36.4. 那個國家總有一天是要獨立的.

37.0. 逃　逃走　逃難

37.1. 那個木匠為甚麼逃走了呢?...有人說他本來就是壞人,從前在別的地方作過壞事,才逃到這裏來的.

37.2. 每次打仗,很多老百姓都得逃難.

白: 華家的王媽上星期六打掃我屋子的時候給我講月亮的故事.

馬: 年紀大點兒的老太太們都知道月亮的神話.

白: 王媽說月亮裏有一個很漂亮的女人,因為吃了他丈夫作的長生不老藥,他丈夫生氣了,那個女人一著急就獨自一個人逃到月亮裏頭去了.

馬: 還有一個說法,是兔兒爺在月亮裏做藥.

38.0. 墳　墳地

38.1. 他們一家人都上墳去了.

38.2. 那個山上多半是有錢人家的墳地.

39.0. 墓　墳墓　掃墓

39.1. 清明節家家去掃墓.掃墓就是把墳墓打掃打掃.

40.0. 一遍　一回　一下(兒)　一聲(兒)

40.1. 請你把這幾個同音字一個一個的再念一遍.

40.2. 舊式的家庭反對孩子們去看電影.甚至於只看一回也不行.

40.3. 請你把燈開一下兒.

40.4. 你既然知道他是壞人.常說假話.你為甚麼不先告訴我一聲?

40.5. 請你告訴母親一聲兒我去買鋼筆跟鉛筆去.

41.0. 裝　中裝　西裝　洋裝

41.1. 他家弟兄很多.只有他穿中裝.其餘的兄弟都喜歡穿西裝.

41.2. 那個中國小姐穿上洋裝更好看了.

42.0. 承認

42.1. 有人告訴我.張友文說我壞話.我去問張友文.他不承認有這種事.

112
白：馬教授.清明節重要不重要?
113
馬：很重要的是到墳地去的日子.
114
白：掃墓這個詞兒我不大懂.
115
馬：掃就是打掃.墓就是墳墓意思就是子孫應該
116
到　祖先的墳墓上打掃一下兒.而且也在墳墓
的四邊兒上種種樹.
417

118
白：也燒紙磕頭嗎？

119
馬：當然得燒紙磕頭了。

120
白：年年只是在清明節的時候去嗎？

121
馬：不,七月十五,十月初一有的時候也得到墳地
去。但是清明節是一定要去的。
122

123
白：上墳去穿着普通衣服可以嗎？

124
馬：別人家我不知道,我們家是一個舊式家庭,上
墳的時候必得穿中裝。
125

126
白：您平常不穿中裝嗎？

127
馬：我在七八歲小孩子的時候就穿西裝了。有一
次,清明去上墳以前,我要吃糖,我母親不許我
128
吃,我不高興了。家裏叫我換中裝到墳上去,我
129   130
不換。祖父說:"你要是不換衣服我不承認你
131
是我的孫子。"

43.0.　忽然

43.1.　我開車開到半路上,車忽然壞了,我修了半天
也沒修好,真把我氣壞了。

44.0.　局　電報局

44.1.　他在電報局給人家送電報,生活很苦。

45.0.　替

45.1.　你只管走好了,如果有甚麼責任我替你負。

46.0.　手續

46.1.　出國留學有種種手續都要事前辦好。

47.0.　肯

47.1.　那個百貨公司不肯賣外國東西。

132
白：馬教授,我忽然想起來,我先跟您説一聲兒.
133
馬：甚麼事?
134
白：明天早上我來的晚一點兒,我得先到電報局
135
　　去打電報.
136
馬：往家裏打嗎?
137
白：不是,往英國打.有一個朋友他要到這兒來念
138
　　中文,他讓我替他問問這兒大學的手續.
139
馬：他現在就要來嗎?
140
白：是的,所以我得給他打電報,要不然時間太晚了.
141
馬：他為甚麼不早點兒辦手續呢?
142
白：他母親就有他一個兒子,不讓他離開家,現在
143
　　和他母親説好了,他母親肯了.
144
馬：我很了解父母對兒女的愛.
145
白：因為您是有了兒女的人了.

48.0.　某　　某人
48.1.　某某會的主席不管會員的福利,只管向會員
　　　要錢.
48.2.　某人的姐妹嫁出之後,不久就離婚了.
49.0.　救　　救人
49.1.　他大聲叫"救人! 救人!"可是沒有人來救
　　　他.
50.0.　黨　　國民黨
50.1.　民主國家的人民在政治上可以自由組織一
　　　個黨.
50.2.　國民黨是在甚麼時候成立的?

51.0. 派　黨派

51.1. 在一個黨裏頭,有時候分成若干派.

51.2. 有人說他是無黨無派的,也就是說他是不屬於任何黨派的.

52.0. 消息

52.1. 這個消息你是從那裏聽來的? 確實嗎?

53.0. 憂愁

53.1. 他因為不能維持生活,所以天天憂愁.

146
馬: 我記得我在聯大念書的時候我母親在救國
147　　　　　　　　　　　　　　　　　　148
日報上看見雲南某大學的學生有黨派我母
親知道這個消息急的不得了.那個時候我給
149
我母親增加了不少的憂愁.

150
白: 馬教授您是那一黨?

151
馬: 我甚麼黨也不是.

54.0. 強　強國

54.1. 現在世界上有幾個強國,那國最強,你知道嗎?

54.2. 這次考試你的成績比我強的多.

55.0. 委員　委員會

55.1. 田先生是地方自治委員會的委員.

56.0. 視　重視　電視

56.1. 從前中國的社會重視士大夫階級.

56.2. 他有一個新式的電視,能看到很多地方的新聞.

57.0.　前途

57.1.　那個學生書念的很好,他的前途很有希望.

58.0.　同情

58.1.　有一個匠人很能吃苦,白天晚上都做工,有的
　　　時候晚上還念書,大家很同情他.

152
白：馬教授,我這幾天看強國日報上的小說 "王
　　委員的家庭." 寫的真好.將來要是印成書我
　　買一本.有工夫再看一回.
155
馬：我也看了.聽說要用這個故事演一部電影兒
156
　　呢.
157
白：我相信這部片子一定很好看.
158
馬：可能電視上也要表演這個故事.
159
白：寫這個小說的人您認識嗎?
160　　　　　　　　　　　　　　　　　　　　161
馬：我不認識.聽說他年紀很輕,他很有前途.據說
　　他家裏原來很窮,他根本不可能念書.他就想
　　作一點兒苦工,得點兒錢念書.可是他年紀太
　　小,沒人用他.後來有一個朋友同情他,供給他
　　念書.那位朋友一直供他大學畢了業.
165
白：這位朋友太難得了.

59.0.　破　打破　破壞

59.1.　我有一件布衣服已經破了,不能穿了,只好再
　　　做一件.

59.2.　新青年應當打破舊習慣.

59.3. 你贊成他們離婚就等於破壞他們的家庭.

60.0. 署　大署

60.1. 你不必說原文,就把大意署說一說.

60.2. 我把民族主義和自由主義都大署和你們說一說.

61.0. 信任

61.1. 由於他從前常說假話,所以大家都不信任他了.

62.0. 議　會議　議員　議院　會議室

62.1. 議員在會議的時候所說的話是代表人民說的.

62.2. 今天議院開會,所有議員都到了.

62.3. 校長和全校教員都在會議室開會呢.

63.0. 街　中國街

63.1. 在紐(niǔ)約和三藩(fān)市都有中國街,也叫中國城.街上的人多半是中國人.

63.2. 我在中國街看見兩位中國小姐,都很好看.各有各的美.

64.0. 所以

64.1. 我所以不去日本念大學是因為我不會日文,也不想學日文.

166
白：馬教授,破了和破壞這兩個詞兒有甚麼分别?
167
馬：我舉兩個例子你聽."我的衣服破了,得買一件新的了." 168 "他老在校長面前破壞我."
169
白：破壞就是對某一個人說另外一個人的壞話.

170　破壞人家,是不是?

171 馬　可以破壞一個人,也可以破壞一件事的成功.
172 　　好.今天的詞兒,大暑都研究了.

173 白　還有一個詞兒信任,就是"我不信任他"或
174 　　者"我很信任他."

175 馬　對.一會兒你去聽專題講話,我還得到會議室
176 　　去開會去.

177 白　我昨天就知道今天學校開會.

178 馬　你怎麼知道的?

179 白　昨天我在街上看見邊教授了.他說今天到學 180
180 　　校來開會.

181 馬　他很少到學校來.他所以不到學校來是他一 182
　　個星期不一定有一堂課.

183 白　明天見.
184 馬　明天見.

生 詞 表 (p. 248)

1. 登	難民	端陽(節)	愛國
登山	災難	8. 來源	14. 敗
登高	6. 隻	9. 屈原	打敗
2. 樹,樹林子	7. 節	10. 楚	失敗
3. 棵	五月節	11. 投	15. 扔
4. 未	八月節	投江	16. 龍
未來(的)	清明(節)	12. 糭子	龍船
5. 難	重陽(節)	13. 愛	17. 賽

賽船
賽不過
18. 划(hua)
19. 旁
　　旁邊(兒)
　　旁人
　　旁門
　　旁聽
20. 目的地
21. 勝
　　勝利
　　打勝
22. 秋
　　秋天
　　秋收
　　中秋節
23. 感覺
24. 餅
　　月餅
25. 兔(兒)
　　兔兒爺
26. 始終
27. 洋
　　洋人
　　西洋
　　大西洋
28. 賞
　　賞錢
　　賞月
29. 月亮
30. 桌(子)
31. 擺
32. 掃
　　打掃
33. 丈夫
34. 長生不老
35. 急
　　急忙
　　着急
36. 獨
　　獨立
　　獨自
37. 逃
　　逃走
　　逃難
38. 墳
　　墳地
39. 墓
　　墳墓
掃墓
40. 一遍(兒)
　　一回
　　一下(兒)
　　一聲(兒)
41. 裝
　　中裝
　　西裝
　　洋裝
42. 承認
43. 忽然
44. 局
　　電報局
45. 替
46. 手續
47. 肯
48. 某(某)
　　某人
49. 救
　　救人
50. 黨
　　國民黨
51. 派
　　黨派
52. 消息
53. 憂愁
54. 強
　　強國
55. 委員
　　委員會
56. 視
　　重視
　　電視
57. 前途
58. 同情
59. 破
　　打破
　　破壞
60. 暑
　　大暑
61. 信任
62. 議
　　會議
　　議員
　　議院
　　會議室
63. 街
　　中國街
64. 所以

語法練習 (p. 249)

1. 天然的山水比人工做的要好看.
2. 這次逃難的難民比上次的還要多.
3. 西式的船比中式的船要大的多.
4. 請你們把每一個字寫的要清楚一點兒.
5. 桌子要小一點兒才好.
6. 老爺、少爺都拜神,一天到晚拜了又拜,究竟有甚麼用處呢?
7. 那個孩子吃了又吃,他究竟要吃多少呢?
8. 一有了戰事老百姓都逃難,都成了難民,他們逃了又逃,倒是逃到那裏呢?
9. 每年臘月二十三日都祭灶,年年祭了又祭,灶王爺給人們甚麼好處了呢?
10. 他說了又說,他以為我還沒聽明白呢!
11. 他家裏有兩個電視,他連看都不看.
12. 他們宗族的人都在祠堂裏團聚,就他一個人連去都不去.
13. 人家給他送禮,他連賞錢也不賞.
14. 究竟多出來多少錢他連問都沒問.
15. 他的孩子去吃上供的供菜,他連管也不管.
16. 我所以不去給他拜年是因為他沒先來給我拜年.
17. 他所以不回家過小年兒是他太忙.
18. 那個外國人來拜年的時候所以不說"恭喜發

　　財"是因為他不會說中國話。

19.　張先生所以急忙回家是他家裏來了一個親戚。

20.　過年的時候所以要吃魚的原因是因為餘(魚)是吉利的意思。

講話 (p. 250)

中國人在一年裏頭最重要的節日是過年[1]，其次是過節[2]。關於過年的情形，上次已經講過很多，今[3]天講講中國的過節。中國人一年裏比[4]較重要的是五月節和八月節。此外就是清明節[5]、大暑的節日、重陽節。

五月節[6]是在陰曆五月五日，也叫做端陽節。為甚麼端陽節吃糭子[8]，也要看賽[7]龍船呢？這個起源是這樣的：在公元前……世紀[9]的時候，中國楚國有一個人叫做屈原[10]，他為人很好，是楚國的一個愛國的人。他作官，想把楚國治好，可是[11]他[12]……楚王[14]不肯信任他，聽了別人說他的壞話。屈原[13]很憂悶，就離開了，一邊走一邊作詩[15]，把他愛國[16]的心獨自寫在詩裏。有一天是五月節，他就投江自殺[17]了。老百姓很同情他，就做糭子扔在江裏，又坐龍船去找他，想[18]要救他。後來就變成了風俗，每年到了五月節這一天，家家都吃[19]糭子，也要看賽龍船呢。

大家就吃糉子,賽龍船,為的是紀念這個愛國的詩人.

八月節也叫做中秋節是在陰曆八月十五日.這時候正是秋天,不冷不熱,又是農民秋收的時候,所以大家對於這個節非常高興,非常重視.在八月節的晚上,家家都要賞月,吃月餅.月餅有很多種類,多數人都喜歡吃.

中國人對於月亮有一個傳說.據說月亮裏有一個女人,他吃了長生不老的藥,所以能常在月亮裏.又說月亮裏有一隻兔兒,是在那裏做藥.因此中國北方到了八月節就有人用泥做成兔兒,在街上賣.有小孩子們都喜歡買一個來玩兒,管他叫兔兒爺.有的人家把兔兒爺擺在桌子上,也擺些水果,月餅來拜兔兒爺.

除了五月節跟八月節之外,還有清明節和重陽節.清明節與別的節日有一個不同的地方.是沒有竟陰曆去墓的意思.一定的日子.清明節多半是在陰曆三月裏,都在戶戶人的日子.有一是那一天,是年年不同的.每年的清明節正是春天,家家戶戶人的親的日曆上有規定.清明節叫掃墓呢?就是到已經死了的親先的高掃墓甚麼叫掃墓呢?就是到已經死了的親先不忘祖先的上去祭一祭,打掃打掃,種種樹,是不忘祖先的意思.

重陽節是在陰曆九月初九,是一個登高的時候有一難,只個人,到了人人所以在這一天登高是因為在東漢時候有災難這個人,到了他的老師告訴他九月九日他家要有災難,這個人,到了就在九月九日急忙帶了全家的人都上山了,到了晚上回家一看,家裏的牛、羊、豬、雞都死了.他的老[47]師對他說這些牛、羊、豬、雞是替了他們一家人受災難[48]了.所以後來的人每年九月九日都去登高,據說[49]可以避免未來的災難.

復述 (p. 252)

這盤錄音帶是中文第一組第十號,白文山復述第十次的專題講話.講題是中國過年.

這次學校專題講話是由本校的文[4]教授給我們講關於中國人過年的一切風俗習慣[5].我復述一次雖然我說的不好,但是復述也是課[6]程的一部分.每次聽完了講,都得復述.我說句笑[7]話,直是一種避免不了的災難.好了,現在說本[8]題.

文[9]教授是從過小年兒說起的.他說的相當[10]有意思.中國人舊曆的十二月不叫十二月叫臘[11]月.文教授說中國人過年不光是熱鬧,而且也[12]有一種人情味兒在裏頭.他說中國人一到了臘[13]月初,就開始忙着過年.過年忙的是打掃屋子,買[14]過年的菜跟過年用的東西.婦女們買布做新衣服[15],預備過年穿,也忙着給親戚朋友送禮.

過小年兒[16]是在臘月二十三那天.據說是灶王爺[18]上天[17]的日子.中國北方家家都供着一個灶王爺.灶王爺還有一個名子叫灶神.普通管他叫灶王爺[19].說[20]是灶王爺上天以後,把這家的事情都報告給天上

的神。所以人們家家戶戶都得在灶王爺上天的這
天祭灶。希望灶王爺到天上多說好話。小年兒過了
以後。緊接着沒幾天就過新年了。

新年的頭一天晚上也有一個名子叫做除夕。除
夕這天晚上大家整夜不睡覺這天晚上非常熱鬧。
大家都不出去了。如果有人在遠的地方作事情。要
是可能的話要在除夕以前回來一家人在新年都
要在一塊兒團聚的。

在除夕的晚上也就是三十的晚上了。家家都做
很多菜。必得有一條魚。除夕晚上要說吉利話。除夕
的晚上不但要給神上供，也要給祖先上供。供的東
西都是吃的。除夕晚飯這條魚是必須有的。是富貴
有餘的意思。吃魚的魚和有餘的餘是同音字。意思
就是今年錢不但夠用而且還能夠多餘出來。這也
是吉利話。

接神也是在除夕的晚上。接神的時候要燒紙。燒
香給神和祖先磕頭。然後按着次序給祖父祖母拜年，小孩兒給大人磕頭拜年，而大人們必得
給孩子們錢，都是用紅紙包着。中國人用紅顏色代
表吉利。三十晚上的確是很有意思。

正月初一是新年了。親戚、朋友大家互相拜年，一
直拜到初六。在這幾天裏人人忙的不得了。從新年財到
這天起。跟人家見面第一句話必得說恭喜發財。到
人家家裏拜年。有小孩子的也得給小孩子錢。過年
最高興的是小孩子們，吃好東西，放炮仗。還有人給錢

年過完了還有燈節,燈節是在正月十五,也很熱鬧,家家都掛起來很好看的燈.

在民國初年的時候政府有一個命令說人民應該一律過陽曆年.雖然政府有命令,可是人民仍然照樣過陰曆年.政府看出若干年的習慣不是短時間可以改的.政府沒法子,把陰曆年改個名子叫春節.

文教授還說現在很少有人在過年時候磕頭了.關於磕頭這個風俗慢慢就沒有了.

溫　習 (p. 254)

1. 據說在美國獨立戰爭的時候,有一個人怕當兵,要逃走.當時有人對他說:"這次戰爭不但是為了我們這一代,也是為了我們的後代.參加戰爭是我們的責任.人人都要負起這個責任,不能希望避免.只有共同努力共同支持才能共同存在".於是乎那個人就不想逃了.

2. 馬先生是一位自由主義的學者,他主持一個週刊.最近他在週刊上批評現代的黨派政治.他批評世界上政治黨派.不管是西方國家或是東方國家,他認為都不應當存在.他又說總有一天要打破黨派政治,好叫那些靠黨派謀自己利益的人沒法子再利用黨派.

3. 送灶神上天是中國的神話.據說鄉下人在送灶

神這一天無論大戶、小戶都在灶的前邊燒香磕頭，為的是請灶王爺上天之後多說好話。像這類的神話，小孩子們最愛聽，老太太們最愛講，就算是假的可是聽的講的都覺得很有意思。

4. 有一個在鄉下住的佃農在秋收之後做了一些餅，拿到城裏去送給他的地主。這些餅本來是用紙包的，到了城裏紙包兒破了，這個佃農很着急，覺着很不好意思。他對地主說："紙包兒雖然破了，可是餅是很好的。"地主說："紙包兒破了你不用急，你由鄉下來這麼遠的路而送餅給我，這是人情，我很高興。"

5. 某人愛打麻將，把他祖宗留下的田地、房子都打麻將打光了，所餘的只是一部車。這部車的牌子倒不是普通的牌子，是一個有名的牌子。有一天他到買賣汽車的公司裏要賣這部車。公司裏的人說："這部車已經舊了，只能照原價十分之一給錢。"他說："好。"他把這部車賣了拿到了錢又和幾個人聚在一塊兒打麻將去了。

6. 中國字同音的很多。有一天高先生把所有的同音字寫一張表，讓學生看。高先生讓學生按着座的次序從前邊一個一個的傳遞着看。

7. 有一年的端陽節我去看賽船。那次有五隻龍船，賽了三次。有一隻掛着黃旗的龍船每次都是第一，別的船簡直是賽不過他。有人說那隻船所以得第一是因為船上指揮的人指揮的好，而且指

揮的人事前對划船的人說如果得了第一他另
外給賞錢，每人賞一塊錢。於是乎大家都努力，不
但每次都得第一，而且速度打破從前的記錄。

8. 民國初年某某省不聽政府指揮等於獨立，當時
愛國的人都說："必須把這種獨立狀態取消，國
家的前途才有希望。"

問題(p. 255)

1. 中國人在一年裏頭最重要的日子是過年，其次
是甚麼？

2. 中國人在一年裏頭有四個重要的節，請你把這
四個節的名稱說一說。

3. 五月節又叫甚麼節？在這一天家家都要吃甚
麼？還要去看甚麼？

4. 吃糉子，賽龍船的起源是怎麼樣？請你畧說一
說。

5. 中國人為甚麼重視八月節？八月節要吃甚麼餅？

6. 中國人關於月亮裏的神話，請你畧說一說。

7. 中國人在甚麼節去掃墓？掃墓是甚麼意思？

8. 重陽節是不是在秋天？在這一天為甚麼要登山？

9. 清明節是不是春天？多半是在陰曆的幾月？

10. 中國的節日年年都是有一定的日子，只有清明
節每年的日子不同。那麼怎樣才能知到那一天
是清明節呢？

第十二課　　温習 (p. 258)

復述 (p. 258)

　這盤録音帶是中文第一組第十號,白文山録音復述的專題講話 "過節."

　這次的專題講話是文教授給我們講的,他説中國人的節日很多,最重要的節是端陽節 (就是五月節) 和中秋節 (就是八月節). 其次的是清明節和重陽節,文教授説清明節多半是在春天三月

327

……有……節[8]、[9]……種樹[10]。

跟掃墓的種種意思。不像五月節，家家去打掃、打掃墳墓。這一天看龍船的時候，在把官的跟屈原了。不一信就離開，詩寫出來。有一天是難過，就坐船在江裏找他吃。

日子，不家家去掃墓，打掃打掃墳墓。[16]王作官的跟屈原楚王來。五月初五，他投江自殺了。想救他，所以後來成了一個……

不同的節墳墓去的五月說看龍船的時候，在楚國跟楚國的，楚王。屈原一直到現在，他當時的人，又做一個[24]……

的節，清明節每年到陰曆的，文教授說世紀的本來助[17]一信任離開詩人……的國[15]……吃[13]一的可說屈原詩作的在……

清明每年在的前原想外[18]就愁，他事情有……他是屈原看了這的人，現在他想國家的人……

裏。每年都是不定的日子，不[9]一不忘祖先。

五月節[11]是看賽龍船。這樣[12]：在公元前[某]世紀的楚國，有個人叫屈原。他另[外]楚王[19]憂[18]心，楚國是十分愛國，他心裏同情他。他另是十分[愛國]，他心情同情他。楚王看[屈原]，時候話心常說沒多[數]把[20]他[21]希[22]望[23]都扔在江裏，意思是給他吃。

問楚國時話，心常說沒多糉子[25]風俗[26]了。

文[26]教授說，八月節是在陰曆八月十五日，正是秋[27]收[28]的時候，[29]家[家]。

八月節是在陰曆八月十五，正是秋收的時候，晚上月亮最亮，正是[時候]，[29]家人。

天氣不冷不熱，也是農民秋收的[時候]。八月節在八月十五的裏常在一個亮，八月還[節]兒。

女[31]裏月兔，月亮[裏]八叫，[33]北方[34]甚[麼][兔兒]。

天以大家都賞月吃月餅。八月節對月亮有個故事，說月亮能夠在中國賣，在街上賣。甚麼……

以家中為一個吃了，長生不老的藥，所以能月亮[裏]有兔兒，在北[33]方[34]……

因為有一個說法，說月亮裏有兔兒爺。在中國賣……

的時候有人用泥做兔兒爺……

爺呢？就是用泥做的兔兒．小孩子們都喜歡．
　他又講重陽節．他說重陽節是在九月初九那天．
起源是在東漢的時候．有一個人有一天他的老師
告訴他，九月九日他家裏有災難，讓他九月初九全
家都到一個高山上去，就可以逃了這次的災難．他
九月初九真的帶了家裏人到山上去了．到了晚上
回家一看，家裏的雞鴨都死光了，連一隻也沒活．

問 答 (p.-259)

L. 你為甚麼…? (p. 259)

《第七課》　　　念三民主義　　　不喜歡單人
念德文　　　　作苦工　　　　　天天打針
信佛教　　　　看雜誌　　　　　寫航空信
改變觀念　　　說你不自由　　　禁止他去
不能抵抗　　　不說普通話　　　給他黃金
說交通不便　　不服從他　　　　買指南針
學語法結構　　不聽他指揮　　　抓他
變更計劃　　　不供給他念書　　造房子
沒有宗教　　　不照樣寫　　　　不穿緞子
整天不念書　　《第九課》　　　買絲線
《第八課》　　　聽無線電　　　　吐了
反對他的意見　穿新衣服　　　　買木板
不讀書　　　　老說空話　　　　《第十課》
喜歡作木匠　　天天買花兒　　　除夕不回家

哭
不睡覺
燒香
到招待室去
送他禮精神
沒說你不管
說陽曆好
半夜才回來
說次序不對
必須去
失望了
不祭灶
不消遣消遣

避免跟他見面
管他叫老師
（第十一課）
秋天回國
買電視
始終不喜歡他
買兔兒爺
着急
坐在桌子上
說他是難民
不把筷子擺好
說某人不好
獨自一個人去
買這棵樹

不養難
扔在水裏
賽不過他
不划船 huá
再說一遍
站在旁邊兒
旁聽
那麼憂愁
就去一回
不信任他
打他一下兒
同情他

II. 甚麼叫…? (p. 261)

（第七課）
彝族 yí
抗戰
改革
仲家
喇嘛教 lǎma
人民共和國
語言系民黨

（第八課）
祖宗
後代
自耕農
民族主義
社會福利
宗族
通俗小說
（第九課）

古物
武器
綢緞
圖章幣
紙人工事
軍事
（第十課）
新年

清明節
重陽節
委員會
黨派
全國
中國街

過小年兒
（第十一課）
兔兒爺
龍船
長生不老
獨立國家
端陽節
中秋節

燈節
節日
同音字
神話
春節
灶王爺
遊戲
命令

III. ...在那兒? (p. 262)

（第七課）
朝鮮
德國
甘肅 su
貴州
西康
意大利
雲南
滿洲
黃河起源
（第八課）
你的兄弟
孔廟
原文
祖父祖母

那篇文章 ci
王家的祠堂
你作的詩
族長
僕人
（第九課）
羅馬
我的衣服
你哥哥
無線電
父子
印刷所
你買的花兒
絲織品
綢緞

竹子
刀叉
美軍
（第十課）
你親戚
紙牌
我的紙包兒
上座兒
我們的兵
王主席
其餘的人
（第十一課）
楚國
目的地
兔兒

西洋	桌子	旁門
大西洋	你的墳地	會議室
月亮	電報局	我的破衣服

IV. ...有甚麼特點? (p. 263)

(第七課)	士大夫	宋朝
朝鮮族	小農	《第十課》
漢族	(第九課)	舊曆
回族	活字	新曆
滿族	絲織品	百貨公司
維吾爾族	蠶	(第十一課)
藏族	指南針	屈原寫的詩
五色旗	國語羅馬字	過五月節
(第八課)	商朝	過中秋節
木匠	周朝	

V. 你怎麼知道 ...? (p. 264)

(第七課)	我拼錯了	是他創造的
他們相處不來	僮族不多 (zhuàng)	這兒的風俗不好
這個等於那個	戰事要擴大了	他們被同化了
皇帝死了	他們不團結	他根本沒去
他信孔教	他要統治世界	(第八課)
他是喇嘛 (lǎma)	鄰近沒有人	他是窮人
他改變了	一律平等	這是西式的
他幾乎死了	他並不信佛	他不會負責

他們是同族　　火藥很貴　　屈原是詩人
他能吃苦　　　他有證明　　他打敗了
人類沒希望　　他另外有錢　　他很愛國
謀生很難　　　他說的不正確　他投江了
他是詩人　　　他很節省　　　他們是一黨
他批評我　　　不接着說　　　他承認錯了
他主持那個會　《第十課》　　他忽然死了
他技術好　　　他的運氣好　　手續辦好了
他基礎不好　　他說你壞話　　他不肯去
那個匠人很笨　他發財了　　　他不能救國
　（第九課）　明天是初一　　街上沒人
綢子貴　　　　日曆不對　　　他很有前途
房子是空的　　他是壞人　　　他破壞我
他會刻字　　　我不過節　　　他不是委員
他曾經去過　　他們彼此送禮　吃月餅的來源
他的貢獻很大　他精神不好　　他一定失敗
他利用我　　　供神要供菜　　碗是他打破的
用途很大　　　他常作壞事　　他們會議呢
他喜歡航海　　（第十一課）　他不肯用筷子
他仍然在這兒　他們是難民

VI. 你甚麼時候...？ (p. 265)

　（第七課）　到交通部去　　講社會結構
想學佛學　　　改用拼音　　　用漢語拼音
掛旗子　　　　研究回教　　　買那部書

（第八課）　　　　刻字　　　　　招待他們
負這個責任　　　買日用品　　　供神
去見祖父　　　　使用刀义　　　預備飯
買新式房子　　　（第十課）　　上供
（第九課）　　　作主席　　　　（第十一課）
打針　　　　　　坐上座兒　　　替他去
用刀义　　　　　睡覺　　　　　登西山
買花兒　　　　　玩兒紙牌　　　打掃屋子
用港幣　　　　　磕頭　　　　　買兔兒爺
給我刻圖章　　　開燈　　　　　吃月餅
放炮仗（pao）　打麻將　　　　登山
穿中式衣服　　　送禮　　　　　吃糭子
吃藥　　　　　　到百貨公司去　賽船
到花園兒去　　　燒香　　　　　賞月
保守秘密　　　　拜年　　　　　掃墓
換美金　　　　　說恭喜　　　　感覺寂寞
用木頭　　　　　接神　　　　　看電視

VII. ...跟...有甚麼分別？(p. 267)

（第七課）　　　土地,領土　　　結婚,出嫁
旗子,國旗　　　苗族,漢族　　　匠人,工人
一部書,一本書　傳說,歷史　　　姐妹,弟兄
互助,幫助　　　回教,回族　　　週刊,月報
漢字,拼音　　　（第八課）　　（第九課）
漢族,回族　　　佃農,小戶　　　墨水,墨汁

鐵器,銅器　　　　婦女,女人　　　　春天,秋天
台幣,人民幣　　　親戚,祖先　　　　樹,樹林子
羅馬字,拼音　　　熱鬧,忙　　　　　登高,登山
印刷,出版　　　　正月,一月　　　　墳墓,墳地
蠶,蟲子　　　　　臘月,十二月　　　五月節,八月節
金子,銀子　　　　布,綢子　　　　　逃難,逃走
　(第十課)　　　大人,小孩子　　　消息,新聞
酒席,家常飯　　　　(第十一課)　　急忙,着急
兵,軍官　　　　　街,路
屋子,房子　　　　無線電,電視

VIII. ⋯ 的另外一個說法是甚麼? (p. 268)

　(第七課)　　　員責　　　　　　陰曆
其他　　　　　　僕人　　　　　　陽曆
例如　　　　　　讀書　　　　　　壞
幾乎　　　　　　於是　　　　　　灶神
漢族　　　　　　無論　　　　　　　《第十一課》
其次　　　　　　　(第九課)　　　洋裝
大約　　　　　　並且　　　　　　大暑
整個兒　　　　　仍然　　　　　　洋人
蒙族　　　　　　始　　　　　　　旁人,西裝
　(第八課)　　　曾經　　　　　　災難
一切　　　　　　爆竹
富人　　　　　　　(第十課)
出嫁　　　　　　假如

IX. ...的對面是甚麼? (p. 268)

（第七課）	（第九課）	老爺
邊疆	哥哥	哭
和平	空	必須
（第八課）	禁止	新曆
窮人	（第十課）	假的
僕人	陰曆	（第十一課）
反對	假話	未來
佃農	舊曆	打勝
富人	少爺	丈夫
大戶	大人	中裝
窮	壞	重視
舊事	陽曆	勝利

發音 (p. 269)

1. 世紀, 十幾
2. 人家, 人家
3. 兄弟, 兄弟
4. 主義, 主意
5. 舊事, 就是
6. 花兒, 畫兒
7. 征服, 政府
8. 港幣, 鋼筆
9. 吉利, 幾里
10. 大人, 打人
11. 幾時, 既是
12. 重視, 中式
13. 賞月, 上月
14. 楚國, 出國
15. 拜年, 百年
16. 其實, 七十
17. 過街, 過節
18. 一聲, 醫生
19. 一棵樹, 一課書
20. 議院議員, 醫院

會話 (p. 270)

白： 學新早.

學： 早.你昨天晚上很早就睡了.

白： 因為沒甚麼功課預備,所以就睡的早一點兒,
你呢?

學： 我看了一會兒電視,十一點鐘睡的.我一向的
習慣都是十一點左右睡覺.任何事情都不能
影響我睡覺的時間.

白： 昨天晚上你看的是甚麼?

學： 是電影兒.是一部第一次世界大戰的片子.這
張片子的故事是分為兩方面的.一方面是形
容戰爭的可怕.一方面有許多難民逃難的情
形.另一方面還有軍人到處破壞.比如他們打
到某一個地方,就把那個地方歷代保存下來
的歷史性的古物都把他破壞了.

白： 我也喜歡看這一類的片子.

學： 看這種片子可以知道很多軍事上的常識和
從前的軍事秘密.

白： 時候差不多了,我們該到省立工學院門口兒
去等美英去了.

學： 今天我們去登山.還有兩個星期就該登高了.

白： 今天是陽曆九月二十四.

學： 陰曆是八月二十九.還有整十天就是重陽節.

白：你重陽節到那兒登高去？

學：我母親前天跟我父親說,登高那天請高先生、高太太美英還有你,我們大家一塊兒去上山在一塊兒玩兒玩兒.

白：好極了.重陽節是不是大家都很重視？

學：沒有五月節跟八月節那麼重視.

白：重陽節以後接着沒有甚麼節了吧？

學：就是舊曆新年了.可是還早着呢,還有幾個月哪.

白：府上過年,是過陰曆年還是過陽曆年？

學：我們家對過年是無所謂的.

白：有的人家過兩次年,是不是？

學：據說過舊曆年政府當初曾經禁止過,可是老百姓不理,還是過.結果是一年過兩次年.

白：你過年放炮仗(pào)嗎？

學：小的時候放.一到了過年就買來很多種類的炮仗(pào),天天放.我母親不讓我放,我是絕不聽的.他只管說他的,我還是放我的,把我母親給氣壞了.

白：政府不是禁止放炮仗(pào)嗎？

學：過年那幾天沒關係,中國的炮仗(pào)每年出口很多.據我知道的,在美國中國街華僑們過年都放炮仗(pào).據說很多洋人一到過中國年都上中國街去看熱鬧.

48
白： 是．有一次我到紐約的中國街去吃飯，一到了
49
那兒就有很大的火藥味兒，聽說是剛放完了
pào 50
炮仗．

51
學： 火藥的發明原來並不是想用來殺人的，可是 52
後來人們就利用他作殺人的武器了．

53
白： 發明一種東西最難，我認為古人比我們聰明 54
的多．

55
學： 我也是這麼想．比如指南針、印刷、刻字甚麼的， 56
都是古人發明的，可以證明古人很聰明．文山， 57
你在這兒等著美英，我去買我們吃的東西．

59
白： 好．我等他．．．．

60
美： 喂，文山．
61
白： 美英，早．
62
美： 我很遠就看見你了，學新呢？
63
白： 他跟我一塊兒出來的，他去買吃的東西一會 64
兒就來．
65
美： 前天你在電話裏說讓我替你買絲織品的禮 66
物，我已經買好了．
67
白： 謝謝你，真麻煩你．
68
美： 別客氣，東西很漂亮，是天然絲的，並且價錢也 69
不貴．
70
白： 多少錢？
71
美： 十九塊錢．

72
白： 真不貴.

73
美： 在沒買之前本來我想,你甚麼時候有工夫我
們兩個人一塊去買.可是又怕你太忙,沒時間.
74 75

76
白： 我的確沒時間,天天忙的要死,甚至於有的時
候連吃飯的工夫都沒有.還有,這種東西就你
77 78
能買.我去了也沒用.

79
美： 你為甚麼這麼忙呢?

80
白： 我說給你聽聽,就拿錄音來說聽了專題講話
就得錄音復述,非得錄一兩次自己聽着可以
了,才不錄了.有的時候要錄好幾次,就要費好
81
82
幾個鐘頭的時間.
83

84
美： 照你這麼一說你真是太忙了.你先把他說幾
次都說好了,再錄音不是節省一點兒時間嗎?
85

86
白： 對了.我太笨了,還是你比我聰明.

87
美： 我想學新不太忙吧.

88
白： 他也很忙.他很用功,是一個很有前途的青年.
89

90
美： 文山,你明天有工夫嗎?我父親叫我告訴你,
你讓他寫的字已經寫好了.同時好幾天也沒
91
看見你了.說請你到我們家去吃便飯.
92

93
白： 好的,我一定來.

94
美： 我母親買了很多豬肉說明天好做獅子頭給
你吃.
95

96
白： 高太太太費事了.高先生書店忙不忙?

97
美： 書店倒不忙.他最近在印刷所又頁一點兒賣

任,所以比較忙一點兒.我母親前幾天偶然的
病了一次,請了大夫打針吃藥,現在已經完全
好了.

白　是嗎! 你也沒告訴我,也沒去看看高太太.

美　我本來想告訴你,我母親說你才開學一定很
忙,不讓我說.

白　你應該告訴我.你看學新回來了.

美　可不是嗎,你看他手裏拿着那麼多東西.

學　美英,你才來嗎?

美　我才來,你買這麼多吃的,我們三個人吃的了
嗎?

學　沒關係.吃不了拿回來.你看今天天氣有多麼
好啊.

美　我們的運氣好.

學　我們從大路走,還是從小路走?

白　我三年沒走這兩條路了.大概改變了不少.

美　小路上的小樹現在一棵一棵的都長的很高
了,變成大樹了.大路沒甚麼改變,記得我們從
這兒走沒有很遠不是有一個大樹林子嗎?
和以前一樣.

白　學新我們從這兒到目的地要多少時候?

學　要兩個鐘頭.美英,怎麼着? 現在改主意還可
以.

美　為甚麼要改主意? 你真看不起我.

學：你是女孩子啊.

美：你是青年人,也不是老頭兒.這種思想不應該存在了.

白：學新,我幾天以前就想問你都忘了.美英說老頭兒讓我想起來了.據說歷史系有商、周時代的古物,你幾時帶我去看看,好不好?

學：好.甚麼時候都可以.我無所謂,你幾時有工夫?

白：下星期天下午三點鐘好不好?

學：可以.那些古物裏有商朝的文字也有銅器時代跟鐵器時代造的銅器跟鐵器.

白：上面也刻着東西嗎?

學：上面刻着字.還有宋朝發明的活字印刷.所刻的字一個一個的都是木頭刻的.

白：用木頭刻的字一直保存到現在真不容易.

學：實在不容易.

白：說刻字我想起來了.前天我請馬教授給我介紹一個刻圖章的地方,刻一個圖章.馬教授說他會刻.他說給我刻一個、

美：我聽我父親說他不但會刻,而且刻的很好.

白：馬教授說他很喜歡刻圖章.

學：我們走了有一半了.

白：你們看左邊兒那個大花園真大.裏邊兒還有一個大石頭獅子.

美：那就是錢家花園兒.一到了春天花兒開了的

時候,又香又漂亮.

146 白: 我喜歡天然的風景,像大山了、大海了.人工造的風景我不喜歡.

148 學: 各有各的美.

149 白: 自然的風景好像一個女孩子似的— 不穿綢緞衣服,就穿着普通布衣服,可是他有那種自然的美.有的女孩子本來長的不漂亮,可是老是穿着綢子緞子的衣服.美英屬於我先說的那一類的.

153 美: 別說我,好不好?

154 學: 文山,你說的真對.

155 美: 你們看,那個小河邊兒上都是竹子.我最喜歡竹子了.

157 白: 怪不得你近來畫的畫兒張張是竹子.

158 美: 是,我近來光畫竹子了.

159 白: 畫竹子都是用墨畫嗎?我看你所畫的竹子沒有一張是用顏色畫的.

161 美: 也有用顏色畫的.不過用墨畫竹子要是畫的很好,那是相當難的.你看我們家客廳掛着的那張古人畫的竹子好像真的一樣.

164 學: 我們先到那塊大石頭上坐一會兒,好不好?

165 白: 我贊成.我看美英好像累的樣子.

166 美: 誰說的?我可不累!

167 學: 現在幾點了?

168
白： 十點半.
169
美： 離這兒還有不到二里路就要上山了.
170
學： 好,我們現在再繼續走.
171
美： 今天有那個學校的學生來旅行吧？你們看
172
一路上的學生不少嘿.

短 文 (p. 274)

1. 有一個國家自從某年在軍事上失敗了之後,就
成了另外一個國家的殖民地.後來在某一年獨
立了,不上十年的工夫已經變成第一等強國了.

2. 昨天在書店看書.看了半天也沒書可買.後來看
見一本小說未來的世界,裏面有幾篇很有意思.
現在我把那本小說看了一遍兒了,我還想再看
一回.

3. 據報紙上某人寫的社論,大畧是:某某地方因為
某一個國家要擴展他們的領土而佔了鄰近國
家的土地.兩國彼此爭奪那塊地方,已經有七天
了.據本國軍事委員會的一位軍官分析,這個戰
爭的趨勢可能擴大.雖然聯合國是維持世界和
平的地方,而世界各國也共同支持他,可是發生
了事情如果要由聯合國來解決是相當的慢了.

4. 昨天我到航空公司去買到三藩市的飛機票.噢!
這個偶然的機會可真是難得.我看見從羅馬來

的兩位最有名的電影女明星,他們也是來買飛機票的,他們並没穿洋裝,穿的中裝,漂亮極了,我站在他們旁邊兒,一直看着他們買完了票,他們也感覺到我在看他們,同時他們也在看我,並不是因為我長的好看他們看我,我想他們看我大概是因為我穿的西裝太破了。

5. 我哥哥最近從大西洋航海而來的,他說船走到半路上正是八月十五中秋節的時候,他在船上看見了月亮就十分想家,他心裏就想,要是在家裏吃月餅賞月和家裏人團聚是多麼有意思呀,可是今天在船上看見的是西洋人,吃的是外國飯,同時他又看見一個意大利人吃的東西,好像餃子似的,他更想家了。

6. 在端陽節那天,我和我的女朋友我們兩個人到湖裏去划(huá)船,我們一邊划(huá)着船,一邊兒看風景,開始我們兩個人合划(huá)一隻船,後來他要跟我賽船,看誰划(huá)的快,所以他另外划(huá)一隻,本來我想他是女孩子,一定划(huá)不過我,結果我的船老是跟在他船後頭,始終賽不過他。

7. 王先生在議院裏工作,他的工作一點兒也不累,除非是議員們會議,他必得事前到會議室去,要不然議院裏他連去都不必去。

8. 有一個國家在政治上分為兩大黨,每一個黨又分很多派,有人說,如果一個國家黨派太多了,對

於國家也有好處,也有壞處.好處是表現這個國
家的自由和民主.壞處是有時候一個很重要的
問題.黨派多,意見不同,一時決定不了.

9. 有幾個小孩子在一塊兒玩兒.有一個小孩子一
時不小心把另外一個小孩子的頭用石頭打破
了.別的孩子都跑了,只有一個年紀最小的孩子
沒跑.他想幫助這個孩子,可是也沒法子.他急的
不得了.這個時候旁邊兒一個人也沒有.他忽然
想起來了.應該大聲叫.於是他就叫"救人哪!救
人哪!"他才叫了兩聲就有人聽見了.急忙把那
個小孩子送到醫院去了.

10. 我是遠大語言學系的一個旁聽生.昨天在圖書
館看見一本關於中國語言學的書,是用國語羅
馬字寫的.寫的很清楚.大意是說語言學和語言
的分別.

11. 我祖父、祖母非常愛我.要是我有錯兒了或者不
聽話母親要打我的時候,祖母一定不許他打我.
我記得有一次母親叫我寫字我不肯寫,母親急
了,要打我,祖母又說不許打,可是母親因為太生
氣了,沒聽祖母的話還說:"你不用管."就打了
我了.祖母說我母親:"你不要打他,你打我吧."
母親不但不能再打我,還得向祖母承認他錯了.
我又勝利了一次! 現在想起當時母親的心裏
是多麼難過呀!

12. 一位老先生從來沒用刀子、义子吃過飯.有一次
人家請他吃外國飯,當然是用刀义了.他從來沒
用過,自然是不會使了.吃的是雞,在吃飯的時候
雞也飛了,而且他拿刀义的樣子很可笑.旁人想
笑可是又不好意思.

13. 昨天接到我母親的航空信.現在我念出來給你
們聽聽:

大文兒:

你三號的信收到了.你説你所以不常往家裏
來信是因為功課太忙了.同時知道你是全校功
課最好的學生,作父母的最高興的是兒女書念
的好.

我們清明節到墳地去掃墓.在墳地上又種了
幾棵樹.

我們家的房子讓出一部分給王家住了.房子
所以要讓給王家住的原因是你父親説我們家
人少用不了這麼多的房子.王家住在這兒對我
們也沒有甚麼不方便,他們走旁門.

你弟弟考上中大了,手續都已經辦好了.

前天接到馬先生電報,他們全家十號坐飛機
到這兒來.讓我們給他們定旅館,也希望我們到
飛機場去接他們.我們當然得去接他們了.你父
親到電報局回了他們一個電報,説一定去接他
們,他們到這兒來我們很高興.多少年的老朋友
多年不見了,應該大家聚一聚.

以上是近來家裏的情形,希望多往家裏寫信.
聽說那邊兒的天氣不好,多注意身體,努力求學.
墨水跟鋼筆還有一包糖,都收到了嗎?

祝

進步

母　三月十六日

14. 昨天晚上無線電報告新聞,關於近來的戰事他
們大畧說了一點兒.他們說美軍最近在某地方
和某軍發生戰事,結果美軍打勝,某軍失敗這個
消息也不知道正確不正確.

15. 我妹妹今年大學要畢業了,我得送他一點兒東
西作紀念.如果買一點兒比較貴的東西,可是我
現在手邊兒很緊,要是買日用品,也沒甚麼意思.
有了!我想起來了,我請刻字的毛大為先生刻一
個圖章送給他.雖然對他沒有甚麼用途,可是妹
妹從來沒看見過.同時我知道妹妹很愛小羊,我
想買塊石頭,上面刻着小羊,下面刻上他的名字.
我相信他一定喜歡.

16. 昨天王教授給我們講的養蠶造絲,講完之後他
帶着我們到一家養蠶的人家去看,我們看見很
多的蟲子,那就是蠶.同時養蠶的主人把以前蠶
吐的絲拿出來給我們看.又把絲線綢子等等都
拿出來給我們看.我們問他每年蠶生產的絲多
不多?這位主人說不少,他還告訴我們他們這些養
蠶的人家都要供給商人出口,每年換來的錢合

美金有幾十萬哪.

17. 我在七歲的時候父親就死了.靠着母親給人家做衣服生活.這種生活一點兒保障也沒有,而且也苦的不得了.每月除了房錢跟吃飯之外,多不出來幾個錢了.所以我只有初中的程度.現在找到了一個工作,是學刻字,是學在木板上刻字.在學習的期間,每月給的工錢合港幣二十塊錢.要是合美金還不到四塊錢哪.雖然工錢少,可是過年、過節還有一點兒賞錢.

18. 張先生有一個姐姐,今年快四十了還沒嫁出去哪.所以嫁不出去的原因是長的太難看了,沒有人喜歡他.雖然長的不漂亮,可是很喜歡穿洋服.張先生的父親思想很古老,非常保守.雖然不贊成但是也沒法子,管不了他.

19. 萬有文的生意是買賣金子和換錢.比如別的地方人到這兒來旅行,他們帶的錢在當地不能買東西,就先到他那兒去換.所以他天天看見不少的黃金、銀子、紙幣各式各樣兒的他都看見過.比如美金、港幣、台幣、人民幣甚麼的.

20. 上古時代都是用銅造武器,後來進步到以鐵造武器,當然是用鐵造武器的可以征服了用銅造武器的了.

21. 一個人的習慣很不容易改過來.我父親是在印度長大的.因為印度人吃東西是用手抓着吃,所以我父親從小就養成了這種習慣了.他已經離開印度三十年了.可是他有時候吃東西仍然用手抓.

22. 老張老說空話,見着人就說要請人家吃飯.日子久了他老那麼說,後來没人相信他了.有一次他真的要請人家吃飯了.他和幾個人都說了.二月十五號請人家到他家吃晚飯.他太太忙了好幾天,做了很多菜,結果連一個人都没去.

23. 我家有一個銅盤子,據說是在一千多年以前的東西,是從我的祖先一代一代傳到現在的.

24. 我祖母昨天晚飯之後給我們說故事,他老人家說的也是事實.他說大約在八十多年以前我們還是有錢的人家,也是士大夫階級,又是大家庭.自從清朝末年和外國打仗,我們家從老家逃走了以後,就慢慢的變成這種工人階級的家庭了.

25. 前天學校開晚會,有一個遊戲是拿一個東西大家互相扔着傳遞.你遞給我,我再遞給他,這樣子的彼此傳遞.

26. 筷子的功用是吃飯的.雖然中國人吃飯人人都是用筷子,可是誰也没研究開始使用筷子是在甚麼時候.

27. 在一個過年的晚上,家家戶戶正在放爆竹的時候,一個軍官和太太跟孩子們正在家過年哪,忽然有人來告訴他說:"這次的戰爭可能是我們打敗了."他不信,他說消息不正確.正在這個時候接着就來一個電話說人家的兵已經打到某某地方了.這回他才着急了,急忙從家裏走了.他走的時候也沒說一聲兒上那兒去,就連他太太也不知道他丈夫是到那兒去了.

28. 昨天高先生打電話給我說請我晚上到他家裏去吃晚飯.昨天晚上六點鐘到他家裏一看,桌子上擺了好幾大盤子菜還有一大盤子餅.這些菜都是高太太一個人做的.吃完了飯以後高先生送我四本關於文字學的書.高先生說這四本書一共五塊錢,每本才合一塊多錢.我跟高先生說不要送給我,我把錢給他,他不肯,一定要送給我.

29. 我到這個大學念書差不多一年了,我是一個外國學生,因為程度不夠所以在這個大學是一個旁聽生.昨天有一個同學告訴我:"如果你一進學校是旁聽生將來你不作旁聽生的時候在手續上是非常麻煩." 可是我為了前途不論怎麼麻煩也得想法子.我很早就想去見教務長請他替我想想法子,可是始終也沒時間去看他.

30. 昨天晚飯之後我獨自一個人在街上走走,遇見張教授了.我很久沒看見張教授了.和他在路上說了幾句話.張教授告訴我叫我跟王文華說一下兒叫王文華明天早上到他書房去.張教授是很有名的文學家.他有一個特性,在他研究學問的時候歷來是願意有學生在他旁邊兒,要是發現有意思的問題就馬上跟學生們討論,並且讓學生都拿筆記下來.

1	2	3	4	5	6	7
賬	首	燕	鶯	鳥	喻	蓄

8	9	10	11	12	13	14
即	否	臉	惟	掉	克	誤

15	16	17	18	19	20	21
榜	碰	唯	觸	丟	段	悔

22	23	24	25	26	27	28
掌	握	斷	靈	純	粹	仿

29	30	31	32	33	34	35
歌	唱	寶	遞	效	與	缺

36	37	38	39	40	41	42
退	休	瘦	胖	姊	慌	示

43	44	45	46			
愉	項	討	髮			

第十三課　學習中國話 (p.281)

1.	賬	zhàng	account	24.	斷	duàn	break; judge (33)
2.	首	shǒu	head; beginning (1)	25.	靈	líng	spirit; efficacious (34)
3.	燕	yàn / yān	swallow (bird) (5)	26.	純	chún	pure (36)
4.	鶯	yǐng*	oriole (6)	27.	粹	cuì	essence (36)
5.	鳥	niǎo	bird (7)	28.	仿	fǎng	imitate (38)
6.	喻	yù	allegory (8)	29.	歌	gē	song (39)
7.	蓄	xù	to store (12)	30.	唱	chàng	sing (40)
8.	即	jí	namely; then (13)	31.	寶	bǎo	precious (42)
9.	否	fǒu	no, not so (14)	32.	遲	chí	late (43)
10.	臉	liǎn	face (15)	33.	效	xiào	efficacy (46)
11.	惟	wéi	only; but (18)	34.	與	yǔ	with, and; give (47)
12.	掉	diào	drip; fall (19)	35.	缺	quē	lack (48)
13.	克	kè	overcome (20)	36.	退	tuì	retreat (49)
14.	誤	wù	error (21)	37.	休	xiū	rest (50)
15.	榜	bǎng	example (23)	38.	瘦	shòu	thin, lean (51)
16.	碰	pèng	knock, bump (24)	39.	胖	pàng	fat (52)
17.	唯	wéi	yes; only; but (25)	40.	姊	zǐ	elder sister (53)
18.	觸	chǔ	touch (27)	41.	慌	huāng	nervous, flustered (55)
19.	丟	diū	lose (29)	42.	示	shì	show, reveal (57)
20.	段	duàn	section (30)	43.	愉	yú	pleased (58)
21.	悔	huǐ	regret (31)	44.	項	xiàng	item (61)
22.	掌	zhǎng	palm; control (32)	45.	討	tǎo	ask for (62)
23.	握	wò	shake hands (32)	46.	髮	fà, fa	hair (of the head) (63)

白：馬教授早.

馬：早.你早來了?

白：我也剛來.您這兩天上那兒玩兒去了嗎?

馬：我這兩天因為精神不好,昨天在家睡了一天的覺,那兒也沒去.你和學新美英上山去了,是不是?

白：是的.星期六我們去上山,昨天是高先生生日,到高家去了.

馬：對了,昨天是老高的生日.還有別人去嗎?

白：有一位王老太太是高太太的親戚,還有美英的兩個女同學.事前我不知道是高先生生日,等到吃飯的時候我才聽說,我也沒送一點兒禮.

馬：那倒無所謂的.

白：在吃飯的時候,我對高先生高太太說"恭喜恭喜."您說可以嗎?

馬：過生日說"恭喜"也可以.

白：我們幾個人談的很熱鬧.那天高太太預備的菜真豐富,簡直好像一桌酒席.而且每一個菜的味兒都很好.

馬：你對中國菜那一樣兒都吃的來嗎?

白：都吃的來.沒有一樣兒我吃不來的.昨天吃飯的時候我們還喝了一點兒酒.

馬：老高平常不喝酒的,是不是?

白：是的.

26
馬：他近來作甚麼消遣呢？

27
白：我看他就是拿寫字當消遣．每天寫了又寫．

28
馬：聽說老高的字一天比一天寫的好．

29
白：他天天寫嘛！

30
馬：幾時我得求他給我寫一張．

31
白：您沒有高先生的字嗎？

32
馬：沒有，他肯不肯給別人寫呀？

33
白：高先生最高興的就是有人求他寫字了．您跟
34
他是老朋友．相信更沒問題了．

35
馬：美英的畫兒，畫的也不錯了吧？

36
白：您沒看見過嗎？畫的很好．

37
馬：美英這孩子很特別，他的畫兒從來不叫人看

38
白：高先生書房裏掛的那一張就是他畫的．那是
39
一天高先生正在寫字的時候，美英把他畫下
40
來的．

41
馬：美英的確是很聰明的．你對畫畫兒有興趣沒
42
有？

43
白：我很喜歡，可是我沒有畫畫兒的天才．

44
馬：你並不是沒有天才．你是專門向文學一方面
45
發展了．

46
白：我實在是沒有天才．有的人是多方面的．

47
馬：你這麼聰明在別的方面用一點兒工夫一定
48
成績也不壞．怎麼樣？上一個星期所學的有
49
問題沒有？

50
白：大致沒甚麼問題．請問您今天的講題是甚麼？
51

　　　是關於那一方面的?

52
馬: 今天講學習中國話,從今天起這一個星期都
　　　是講中國語文這方面的,明天講中國的文字.

55
白: 這一個星期的題目您都知道嗎?

56
馬: 知道,後天星期三講參考書,星期四講中國語
　　　言,星期五講中國文學.

1.0.　　首先
1.1.　　過年的時候首先要給祖父祖母磕頭拜年.
2.0.　　流利
2.1.　　他既然中國話説的那麼流利,為甚麼還要學?
3.0.　　積累　　日積月累
3.1.　　我病了一個多月,不能工作,所以我的工作都
　　　　積累起來了.
3.2.　　我雖然沒學過中國話,可是我和中國人常在
　　　　一塊兒,日積月累我就學會了很多.
4.0.　　養成習慣
4.1.　　他養成習慣了半夜必須吃東西.

58
白: 我上次的錄音您聽過了嗎?

59
馬: 聽過了,很好,復述的非常完全,你首先説的那
　　　幾句話也很好.

61
白: 我聽着毛病太多,而且説的也不流利.

62
馬: 我聽着到不是不流利,就是説的慢一點兒,那
　　　都是你平常日積月累養成的習慣.

白：我認為還是說的不好，沒有中國人說的那麼
　　自然．

馬：說的自然當然是最好了．學外國語言，首先還
　　是得說出來要別人聽了很明白，知道你說的
　　是甚麼．

5.0.　(小)燕(兒)

5.1.　你看怎麼屋子裏飛進來一隻小燕兒啊？

6.0.　黃鶯　鶯鶯燕燕

6.1.　黃鶯叫的聲音非常好聽．

6.2.　燈節我們家來了好幾位小姐，鶯鶯燕燕的，很
　　熱鬧．

7.0.　鳥(兒)

7.1.　今天早上我們門口那棵大樹上有很多小鳥
　　兒飛來飛去，好像在作遊戲．

8.0.　比喻

8.1.　詩人作詩的時候常常用比喻．

9.0.　運用

9.1.　那個商人很會運用他的錢．作了三年買賣就
　　發財了．

9.2.　你能運用這些字寫一篇東西嗎？

10.0.　詩意

10.1.　有人說中國語言有詩意，這是真話呢，還是假
　　話呢？

69
白: 鶯鶯燕燕這個詞兒是形容詞嗎? 不知道甚
70
麼時候可以用?

71
馬: 鶯是黃鶯,燕是小燕兒,是兩種鳥兒的名子,這
兩種鳥兒叫的聲音都很好聽,如果有幾位年
青的小姐們在一塊兒,就用這個詞兒來形容
他們。要是有幾位老太太在一塊兒,可千萬不
能用。如果拿鶯鶯燕燕來比喻老太太,就可笑
了,除非你是故意的說笑話。

77
白: 所以詞兒要是用的不好,就會出笑話的。
78
馬: 中國語言的難處就是形容詞難運用。
79
白: 說中國語言有詩意也就是這個原因。

11.0. 感情   熱情
11.1. 不管你怎麼跟他相處,他對你一點兒感情也
沒有。
11.2. 我今年正月頭一次和他見面,就覺得他很熱情。
12.0. 含蓄
12.1. 他們兩個人,一個是有話就說,一個是說話比
較含蓄。
12.2. 王先生說話相當有含蓄,而且甚麼多餘的話
也不喜歡說。
13.0. 即使
13.1. 我不相信有灶王爺,即使有我也不相信他會
上天。
14.0. 否   否認   是否   能否
14.1. 人家都說馬有真有女朋友了,可是他自己否

認.

14.2. 你常常拜神,你是否看見過神?

14.3. 你能否在新曆年的時候把以前你借我的錢給我一部分,其餘的舊曆年再給我?

14.4. 王主席今日來否?

15.0. 臉　臉紅

15.1. 他臉上帶着不高興的樣子說:"我不去!"

15.2. 我到他家去的時候他正在玩紙牌呢,他一看見我來了臉都紅了.

15.3. 老王跟別人說老張壞話,把老張氣壞了,臉都氣紅了.

白: 中國女孩子在感情方面,沒有美國女孩子那麼熱情.

馬: 不,中國女孩子在這方面是比較含蓄,比如一個女孩子看見一個男孩子,就不會先和那個男孩子說話.

白: 我聽說中國女孩子如果他有了很要好的男朋友他也不好意思承認.

馬: 對了,要是一個中國女孩子他有一個跟他很好的男朋友,要是你問是不是有那麼一回事,他一定臉紅.

16.0. 以便

16.1. 我們應當問一問飛機甚麼時候到,以便到招待室去訪問他.

17.0.　速成　速成科

17.1.　這裏新成立了一個國語速成科.他們預備在五個月裏就可以把國語速成.

18.0.　惟有如此

18.1.　惟有如此才能不讓人失望.

19.0.　掉

19.1.　你看你的車牌子要掉下來了.

20.0.　克服

20.1.　你不要憂愁的天天哭.你應該想法子克服這個不好的環境.

白：馬教授"以便"這個詞兒怎麽用？請您給我舉個例子.

馬："那件事情努力去作以便速成".

白：惟有如此的意思就是"只有這個樣子" 對不對？

馬：對的.例如 "要想克服種種的困難惟有如此去作."

白：我明白了.

馬："掉"字的用法你知道嗎？

白：我知道.就是"東西掉下來"的"掉"

21.0.　錯誤

21.1.　不但是孩子就是大人也時常有錯誤.

22.0.　以

22.1. 我每天以作苦工為生.那兒有多餘的錢呢?

23.0. 榜樣

23.1. 他是個壞人,你不能拿他作榜樣.

24.0. 碰　碰見

24.1. 昨天夜裏我的車被別人的車給碰壞了.

24.2. 昨天我在百貨公司買布.碰見張小姐了.

白: 馬教授,我寫東西的時候常發生的錯誤,就是有時候很難分別一個詞兒是說的還是寫的.還有時候一個詞兒也不知道在說話的時候是否可以用?我現在說個例子:"以王先生作榜樣."您說對人說話的時候這個以字能用嗎?

馬: 在中國人,不研究語言的人們也不能絕對的分的很清楚普通說話的時候都是說"拿王先生作榜樣".要是演講的時候可以說"以王先生作榜樣."

白: 有時候碰見一個生詞,我真不敢決定他應該是屬於那一類的.

25.0. 唯一

25.1. 我唯一的希望是能找到一個工作有點兒錢將來好念大學.

26.0. 免　免得

26.1. 說外國話不管說的怎麼好有時候也難免有

錯兒.

26.2. 我們早點兒去免得沒座兒了.

27.0. 接觸

27.1. 他所以中文那麼好是因為他接觸的人都用功,大家時常互相研究.

28.0. 忽畧

28.1. 過節給朋友送禮是人情,你別忽畧了.

白： 我現在唯一的希望是要把話說好,詞兒和語法用對了,免得說出話來不自然.

馬： 按照現在你的程度這並不難,你常和中國同學接觸常說,自然就會進步的.

白： 和同學們在一塊兒談話,大家都很客氣,即使錯了人家也不好意思說.

馬： 可是你要注意旁人說,不要忽畧他們的語法.

29.0. 丟　丟掉　丟臉

29.1. 在燈節的晚上,我們出去看燈的時候家裏頭丟東西了.

29.2. 我初次在中國的時候我丟掉一個很好的學習國語的機會.

29.3. 先生叫我寫灶王爺三個字,我連一個也沒寫上來,你說多麼丟臉.

29.4. 昨天在飯館兒吃飯的時候,一算賬才發現我的錢丟了.

30.0. 段(兒)

30.1. 這課書一共分兩段兒,頭一段兒講節日,後一段兒講中國的神話.

31.0. 後悔

31.1. 我很後悔以前我從來不作事老玩兒麻將.

32.0. 掌握

32.1. 他一點兒也不窮,他說的都是假的,他手裏掌握了幾十萬哪.

32.2. 這個機會很難得,你要掌握住.

33.0. 不斷'(的)

33.1. 他經濟情形太壞了.我不斷的幫助他.

[118]
白: 您剛才說學中國語言應該多和中國同學接[119][120]觸.這個是對的.我從前在這兒的時候,有一個美國同學,本來有很多機會可以和中國同學[121]說話.但是他自己覺得中國話說的不合理想,[122]怕說錯了丟臉,所以就避免多說中國話.結果[123]是念了好幾年的中文,見了中國人不敢說中[124]國話.他現在想起來過去那一段時間很後[125]悔.

[126]
馬: 有了機會就應該抓住,不應該忽畧.
[127]
白: 是啊.有機會應該掌握住不斷的練習.

34.0. 靈活

34.1. 你看那個電影明星的身體有多麼靈活.

35.0. 達意　辭不達意

35.1. 你看這篇關於同音跟同音字的文章寫的太壞了, 辭不達意, 不知道說的是甚麼.

36.0. 純粹

36.1. 這個菜真香, 純粹是北方味兒.

37.0. 通

37.1. 言語不通辦起事來真麻煩.

37.2. 他寫的文章半通半不通的, 不知道他的意思是甚麼.

37.3. 我跟他說了半天也說不通.

38.0. 模仿

38.1. 他模仿馬老師講話的樣子太像了, 差一點兒把我給笑死.

128
馬： 關於語言一方面你沒有甚麼大問題只是在
129
寫作一方面用詞兒和文法有時候不怎麼自
130
然, 那就是運用的不靈活.

131
白： 是的, 我感覺到自己所寫的東西常常辭不達
意.

132
馬： 自己看得出來自己的毛病就能進步, 寫作純
133
粹是一種經驗, 要多看別人的寫作, 注意別人
134
的語法和用詞兒, 以及句子的結構等等.

135
白： 有時候看看自己寫的東西很可笑, 半通半不
136
通的.

[137]
馬: 假如是開始學寫作都得模仿別人的,拿你現
[138]
在的程度來說就不必了.

39.0. 歌(兒)

39.1. 在陽曆新年那天我們去看電影兒,那個片子
裏有一個歌兒真好聽.

40.0. 唱 唱歌(兒)

40.1. 在陰曆新年那一天我們弟兄姐妹聚在一塊
兒唱了半天歌兒.

41.0. 主修 主修科

41.1. 我妹妹主修心理學.

41.2. 他的主修科是那門功課?

42.0. 寶貴

42.1. 我們在這春天的時候應該多努力學習,不要
把寶貴的時間白白的過去.

42.2. 謝謝你給了我們一個寶貴的意見.

43.0. 遲早

43.1. 他車開的那麼快遲早要出事的.

[139]
馬: 聽高先生說,你中文和中國話都那麼[140]好是因
為你念高中就選了中文的科目.
[141]
白: 是的.
[142]
馬: 在美國念書的環境裏,你怎麼會對中文發生[143]
興趣了呢?

144
白：我所以有興趣念中文的原因是這樣，我從小就喜歡聽外國人說話，我聽人家說外國話我聽著就覺得很有趣兒似的，尤其是中國話好聽極了，像唱歌兒似的。我念高中本來是主修科學的，可是我也選了一門中國語言，每星期只有五個鐘點。我想這個寶貴的時間我要好好兒利用他，同時我想趁早我要到中國去。

44.0. 進入
44.1. 我們學習中文課程已經進入第二個星期了。
45.0. 學業
45.1. 你這次到中國去，祝你一路平安，學業進步。
46.0. 有效
46.1. 他的病治不好了，吃了很多藥也沒有效。

152
馬：我們的課程已經進入第三個星期了。我們所討論的東西不少，但是學的人能否真的瞭解呢？

155
白：我個人覺得這兩個星期確實知道不少的東西。
156
馬：有時候我想青年人在求學的時候，如果學業不進步應該用甚麼有效的方法使他進步？
158
白：念大學了。尤其是現在已經是研究生了，必須要靠自己去努力了。要是自己連研究都不研究當然得到的就很少了。

47.0. 與

47.1. 我昨天買了一本書名子是婦女與家庭.

48.0. 缺

48.1. 我的書房裏甚麼都有,就缺一個日曆.

49.0. 退　退步

49.1. 旣是不賣給我了請你把錢退回來.

49.2. 在那個公司買東西要是買錯了他們不退也不換.

49.3. 我三年沒說中國話了,現在說的比以前退步了.

50.0. 休息　退休

50.1. 軍官命令那些兵坐在地下休息休息.

50.2. 他巴經七十多歲了,早就應該退休了.

51.0. 瘦

51.1. 坐在上座兒很瘦的那位老先生是誰呀?

52.0. 胖　胖子

52.1. 你看我們兩個人誰胖誰瘦?

52.2. 我們老爺是個大胖子.

161
白: 馬教授,有一位簡一多先生寫的<u>新文學與舊</u>
<u>文學</u>這本書現在還有賣的嗎?
163
馬: 這個我不大清楚,可是作者是我老師你要買
164
那本書嗎?
165
白: 這本書本來我有,在兩年以前我給丟了.這本
書對我有很大的幫助,非常有用.我又到書店

去買,可是這本書很缺,所以那個書店也買不
着.別人寫的都沒有那本好.

馬：只有簡先生才能寫出那樣兒好文章.從他退
休以後,不怎麼寫東西了.

白：為甚麼不寫了呢?

馬：因為身體不太好.他常說他自己退步了.

白：您常見着他嗎?

馬：因為我跟他念書的時候他很喜歡我,所以我
跟他比較親近.

白：幾時您帶我去拜訪拜訪簡先生.

馬：等我跟他定一個時候,我想他一定歡迎你去
跟他談談.這位老先生很瘦.我們學校的王教
授不是很瘦嗎?跟簡先生比起來還是個胖
子哪!

53.0.　姊妹

53.1.　姊妹兩個都是臘月三十的生日.

54.0.　早日

54.1.　老張.希望你早日回國.

55.0.　慌亂

55.1.　他接到他母親的信說他父親病了,他說他這
幾天心裏很慌亂.

56.0.　心意　心慌意亂

56.1.　這個紙包兒的東西請您收下.這是我一點兒
心意.

56.2. 我這幾天不知為甚麼心慌意亂的,甚麼事也作不下去.

57.0. 表示

57.1. 中國人過年,接神燒香燒紙,供菜甚麼的是表示人們對神的心意.

58.0. 愉快

58.1. 毛先生跟他太太為了供神的問題兩個人有意見了.這幾天心裏都不愉快.

馬: 我跟你說說我和簡老師的一段故事.簡先生和我父親本來也是朋友.他是念古書的他的思想很舊.有一次給我父親寫信,信上的大意是:"你的少爺書念的相當好,將來一定有前途.我的女兒現在都已經不小了,在這種慌亂時期希望他們姊妹早日嫁出.我希望和你們家定一門親事,不知道你的心意怎麼樣?"

白: 這怎麼辦呢?

馬: 我父親接到了信很難表示他的意思.

白: 簡小姐您見過嗎?

馬: 我沒看見過.

白: 怎麼回答的?

馬: 我父親大概說現在兒女親事我們不能作主了.

白: 簡先生一定很不愉快了.

馬: 我覺得他倒沒有,一直的和我們來往.

59.0. 真確　千真萬確

59.1. 並不是那麼一回事.他說的一點兒也不真確.

59.2. 他說的是千真萬確的一個事實.

60.0. 預祝

60.1. "預祝你發財回家" 這是對出門作買賣的人說的一種吉利話.

61.0. 項

61.1. 請你把公司裏的賬一項一項的按着次序算一算.

61.2. 我每一項都算了.還是多出來五塊錢.

62.0. 討論

62.1. 有甚麼問題你們只管討論好了.

62.2. 昨天國民黨開會討論的都是黨裏的問題.

63.0. 頭髮

63.1. 張小姐的頭髮是黃的.好像外國人一樣.

馬: [196] 現在我們還有兩個詞兒.

白: [197] 真確,預祝.

馬: [198] 這兩個詞兒我想你都會用.

白: [199] 預祝就是希望的意思.比如 "預祝你成功.預祝你考第一." [200] 真確跟實在的意思差不多.

馬: [201] 好.今天的詞兒一項一項的都討論完了.噢! [202] 明天晚上七點鐘學生中心請王大文先生講 [203] 中國文學.你有工夫可以去聽一聽.沒工夫不 [204] 必去.

205
白: 我去.難得的機會.

206
馬: 不知道美英要不要聽.

207
白: 美英近來很忙.他不會去吧?

208
馬: 或者你去他也去了.

209
白: 不會的.我去他也不一定去.不過我問問他.王
210
大文先生是那個大學的?

211
馬: 以前在中大做了十幾年的教授.今年已經七
212
十幾了.頭髮都白了.還是到處去演講.就喜歡
213 214
和青年人談學問.學生中心你找得到嗎? 要
不要我跟你一塊兒去?

215
白: 謝謝您.學生中心我去過.您也很忙.我們各去
216
各的吧.您甚麼時候到學生中心?

217
馬: 我七點以前到.

生 詞 表 (p. 293)

1. 首先	8. 比喻	是否	20. 克服
2. 流利	9. 運用	能否	21. 錯誤
3. 積累	10. 詩意	15. 臉	22. 以
日積月累	11. 感情	臉紅	23. 榜樣
4. 養成習慣	熱情	16. 以便	24. 碰
5. (小)燕(兒)	12. 含蓄	17. 速成	碰見
6. 黃鶯 ying	使	速成科	25. 唯一(的)
鶯鶯燕燕 ying ying	13. 即否	18. 惟有如此	26. 免
7. 鳥(兒)	14. 否	19. 掉	免得
	否認		

27. 接觸
28. 忽畧
29. 丟
　　丟掉
　　丟臉
30. 段(兒)
31. 後悔
32. 掌握
33. 不斷的
34. 靈活
35. 達意
　　辭不達意

36. 純粹
37. 通
38. 模仿
39. 歌(兒)
40. 唱
　　唱歌(兒)
41. 主修
　　主修科
42. 寶貴
43. 遲早
44. 進入
45. 學業

46. 有效
47. 與
48. 缺
49. 退
　　退步
50. 休息
　　退休
51. 瘦
52. 胖
　　胖子
53. 姊妹
54. 早日

55. 慌亂
56. 心意
　　心慌意亂
57. 表示
58. 愉快
59. 真確
　　千真萬確
60. 預祝
61. 項
62. 討論
63. 頭髮

語法練習(p. 294)

1. 他每天以打麻將為消遣.
2. 他三個月沒作事了,以甚麼做生活費呢?
3. 他在那個大學念書,以那門功課作主修科呢?
4. 你連過年的菜都沒買,我以甚麼作除夕上供的菜呢?
5. 我們弟兄四個人都以我哥哥作榜樣.
6. 這盤錄音帶一定不是他錄的.他怎麼能說這麼流利的中國話呢?
7. 他那麼笨,怎麼能念速成科呢?

8. 我心裏頭那兒有你心裏頭那麼愉快呢？
9. 誰有那麼好的運氣呢？
10. 我的頭髮那兒比得上你的頭髮那麼黑呢！

講話 (p.294)

諸位同學[1]：

今天[2]我們要討論的是"學習中國話"。諸位到中國來研究[3]學問，或者是學中國文學，或者是研究[4]中國歷史，或者是學習其他科目，不論諸位的主要的科目是甚麼，最基本的，也是最主要的，是修[5]習中國話[6]。要是你上課的時候聽不懂先生說的話，往[7]往不能像理想裏那樣，諸位看書的時候速度也不夠快，來[8]往不能[9]互相瞭解，那麼，諸位的學業不能那樣的進步，而且諸位在中國留學的這[10]段期間裏精神上也一定不會愉快。

諸位[11]聽了我說的這些話，也許會說："我們到中[12]國來以前都已經學過兩年或三年的中國話[13]，雖然我們說的不能像中國人一樣的流利[14]，可是我們還有甚麼社會，早在中國。現在已經來到了中國，只要是每天練習[15]，進入語言的困[17]難[16]是可以克服的。"問題？這些話對極了。諸位已經學習語言的計劃[18]，與中國人在一起相處和學習，語言的困難是可以克服的。不過諸位大多數的計劃是留學一個短時期，比方說一年兩年或者[19]是三年，要……

便緊國語言的能力，很習慣外國語言。學習外國語言[23]是一種說話習慣[26]，習話[27]那[28]種習慣，克服[29]起來不容易。諸位想[30]要學好，現在[31]能否模仿[32]小孩子，可是[33]諸位能否掌握[34]，就看諸位能否利用這種語言的環境[35]了。

這個各項專門研究的問題，今天我主要談的，就是諸位在最短期間裏速成的幾個問題，現在提出幾個供諸位參考。語言是日積月累的，一個小孩子學習一種國語，要想學諸位能否模仿小孩子掌握這一種說話。諸位[20]就是[21]一般人，現在[22]這個"學習外國語言"的能力⋯

第一[24]，大家都知道[25]語言是一種習慣，習慣養成容易，改變難，而要改變已經養成了的習慣就難，有了本國語言的，難的多了。唯一有效的辦法就是以小孩子模仿的法子，不斷的利用機會去聽去模仿。諸位從小已經養成了本國語言的習慣，唯一有效的利用語言的環境了。換句話說，就全靠諸位掌握這種語言的環境了。

想繼續的話時，這種語言⋯能否早日學好，能不能利用語言的環境了。

我知道有很多中國學生到外國去留學[36][37]的時候[38]，念了三年甚至五年的書，結果對於外國人接觸說話，即使"達意"[40]，總是半通半不通[41]，這些好好的[42]⋯在外國語言[39]說不出來，又像沒有他們的中國話，國語還同中國話一樣⋯是沒學好，每次和外國人接觸說話，慌亂就免不了，辭不達意，這並不是說他們沒有好好[43]的學，而是因為他們除了上課以外，就是和其他的中國學生⋯

……聚在一塊兒，用中國話談天[44]，就把學習外國語言的機會丟掉了。

　諸位[45]如果碰見親近親近的機會，來到中國見一見，可是諸位要掌握這個環境，諸位將來才不會後悔，惟有如此。離開本國，自己要記住，諸位要掌握這個環境，這個話才能進步，國家語言很遠[46]，也許離開本國的人[47]，首先不要很快[48]就親近他[49]，本國自然親近他[50]，也跑得很快，本國不近親，很快也就……

　第二[51]，諸位現在認識的中國字，數目也說不出來，不過三四千個，一般來說，認識兩三千中國字，為甚麼呢？或者就是運用中國話不正確的說……我想這就是運用中國話不正確的說法。中國日[53]常常[54]用有了[52]，是怎樣才[56]有話說，這就是[57]運用得[57]靈活[59]，你當然[58]可以也……比方[60]家裏[62]來了很多鶯鶯（yíng yíng）燕燕[63]，都很漂亮，可是有一點兒……這種比喻非常學到熱鬧[61]，同學生[62]……女同學、女學生[63]也差不多，有胖的，有瘦的[64]，雖然就好多了。有詩意，是千真萬確的，漂亮[63]一點兒，可是的前[65]說……頭熱[66]……在中國話[67]裏……

字話覺得運用夠靈活，說中國話正確，請……天裏來頭種的說法。

極了。諸位有趣的用法[71]，諸位的中國話，不但也一定請諸位注意，才能把中國話學好。新增加的詞的學習，真正學習中國話，諸位如果對中國[70]的興味兒好，我所要[74]說的風俗習慣[72]，諸位喜歡吃[73]中國的、喜歡喝中國茶，和你在朋友家裏談了一會兒以後[77]，跟他有關係[75]，碰[76]見了一位很美很聰明[74]和氣的中國小姐，你覺得他很和氣。你注意[68]到這些，並且[69]將來諸位——

第三，我要提到風俗習慣，諸位要注意。比方說，有一天你在朋友家裏碰見了一位很美很聰明和氣的中國小姐，而且說話很有意思，你想跟他說[78]："I like you very much." 這句話用[79]英文說當然沒有甚麼不對的地方。

"We must get together again soon."

可是如果用中國話[80]來說，你說："我愛你。" 諸位想一想，那中國有意思的那位中國小姐，聽了這句話一定很生氣，不知道你說的這是甚麼感情。仍舊用中國話來說，你說："我喜歡你。" 這是為甚麼不能這樣說的呢？這樣說的因然[85]是比較[86]含蓄[84]的。

"I like you." 多一點兒。

果對一位中國小姐，你們得找機會[92]——因為在中國的風俗習慣，男女之間一個男人對一位小姐的意思比英文的 "I" 要得真有意思。那麼的風俗，我國小姐一定不愛你，一定[90]。就說："我愛你。" 要是你懂得真有意思，那位中國小姐一定覺得很臉紅[82]，因為在中國的風俗[83]，一個男人平常這句話等於說："我愛你。" 那位小姐說："跟你談話真有意思。" 聽了這句話的那位中國小姐——

我們最近[81]一定許要在中國的風俗習慣的時候，平常不愛你，那位小姐對你們[88]一定覺得多見面[89]，你對機會[91]多談談。

姐一定很高興，那麼，也許那位小姐就跟你作朋友了.
　今天我隨便提出了上面的幾點給諸位參考.我
預祝諸位在中國留學這段期間裏學業進步，身心
愉快，並且預祝諸位說的中國話是純粹的中國味
兒.

溫習 (p.297)

1. 王先生這次幫了我很大的一個忙，所以我買了
一點兒東西送給他表示一點兒心意.王先生很
客氣而且很熱情的對我說："以後有甚麼困難
的事情只管告訴我好了，千萬不要送禮"

2. 昨天半夜裏我發現書房的燈還開着哪.今天早
上我問我弟弟，他否認.他說："昨天晚上根本我
沒到書房去，我怎麼會開燈呢？"其實千真萬確
燈是他開的，因為在睡覺以前，我分明看見他在
書房裏看書呢.

3. 張小姐在遠大念科學.他主修科是生物同時他
也念一門中國文學.他說免得將來把中文都忘了.

4. 我家的經濟狀況不很好，如果要買書是相當困
難的一件事.最近我在書店發現了一本書是中
國文學批評.我想每天少吃一點兒點心，積累一
點兒錢.幾天以後我就可以買這本書了.

5. 這裏有很多婦女不識字.應該成立一個識字速

成科,使這些婦女可以有一個識字的機會.

6. 求學問是應該不斷的研究下去,要不然就要退步的.

7. 我的小兒子太給我丟臉了,昨天和王先生他們一塊兒進城,他看見甚麼要買甚麼,他看見賣鳥兒的,像黃鶯,小燕兒,他都哭着要買,結果王先生都給他買了,你說有這樣兒兒子多麼丟臉.

8. 一個會唱歌兒的小姐,他的歌兒唱的相當好,很受人歡迎,最近忽然病了,他的病很奇怪,好了之後歌兒唱不出來了,而且話也說不清楚了,你聽他說的話一點兒也聽不真確,據醫生說他休息一年也許會好的.

9. 我小女兒的字典丟了,我給他錢讓他自己到書店去買,結果他買錯了,於是我跟他一同到書店去換,賣書的人臉上非常不高興的樣子說:"我們書店的書,賣出去之後不退也不換."

10. 我早上到學校去的時候,分明從家裏拿着四本書,到了學校以後,一看書缺了一本,一定是掉在路上了,出去沿着我走的那條路找了半天也沒找着.

11. 我在中學念書的時候丟掉了一個學習中文的機會,現在想起來很後悔.

12. 我父親老了,現在退休了,每月原來作事那個機關給的錢,只够我父親一個人吃飯的,所以我必得想法子找工作來維持生活.

問 題 (p.298)

1. 語言是日積月累的一種習慣為甚麼小孩子從一開始學習就比較容易,而已經會了本國語言的人學習外國語就難的多了呢?

2. 在外國留學的學生往往有留學三五年對於外國語言還是半通半不通,是甚麼原因呢?

3. 你們到中國來研究學問最基本,最主要的是甚麼?

4. 己經認識兩三千中國字的外國學生為甚麼還有 "有話說不出來" 的感覺呢?

5. 中國話喜歡用比喻,請你說出一個例子來.

6. 你在朋友家裏碰見了一位很美很聰明的中國小姐,為甚麼不能說:"我喜歡你,我們最近一定要找個機會聚一聚?" 應當怎樣說法呢?

7. 請你用白話解釋"辭不達意"和"日積月累"這兩個詞的意思.

8. 請你用"流利,掌握"這兩個詞兒各作一個句子.

9. 中國常用的字大概有多少?在學習新詞的時候怎樣才能增加學習的興趣,說出話來才能是真正的中國味兒?

10. 在本課講話裏頭鶯鶯燕燕是指着甚麼說的?如果用別的說法,應當怎麼說?

1	2	3	4	5	6	7
糟	糕	甲	乙	丙	丁	骨
8	9	10	11	12	13	14
龜	背	象	料	資	轉	套
15	16	17	18	19	20	21
氏	韻	底	減	眾	弄	則
22	23	24	25	26	27	28
准	素	食	糧	引	伸	惜
29	30	31	32	33	34	35
綜	隊	拉	央	屯	掘	倉
36	37	38	39	40	41	
頡	鬼	麥	頓	廠	罵	

第十四課　中國的文字 (p.301)

1.	糟	zāo	dregs		
2.	糕	gāo	cake		
3.	甲	jiǎ	1st in series (1)		
4.	乙	yǐ	2nd in series (1)		
5.	丙	bǐng	3rd in series (1)		
6.	丁	dīng	4th in series (1)		
7.	骨	gǔ	bone (2)		
8.	龜	guī	tortoise, turtle (3)		
9.	背	bèi	back; memorize (4)		
10.	象	xiàng	appearance (5)		
11.	料	liào	materials (6)		
12.	資	zī	resources		
13.	轉	zhuǎn	turn (22)		
14.	套	tào	sheath; set (16)		
15.	氏	shì	clan name (21)		
16.	韻	yùn	rhyme (24)		
17.	底	dǐ	bottom (27)		
18.	減	jiǎn	diminish (29)		
19.	眾	zhòng	multitude (30)		
20.	弄	nòng	do; toy with (31)		
21.	則	zé	principle (32)		

22.	准	zhǔn	permit		
23.	素	sù	plain (37)		
24.	食	shí	eat (38)		
25.	糧	liáng	provisions (38)		
26.	引	yǐn	lead (40)		
27.	伸	shēn	stretch out (40)		
28.	惜	xī, xí	pity (41)		
29.	綜	zōng*	synthesize (42)		
30.	隊	duì	group (44)		
31.	拉	lā	pull (47)		
32.	央	yāng	center (48)		
33.	屯	tún*	village (51)		
34.	掘	jué	dig out (52)		
35.	倉	cāng	granary (53)		
36.	頡	jié*	soar (53)		
37.	鬼	guǐ	devil, ghost (59)		
38.	麥	mài	wheat (60)		
39.	頓	dùn	a meal (61)		
40.	厰	chǎng	factory (63)		
41.	罵	mà	scold, abuse, curse (64)		

白: 馬教授早.

馬: 早.今天早上很冷啊.還沒到重陽節哪.就這麼
冷.

白: 是啊!昨天夜裏就冷起來了.

馬: 昨天沒機會問你,張教授講的學習中國話講
的怎麼樣?

白: 張教授講的好極了.我們聽了覺得很有趣兒.
即使你對研究語言沒興趣,聽了張教授講的
也覺得有意思.

馬: 他是一位很有前途的語言學家.他不但是語
言學家他歌兒唱的也相當不錯.錄過音了嗎?

白: 糟糕我忘了帶來了.

馬: 你昨天晚上又去聽演講.恐怕沒工夫錄.

白: 我已經錄了.

馬: 你甚麼時候錄的?

白: 我下課以後先錄音,然後吃了點兒東西就去
聽演講.昨天晚上簡先生講的我只瞭解十分
之八.一來是比較生的學術演講.二來是簡先
生說話口音的關係.有的話我聽不懂.

馬: 簡先生是廣西人,他廣西口音很重.我常跟他
在一塊兒談談,有時他說的話我也聽不懂.

白: 他學問真不錯.

馬: 他新舊文學都好.簡先生著作很多.我們到他
那兒去的時候你一看就知道他是一個學者.

白: 您和簡先生說了嗎?我們去拜訪他.

馬: 跟他説過了.他非常高興.他説一半天打電話[29]給我.定一個時間.他還説請我們在他那兒吃[30]飯. [28]

白: 初次去拜訪簡先生那不好意思吧? [31/]

馬: 没甚麽.他老先生非常喜歡青年朋友. [32]

白: 我是不是應該給他老人家買點兒甚麽? [33]

馬: 不必.我也不帶東西. [34]

白: 第一次去不好意思吧? [35]

馬: 那麽你買點兒水果.簡先生喜歡吃水果. [36]

白: 好. [37]

馬: 簡先生從年青的時候就養成一個很好的習[39]慣,早睡早起.他老人家每天五點鐘就起來掃[40]院子,自己收拾他的書房.然後送他孫子孫女[41]兒去上學. [38]

白: 聽説簡先生教了幾十年的書了. [42]

馬: 老先生一面教書一面寫作有四十年了. [43]

白: 老先生的經驗相當豐富了. [44]

馬: 可不是嗎,今天的專題講話是中國的文字.這[46]兩張生詞表你先看一看然後我們再研究研[47]究. [45]

1.0. 甲　甲魚　甲.乙.丙.丁.

1.1. 據説吃甲魚對身體很好.

1.2. 那四個人我們不知道他們姓甚麽.叫甚麽名字.我們用甲.乙.丙.丁四個字代表他們四個人.

2.0.　骨　　骨頭　　甲骨文

2.1.　因為骨頭不容易壞所以商朝時代的甲骨文
　　　字到現在還有.

2.2.　他是主修考古的,他現在研究甲骨文哪.

3.0.　龜　　龜甲

3.1.　在香港公園裏有一隻大龜,據說有兩千年以
　　　上了.

3.2.　那個龜甲上的甲骨文缺了很多字.

4.0.　背

4.1.　從地裏發現那塊龜背是商朝的嗎?

5.0.　象形　　象聲

5.1.　據說最早的文字都是象形文字.

5.2.　有的漢字每一個字分兩部分一部分是象形
　　　一部分是象聲.

6.0.　料　　資料　　木料

6.1.　請你替我找一點兒關於寫論文的資料.

6.2.　這些木料的來源是甚麼地方?

6.3.　昨天我去買木料一算賬我的錢不夠了.

48
白：馬教授,甚麼叫龜甲?

49
馬：龜甲就是龜背在三千多年以前中國的文字
50
　　有的是寫在龜甲和牛骨頭上.

51
白：是不是就是甲骨文?

52
馬：是的.

53
白：甲骨文是象形文字嗎?

馬：是象形文字.

白：您能寫嗎？

馬：我就能模仿着寫幾個,寫的也不好.我從前有一個很好的機會可以學甲骨文字.可是把這個機會給丟掉了.有一年我老師他是一位很有名的考古家.他到這兒來找參考資料就住在我家裏.他說希望我把甲骨文寫好.但是我沒興趣.有一次老師跟我說："你好好兒把甲骨文學好,我死了以後你可以繼續的寫呀."

白：您寫没有？

馬：没有.我對甲骨文不感覺有興趣.我覺得很難寫.

白：請問馬教授,甲骨的甲跟甲魚的甲漢字是同一個字嗎？

馬：是同一個字.都是甲,乙,丙,丁的那個甲字.

7.0. 六書

7.1. "六書"的"書"不是"這本書"的"書"的意思.是造中國字的六種法子的名稱.

8.0. 指事

8.1. "指事"是六書裏的名稱之一.

9.0. 會意

9.1. "明"字在六書裏是會意的字.一個字裏包括了兩個字.比如"明"字是日、月兩個字組織成的就是會意.

10.0. 假借

10.1. "假借"就是借來用一下兒的意思,也是六書之一.

11.0. 形聲

11.1. "房子"的"房","種地"的"種"都是形聲字.

12.0. 轉　轉注　轉成　轉敗為勝

12.1. 請你把這封信轉給馬委員.

12.2. 轉注就是從一個字轉成另外一個字.

12.3. 根據報紙上的消息,我軍轉敗為勝.

白: 中國的文字相當難,不說別的就拿六書來說⁶⁹外國人研究起來很難了.⁷⁰

馬: 不但外國人,中國人學起來也很難.你能把六⁷¹書的名子說出來嗎?⁷²

白: 我試試看啊....象形、指事、會意、假借、形聲、轉注.⁷³⁷⁴

馬: 把六書的名子能夠說出來很不容易了.六書⁷⁵的意思你都明白嗎?⁷⁶

白: 我都明白.⁷⁷

13.0. 形狀

13.1. 昨天我們去登山,在大山上看見一塊大石頭,他的形狀好像一個人在那裏站着似的.

14.0. 獨特

14.1. 中國字每一個字有每一個字獨特的形狀.

15.0. 構　構造　構成

15.1. 你看我多麼丟臉,我把兩個句子的構造都寫錯了.

15.2. 那個詞兒是用三個字構成的.

16.0. 套

16.1. 昨天我做了一套西裝.價錢雖然不貴,可是做的很糟糕.

16.2. 你看馬小姐穿的那套洋裝多漂亮.

16.3. 他的演講老是那一套,我不想聽了.

[78]
白: 中國字每一個字有每一個字獨特的形狀.

[79]
馬: 不錯.中國的方塊兒字每一個字構造是不同的.

[80]
白: 中國字學起來雖然很難,可是在我個人的看 [81]
法,我認為是惟一最好看的文字了,比世界上那國的文字都好看. [82]

[83]
馬: 你喜歡中國字.我有一套書專門說寫字的.明 [84]
天我帶來給你看看.

[85]
白: 謝謝您.

17.0. 單音 單音字 單音節

17.1. 中國字是單音字.每一個字都是單音的.

17.2. 中國字都是單音節.英文多數是多音節.

18.0. 優點

18.1. 張先生寫的文章最大的優點是簡單明白.

19.0. 絕大多數

19.1. 絕大多數的錯誤都是他做的,可是他不肯承認.

20.0. <u>說文</u>

20.1. 念文字學的時候必得有說文這部書作參考.

21.0. 氏　　許氏說文

21.1. 中國從前要是李小姐和張先生結了婚,他就是張李氏了.

21.2. <u>許氏說文</u>一共有十四篇.

白: 中國字是單音字,每一個字都是單音的.我認為這是文字的優點,至於詞兒哪,雖然也有單音詞兒,一個字就是一個詞兒,但是絕大多數不是單音的,差不多都是兩三個單字組織成的.

馬: 對的,例如我們這張生詞表上的詞兒一共有六十幾個,可是還不到十個是單音的.

白: 是的,馬教授,有時候我寫關於文字一方面的東西,我看<u>許氏說文</u>多數看不懂,上面都是用文言解釋的,我用了相當長的時間看,始終看不懂,如果<u>說文</u>有翻成白話的,那對外國人就方便的多了.

馬: 對了,我也在這麼想哪.

22.0. 象事

22.1. "象事"就是"指事"的另外一個說法.

23.0. 字形　字音　字義

23.1. 中國字形與西洋文字不同,有他獨特的形狀.

23.2. 中國字的字音是單音字一個字有一個音.

23.3. 甚麼叫做字義呢? 就是字的意思.

24.0. 韻　詩韻　韻書　音韻　音韻學

24.1. 作詩必得找詩韻.

24.2. 作詩跟寫文章不同,作詩必得懂音韻.

24.3. 張先生對於音韻學很有研究.

24.4. 你有韻書嗎? 借我看看.

25.0. 聲

25.1. 一個字的發音包括兩種東西.前邊的音是聲.
後邊的音是韻.

98
白: 馬教授"象事"這個詞兒請您解釋一下兒.
99 　　　　　　　　　　　　　　　　　　　　　　100
馬: "象事"也是六書之一,也叫"指事"意思就是很明
　　　　　　　　　　　　　　　101
白的指出一件事來.你一看他的形狀就明白
字的意思是甚麼.比如"上、下".
102
白: 研究文字學很有意思.
103
馬: 我念大學一年級的時候是先念文字學.文字
　　　　　　104
學是中國獨特的一種學問.
105
白: 念文字學您開始先學甚麼?
106
馬: 我那個時候研究字形、字音、字義.文字學是一
　　107
種很複雜的學問.
108
白: 還有甚麼叫做韻呢?
109
馬: 中國字每一個字都是單音字.凡是一個字的
　　110
前一部分叫做聲,後一部分叫做韻.
111
白: 研究中國文字是不是要注意音韻?

112
馬： 當然要注意,你對音韻學有興趣嗎?
113
白： 我想研究研究,但是不知道應該看甚麼書?
114   115
馬： 中國的韻書很多,作詩的人常用的<u>詩韻</u>也是
　　韻書的一種.

26.0.　簡筆字
26.1.　漢字"慌亂"的"亂""黨派"的"黨"都有簡筆字.
27.0.　底　底下　到底
27.1.　我父親今年年底就應當退休了,但是他不肯
　　　退休.
27.2.　你的地理教科書在字典底下哪.
27.3.　作事要作到底,不要作一半兒就不作了.
27.4.　你一會兒說去,一會兒說不去,你到底去不去呀?
28.0.　意義　本義　別義　一字一義
28.1.　他寫的那篇文章我從頭到底都看了,可是我
　　　不明白他的意義是甚麼?
28.2.　"本義"是<u>說文</u>上的的第一個意思.
28.3.　"別義"是另外的一個意思,比如"元"字的本義是
　　　"開始"別義是"朝代的名子"跟"一塊錢."
28.4.　一字一義就是一個字一個意思.
23.0.　減少
29.1.　勝利以後這裏的難民一天比一天減少了.
30.0.　大眾
30.1.　時代不同了,現在應該以大眾的意見為意見.
31.0.　弄

31.1. 中秋節毛先生請我到他家去吃飯,毛太太弄了很多菜.

31.2. 其實我每天的工作並不太多,可是天天把我弄的很忙.

31.3. 昨天我到火車站,車早就開了,原來我把鐘點兒給弄錯了.

116
白： 請問馬教授"簡筆字"跟"簡體字"到底有甚麼分
117
別呢？
118
馬： "簡筆字"就是把字寫的筆劃簡單了.從很早以
119   me
前就有這種寫法."簡體字"嚜,是近來中國大陸
120
上推行文字改革的第一步.把複雜的漢字都
給他簡化了.意義是一樣,寫的時候省時間.
121
122
白： 簡化漢字並不只是把每個漢字簡單化了,是
123
不是？
124
馬： 把漢字的數目也要減少一些.簡化漢字是文
125
字改革的一部分.
126
白： 文字改革的目的是文字要大眾化,也要簡單
127
化,是不是？
128
馬： 是的.
129
白： 這次我弄清楚了.

32.0. 法則

32.1. 他們作事沒有一定的法則.換句話說就是一點兒也不科學.

33.0. 表達

33.1. 語言是表達意思的.

34.0. 准

34.1. 糟糕,我這次申請獎學金沒准.

35.0. 背   背書

35.1. 今天先生要是讓我們背書,我一定背不下來.

36.0. 例外

36.1. 今天這個會議是例外的.因為張委員要走了.
       大家必得在一塊兒開會討論討論.

130
白: 馬教授,一字一義是一個字有一個字的意思
    是不是?
131
馬: 對了.
132
白: 法則,方法意思是一樣嗎?
133
馬: 有點不一樣.
134
白: 我時常有這種情形,寫了東西自己看看總是
    覺得寫出來的没能夠把心裏想説的話表達
    出來.
137
馬: 多看書,詞兒知道的多了自然而然的就會運
    用了,你心裏頭想説甚麼都能用文字表示出
    來.
140
白: 我想我進步不了了.
141
馬: 不會的.你多看書一定能進步.
142
白: 我想我是例外了.再也進步不了了.

馬： 中國人以前念書都得背下來,我倒覺得那個
法子很好.我小的時候念的書現在還能背出
來.就是因為當時都背下來.我們念書的時候
如果背不下來,老師不准回家吃飯.

白： 我倒是贊成背書.

37.0. 素　音素　要素
37.1. 他年紀那麼輕老是穿素衣服.
37.2. 你知道長生不老這個詞兒一共有幾個音素?
37.3. 事業能成功惟一的要素是努力.
38.0. 食　糧食
38.1. "吃飯"的"吃"要是用文言寫就寫"食".
38.2. 這裏出產的糧食只夠當地人吃的.
39.0. 行　行動
39.1. 中山先生說衣,食,住,行是人生四大要素.
39.2 我太太老管著我,我的行動一點兒不自由.
40.0. 引伸
40.1. 引伸就是從原來的意思又說到更深更大的
一個意思.
41.0. 可惜
41.1. 我家的電視很清楚,可惜讓我弟弟給弄壞了.
現在一點兒也看不清楚了.

白： 馬教授,音素我明白,要素這個詞兒我不知道
怎麼用.

150
馬："要素"就是"要緊的條件"的意思.衣食住行
　　　　　151
是人們生活的四大要素.

152
白：還有引伸這個詞兒.我不懂是甚麼意思.

153
馬：引伸是寫文章用的詞兒.是把本來的意思又
　　154
往大一點兒來說一說叫做引伸.

155
白：今天的詞兒,文言的很多,可惜我沒念過文言
　　　　156
文.所以很多都不懂.

　　　zōng　　　　zōng
42.0.　綜括　綜括一句
　　　zōng
42.1.　綜括國內的情形來看.這次的戰爭我們一定
打勝.

　　　　　　　　　　　　　　zōng
42.2.　大家雖然有很多意見,綜括一句大家都贊成
獨立.

43.0.　會合

43.1.　報上的消息某軍和某軍在山東會合.大家都
很重視這件事.

44.0.　隊　軍隊

44.1.　你看街上有一隊兵從這兒路過.

44.2.　這裏的公路以前曾經被某國軍隊給破壞了.

45.0.　音調

45.1.　你聽聽這個歌兒的音調多麼複雜.有高、有低、
有快、有慢.

157
白：請問,綜括的意思是甚麼?
　　　zōng
158
馬：就是"整個兒都包括在裏面"的意思.

159
白："會合"這個詞兒我知道,可是寫文章的時候,我
160
不會用.

161
馬:就是"聚在一塊兒" 的意思,比如 "某軍和
162
某軍在那裏會合抵抗某國軍隊,某軍就轉敗
為勝了."

163
白:"本義"和"本來的意思"一樣嗎?

164
馬:差不多一樣,"本義"就是"本來的意義"."意義"就是
"意思".

165
白:"別義"就是"別的意思".

166
馬:對了.

167
白:"意義"這個詞兒念的時候都有音嗎?

168
馬:都有音,都是四聲.

169   170
白:我說話最大的毛病是音調一方面,不論怎麼
說,總是不如中國人那麼自然.

46.0.   利   有利   不利

46.1.   這次的大戰我們軍隊退到有利地帶.

46.2.   你這樣的作下去,對你的前途很不利.

47.0.   拉丁   拉丁文   拉丁化

47.1.   據說念醫科的必得學拉丁文,因為很多藥的
        名子是拉丁文.

47.2.   有人提倡國語拉丁化.

48.0.   中央
        niǔ
48.1.   紐約四十二街的火車站要是翻譯成中國話
        是"大中央車站."

48.2. 中央本來是當中的意思.中央政府簡單的說法也叫中央.

49.0. 信用

49.1. 他從來没有信用,所以没人信任他.

49.2. 那個公司的信用不好,最好少到那兒去買東西.

50.0. 確定

50.1. 中央研究院要有一次會議,日期已經確定在本月十五日.

馬: 學外國語言要想學的好是最困難的一件事情,就拿學中國話來說,即使你發音四聲都很正確了,也不見得把話說的很好.老實說在我認識的外國學生裏在語言一方面你是最好的一個了.

白: 我差的很遠哪.

馬: 看你說中國話的成績這麼好,你是一個很有語言天才的人.你學過幾種外國語言了?

白: 除了中文以外我還學過德文、法文跟拉丁文.

馬: 你住在華家在學中國話方面對你是很有利的.

白: 那倒是實在的.每天平均至少也要跟學新談一兩個鐘頭,我還忘了跟您說了哪.

馬: 甚麼事?

白: 華先生說最近中央計劃着在東部造一條公路,知道華先生作事有信用,本來華先生對公

路這種工程沒興趣.可是政府覺得這個工程
一定得請華先生去.

189
馬: 老華做不做這個工程?

190
白: 他大概做.可是甚麼時候開始還沒確定哪.

51.0. 屯　屯子

51.1. 又要打仗了.我們那一屯子的人又該逃難了,
真糟糕.

51.2. 考古家在河南省安陽縣小屯村地底下發現
了商朝的文字.

52.0. 掘

52.1. 張先生那塊地想要造房子工人一掘地,掘出
很多黃金來.

53.0. 倉頡

53.1. 據古書上說中國字是倉頡造的.

54.0. 正式

54.1. 王太太和他丈夫三年不在一塊兒生活了,可
是還沒正式離婚哪.

191
白: 請問屯字怎麼用呢?

192
馬: 有的地方小村子的名子叫屯子.地名常用屯.
比如王家屯,六里屯,考古家在地裏掘出來甲
194
骨的地方名子叫小屯村.

195
白: 我看歷史上倉頡造字那不是比甲骨文早一
196
千年了嗎?

197
馬: 中國字早就有了,可是因為沒有確實的根據,
198
所以一般學者認為不能正式承認.

55.0. 因而
55.1. 他接到家中電報知道他父親在生病,因而心
中十分慌亂.
56.0. 光明
56.1. 你這次到英國去留學預祝你前途光明,希望
你早日回國.
57.0. 會計
57.1. 我哥哥在電報局當會計主任已經有五年了.
58.0. 省會   商會
58.1. 今天王先生到省會去參加一個重要的會議.
58.2. 請問這裏的商會除了會長以外還有誰負責?
59.0. 鬼   洋鬼子
59.1. 很多人說那所兒大房子裏有鬼.
59.2. 有人說鬼最怕光明.
59.3. 中國人叫外國人是洋鬼子,你們知道這個來
源嗎?
59.4. 我小的時候最喜歡聽人家說鬼故事.

199
白: 馬教授,因而這個詞兒說話不大用,是不是?
200
馬: 是.多數寫文章用.
201
白: 光明的意思是甚麽?
202
馬: 有時候用他形容一個人有前途. "他的前途

203
很光明"

^{kuài} ^{huì}
204
白：會計不能念會計嗎？

205
馬：不能,其實漢字都是一個字.不知道為甚麼把
^{huì} ^{kuài} ^{huì}
會計念成會計.比如工會、商會、開會都是會的
207
音.

208
白：洋鬼子想說中國話真不容易.像這種地方常
209
常弄出笑話來.所以人家說:"天不怕,地不怕,
210
就怕洋鬼子說中國話".

211
馬：你這個洋鬼子倒是例外.

60.0. 麥子

60.1. 麥子也是糧食的一種河南省出產的最
多.

60.2. 我們這兒不出產麥子,所以都吃米飯.

61.0. 頓

61.1. 我一天所得的工錢只够我吃兩頓飯的.

62.0. 麻

62.1. 馬小姐的衣服是用麻布作的.

63.0. 廠　工廠　木廠

63.1. 那個人造絲工廠的規模相當大,有一千多
工人在那兒作工.

63.2. 那個大樹林子是屬於那個木廠的.

64.0. 罵

64.1. 上海人罵年紀大一點兒的男人是"這個老
甲魚".

白 (212)：中國南方產米，北方產麥子，據我所知道的北方人不大吃米，是不是？(213)

馬 (214)：南方人每頓飯都吃米，北方人有的人家午飯吃米飯，有的人家晚飯吃米飯。(215)

白 (216)：麻是不是北方出產的？

馬 (217)：麻這種東西多數是在南方出產的，我們的詞兒現在都說完了，時間也差不多了，你去聽講，(218)(219) 我得到木廠去買點兒木料去。

白 (220)：您買木料作甚麼？

馬 (221)：我們的孩子多，東西也多起來了，所以房子不夠用了，想在後院兒造一間木頭房子，我太太說了好久了，叫我買木料，要是再不買該罵我了。(222)(223)

白 (224)：馬教授原來怕太太呀。

馬 (225)：我不怕，他只是罵我還沒打過我哪！

生詞表 (p.314)

1. 甲
   甲魚
   甲、乙、丙、丁
2. 骨
   骨頭
   甲骨
   甲骨文
3. 龜
   龜甲
4. 背
   象形
   象聲
6. 料
   資料
   木料
7. 六書
8. 指事
9. 會意
10. 假借
11. 形聲
12. 轉
   轉注
   轉成
   轉敗為勝
13. 形狀
14. 獨特
15. 構
   構造
   構成
16. 套
17. 單音
   單音字

單音節　　　　　底下　　　　39 行
多音節　　　　　到底　　　　　行動
18. 優點　　　28. 意義　　　　40. 引伸　　　51. 屯 (tún)
19. 絕大多數　　本義　　　　41. 可惜　　　　屯子
20. 説文　　　　別義　　　　42. 綜括　　　52. 掘 (jué)
21. 氏　　　　　一字一義　　　綜括一句　　53. 倉頡 (jié)
　　許氏説文　29. 減少　　　43. 會合　　　54. 正式
22. 象事　　　30. 大眾　　　44. 隊　　　　55. 因而
23. 字形　　　31. 弄　　　　　軍隊　　　56. 光明
　　字音　　　32. 法則　　　45. 音調　　　57. 會計
　　字義　　　33. 表達　　　46. 利　　　　58. 省會
24. 韻　　　　34. 准　　　　　有利　　　　商會
　　詩韻　　　35. 背　　　　　不利　　　59. 鬼
　　韻書　　　36. 例外　　　47. 拉丁　　　　洋鬼子
　　音韻　　　37. 素　　　　　拉丁文　　60. 頓
　　音韻學　　　音素　　　　　拉丁化　　62. 麻
25. 聲　　　　　要素　　　48. 中央　　　63. 廠
26. 簡筆字　　38. 食　　　　49. 信用　　　　工廠
27. 底　　　　　糧食　　　50. 確定　　　　木廠
　　　　　　　　　　　　　　　　　　　64. 罵

語法練習 (p.315)

1. 那些研究甲骨文的老先生看龜背的看龜背、看牛骨頭的看牛骨頭.
2. 那幾位詩人在端陽節的時候大家在一塊兒作

詩,談字音的談字音,談字義的談字義.

3. 甲、乙、丙、丁四個人,各有各的事情,打掃屋子的打掃屋子,擺月餅的擺月餅.

4. 那個軍隊的兵,過五月節的時候有一天的休息. 他們划船的划船,吃糉子的吃糉子.

5. 那幾位議員這次開會弄的很忙,在會議室裏開會的時候,討論的討論記錄的記錄.

6. 你說那件事情這麼辦好呢,還是那麼辦好呢?⋯綜括一句怎麼辦也辦不好了.

7. 我要到外國語速成科念一門外國語文.你說我念拉丁文好,還是念法文好?⋯ 你隨便念那門都好.

8. 你說這件事情是按着大眾的意思好呢,還是幾個人開會決定好?⋯ 還是開會決定好.

9. 毛先生說一半天請我吃飯,他這頓飯我到底吃好呢,還是不吃好呢?⋯ 我說你還是吃好.

10. 老張結婚,我穿中裝好,還是穿一套西裝好呢?⋯ 我說你還是穿西裝好.

11. 王先生才買了一個大兔兒爺讓他兒子給弄壞了,你說多麼可惜.

12. 他太沒信用了.借我那本詩韻的時候說星期三一定給我送來.結果到今天他也沒給我.你看我應該怎麼辦?

13. 那個人造絲工廠每天工人要工作十一小時.你說他們多麼努力生產.

14. 那個紅燒甲魚都讓我給吃光了,你想我多麼愛吃吧.

15. 那本鬼故事的小說他說那是千真萬確的事實,你說他多麼幼稚.

講話 (p.316)

諸[1]位[2]同學:

今天講話的題目是中國的文字。這個題目包[3]括的範圍很大,今天所講的只是把中國文字的起[4]源談一談,和字[5]形、字音、字義以及近來的改革大署的談。

中國文字是在甚麼時代創造的?離現代有[6]直[7]若干年?最初的文字是甚麼樣?這個問題現在還沒法子確定。我們現在所能看得到的最古的文字只有甲骨文。甲骨文是從[10]現在三千多年以前商朝時代使用的文字。甲骨文認為是中國最古的文字。在河南省安陽縣小屯[11]村甲骨和牛[12]骨上,在這些研究認為甲骨都刻[15]在龜[13]甲[14]和牛骨上,確實能看得到的。後來經過中外學者研究,這些文字現在確實能看得到。這是我們現在確實能看得到的最古的中國文字了。因為直到中國十六年以前[8]掘出有的甲骨[9]文字。

在甲[16]骨文以前可能還有更古的文字。比方說在[17]中國古書裏說:"倉頡jié造字有鬼夜哭。"意思是說[18]上古時候大約在四千多年以前有一個人名[19]子叫倉頡[19]，他造出了文字。在他造出文字的時候，有[20]一些文[21]明起來了，所以鬼知道人類發明了文字，就要一天比一天對於鬼一定不利的，所以鬼在夜裏哭起來了[23]。因為這種說法好像神話，並沒有可靠的証明。甲骨文[24]就算中國最古的文字了。

世界上無論那一種文字，他的構成都要有[25]三個不能例外的"要素"[26]，就是"字形、字音和字義"。中國文字的字形，中國文字[28]拼[27]方塊中[30]太[31]複[32]，現在首先講中國文字的字形。這種方塊字不像拼音文字是方塊的，是用字母或多或少拼成了一個字。中國以[29]字形對[33]可以舉[34]出基本[35]例子，每個字有每個字的獨特的字形，是用若干不同的筆劃寫成了一個字，所以字形太於學習上就比較困難。其實這種字形對，我們知道中國字的構造是有六個法則，這六個法則叫做六書。六書是象形、指事、會意、假借、形聲、轉注。

在六書[36]裏第一個法則是"象形"。甚麼叫象形呢[37]？書[39]出這個[38]就是所造出來的字是照着一個東西的形狀就可以認識這個來的。學習的人一看見這個形狀就可以認識個字了。比如日、月、山、川、門等等。

第二個[40]法則是"象事"，也叫做"指事"。指事的意思就是先寫[42]明白[41]指出一件事，我們一看見這個指事的個字的形狀[43]，可以知道是甚麼字了。比如上、下這兩個字是表示中央的意思，在"一"字上一個"一"字[44]，這個"一"字是表示中央的意思，在"一"字上

[45]頭有筆劃的就是"上"字,在"一"字下[46]面有筆劃的就是"下"字。

第[47]三是"會意",會意是一個字裏包括[48]有兩個字,看這兩個字[49]的意思,就可以知道這一個字是甚麼[50]字了。例如"信"字[51]是人、言兩個字組織成的,人言就是"人說[52]話"。人說話一定有信用,信用[53]就是信。又比方"明"字[54]是日和月兩個字組織成的[55],日和月在一塊兒一定特別光[56]明,所以就是光明的"明"字。

第[57]四是"形聲",是一個字裏包括兩[58]個字,一個是象形的,一個是象[59]聲的。例如"烤"字是火車[60]的火和考試的考兩個字組[61]織成的。火字是象形,考字[62]是象聲,合在一塊兒就是烤[63]鴨子的"烤"字。

第[64]五是"轉注",是從一個字轉成[65]另外一個字,就像老人[66]的"老"字轉注成考試的"考"[67]字。

第[68]六是"假借",就是借用別的字。例如古時[69]麥子的"麥"字當時的寫[70]法跟現在"來去"的"來"字是一樣的。因[71]為當時還沒有"來"字,就假借原[72]有"麥"字的寫法當作"來"字了。借[73]用日子久了,就正式算是"來"字了。

這[74]六種字形,對於文字的學習[75]上是很有幫[77]助的。

其[78]次要講的是字音。中國字的字[76]音,雖然是單[80]音節,可是每一個字音,如果再進[81]一步研究,把每個字音再分析一下,那麼每一個字音裏,可以分[82]成前後兩部分,也[79]就是有前後兩叫做聲、韻拼成的。[m]就是聲，[a]就是韻。有人寫的很有用處。此外[88]，每[89]一個字的意……在後的一部分叫作"媽"字的就[87]像，此外每一個字的意……在前[83]的一個字[84]，m、a[85]兩……一部分都是音素拼成的就很……一個音都是音素拼成的。

中[86]國古書後來還有一個特點，這是對於在研究音韻學上要特別注意的，就是按照音調的高、低、長、短[90]分出來。例如四聲。第一聲、第二聲、第三聲、第四[91]聲，那個[93]字的意……

個音素。凡是一個字音，中國的字音分為四聲，這一類國字音的。這四聲就是第一聲，"媽"是第一聲，"麻"是第二聲，"馬"是第三聲，"罵"[92]是第四聲。每個字音因為念出的聲的不同，因而那個字的意思也就不同了。

現[94]在談到"字義"。字義就是每一個字的意思，字義是三[95]要素裏是最重要的一種。如果只能認識字形，可是不知道字義，那還是沒有用處[98]。字義的主要用[96]處，就是表達意思。字義的主要，也和所定的從本了往例……

字義有本義，有別義。本義就是這個字本來的意思。甚麼是本義呢？就是按照許氏說文——換句話說就是中國字一個字在一個地方有一種講法——就是這個字本來的意思。

在作用念出字的字音，可是不知道字義，那還是沒有用處。能[97]國甚[99]麼這一字[100]義本往如[105]另外"會"字，本義是會合的意思——很多[106]。就像⑴"會不會國語"的"會"；⑵"開會"的"會"；⑶"省會、商會"[107]的"會"；甚至於"會計"（kuài）的"會"（kuài），他所代……字[101]的本的義[102]，這出[103]來或者另外多意思，或者假借，或者引伸[104]，本義往往有很多。

表的意思都是不相同的.所以有人認為中國文字[108]
的字義太多,這也是不容易學習的原因之一.[109]

綜(zōng)括來說中國文字在字形、字音、字義上有他的[111]
優點也有他的缺點.有人認為如果跟拼音文字[112]來比較,中國文字是比較難學,也不容易寫,所以近來大[113]有很多人主張文字改革.主張文字改革的辦法大致可分為兩種.有一種主張把中國文字原來的簡單化.[114]化.比方說原來文字筆劃太多的可以把他簡化.[115]這種主張,不但在政府方面提倡,就是在社會上也[116][117]因為事實上的需要.自然而然的形成出來一種[118]筆字,日子久了大家也就都使用了.從這一點看來,[119]中國文字應當改革簡化.這是大眾的需要.此外另[120]有一種主張是把中國文字改用拼音文字,不用漢[121]字,只用拉丁字母.這就是所謂"中國文字拉丁化"[122]可是這種主張因為和中國傳統的思想上不合,所[123]以能不能實行,還是一個問題.[124]

復述 (p.320)

這盤錄音帶是中文第一組第十一號,白文山復[1']述第十一次專題講話.[2]
昨天的專題講話是由本校語言學系的系主任[4]張光明教授所講的"學習中國話".張教授是北[5]京人,所以他說的是很純粹的北京話.現在我大畧[6]的復述一次.

　　張教授說[7]如果要研究中國的文學，或是研究中國的語言[10]，要是不懂中國話，怎麼研究中國的學問[9]呢？最要緊的是要把中國話研究[8]好。如果不懂中國話，怎麼能聽別人演講[11]呢？就是和中國朋友接觸[12]，也必得瞭解中國話。

　　他說大家已經進入了中國社會，要是語言上有[13]困難，一定很容[14]易克服。他又說他把學外國語言容易忽略的一些事情，給我們講一講。

　　張教授又說[15]我們是從很遠不同的國家來[16]到中國的人，一在學著[21]語言就[22]不... 常常把握[20]。也許離家很久了，碰見一個說本國語言[17]的人，一定高興的不得了，免不了大家要親近親近[19]了。這當然是非常愉快的事，應當掌握[18]機會，要不然有機會就過去了。所以應當很快的進步，而且還要退步。寶貴的機會不斷的練習才能很有效的進步。最有效的方法還是利用機會多說中國話。

　　張教授說[23]我們認識兩千到三千個字了，這是相[24]當不少了。中國字常用的也不過是三[25]四千字[26]，說出來流利，運用[26]得靈活，心裏想說的話說得出來，那很自然，不像中國人說的沒味兒[27]，那是運[28]用這個話不注意。即兒有味兒，說中國話很有詩意[29]。有人說中國話[30]有點兒對。

　　中國人[31]說話常常用比喻，張教授用了[32]一個很有意思的例子。他說要是你家裏姊妹請來了很多女同學，你告訴別人說：「我們家來了很多小姐，那些小姐都很漂亮，鶯鶯燕燕（yīng yīng），熱鬧極了。」當然也可以說：「那些小姐很好看，有的長頭髮，有的短頭髮，有胖的有瘦的，熱鬧極了。」你看這兩個說法是不是第一個說法比較生動呢？說話用比喻在中國話裏很多，要是大家多注意這些也能增加說中國話的興趣。

張教授說也要注意中國人的風俗習慣，他說並不是讓我們每一個人愛吃中國飯，喝中國茶，他說很漂亮也很瞭解和中國語言有關係的。你知道風俗習慣的不同，中國人和外國人的感情是含蓄的。一個男的對女孩子說：「我喜歡你」和「我愛你」的意思，他的小姐就說喜歡他，如果懂得中國人的意思，臉就紅了。你希望再有機會和你見面，再和你見見。如我們碰見一位中國小姐會說話，你跟他談了一會，你對他說：「我很喜歡你」，這位小姐可能生了氣，這是甚麼原因嗎？這就是習慣的不同。中國人男女初次見面，「我喜歡你」和「我愛你」的意思差不多。你跟一位初次見面的小姐說：「我喜歡你」，那位小姐當然很不好意思。還有在中國話裏「我喜歡你」面的，張教授說：「和你在一塊談談很有意思」，那位小姐聽了你這習慣，希望將來我們還有機會談談。那位小姐聽了你這兩句話一定很高興。

張教授又說語言是日積月累的一種習慣，要想克服學中國話的困難，有效的辦法是利用機[59]會多聽多講。張教授還說學習語言能[60]否成功，那就得看你能不能掌握學習的環境[61]。他最後又說，有一些念了三年五年的書的中[62]國學生到外國去留學，可是還不能跟[63]外國人[64]說話，不是辭不達意就是心慌意亂，有的雖然已經說話，和人家說的沒有語言天才，都是發生很多錯誤。他說這[65]不是他們沒好好兒的利[66]用機會，他們上課以外都是跟中國同學在一塊[67]兒談中國話了。我認為張教授說的很[68]有道理，就拿我們外國人在中國學語言來說吧[69]，也不應該洋鬼子跟洋鬼子老是在一塊兒談話。

溫習 (p.322)

1. 我家房子的旁邊兒有一顆樹。有時候我獨自坐在樹下，看見一個小燕兒飛來飛去。我心裏想，這些燕兒比人都強，燕兒的生活多麼自由，只有快樂沒有憂愁。

2. 重陽節登高據說可以避免災難。可是人類未來的災難很多，即使天天登高，登到最高的地方，是否能避免了災難呢？

3. 有一個留學生回國的時候正是秋天，他的幾個朋友請他過八月節賞月。有一個朋友問他外國的情形。他說："我留學的地方是在大西洋的西邊是一個強國．人民都知道愛國，絕對不作對國家不利的事．人民也有同情心，更有熱情幫助旁人．在政治上真正民主，有議員代表人民的意思．在經濟上注重生產，就拿糧食來說，十分豐富…這個留學生一邊兒說一邊兒吃月餅，忽然有一個朋友對他說："有的留學生說洋人甚麽都好，連外國的月亮都比本國的大，是真的嗎？"這個留學生說："那不過是說關於留學生的一段笑話，那裏會是真的呢？"

4. 清明節家家去掃墓，為的是不忘祖先．端陽節吃糉子處處賽龍船，為的是紀念投江的楚國屈原．這都是中國的風俗習慣，決不容易打破的．

5. 去年賽船，我們這條船賽不過別的船，失敗了．今年又要賽船，我們急忙練習．到了比賽這一天，我們又去參加，這一回比賽的船更多，在開始比賽的時候，我們的船是走在後邊，又要失敗，可是努力的結果後來我們的船首先到了目的地，我們轉敗為勝了．

6. 說文這一部書是一個姓許的作的，所以把這部書叫做許氏說文．在這部書裏所謂"古文"有人說是指倉頡所造的字．

7. 有人問我："中國字是不是單音節？中國六書裏頭有一項是形聲，形聲是甚麽意思？"我說："這兩個問題請你看看本課的專題講話，你就可以明白了．"

8. 我最愛看中文報紙從前把每天看過的報紙都
　 收起來,可是日子久了積累的太多了,所以我近
　 來看中文報紙看過以後就扔了.

9. 農民惟一的希望是秋收,秋收主要的東西是糧
　 食,每年到了秋天,從農民的臉上就可以看出他
　 們的秋收是怎麼樣,如果他們的臉上是笑的樣
　 子,那一定是秋收很好.

10. 張先生家裏的墳地在一個小山上,佔的地方很
　　 大,可是墳墓並不多,他說裏邊有一個最大的墳,
　　 是他們祖先的,他們的祖先是跟外國打仗的時
　　 候打敗了死的,後來政府就把這塊地給了他們
　　 的祖先作墳地了.

11. 我在大學念書的時候,最初是旁聽,後來才轉成
　　 正式學生,由旁聽轉成正式學生的手續倒很簡
　　 單,只要考試及格就可以轉了.

12. 從我家花園的旁門進來了一隻小兔兒,看見了
　　 我好像要逃走,我扔了一塊餅,我的心意是想給
　　 他吃,可是他以為我要打他,他東跑跑西跑跑,着
　　 急的不得了.後來他找到旁門的下邊兒壞了的
　　 地方,他就從那裏逃出去了.

13. 很多年以前我在中國北方旅行,走到河南省的
　　 一個地方有一個農人拿着一塊骨頭要賣給我,
　　 我想這些東西沒有用處,我就沒買,後來才知道
　　 那就是龜甲和牛骨,上面都有字,就是甲骨文,我
　　 很後悔當時沒買,可是後悔也晚了.

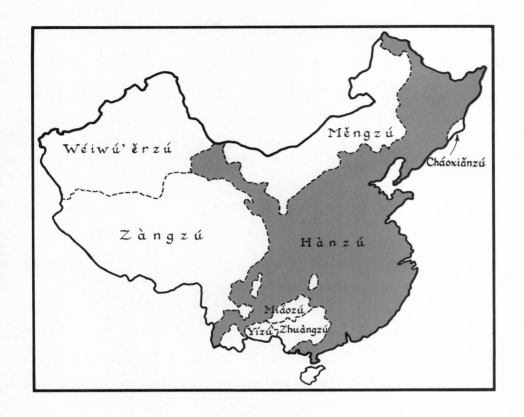

14. 我想學習寫中國字,可是沒有桌子,老張知道了
就借給我一個,並且還叫人送來,送來的時候,我
給了送桌子的人五塊錢的賞錢,我就開始練習
寫中國字,可是我想中國字不是一下兒就會寫
好的,遲早我總得自己買一個桌子.

15. 我有一本書雖然是破了,可是據別人說這本書
不再出版了,在書店裏就買不到了.有一天張先
生要借去看,我不好意思不借,只好借給他,可是
好久了也沒送回來,我就寫信去要,張先生回信
說,這本書不知怎麼找不到了,也不知丟在甚麼

地方了,叫我告訴他甚麼地方賣,以便給我買一
本.他又說惟有如此沒有別的法子.

16. 王教授給學生講國文,要是有不容易懂的句子,
他都是用比喻來解釋給學生聽,而且他時常讓
學生背書,凡是課文是文言文的他都讓學生背.
他說背過的東西是永遠不會忘記的.

問　題 (p.324)

1. 我們確實能看得到的中國最古的文字是甚麼
文字?這種文字是在甚麼朝代用的?離現在
有若干年了? 在甚麼時候甚麼地方發現的?

2. 據傳說在甲骨文以前有甚麼人造字? 他造字
的時候有一些鬼為甚麼哭了?

3. 世界上無論那一種文字的構成都有三個要素,
三個要素是甚麼? 中國文字的字形是甚麼樣
的?

4. 學習中國文字為甚麼比較困難? 中國的字形
對於學習上有沒有幫助?

5. 中國字的構造有幾個法則? 這些法則的總名
稱叫做甚麼? 每種法則的名稱請你說一說.

6. 甚麼是象形? 甚麼是指事? 請你各舉一個例
子分別說明.

7. 中國的字每一個字有幾個音節? 音節和音素
有甚麼不同?

8. 中國文字在一個字音裏有幾個音素？在前的音素叫做甚麼？在後的音素叫做甚麼？你能舉例子說明嗎？中國字音的特點是四聲請你舉個例子說明四聲.

9. 甚麼叫字義？甚麼叫本義？甚麼是別義？你能舉個例子說明嗎？

10. 中國文字為甚麼要改革？改革的辦法大致有幾種？那種受人歡迎？那種還有問題？為甚麼有問題？

1	2	3	4	5	6	7
鴨	劇	藝	擇	彙	碼	稍

8	9	10	11	12	13	14
微	索	熙	適	卷	閱	童

15	16	17	18	19	20	21
乾	脆	訂	叢	鑑	散	弧

22	23	24	25	26	27	28
危	險	雙	鋪	傷	草	排

29	30	31	32	33	34	
列	瞧	輯	訊	屬	颶	

1. 鴨 yā — a duck
2. 劇 jù — drama (2)
3. 藝 yì — skill; art (5)
4. 擇 zé — select (6)
5. 彙 huì — collection (7)
6. 碼 mǎ — figure (10)
7. 稍 shāo / sháo — somewhat (18)
8. 微 wēi — tiny (18)
9. 索 suǒ — importune (19)
10. 熙 xī* — splendid (20)
11. 適 shì — fit, suitable (21)
12. 卷 juàn — document; chapter (22)
13. 閱 yuè — peruse (23)
14. 童 tóng — child (25)
15. 乾 gān — dry; clean (28)
16. 脆 cuì* — brittle; crisp (28)
17. 訂 dìng — order; subscribe (29)
18. 叢 cōng — thicket (30)
19. 鑑 jiàn* — mirror (33)
20. 散 sǎn / sàn — loose (34) / disperse, scatter
21. 弧 hú* — arc (36)
22. 危 wēi / wéi — perilous (39)
23. 險 xiǎn — danger(ous) (39)
24. 雙 shuāng — pair, couple; double (40)
25. 鋪 pù — a store (42)
26. 傷 shāng — injure, wound (45)
27. 草 cǎo — grass; hasty (47)
28. 排 pái — line up (52)
29. 列 liè — row, series (52)
30. 瞧 qiáo — look (54)
31. 輯 jì — edit (56)
32. 訊 xùn — news (60)
33. 厲 lì — severe (63)
34. 颳 guā* — blow (64)

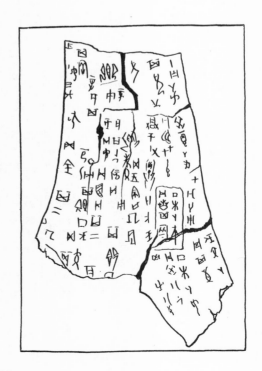

417

白：馬教授早.

馬：早.

白：對不起我來晚了.吃早點的時候學新問我一個問題,和他多說了幾句話,一看表比每天出門口兒晚了十分鐘.

馬：沒關係.昨天的專題講話復述了沒有？

白：復述了.

馬：噢.上次我忘了告訴你.上次的復述從頭到底說的都好,可惜有幾個字的字音不很準,以後注意這一點.

白：是的.錄好了以後自己也聽出來了.本來想再重錄一次,可是才聽完,一位同學就來了.一直的談到十一點才走.

馬：昨天的專題講話有甚麼問題嗎？

白：關於專題講話倒是沒甚麼問題.不過我復述的很糟糕,還是不如理想.

馬：你最近的錄音只是在字音和四聲有點兒小毛病,在別的方面都好.

白：我希望一次比一次減少發音和四聲上的錯誤.我以前復述都是把原文背下來然後錄,現在我是把自己所記錄下來的大致說一說.

馬：這就是進步了.

白：今天的專題講話是講"參考書"嗎？

馬：是的.好,現在我們討論討論這些詞兒.

白：好的.

1.0. 戲　聽戲　看戲　京戲　唱戲
1.1. 外國人也有喜歡看中國戲的.
1.2. 北京人多半喜歡聽戲.北京人管看京戲叫"聽戲."
1.3. 昨天王先生請我看戲,我沒去.
1.4. 演京戲的人有時把臉用顏色畫上.
1.5. 我有一個朋友是有名的唱戲的.
2.0. 劇　戲劇　話劇　劇本
2.1. 近來有很多很有名的戲劇都是話劇.
2.2. 那個話劇的劇本是一個文學家寫的,很有教育的意義.
3.0. 短篇　長篇
3.1. 他把工人在工廠吃苦的情形寫成一篇短篇小說.
3.2. 那本長篇小說寫的都是神話.
4.0. 選集　全集
4.1. 我要買一本<u>中國古文選集</u>不知道有沒有這一類的書.
4.2. 聽說有一部書是<u>中山全集</u>你看過沒有?
5.0. 藝術　藝術品
5.1. 凡是藝術都含有美的意思.
5.2. 那些銅器都是古代的藝術品.

26
白: 馬教授,下星期有個中國朋友請我去看戲去.
28
馬: 看甚麼戲? 京戲還是話劇呢?

29
白： 話劇,據說劇本是很有名的一位作家的全集
30
裏選出來的一篇長篇小說,演員也是很有名 31
的.馬教授喜歡看話劇嗎?
32
馬： 我喜歡聽京戲,我也認識幾個有名的唱戲的.
33
對於話劇這種藝術不大有興趣.你們星期幾
去?
34
白： 星期六.
35
馬： 票買好了嗎?
36
白： 那位朋友已經把票買好了.
37
馬： 我聽說最近每天看戲的人很多,星期六人一 38
定更多了.

6.0. 選擇
6.1. 你要買木料應當到木廠裏去選擇.
7.0. 彙 字彙 詞彙 彙編
7.1. 字彙有兩種,有一種是有字義的,有一種是只
有字而不解釋字義的.
7.2. 中國的詞彙有好幾種,內容都差不多.
7.3. 我那本<u>現代漢語彙編</u>在你那兒嗎?
8.0. 查 查看
8.1. 你如果有不認識的字,可以查字典.
8.2. 他從前作過不好的事,所以近來政府時常叫
人來查看他的行動.

9.0. 部 部首

9.1. 請問,倉頡的倉字在查字典的時候,應當查那
一部?

9.2. 他把字典的部首都背下來了.

9.3. 在字典的部首裏有骨頭的骨這一部嗎?

9.4. 你要買按着部首查的字典,還是要買按着拼音
查的字典?

10.0. 切　反切　切韻

10.1. 你學過反切;你知道龜字是怎麼切嗎?

10.2. 切韻是韻書的一種.他的內容所說的都是字
的音韻,是研究音韻學的一種參考書.

10.3. 我們在字典裏可以看到"家"字的音是用基本
的"基"和鴨子的"鴨"反切的.

10.4. 反切的方法是用兩個字.第一個字切音,第二
個字切韻.

11.0. 號碼(兒)　四角號碼(兒)

11.1. 圖書館的書都編着號碼兒.

11.2. 王雲五編的四角號碼兒字典我就知道一個
大概,我還不會用.

39
白: 馬教授,我要買一本字典.您說那種的好呢?
41
馬: 看你需要那種.各有各的優點.到書店去看一
看自己選擇一下兒.
43
白: 我是想要買一本詞典.我雖然以前買過兩本
詞彙,都沒有詳細的解釋,沒有一本可用的.

馬： 你是要中英文的,還是只是中文的呢?

白： 我要中文的,要按着部首查的那一種的.

馬： 字典的種類太多了.像字典、字彙、詞典、詞彙等
    等的.

白： 是不是所有的詞彙、字彙都沒有解釋?

馬： 字典詞典才有解釋,字彙跟詞彙絕大多數是
    沒有解釋的.

白： 以前的大字典要知道字音,只是用反切.外國
    人用反切那種法子相當困難.

馬： 反切可以說是中國拼音的一種老方法.

12.0. 預告

12.1. 預告就是 "事前告訴" 的意思.

13.0. 分類

13.1. 你知道說文裏的字是怎麼分類的嗎?

14.0. 留　留下　留心　留意

14.1. 你一定要走,我就不留你了.

14.2. 有一隊軍人把我們村子裏的糧食都拿走了,
       就留下了一點兒麥子.

14.3. 坐火車的時候,你要留心自己的束西.

14.4. 他的頭髮留的很長.

14.5. 他說的比喻我沒留意,所以我說不上來.

15.0. 報導

15.1. 那本雜誌的內容多半是報導國民黨的事情
       的.

16.0. 簡介

16.1. 簡介就是 "簡單介紹" 的意思.

[55] 馬: 有一部國語常用詞彙編. 不知道你有用沒有. [56]
你可以到書店去看看.

[57] 白: 有的時候想買新書, 可是不知道怎麼去找.

[58] 馬: 你最好常看圖書目錄. 上面都有預告. 並且目 [59]
錄上的書都一項一項的分類. 至於買新書, 你 [60]
留意新書報導或者新書簡介.

[61] 白: 我也常看圖書目錄. 雖然我現在手邊有的書 [62]
還看不完呢, 可是有的時候我要找參考資料. [63]

17.0. 辭源

17.1. 關於字和詞的參考書, 一般人都用辭源或者
是辭海.

18.0. 稍微

18.1. 請你把這個字的音調念得稍微輕一點兒.

19.0. 索引

19.1. 書裏索引的用途是叫你很快就知道你要找
的在書裏的甚麼地方或者是第幾頁.

[64] 白: 馬教授, 辭源辭海這兩本詞典內容大同小異, [65]
為甚麼要有兩本呢?

[66] 馬: 這兩本大字典根本差不多. 因為不是一個地
[67] 方出版的. 所以用兩個名稱.

68
白： 這兩本詞典,我喜歡查辭海.稍微簡單一點兒.
部首、索引 也 比較 容易.

20.0. 康熙
20.1. 康熙是清朝皇帝的年號.這位皇帝叫人編了
一部字典叫康熙字典.
21.0. 適用
21.1. 清朝的法律.到了民國就不適用了.
22.0. 卷　　開卷有益
22.1. 中國文學史一共有上、中、下三卷.
22.2. 開卷有益這句話是讓人多看書的意思.他的
意思是說只要打開了書本去看,是絕對有好
處的.
23.0. 閱讀
23.1. 我最喜歡閱讀文學名著,我已經讀過十幾部.
24.0. 隨筆
24.1. 隨筆就是 "隨便用筆寫出來" 的意思.

70
白： 馬教授,您有康熙字典嗎?
71
馬： 有.這部書現在不大適用了.
72
白： 內容跟許氏說文一樣嗎?
73
馬： 不一樣.這兩部書都各有各的獨特的優點.
74
白： 康熙字典這部書很大吧?
75
馬： 這部字典有四十二卷.在從前這部字典是最
76
完全的了.一共有四萬多字.

白：昨天在圖書館找參考資料看見一本閱讀隨筆,文筆寫得真好.

25.0. 兒童
25.1. 寫兒童用的書要懂得兒童心理.
26.0. 讀物
26.1. 兒童讀物多半是有圖畫的.
27.0. 作品
27.1. 史記是有名的歷史作品,也是最好的文學作品.
28.0. 乾脆 cui
28.1. 他學拉丁文,學了好幾個月不進步,他說:"我為甚麼必得學拉丁文呢? 乾脆不學了." cui
29.0. 訂
29.1. 我要訂雜誌,不知道是訂一年好呢還是訂半年好?
30.0. 叢書
30.1. 我要買一部兒童故事叢書.
30.2. 在世界知識小叢書裏,有沒有關於物理化學的.

白：前幾天有一個在美國的中國朋友給我來信,讓我在這兒給他們的小孩子買幾本"兒童讀物."這個可把我給難住了.我不知道八、九歲的小孩子應該看甚麼書.

83
馬：小孩子看的書很多,一些作品都不錯,乾脆你[cui 84]
給他訂一套<u>小朋友</u>,那是小孩子最喜歡看的[85]
雜誌,你再給他買幾本<u>世界知識小叢書</u>。

31.0.　遊記
31.1.　有很多遊記在文學上很有價值。
32.0.　傳　　傳記　自傳
32.1.　我最喜歡看<u>史記</u>裏的傳。
32.2.　傳記是寫某一個人一生的事情,自傳是自己
　　　　寫自己過去的事情。
32.3.　他在自傳裏說他小的時候最不喜歡背書。
33.0.　年鑑[jiàn]
33.1.　他有一本一九六五年<u>香港經濟年鑑</u>[jiàn]。
34.0.　散文
34.1.　張先生是個詩人,他的作品都是詩,他決不寫
　　　　散文。

86
白：馬教授,遊記這種文章是甚麼性質的?
87
馬：是一種旅行性質的,就是把旅行的時候所看
88
　　見的或者所想的寫出來的文章,有時候寫散[89]
　　文,有的時候也作詩。
90
白：傳記是不是自傳?
91
馬：自傳是寫自己,傳記是寫別人。
92
白：年鑑[jiàn]呢?
93
馬：年鑑[jiàn]是記錄一年的各種大事跟統計等,目的
94
　　是容易查看。

35.0. 否則(的話)

35.1. 你以後不准罵人,否則的話我要打你了.

36.0. 括弧 (hú)

36.1. 在數學上要先計算括弧(hú)裏的數目.

37.0. 字旁　字頭(兒)

37.1. 在字典裏要查"範圍"的"範"字是查"車"字旁還是
查"竹"字頭呢?

38.0. 除掉

38.1. "明"字除掉"日"字就是一個"月"字.

39.0. 危險

39.1. 喝酒的人開車是很危險的一件事.

95
白: 否則的話只用否則也可以,是不是?

96
馬: 可以.你看詞表上否則(的話),(的話)有括弧(hú)表示[97]
可以只用否則.

98
白: "乾脆"(cuì)的"脆"(cuì)要是把肉字旁除掉就是"危險"的"危",[99]
是不是?

100
馬: 對了.

101
白: 說危險我告訴您一件事前天和一個同學生
車去玩兒,走在公路上忽然對面來了個車開[102]
的太快了,差一點兒就出事,真危險.[103]

104
馬: 有人就喜歡開快事,真是不明白他們的心裏.[105]

40.0. 雙　雙十節

40.1. 雙是 "一樣的東西有兩個" 的意思.比方説
"一雙筷子."

40.2. 十月十日是中華民國的雙十節.

41.0. 準備

41.1. 下星期要大考了,我必得準備我的功課了.

42.0. 鋪(子)

42.1. 我在北京的時候,常到賣舊書的鋪子裏去找
舊書.

42.2. 那個鋪子賣的東西都是藝術品.

43.0. 趣味

43.1. 有人覺得唱戲是很有趣味的.

44.0. 風　大風　風災　風力

44.1. 今天很熱,連一點兒風都沒有.

44.2. 沿海一帶時常有大風.

44.3. 有的地方常有風災,損害很大.

44.4. 因為風力的關係,船走的太慢了.

45.0. 傷　受傷　傷風　死傷

45.1. 火車出事了,受傷的人很多.

45.2. 我今天沒到學校去,因為我傷風了.

45.3. 每次戰爭老百姓都有死傷.

106
白: 這裏有一個詞兒是雙十節.
107
馬: 還有五天就是十月十號.我小的時候最喜歡
108
雙十節這一天,因為十月十號是我父親的生
109
日.父親生日這天家裏很熱鬧,而且學校又放
110
假.
111
白: 您又該準備給您父親送生日禮了.

112
馬：昨天到鋪子去看了一看，不知道買甚麼好，看了半天沒東西可買。我父親說過，最有趣味的事情是看書。

115
白：您買一本書送他。

116
馬：他的書多的不得了，我也不知道應該買甚麼書。這些事情每年都是我內人去辦，這幾天他傷風了，所以就得我去了。我最怕買東西。

46.0. 勞而無功

46.1. 作工的人如果不按着主人的意思去作是勞而無功的。

47.0. 草　草字

47.1. 我房子的前邊又有花又有草，十分好看。

47.2. 他的字寫的太草了，我看不清楚。

47.3. 我不但不會寫草字，而且也不認識草字。

48.0. 原則

48.1. 甲、乙、丙、丁四個人都來求我寫字。我對他們說："你們叫我寫字，那很容易，可是我有一個原則，只寫大字不寫小字。"

49.0. 黑板

49.1. 黑板上是誰寫的字？寫的很好啊！

50.0. 簡要

50.1. 那本書的優點很簡要明白，所以有很多人都說那本書好。

120
白：馬教授"勞而無功"的"勞"字,有的人寫草字頭兒.
121
草字頭兒跟火字頭兒是一樣嗎?
122
馬：是一個字.草字頭兒是簡寫的.
123
白：是不是有這樣兒一個原則,凡是火字頭兒,簡
124
寫可以用草字頭兒,竹字頭的字,簡字就不能
125
用草字頭?
126   127
馬：不一定.你看黑板上"簡要"的"簡"字就不能用草
字頭兒.可是"等級"的"等"也可以寫草字頭兒.
128
白：馬教授,黑板上的字是您寫的嗎?
129
馬：是的.
130
白：您字寫的真好.這些個字個個兒都那麼好.

51.0.   民俗   俗語

51.1.   民俗就是民間的風俗.一個國家有一個國家
的民俗.一個時代有一個時代的風俗.

51.2.   俗語就是一般人常常說的很有道理的話.比
方說 "習慣成自然" 就是一個俗語.

52.0.   排列

52.1.   英文字典的字,是按英文字母的次序排列的.
中文字典的字是按部首排列的.

53.0.   提手(兒)

53.1.   在六書裏"指事"的"指"字左邊兒是一個提手兒.

54.0.   瞧   瞧見

54.1.   你叫我往天上瞧,我怎麼甚麼也沒瞧見呢?

131
馬: 你説民俗跟俗語有甚麼不同?
132
白: 俗語是人們常常説的一種話.民俗是民間的
    風俗,比方過年過節甚麼的. [133]
134
馬: 對了.
135
白: 説民俗這個詞兒我想起來了.這裏有没有出
    版的關於民俗的故事書? [136]
137
馬: 有.我前幾天在大華書店瞧見一本民俗故事 [138]
    選集你可以去看看.
139
白: 馬教授"排列"的"排"是不是提手?
140
馬: 是的.

55.0. 立人(兒)　單立人兒　雙立人兒
55.1. "行動"的"行"左邊兒是雙立人兒"例外"的"例"左邊
      兒是單立人兒.
56.0. 編輯
56.1. 他是文學週刊的編輯.
56.2. 常識叢書是我們三個人共同編輯的.
57.0. 假設
57.1. 假設世界人類都説一種語言,彼此的意思就
      更容易表達了.
58.0. 重改
58.1. 這個歌兒的音調不太好.能不能重改一下?
59.0. 三點水　兩點水　四點火
59.1. 決定的決字是兩點水,有時候也寫三點水.

59.2. "康熙"的"熙""黑板"的"黑"下邊都是四點火.

59.3. 你如果懂得三點水、兩點水等等部首的詞兒,
你就可以告訴別人怎麼去查字典了.

141
白: 馬教授,我以前查字典的時候查"一條船"的"條"
142   143
字,總認為是在人部哪,怎麼也找不着這個字
                                        144
原來是在木部.可是"時候"的"候"在人部,算是立
人兒.

145
馬: 我也不清楚原來編輯字典的時候到底是根
   146
據甚麼法則,假設現在有人要重編字典的話,
147
一定要重改.

148
白: 我還有一個問題,有 "三點水" 這個詞兒,有
       149
沒有 "兩點水" 呢?

150
馬: 有"天氣很冷"的"冷"字就是兩點水呀.

60.0. 通訊　通訊社　通訊報導

60.1. 現在通訊的方法比古代的快多了.

60.2. 報紙上有一段 "華北通訊," 你看過了沒有?

60.3. 那個通訊社的通訊報導比較確實.

61.0. 於

61.1. 王教授於五月六日要到某大學去講演.

62.0. 如　如何

62.1. 求學如走路,必須一步一步的往前走.

62.2. 你不努力學習如何能進步?

63.0. 厲害

63.1. 他接到他姐姐的電報,說他母親病的很厲害.

64.0. 颳　颳風

64.1. 昨天颳大風,把我家的房子颳壞了.

151
白: 馬教授,最近華南沿海有風災,是不是?

152
馬: 是的.我昨天看大華日報上有一段"華南通
訊"說到這次沿海風災的情形,大意是:"於
154
本月五日華南沿海忽然大風,人民所受的損
155
失相當大,死傷了不少人.至於損失若干,詳細
的情形如何,現在還沒法子統計.

157
白: 風災怎麼這麼厲害哪.聽說香港、台灣也時常
颳大風,是不是?

159
馬: 是的.有一年香港颳大風,把海裏的大船給颳
到陸地上去了.你看風力有多麼大.

生詞表 (p.340)

1. 戲	劇本	7. 彙	10. 切
聽戲	3. 短篇小說	字彙	反切
看戲	長篇小說	詞彙	切韻
京戲	4. 選集	彙編	11. 號碼(兒)
唱戲	全集	8. 查	四角號碼(兒)
2. 劇	5. 藝術	查看	12. 預告
戲劇	藝術品	9. 部	13. 分類
話劇	6. 選擇	部首	14. 留

留 下
留 心
留 意
15. 報 導
16. 簡 介
17. 辭 源
18. 稍 微
19. 索 引 (xǐn)
20. 康 熙
21. 適 用
22. 卷
開 卷 有 益
23. 閱 讀
24. 隨 筆
25. 兒 童
26. 讀 物
27. 作 品
28. 乾 脆 (cuì)
29. 訂

30. 叢 書
31. 遊 記
32. 傳
傳 記
自 傳
33. 年 鑑 (jiàn)
34. 散 文
35. 否 則 (的 話)
36. 括 弧 (hú)
37. 字 旁 (兒)
字 頭 (兒)
38. 除 掉
39. 危 險
40. 雙
雙 十 節
41. 準 備
42. 鋪 (子)
43. 趣 味
44. 風

大 風
風 災
風 力
45. 傷
受 傷
傷 風
死 傷
46. 勞 而 無 功
47. 草
草 字
48. 原 則
49. 黑 板
50. 簡 要
51. 民 俗
俗 語
52. 排 列
53. 提 手 兒
54. 瞧
瞧 見

55. 立 人 (兒)
單 立 人 兒
雙 立 人 兒
56. 編 輯
57. 假 設
58. 重 改
59. 三 點 水
兩 點 水
四 點 火
60. 通 訊
通 訊 社
通 訊 報 導
61. 於
62. 如
如 何
63. 厲 害 (guā)
64. 颳 (guā)
颳 風

語法練習 (p.341)

1. 我 們 應 當 多 作 有 利 於 大 家 的 事.
2. 你 這 本 字 彙 要 是 不 急 於 需 要 的 話 我 再 借 用 幾 天.

3. 因為他忙於到通訊社去,所以他不到這兒來了.

4. 這次大風人民所受的損失大於上次.

5. 這本詞彙很好,裏面的詞兒多於那本.

6. 我寫的這本選集早於那部長篇小說.

7. 他急於要找那幾塊龜甲,為的是研究甲骨文.

8. 我在商會作會計,到了每月的月底忙於算賬,一點工夫都沒有.

9. 有人說,在家庭裏太太的地位高於一切.

10. 破衣服強於沒有衣服.

11. 那本辭典貴到九十塊錢一本,還是有人買.

12. 這次大風大到不能再大了.

13. 昨天的戲真好,看戲的人太多,多到沒有坐的地方了.

14. 那個通訊社的報導糟糕到沒人相信了.

15. 你那篇通訊報導的字寫的太草,草到簡直的看不出來了.

16. 我正要去聽戲忽然家裏來了人.

17. 他年紀那麼小就在軍隊裏作事,原因是很早他就死了父親了.

18. 張大文真沒信用,他把我戲劇的課本借去了,說上星期就給我,到今天也沒給我,真氣死我了.

19. 我們樓下住了一位老太太,因為年紀太老了,一天三頓飯都不能自己做了.

20. 這裏的氣候很不好,所以近來病了很多兒童.

講話 (p.341)

諸位同學：

　上次講的是"中國的文字"，我想諸位聽了之後對於中國文字已經知道一個大概。今天要講的是"參考書"。

　諸位目前最需要的參考書有兩種，一種是關於語文常識的，一種是關於這兩種功課的。換一句話說，就是字典和詞典。字和詞之說，要有一個要緊的原則，就是要選最有用的參考書，否則的話，大家都知道是勞而無功的。

　關於選擇字典和詞典，要選簡要的。字典有中文的，又有中英文的、中日文的、中法文的、中俄文的、中德文的。諸位用的字典，也許是中文的，也有外文的。中文字典的部首，一共有二百十四個，排列部首特別，雖然都是漢字，可是念的時候常說。

　關於使用字典，先要懂得怎樣查這些部首。他們在字典裏面，都印在字典的最前，筆劃少的在前，筆劃多的在後。比如我在黑板上寫的這個部首"氵"是水部，念的時候常說是"三點水"。我再寫一個部首"亻"是人部，念的時候念做"立人兒"，又如"彳"叫做"雙立人兒"。"扌"才叫做"提手"，"艹"叫做"草字頭"。

　比方說要查一個不認識的字，就要先看這個字屬於甚麼部首。假如要查"鋪"字，我們看到"鋪"字的左[27]邊有一個"金"字，那就是說"鋪"字的部首是"金"，然後[28]要數一數"鋪"字的筆劃有多少？可是在數的時候[29]，把部首"金"的筆劃除掉[30]，只數其餘的筆劃。"鋪"字的筆劃，除了"金"以外還有七劃，我們就打開字[31]典，或者在《辭海》裏去找"金"部的七劃，那一定找到"鋪"字了[32]。

找到[33]"鋪"字之後，我們可以看到有一個括[34]弧(hú)口，在括弧(hú)裏寫的是甲。在後邊又有一個括弧(hú)，裏面寫的是乙[35]。那就是告訴我們這個"鋪"字有甲、乙兩個括的[36]音，也有兩種意思。

又[37]比方說我們要查"傷"字，我們先看"傷"字[38]的左邊是一個"立人兒"，我們就知道這個"傷"字的部首是[39]"人"部。我們再數一數"傷"字的右邊一共有十一劃[40]，我們就在《辭海》裏去找"人"部十一劃，一定找到"傷"字了[41]。然後再看"傷"字的下面寫着"詩央切[43]"，那就是說[42]這個"傷"字是用詩央兩個字拼成的，切就是反切[44]。甚麼叫反切呢？

反切是中國古代的拼音方法。這種反切是用兩[45]個字合成一個音。現在把反切的法子簡單說一說[46]。上次講話曾經講過中國字每一個字分[47]為前後兩個音素，前面的叫做聲，後面的叫做韻[48]。反切就是把前頭這個字的聲和後頭這個字的韻合在一塊兒就成了一個新的字音[49]，就像"傷"字是詩央切[50]，"詩"字是shī，"央"字是yāng[51]。在反切的時候是用"詩"字前邊

的聲ˢʰ而不用他的韻ⁱ，又用"央[52]"字後邊的韻āng而
不用他的聲ʸ．於是把ˢʰ和āng兩個音合在一起就
是"傷[53]"了．我們再看"詩央切[54]"的下邊寫着"音商"那就表
示這個"傷[55]"字的音和"商"字一樣．然後再往下看寫的
是"一二三…六[56]．"那就是說這個"傷"字的字義有六個，
也就是有六種意思[57]。

關[58]於常識的參考書，按着諸位目前的中文程度[59]，先
來說還不急於需要太深的參考書。但是不能不[60]
作一個準備，也不能不知道如何去選擇面前的[61]
在假使有一本圖書目錄，首先看到目錄索引[62]，放在我們的
開目錄也許首先寫出來。比方說在字典[63]類，我們一定可以，此外同時
各種圖書分類，比較有價值的學者編輯的一種四角號碼[64]辭海[65]辭源[66]，此外
選現代適用的學生字典、中華大詞典、康熙(xī)字典和許氏[67]說文[68]，同時叢書類
及古代比較有價值的一種年鑑(jiàn)、年表[69]等等。在叢書類
還有現代學者可以選各種中國文學名著叢書、青年知識叢書[70]
在索引上還可以選現代中國文學名著叢書，都要
裏我們可以選現代中國文學名著叢書，有的研究
叢書。在小說類裏最好選擇短篇的白話小說，此外民
關於遊記、傳記、名人作品[71]、短篇選集或傳記、散文隨筆，留但
間故事、話劇劇本，以及通訊[72]報導、雜誌彙編都是普通一般的研究語
意選擇閱讀。以上所說的[73]科目都並不相同。有的研究甚
是諸位在這裏主修的[74]，並不相同，有的研究
文，有的研究歷史，還有研究藝術[75]、民俗、考古、戲劇，
至於古典文學、兒童心理…[76]那麼每個人所需要的

參想專介[81]，那麼書選擇性質，書也就這些質[80]的對於研究看的，不專一門[78]書報，甚至所研究[79]學問，一樣了，都應該[77]屬於專門性質了。參考書只有新書，一定有書，課本之外要多看，常有很多新的參考書[83]，要留心新的[84]，看一種意思[85]。要各種書幫助，考看就[85]多多看書。

總而言之[82]，參考書看的趣味。中國有一句俗語"開卷有益"，意思就是說只要打開書本總是有好處的。希望大家多多看書。書選擇性質那麼書，總看的是說只要看書。

復述 (p.344)

這[1]盤錄音帶是中文第一組第十二號，第十二次的復[2]述[3]，是由白文山復述的"中國的文字"。

這[3]次的專題講話是由簡教授講的，題目是中國[4]的文字。簡教授是我們文字學的老師[5]。他[6]講的非常詳細。因為他教我們，所以他很瞭解我們需要知道的是甚麼。

簡[7]教授說中國的文字已經有三千多年的歷史[8]了。他說在六七十年以前有人在河南省一個[9]地方[10]商朝[11]的地裏掘出來的甲骨文。這是指着有實在的証明說的，那就是說中國很早就有了文字。從時期[12]...

簡[12]教授說中國很早就有了文字，比如古書上說[13]"倉頡[jie]造字鬼都哭了。"這當然是神話了。

簡教授又說到六書.他給我們解釋的很清楚.他又說文字的組織有三個基本要素,那就是字形、字音和字義.

簡教授又說中國字形太複雜.學起來實在困難.所以近來有人提倡中文用字母我想中國人一定有國人學中國語言倒是方便了.其實這個字有三十幾很多人不贊成.簡教授說了,往關於文字有三十幾的問題.他說中國字的構造往往相當費時候.如果簡劃,認起來相當困難.寫起來也相當費時候.如果簡單化了,寫起來又省時間又容易寫.

簡教授給我們解釋六書,我覺得這是學文字學的基礎,以前都忽畧了.這是應該記住的.他先說"象形"因為象形文字是中國最開始的文字.甚麼叫做象形呢？就是一個字畫的是原來的東西.比如日、月、山、川、門等.

"指事"就是把意思指出來,例如上、下.你一看就明白那個字的意思了.

他說"會意"是由兩個字合起來,你一看就明白他的意思.一個字有左右兩部分.比如"信用"的"信"字左邊是"人",右邊是"言".

他說"形聲"的意思是兩個字合在一塊兒一邊是字形,一邊是字音.比如說"烤鴨子"的"烤",一邊是"火車"的"火",一邊是"考試"的"考"、"火"是形,"考"是聲.

"轉注"意思是從甲轉成乙.比如"老人"的"老"轉成"考試"的"考".

"假借"就是借用的意思．簡教授並且舉了一個例子．他說古時候"麥子"的"麥"，當初的寫法和現在"來去"的"來"是一樣的寫法．那個時候沒有"來"字，就把"麥"字借用當作"來"字．借用的日子一多了，就永遠拿他當作"來"字用了．

我本來對六書的認識不大清楚．簡教授給我們講了這個專題講話以後，我才真正的明白了六書是甚麼．

溫 習 (p.345)

1. 王先生喜歡研究語音學．他說印歐語的字音是多音節．中國語的字音是單音節，所以中國字也可以說是單音的，又可以說是單音字．可是如果把單音字再分析一下，每一個字又可以分成前後兩個音素．前邊的音素叫做聲，後邊的音素叫做韻．中國的韻書很多．切韻、詩韻都是有名的韻書．

2. 中國現代學者王雲五氏編了一種字典是四角號碼字典．這種字典在查字的時候要按着字的四個角兒的號碼查看．因為中國字每個字的構造是用筆劃構成的，都是四方的，都有四個角．角的形狀共有十種．這十種形狀就用十個號碼來代表，所以查這種字典要查字的四角號碼．

3. 研究中國文字必得知道六書．六書的名稱有兩

種不同的説法.一般常用的説法就是象形、指事、
會意、形聲、轉注和假借.至於另一種説法是把指
事叫做象事,形聲叫做象聲.這不過是名稱上的不
同.意思是一樣的.

4. 有人問我:"中國的字有本義有別義.這是説一
個字有好幾個意思.為甚麽你説中國字是一字
一義呢?"我説:"一字一義是指着本義説的.至
於別義無論有幾個,都是從本義引伸出來的."

5. 某一省的省會颳(guā)大風.中央政府叫人到那裏去
查看.查看的人回來説,省會裏的風災很厲害.很
多鋪子都沒開門.有一家通訊社的房子和一家
賣藝術品的鋪子的房子都颳(guā)壞了.房子裏有很多
人都受了傷.另外受傷的人也不少.

6. 在中國話裏如甲魚和龜,又如鴨子和牛都是駡
人常用的詞.

7. 聽説王先生有病了,而且很危險.我就到醫院去
瞧他.到醫院以後問他怎麽得的病? 他説:"前
幾天稍微有點兒傷風,我也沒注意.後來越病越
厲害,轉成很重的病.可是現在好一點兒了."我又
問他:"甚麽時候可以完全好了?"他説:"離開
醫院的日子現在還不能確定".

8. 有一個人最喜歡聽戲.他懂得的戲很多,尤其是
京戲他懂得的更多.最近他從京戲裏選出來一
些編成一本書叫做京戲彙編.下月就可以出版.

我也訂了一本.

9. 張先生說:"我小的時候家裏沒有錢.我念中學的時候就一面作工一面念書.最初只是作半天的工,後來乾脆把全天的時間都作工了,只能在晚間念書.到了念大學的時候也是一樣.總括一句話我是靠自己工作才能念書."有人說:"你將來寫自傳的時候,應該把這種情形寫出來."

10. 有一個外國人說:"從前中國人有人叫我是洋鬼子因而我自己也常說我是洋鬼子."有人說"那你不是正式承認了嗎?"那個外國人說:"那有甚麼關係? 這個名子也很有意思呀."

11. 中國人傳說鬼是在夜裏出現的,他時常對人不利.這種說法你相信嗎?

12. 從前有人說中國文字假設拉丁化,那就容易學了,所有現在的雙立人、⋯字旁等等部首的詞兒就都沒用了.

13. "雙十節"的"雙"字和"光明"的"光"字,還有"會合"的"合"字是用甚麼字切的,你能說出來嗎?

14. "麻將"的"麻"字"工廠"的"廠"字還有"音素"的"素"字、"屯子"的"屯"字、"綜括"的"括"字在查字典的時候應當查甚麼部首,你知道嗎?

15. 據說從前在河南省一個小屯子的地下掘出來很多龜甲和牛的骨頭.當時沒有人注意.後來經考古學家研究才發現了甲骨文.

問題 (p.347)

1. 我們目前要用的參考書大致可以分作那兩種？選擇這兩種參考書的原則是甚麼？

2. 查中文字典先要懂得甚麼？有多少部首？多半印在字典的甚麼地方？怎樣排列？

3. 查中文字典查過部首之後還要作甚麼？連不連部首在內？

4. 查中文字典如果有匣弖那是告訴我們甚麼？

5. 甚麼叫反切？請你簡單的說說反切的方法。

6. 請你說幾種現代常用的和古代有名的字典或詞典的名稱。

7. 我們要閱讀普通一般的讀物，應當選擇甚麼？

8. 要選擇專門性質的參考書應當留心甚麼？

9. 勞而無功是甚麼意思？請你用白話說明，開卷有益是甚麼意思？

10. 研究學問除了課本之外要多做甚麼？

1	2	3	4	5	6	7
粵	湘	建	吳	閩	贛	厦

8	9	10	11	12	13	14
距	昆	瀋	尚	隋	賓	埋

15	16	17	18	19	20	21
葬	疊	副	尾	疑	叙	值

22	23	24	25	26	27	28
顯	恰	巧	歸	納	嘴	折

29	30	31	32			
串	腦	泰	播			

第十六課　中國的語言 (p.351)

1.	粵	yuè*	Kwangtung (1)	17.	副	fù	secondary (29)
2.	湘	xiāng*	Hunan (2)	18.	尾	wěi	tail (30)
3.	建	jiàn	erect (3)	19.	疑	yí	doubt (33)
4.	吳	wú*	Wu (4)	20.	敘	xù	narrate (34)
5.	閩	mǐn*	Fukien (5)	21.	值	zhí	worth (37)
6.	贛	gàn*	Kiangsi (6)	22.	顯	xiǎn	prominent (40)
7.	廈	xià*	Amoy (7)	23.	恰	qià	exactly; just (45)
8.	距	jù	distance (10)	24.	巧	qiǎo	skillful; opportune (45)
9.	昆	kūn	elder brother (12)	25.	歸	guī	return (46)
10.	瀋	shěn*	leak (14)	26.	納	nà	pay (46)
11.	尚	shàng	still (18)	27.	嘴	zuǐ	mouth (49)
12.	隋	suí*	Sui Dynasty (20)	28.	折	zhé	bend, break (52)
13.	賓	bīn	visitor, guest (23)	29.	串	chuàn	string (54)
14.	埋	mái	bury (25)	30.	腦	nǎo	brain, mind (55)
15.	葬	zàng	bury (26)	31.	泰	tài	grand (56)
16.	疊	dié	fold; repeated (27)	32.	播	bō, bò	sow, spread (59)

1 白：馬教授早.

2 馬：早.

3 白：馬太太傷風好了嗎?

4 馬：謝謝你,他稍微好了一點兒.他這次傷風傷的
很厲害.怎麼樣,參考書的講話没問題嗎?

白：　大致沒問題．講這個題目對我們很有用．我本
　　　來不懂甚麼叫反切．聽了這次的講話，我完全
　　　瞭解了．現在我知道反切的方法是用兩個字
　　　來拼音．第一個字切音，第二個字是切韻．

馬：　你錄音了嗎？

白：　錄了．我帶來了．一會兒您聽聽．昨天華先生、華
　　　太太和學新有人請他們吃飯，就我一個人在
　　　家錄音．我錄了又錄，錄了好幾次．自己聽着比
　　　以前錄的要好的多．

馬：　你不斷的練習，自然而然的就會成功的．學問
　　　是一步一步慢慢進步的．

白：　朋友讓我買兒童讀物．昨天下半天都給他辦
　　　好了．

馬：　買的甚麼書？

白：　我沒買書，就給他訂的小朋友．小朋友我在書
　　　店看了看，的確是不錯．純粹是小孩兒看的書，裏
　　　面一段一段的包括很多關於小孩子增加知
　　　識的作品．裏面還有一段長篇小說是一期一
　　　期的接着寫下去的．

馬：　對了．他是週刊，每星期出版一本．

1.0.　粵（yuè）　粵（yuè）語

1.1.　粵（yuè）就是廣東省，在中國的東南部．

1.2.　在美國的華僑多數說粵（yuè）語．

2.0.　湘（xiāng）　湘（xiāng）語

2.1. 湘是湖南省的簡單名稱.湘語就是湖南話.

3.0. 福建　福州

3.1. 福建省的省會是福州.

4.0. 吳　吳語

4.1. 吳是中國古時候的一個國名,在現在江蘇一帶.

4.2. 吳語就是江蘇的方言.

5.0. 閩　閩語　閩北語　閩南語

5.1. 閩是福建省.福建人說的話叫做閩語.

5.2. 閩語分為兩種,一種是閩南語,一種是閩北語.

6.0. 贛　贛語

6.1. 你知道贛是那一省嗎?

6.2. 贛語就是江西話.你會說江西話嗎?

26 白：馬教授,粵就是廣東嗎?

27 馬：是的,粵就是廣東.中國的幾十個省裏差不多
28 都有這種簡單名稱的.

29 白：湘是湖南嗎?

30 馬：對了,還有吳就是江蘇,閩就是福建,贛就是江
31
西.

32 白：這幾省的語言是不是一點兒也不一樣?

33 馬：不一樣.要是一個廣東人跟一個北京人說話
34
他連一句也聽不懂.

7.0. 廈門

7.1. 廈門是福建省沿海的一個市.

8.0.　分區　　地區

8.1.　我要買一張上海市分區地圖.

8.2.　你知道這個地區裏分多少區?

9.0.　聲調

9.1.　學漢語要留意聲調.如果聲調有錯誤也許就要辭不達意了.

10.0.　距離

10.1.　這個黑板上的字因為距離太遠我看不清楚.

35 白:　馬教授,請問在閩語裏頭福州話和廈門話有很大的分別嗎?

37 馬:　雖然福州和廈門都在福建省,可是他們的語言分兩區.閩南話用廈門話作代表.閩北話用福州話作代表.

40 白:　我聽說各地方語言的聲調有很大的距離.

41 馬:　是的.

42 白:　那麼和國語的差別更大了.

43 馬:　差別很大.即使你有語言天才也不容易聽懂了.

11.0.　成都

11.1.　他的姊妹都在成都.他遲早要到成都去一次.

12.0.　昆明

12.1.　我從昆明旅行回來寫了一本昆明旅行隨筆.

13.0.　揚州

13.1.　很奇怪他否認去過揚州,可是我在揚州千真萬確的看見過他.

14.0. 瀋陽
　　　 shěn

14.1. 瀋陽的瀋字左邊是三點水,不是兩點水.
　　　 shěn   shěn

15.0. 語音　語音學

15.1. 張先生是語音學專家,不但對語音很有研究,
就連鳥兒叫的聲音他都能學.他學小燕兒和
黃鶯叫的聲音像極了.

白: 馬教授,您去過成都嗎?

馬: 去過.抗戰的時期我父親在成都華西大學教
書.

白: 成都話也是屬於普通話範圍以內的嗎?

馬: 是的.普通話的區域包括範圍很大.昆明話、成
都話、漢口話、南京話、北京話都是普通話.

白: 是不是揚州話也算普通話?

馬: 揚州話可以代表中國的南方的普通話.

白: 我聽東北的瀋陽話和北京話差不了太多.
　　　　　　　　shěn

馬: 有點兒分別,在語音上有一點兒不同.

16.0. 上古漢語　中古漢語

16.1. 從這本書裏可以知道一點兒上古漢語和中
古漢語,可是所能知道的只是語音.

17.0. 詩經

17.1. 詩經有三百多篇,很多篇是用比喻的.

18.0. 尚書

18.1. 從前有人送給我一部尚書，我沒要，現在想起來很後悔。

19.0. 構詞法

19.1. 研究一種語言必得研究這種語言的構詞法，否則的話是勞而無功的。

20.0. 隋^{sui}

20.1. 隋^{sui}朝之後就是唐朝。

56
白：請您把詞表上的上古漢語跟中古漢語解釋⁵⁷解釋。

58
馬：學者們把紀元前六百年左右的詩經和尚書⁵⁹叫做上古漢語，又把隋^{sui}唐時代的韻書切韻⁶⁰認為是中古的語音，所以叫做中古漢語。

61
白：甚麼叫構詞法？

62
馬：就是把每個單字造成詞兒的方法，也就是組⁶³織詞兒的法子。

64
白：我明白了。

21.0. 名詞

21.1. 有人問我："臉紅的臉和丟臉的臉是不是名詞？"我說："這兩個臉字都是名詞。"

22.0. 語族　漢藏語族　印歐語族

22.1. 印度和西藏雖然距離很近，可是他們的語族不同，一個是印歐語族，一個是漢藏語族。

23.0. 賓詞　主詞

23.1. 在 "我看書" 這個句子裏,那個是主詞那個
是賓詞?

24.0. 變調

24.1. 變調就是聲調變了.例如漢語裏如果有兩個
第三聲,那麼前頭的第三聲就要變成第二聲了.

25.0. 埋

25.1. 你把那個死鳥兒埋了,免得有味兒.

26.0. 葬　埋葬

26.1. 人死了之後要埋葬.葬的地方叫墳地.

馬: 今天討論的這些詞兒多半是語言學上的名
詞.現在我再問你一個問題.漢藏語族裏句子
的構造是怎麼樣的?

白: 漢藏語裏有一個特點,是主詞總是在一個句
子的前頭.

馬: 對了.還有變調是怎麼一回事?

白: 凡是兩個第三聲在一塊兒說的時候,頭一個
字音就會變的.比如 "我用錢買馬" 的 "買" 跟
"馬死了埋馬" 的 "埋" 同音了.

馬: 對了.

27.0. 重疊

27.1. 那個地方風景真好.遠山重疊,好像畫的似的.

28.0. 動詞

28.1. 中國話的句子裏有時候沒有動詞.比如說:"他

三歲"這句話裏就是沒有動詞.

29.0.　副詞

29.1.　你研究語法已經進入第八個月了,知道的已經
　　　不少了.請你說一說甚麼是副詞、主詞跟賓詞?

30.0.　尾(巴)　句尾

30.1.　尾是後邊的意思,句尾就是一句話的後頭.

30.2.　他像我的尾巴似的,老跟着我.

31.0.　詞頭　詞尾

31.1.　詞頭是一個詞前邊兒的字.詞尾是一個詞的
　　　後邊兒的字.

馬: "重疊"的意思你懂嗎?請你舉個例子.
76
白: "重疊"在動詞一方面有"看看,說說",在名詞
77
　　一方面有"哥哥,弟弟,姐姐,妹妹"重疊詞在
78
　　動詞一方面比較多,在名詞一方面比較少.
79
馬: 形容詞呢?
80
白: 當作副詞用.比方"慢慢兒的""好好兒的",中國語
81
　　言裏的詞頭並不多,是不是?
82
馬: 中國語言的詞頭很少.就有第、初、老.如「第一,
83
　　第二,第三;初一,初二,初三;老王,老師,老爺."
84
白: 詞尾比較多一點兒?
85
馬: 是的.我說幾個簡要的,比如桌子,盤子,筷子,尾
86
　　巴等等的.

32.0.　代名詞　人稱代名詞

32.1. 在"他受傷了"這句話裏,那一個字是代名詞?是不是人稱代名詞?

33.0. 疑問　疑問詞　疑問代名詞　疑問式

33.1. 這個自傳是否他自己寫的真是個疑問.

33.2. "甚麼"跟"那裏"都是疑問詞"誰"是疑問代名詞.

33.3. "你去嗎?"這個句子是疑問式.

33.4. 要是對詞兒有疑問最好看看這本<u>常用詞彙編</u>.

34.0. 叙述　叙述式

34.1. 他給他的朋友寫的傳,叙述的很詳細.

34.2. "他喜歡研究中文"這個句子是叙述式的.

35.0. 否定　否定式

35.1. "不"跟"沒"都是否定的詞兒.

35.2. "你看這本書不看?"這是疑問的句子,不是否定式.

白: 馬教授,代名詞跟人稱代名詞以及形容詞還有疑問代名詞我都懂了.請問您疑問式是怎麼回事?

馬: 就是叙述式跟否定式的兩個句子合在一塊兒,就成了疑問式了.我舉個例子.有一個叙述句子是"他吃飯"同時還有一個否定式的句子是"他不吃飯"這兩個句子合在一塊兒就變成了一個疑問的句子"他吃不吃飯?"這就是疑問式.

36.0. 詞調

36.1. 在漢藏語族裏有詞調,在別的語族裏是不是也有詞調呢?

37.0. 值　值錢　值得　價值

37.1. 他把他唯一值錢的東西,鋼筆,給我了.

37.2. 為了一點兒小事那兒值得生氣呢?

37.3. 念速成科有時學不到甚麼,不值得去念.

37.4. 他的作品在文學上很有價值.

38.0. 複合　複合句

38.1. "他因為沒有錢,所以不念書了." 像這種句子是不是複合句?

39.0. 造句法

39.1. 研究中文要先認字,再學詞兒,然後再學造句法.

40.0. 顯著

40.1. 他的學業近來有顯著的進步.

95
馬: 請你說一說,甚麼叫做詞調?

96
白: 詞調就是聲,也就是字的四聲.四聲在普通話 97
裏很有研究的價值.詞調要是不準,說出話來 98
很難聽.

99
馬: 還有複合句是甚麼意思?

100
白: 複合句也是一種造句法,就是一個句子裏不
只包括一個句子.我舉個例子,比如:"我沒休 101
息,吃了飯就作事." 複合句子有的不容易瞭 102

解.比如 "他去我不去". 開始學中國話的人
很不容易看出來這句話的意思就是說 "要
是他去我就不去." 如果用後面這個說法,就
很顯著的明白是甚麼意思.

41.0. 量詞

41.1. "我家來了兩位客人." 在這句話裏"位"字就是
量詞.

42.0. 格　主格　賓格

42.1. 在印歐語句子裏的詞有主格有賓格.比方說
"我看他" 我是主格,他是賓格.

43.0. 兒化韻

43.1. 只有北京話裏有兒化韻.

44.0. 輕音

44.1. 輕音就是一個字念出的聲音輕一點兒,不要
念重了的意思.

45.0. 恰巧

45.1. 昨天王先生來看我恰巧我不在家.他給我留
下一封信,信裏說明天他唱戲,請我去看戲.

馬: 還有甚麼是量詞?

白: "一本書,兩塊錢." 的"本"跟"塊"都是量詞.

馬: 請你再看生詞表上的"格"字.中國話裏有格的
變化沒有?

白:: 中國話裏沒有格的變化.馬教授,兒化韻是不

是就是北京話裏頭有?

112 馬：是的。兒化韻是北京話裏獨有的,有的時候韻
113 尾要念成個音,不能說那-兒,必得說那兒。關於兒化韻
114 他加上兒。可是兒的音不能念重了,必得把
115 他念成輕音,而且要跟詞兒的韻尾聯合成了
116 一個音。我說個故事。我有個親戚是上海人,他學着說
117 北京話。有一次朋友請他吃飯他沒去。後來他
118 看見那個朋友他說"對不起,我所以沒來吃
119 飯-兒是因為我恰巧有要緊的事情一兒。"大家
120 都笑了,因為這兩句話並不是兒化韻的韻尾。

121 白：我也覺得兒化韻很難。

122 馬：不容易。有的人把兒的音念的很重,就很難聽了。

124 白：只有北京人用的自然。

125 馬：俗語說"習慣成自然。"得多說多用。

126 白：不錯。

46.0.　歸納　歸納法

46.1.　主席說:"現在我把大家種種的意見歸納為兩個意見以便討論。"

46.2.　歸納法是論理學的名詞。這種方法是由種種特殊的事歸納出來一個原則。

47.0.　變遷

47.1.　黃河入海的地方,據說在近五百年裏變遷了很多次。

48.0.　變化

生詞

48.1. 他昨天說的話今天就變化了.

49.0. 嘴　嘴巴　打嘴巴

49.1. "他的嘴很會說話" 就是說 "他很有口才" 的意思.

49.2. 白先生弟弟的嘴也那麼會說,和白先生一樣.

49.3. 張太太把孩子管的很屬害.孩子要是不聽話 他就打他們嘴巴.

白[127]: 中國有幾千年的歷史了,在語言這方面有很 大的演變[128]吧?

馬[129]: 歸納[129]起來說,因為時代的變遷所以語言當然 有很大的變化.比如詩經[130]、尚書據說是古人嘴 裏[131]所說的話.你看現在那兒有人說那種話呢[132]? 現在我們拿詩經、尚書來看連懂都不懂,甚至[133] 於先生給講了還不明白.

50.0. 詞素

50.1. 詞素就是構成詞的基本單位.

51.0. 成分

51.1. 在物理學上所謂九十多種成分你知道嗎?

52.0. 屈折

52.1. 拉丁文的屈折比英文的複雜的多.

53.0. 附加

53.1. 有的飯館兒在算賬的時候除了飯錢以外還 要附加小費.

134
白： 馬教授,是不是有的語言學家認為尚書、詩經 135
不是嘴裏說的話.是那個時候寫的文言?

136
馬： 也有這麼說的.我現在再問你甚麼叫詞素?

137
白： 就是組織詞兒的成分叫做詞素.比如埋葬這 138
個詞兒埋跟葬就是詞素.

139
馬： 屈折這個詞兒你明白他的意思嗎?

140
白： 屈折的本義就是不直的意思,在語言學裏格 141
的變化就是屈折.請問附加是口語嗎?

142
馬： 附加是寫的.比如寫信:"我所以沒買那所兒 143
房子的原因是除了房子價錢之外須另外附 144
加五百元."

54.0. 連串   一連串(的)

54.1. 你能否把這幾個詞連串在一起作成一個句子?

54.2. 他的車在路上出事了.一連串的碰了三個人.

54.3. 他一連串寫了三篇傳記性的小說.

55.0. 腦子   換腦子

55.1. 我的腦子太不好了.甚麼也記不住了.這個字
本來是雙立人兒,我寫成立人兒了.

55.2. 我看書看的太久了.我想聽聽錄音換換腦子.

56.0. 泰   泰國   泰語

56.1. 田先生是中國人.在泰國用泰語講演,講的又
流利又生動.

56.2. 中國和泰國彼此之間有來往嗎?

57.0.　類似

57.1.　他寫的文章類似小學生寫的,所以必得重改.

145
馬:　我們一連串的研究了很多語言學的詞兒.現
　　146
　　在換換腦子談談別的.最近演一部泰國電影,
　　147
　　據說很有意思.
148
白:　您想看嗎?
149
馬:　我想去看看.
150
白:　片子上的對話是用泰國話嗎?
151
馬:　是.泰國話也是包括在漢藏語族之內的.
152　　　　　　　　　　　　　　　　　　153
白:　我也想去看看.我不大瞭解泰國情形.我就知
　　道泰國的絲織品不錯.
154　　　　　　　　　　　　　　　　　155
馬:　是的.現在有一種泰國綢.太太、小姐們都用泰
　　國綢作衣服.
156
白:　泰國綢甚麼樣子?我沒看見過.
157
馬:　類似山東織的綢子.
158
　　oh　　　　　　　　　　　　　　159
白:　噢.山東綢我知道.在美國有賣的.有一次我母
　　親買了一段山東綢.
160　　　　　　　　　　　　　　　　161
馬:　據說這兩種綢子看上去差不多.不知道是山
　　　　　　　　　　　　　　162
　　東綢模仿泰國綢呢,還是泰國綢模仿山東綢
　　呢?

58.0.　強調

58.1.　他強調的說:"我一定要克復這個困難."

59.0. 廣播

59.1. 我今天聽無線電的廣播,說明天要颳大風.

59.2. 我最喜歡聽無線電裏這段廣播戲劇.

60.0. 成為

60.1. 凡是新書的簡介,他看完之後都留着.日積月累積累了很多,可以成為一部新書簡介彙編了.

61.0. 優越

61.1. 中國在地理上有種種優越的條件.

62.0. 問話

62.1. "你愉快嗎?"這句話是一句問話.

163
白: 我昨天聽無線電廣播新聞說有一個國家的
164
人民開全體大會強調着說他們的國家在最
165
近的將來一定成為世界上第一等強國,因為
166
他們有天然的優越條件.

167
馬: 說的有道理.天然的條件當然是指着地理說
168
的.不過人民也有責任.全國人民一致的努力,
169   170
種地的種地,研究科學的研究科學,也是強國
最要緊的成分.

171
白: 一會兒聽完了專題講話,校長還要問話哪.
172   173
馬: 每年開學以後校長對每一個外國留學生要
單獨問話一次.

174   175
白: 我以前在這兒念書也是這樣兒.校長對我們
外國學生處處表示關心.

生 詞 表 (p.362)

1. 粵 (yuè)	語音學	32. 代名詞	46. 歸納
粵語 (yuè)	16. 上古漢語	人稱代名詞	歸納法
2. 湘 (xiāng)	中古漢語	33. 疑問	47. 變遷
湘語 (xiāng)	17. 詩經	疑問詞	48. 變化
3. 福建	18. 尚書	疑問代名詞	49. 嘴
福州	19. 構詞法	疑問式	嘴巴
4. 吳 (wú)	20. 隋 (suí)	34. 叙述	打嘴巴
吳語 (wú)	21. 名詞	叙述式	50. 詞素
5. 閩 (mǐn)	22. 語族	35. 否定式	51. 成分
閩語 (mǐn)	漢藏語族	36. 詞調	52. 屈折
閩北語 (mǐn)	印歐語族	37. 值	53. 附加
閩南語 (mǐn)	23. 賓詞	值錢	54. 連串
6. 贛 (gàn)	主詞	值得	一連串(的)
贛語 (gàn)	24. 變調	價值	55. 腦子
7. 廈門 (xià)	25. 埋	38. 複合	換腦子
8. 分區	26. 葬	複合句	56. 泰
地區	埋葬	39. 造句法	泰國
9. 聲調	27. 重疊	40. 顯著	泰語
10. 距離	28. 動詞	41. 量詞	57. 類似
11. 成都	29. 副詞	42. 主格	58. 強調
12. 昆明	30. 尾(巴)	賓格	59. 廣播
13. 揚州	句尾	43. 兒化韻	60. 成為
14. 瀋陽 (shén)	31. 詞頭	44. 輕音	61. 優越
15. 語音	詞尾	45. 恰巧	62. 問話

語 法 練 習 (p.363)

1. 我們的中文先生真厲害,不是說我們的聲調不對,就是說我們說的不流利,再不然就說我們的語音不清楚.

2. 那位研究語音學的要是碰見你不是對你說吳(wú)語就是說贛(gàn)語,再不然就是說粵(yuè)語.

3. 你別忙,我聽完了這段廣播戲劇就走.

4. 我念完了千字文就念詩經.

5. 他們兩個人經過王先生的介紹就成為好朋友了.

6. 我買了一本粵(yuè)語語法看了半天也不懂,經過王先生給我解釋我才懂了.

7. 他上個月就離開泰國坐船往這兒來了,按着日子來算他早就應該到了.

8. 按着距離來算他雙十節可以到這兒了.

9. 他不但對語音(wu)學有興趣對於藝術也有興趣.

10. 王先生不但研究吳(wu)語和湘(xiāng)語,也研究吳、湘(wu、xiāng)兩個地方的民俗.

11. 他最近不但寫了很多散文還寫了一本書關於印歐語格的變化(像主格、賓(min)格甚麼的).

12. 那個外國人不但研究閩(min)語、粵(yuè)語,還懂得贛(gàn)語.

13. 張先生昨天不但請我們吃飯,又請我們聽的戲.

14. 他把那幾個漢字都寫錯了.不但把雙立人兒寫成提手兒了,又把漢朝的漢字寫成言字旁了.

15. 他等到把他父親葬(xià)了之後再到廈門去.

16. 張先生說等到他的福州戲學好了以後再到揚

州去研究揚州的地方戲.

17. 等大風颱(guā)完了,我們調查一共有多少人死傷.

18. 等我從泰國回來我們詳細討論這個生意值得不值得去作.

19. 你退休了以後你要是離開昆明的時候千萬告訴我一聲兒.

20. 要是你瞧見毛先生的時候,你問他我的一本<u>通訊報導</u>跟新出版的廣東省的分區地圖他看見了沒有?

21. 我先解釋主詞跟賓詞,再說詞頭跟詞尾.

22. 我們先去吃飯,再到城裏頭去看戲.

23. 這是很顯著的事實.他為了研究京戲才學北京話.

24. 馬先生為了到瀋(shěn)陽通訊社工作才到東北來的.

25. 那位小姐看着好像對人很熱情.其實一點感情也沒有.

26. 我五年沒到這兒來了.現在看着好像有很大的變化似的.

27. 萬先生說最有趣味的事是研究方言了.他說他在沒有研究語言學以前他就會閩(mǐn)南話跟閩(mǐn)北話了.

28. 他在沒有寫這本傳記性的小說以前一連串的寫過很多書了.

29. 賓詞在句子裏有時候也像主詞一樣可以放在

動詞前邊.

30.金先生的兒子也像金先生金太太一樣是個胖子.而且嘴也那麼會說.

講話 (p.365)

中國的語言[1]是世界上重要語言之一。為甚麼[2]能成為重要語言之一呢?有好幾個原因。第[3]一,地大人多,人口佔世界總數的四分之一,說中國話的人比說任何別的語言的人都要多。第二,中國文化是最豐富最優越的,是語言學家所注意的。所以上這幾個觀點來看,將來說中國話的人都要多。

現[4]在我們先來談談中國話是屬於哪一個語言範圍。中國語言範圍很廣,以外語言最早[15]講過。從歷史的語言研究的語[10]族,包括[16]的不六的,這是紀元[17]前時代是現在的中國普通話。

現在我們知道中國話是屬於漢藏語族。漢藏語族除了中國代表的漢語以外,還包括藏語、西藏語、緬甸語[miǎn diàn]等等。關於甲骨文,學者說詩經、尚書等等,叫做上古漢語。隋[suí]唐時代的語音叫做中古漢語[20]。上次已經說是隋[suí]唐時代又把隋[suí]唐時代現在的中國。

現在語言和的特點是沒有組織[8]演變,就着文字必百韻元的紀元,這元唐時代是現在的中國。

漢語和的歷史是有屈思的們[12]漢[13]語、是講左切六通話。

學者說漢語,認為是所以就叫做中古漢語。

古的漢語認為七世紀。

自然是現代漢語了。從上[21]古漢語到現代的中國話己經[23]有了三千年左[22]右的歷史和變化。

其次我們要談的是中國語言的分區。中國[24]話可以分成六個大方言地區。說北方話的佔人口總數最多，北方話可以用揚州話來代表。中國人說普通話的可以用北京[27]話[25]來代表，普通話之[26]間的分別並不成問題。普通話又可以分成三大類。北方話可以用成都話來代表，北部的普通話可以用[28]北京話代表，南部的普通話可以用成都話來代表。西域太大，從瀋[shen]陽到西域，東北區域很大[24]。不論彼此距離多遠，從雲南昆明地區來的人彼此之間說的[29]話並不成[30]問題，跟[31]一個人說的[32]話並不成為[32]問題。

其[33]餘的幾個方言：吳[wú]語可以用蘇州話來代表；贛[gàn]語可以用南昌話來代表，贛語裏南北兩區；客家話和客家話很相近，普通話叫做客家話，閩南話可以用福州話作標準，這些大方言區為最大。粵[yue]語可以用廣州話作標準，廣州話[35]區域裏為最大；湘[xiāng]語可以用長沙[35]話來代表，可以歸納在一個方言區[36]，那麼我們[34]就談談[40]。閩[mǐn]語分南北兩區，閩[mǐn]語[37]閩[mǐn]起來[39]，閩語[38]既是標準[38]。那麼我們就談談普通話，普通話也就是北京話。

北京話裏[41]分四聲：第三聲、第四聲，第一聲、第二聲，還有輕音和聲調變次。在前聲基本在這個例子[46]裏，如果不算聲調有四百多就是輕變裏買賣，聲調曾[45]經[45]講調過[44]，舉個例子[46]。每[42]個第[43]一變調的賣或舉本，個第[43]是輕變裏買音節一變出來買。輕音是從四聲第四聲，舉個例子：「買賣都不好。」

来是兩個不同的動詞。可是要是我們說[47]:"買賣[48]都不好。"把賣字說成輕音。那就把買賣說成了一個名詞,跟生意的意思差不多了。變調[49]就是當兩個第三聲[50]在一起的時候,前頭的第三聲要變成第二聲。比如說作買賣的買跟埋[51]葬的埋本來是不同聲調,可是在"買馬"這個句[52]子裏就變成同音了,都是第二聲了。所以要是有人說:"mái[53] 馬"我們跟本就沒法子知道,他是要把馬買來哪,還是要把馬埋[54]在地裏。

在北京話音韻上還有一點值得注意的,就是一[56]般[57]所謂的兒化韻。兒化韻就是在有些音節的後面加上一個像兒樣的聲音。比方說一張畫可以說[58]成一張畫兒,出去玩可以說成出去玩兒,好好[59]的可以說成好好兒的。

現[60]在說說中國話裏的詞是怎樣構成的,這就[61]是構詞法。印歐語言的構詞法有的時候是比中國語[62]言構詞法複雜。比方說英文句子裏有 "one book is expensive, two books are expensive." 在這個例子裏的名詞跟動詞都受[64]"數目"的影響而說法不同,可是在中國話[65]裏就沒有這樣的變化,只是說:"一本書貴"和"兩[66]本書貴"就可以了。名詞和動詞都沒有變化。又[67]稱比如英文裏的 "I like him" 和 "He likes me" 的人[69]稱代[68]名詞都是有格的變化。中國話裏就沒有這個變化。中國話說"我喜歡他"和"他喜歡我"這裏的人稱代名詞都是一樣的.因為中國話的構詞法裏沒有類似印歐語言中的那樣屈折所以過去有很多人以為中國話裏沒有語法.這種說法自然也是不合事實的.

在中國話裏有很多詞素可以重疊,例如動詞走走、看看、打聽打聽.形容詞重疊常當作副詞用.比方說快快的,高高興興的.名詞重疊的比較少,但是也有一些,例如哥哥、弟弟、姐姐、妹妹等.有很多能作量詞的名詞也是常重疊的,例如年年、家家、天天等.

還有一個詞的複合方法,就是"附加成分"中國話裏的所謂詞頭很少,只有第、初、老等,例如第一、第二;初一初二;老張、老師.可是詞尾的附加倒非常多.剛才說過的兒化韻可以算是詞尾的一種.還有很多別的詞尾,像加在名詞後頭的子,例如桌子、兒子、腦子;或者附加一個頭字,像石頭、外頭、骨頭;或者附加一個巴字像尾巴、嘴巴等.

中國話裏還有一個特點就是量詞.比方說一本書、兩枝鉛筆,本和枝都是量詞,不能不用.

把詞連串在一起,變成句子,這就是造句法.中國話的造句法總是主詞在前,賓詞在動詞之後.可是也有時候為了要強調某一個成分把賓詞放到前面.例如"書,我沒賣完"這就是把賓詞提前了.

在表示問話的時候有三個辦法.第一是用疑問代名詞,比方說誰？甚麼？那兒？幾個？怎麼？

第二是用句尾疑問詞,像嗎、吧等等例如"你去嗎?"
第三是疑問式是把敘述式和否定式連在一起成
為一個疑問式,例如"他買書。""他不買書",連
在一起,變成"他買不買書?"的疑問句子.
　以上所說的不過是在中國語言中提出幾個比
較顯著的例子,特別是跟印歐語族比較不同的,稍
微說明作為諸位的參考.

復述 (p.368)

　這盤錄音帶是中文第一組第十三號,十三次的
復述專題講話,是由白文山復述的.
　這次的專題講話是談"參考書"還是由簡教
授給我們講的.我們不論學那種科學都離不開參
考書,所以簡教授給我們講的關於參考書給我們,而這個
題目是相當重要的.他不但介紹了很多書告訴我們
而且把如何查字典的方法很詳細的告訴我們,這些
很寶貴的資料我們不應該忽略了.

　簡教授首先告訴我們的是參考書的種類,他說
有兩種,一種是關於字和詞的,一種是關於常識的
簡教授說選擇參考書最要緊的原則是要選最適
用的.

　他又說關於字和詞的參考書有兩種,有的是兩
種以上的文字像中美、中法、中德、中日的,有的只是

中文的字和詞的參考書都有些甚麼呢？那就是詞典、字典和字彙、詞彙。

簡教授給我們講字典的部首。他說中文字典一共有二百一十四個部首。部首索引排列的次序都是按着部首的筆劃多少排列起來的。簡教授給我們舉個例子應該怎麼樣查字典。他說要是我們不認識"鋪子"的"鋪"字，我們查字典的時候必得先知道"鋪"字的部首是甚麼。我們知道部首是"金"，就是"金"字旁了。我們再數數"金"字幾劃，"金"字一共是八劃，好了。我們先看部首索引，在索引裏找"金"字，找到了"金"字第之後，再看看"金"字下面的數目字，那就是字典的幾頁。我們就知道在那一頁上。再看鋪字一共是幾劃不包括部首，得把部首的筆劃除掉。"鋪"字除掉了部首"金"字還有七劃了，我們就在"金"部的七劃裏去找。要是我們查的是辭海，"鋪"字在辭海裏找到了，頭一個字是"鋪"字，緊接着是一個括弧，在括弧裏是一個"甲"字，下面就是音，把字的意思解釋完了之後又有一個括弧，裏面是個"乙"字，意思就是說"鋪"字的念法有甲、乙兩個音，同時也有兩種意思。

還有，我們外國人查中文字典是記住部首的次序，就是數目字。比方說查人部是部首 9，水部就是 85，金字是 167。這個方法比較快的多。這可不是簡教授講話裏面的，是我個人查字典的經驗。

[39]簡教授又給我們講字典的反切。他說[40]反切就是古時候中國的拼音方法。那就是古人發明的[41]一種拼音的方法。因為中國古時候[42]沒法子，[43]簡教授說中國字每一個字多半是兩個[44]音素。前面的音素叫做聲，也叫做音，後面的音素叫做韻。一個聲和一個韻合在一塊兒發出來的。[45]反切就是如[46]"傷"字在字典裏查到了以後，"傷"字的下面一定寫着三個字[47]"詩央切。"意思告訴我們"傷"字的音是由"詩"跟"央"拼出來的。[48]他說"詩"字用前邊的聲而不用他的韻，[49]"央"字用後邊的韻而不用他的聲。這樣合起來的音就是切出來的字音。

[50]簡教授也告訴我們關於常識的參考書。[51]他說我們目前雖然不必急於看比較深的參考書，[52]但是要準備將來需要的時候應該怎麼樣去[53]選擇。簡教授說看圖書目錄的時候首先看目錄[54]索引，[55]例如字典、小說，把圖書都分類，一項一項的寫出來，各種叢書，都一一的分開。

[56]簡教授又說我們在文學一方面的叢書裏[57]最好是選短篇白話小說、選集、全集、雜誌、話劇[58]劇本等。凡是這些書都可以看看。

[59]最後簡教授說中國有句俗語"開卷有益"[60]這句話很有道理。只要是書，我們看了都對我們[61]增加知識，而且也養成了我們有一種閱讀的習慣。

溫習 (p.370)

1. 有一次我旅行,走了閩贛粵三省.在旅行期間我
隨時給我家裏寫信,告訴家裏我看到的一切事
情.可是我很久沒接到家裏的回信.當時我心裏
有兩個疑問.第一,是不是我家裏發生了甚麽事
情?第二,是不是我去的信都丟了?我越想越
心慌意亂的.後來過了很多日子才接到家裏的
回信.信裏說叫我早日回家.當時我的心意也打
算早點兒回去看看的,於是我接到家信以後就
起身回家了.

2. 在分析一個拉丁文的句子的時候,必得注意那
個詞是主格?那個詞是賓格?惟有如此才可
以知道那個是主詞那個是賓詞.

3. 康熙字典是在清朝康熙五十五年也就是公元
一七一六年編成.辭源是公元一九一五年出版.
王雲五氏編著的四角號碼字典是中華民國十
九年出版.

4. 小姐們在一起多半喜歡說話.昨天有五六位小
姐聚在一塊兒真是鶯鶯燕燕熱鬧極了.

5. 王先生會寫草字.他寫的時候他的一枝筆運用
的十分靈活.真是又快又好.可是有人說他寫的
太草了,簡直是認不出來.比方說,四點火是四個
點兒.可是他只寫一畫,類似一個一字.

6. 我剛學會開車,所以我開車的時候每次看見別

的車,我心裏就免不了有點兒慌亂,有人告訴我
最要緊的是掌握自己的車,不必怕別人的車.

7. 有一個外國人查中國字典比誰都快.他說:"我
把字典裏部首的號碼都記住了.在查字典的時
候只要查看那個字是甚麼字旁或者是甚麼字
頭兒就知道屬於甚麼部首.然後按着部首的號
碼去查,很快就查到了."

8. 有一位文學家說話的時候嘴裏總是喜歡說文
言.有時候說的話還帶一點兒詩意.他說:"假如
大家常說文言,在文學上一定能進步的." 有一
天有人問這位文學家:"你贊成不贊成白話文?"
他只說了一個字,是否定詞裏的"否"字.

9. 一個軍人在打仗的時候受傷了.有人說:"這個
軍人為了國家受了傷.他是軍人的好榜樣".

10. 方先生從前在大學主修的科目是新聞.為了速
成,念的是速成科.現在他給外國報紙寫通訊.每
次通訊敘述的又詳細又真確.方先生說他是以
一枝筆寫通訊為生活.

11. 昨天我在書店買了一部中國古文與今文一共
是三十六本.當時我沒詳細的看,今天我才發現
缺了一本是卷六的,內容大概是關於切韻的.一
本書雖然值不了多少錢,可是缺了一本這部書
就不完全了.

12. 我去買錄音機,賣錄音機的人說:"我們賣的錄
音機是以好用跟價錢低為目的的,如果不好用

可以退回來,但是退回來的有效期間是在一個月以內."

13. 張小姐最愛他的頭髮,又黑又長.有一天他發現他的頭髮掉了很多.他很難過,哭起來了.

14. 我有一個同學要到外國去留學,在他離開本國的時候,我們幾個人去送他,大家對他說:"預祝你學業成功."

15. 昨天我們語言學有一個考試一共是兩個題目.第一個題目是中國有幾個大方言區,各方言區是不是有語言不同的困難? 還有一個題目是疑問代名詞跟語尾疑問詞,還有疑問式都有甚麼不同?

16. 今天開會,主席把很多的問題歸納成為兩個,叫大家討論.

問 題 (p.372)

1. 中國語言為甚麼能成為世界重要語言之一?

2. 中國語言屬於甚麼語族? 這個語族除了中國語言以外還有甚麼語言?

3. 中國最早的文字是甚麼? 有些學者把甚麼書認為是上古漢語? 甚麼書認為是中古漢語? 大約都在甚麼時候?

4. 中國語言可以分成幾大方言區? 每個方言地區裏用甚麼地方的話作標準?

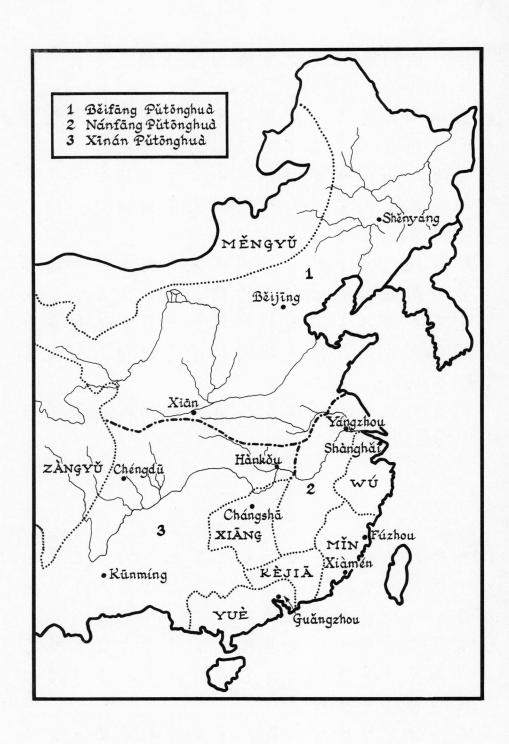

1 Běifāng Pǔtōnghuà
2 Nánfāng Pǔtōnghuà
3 Xīnán Pǔtōnghuà

MĚNGYŬ

Shěnyáng

1

Běijīng

Xīān

Yángzhou

Shànghǎi

Hànkǒu

ZÀNGYŬ Chéngdū

WÚ

2

Chángshā

XIĀNG

MǏN Fúzhou

3

Xiàmén

Kūnmíng

KÈJIĀ

YUÈ Guǎngzhou

5. 北京話如果不算聲調有多少音節？甚麼叫輕音？甚麼叫變調？舉個例子說明．

6. 甚麼叫做構詞法？中國語言構詞法和印歐語言構詞法有甚麼不同？請你舉個例子說明．

7. 中國話裏的詞素可以重疊的用．你能舉幾個例子嗎？

8. 甚麼是詞頭？甚麼是詞尾？甚麼是兒化韻？甚麼叫量詞？請你分別舉例子說明．

9. 中國話的造句法甚麼在前？甚麼在後？在甚麼時候可以把賓詞寫在前邊．

10. 中國話在表示問話的時候有那三種辦法？你能舉例子說明嗎？

1 胡	2 陳	3 魯	4 迅	5 茅	6 盾	7 郭
8 沫	9 澤	10 舍	11 夢	12 儒	13 殘	14 廢
15 欣	16 諷	17 刺	18 傑	19 裁	20 執	21 彩
22 載	23 秦	24 卜	25 策	26 孟	27 莊	28 阻
29 魏	30 晋	31 熟	32 雄	33 壯	34 曲	35 殊
36 賦	37 駢	38 脫	39 具	40 延	41 敵	42 嶺

第 十 七 課　 中國 的 文學 (p.374)

1.	胡	hú	barbarians; irrelevantly	22.	載	zǎi	convey; contain (13)

1. 胡　hú　barbarians; irrelevantly

2. 陳　chén　stale; display

3. 魯　lǔ　coarse

4. 迅　xùn*　rapid

5. 茅　máo*　thatch

6. 盾　dùn　shield

7. 郭　guō*　suburbs

8. 沫　mò　foam

9. 澤　zé　marsh

10. 舍　shè　residence

11. 夢　mèng　dream (1)

12. 儒　rú*　Confucian (2)

13. 殘　cán　remnant (3)

14. 廢　fèi　abolish; crippled; useless (3)

15. 欣　xīn　appreciate (4)

16. 諷　fěng*　satirize (5)

17. 刺　cì　pierce (5)

18. 傑　jié　hero (6)

19. 裁　cái　cut out (7)

20. 執　zhí　grasp, hold (8)

21. 彩　cǎi　decoration (9)

22. 載　zǎi　convey; contain (13)

23. 秦　qín*　Ch'in Dynasty (16)

24. 卜　bǔ*　divine (17)

25. 策　cè　policy (18)

26. 孟　mèng*　first, oldest (21)

27. 莊　zhuāng　dignified (22)

28. 阻　zǔ　obstruct (24)

29. 魏　wèi*　Wei Dynasty (31)

30. 晉　jìn　Tsin Dynasty (32)

31. 熟　shú　ripe; cooked; familiar (33)

32. 雄　xióng　male; heroic (35)

33. 壯　zhuàng　strong, robust (35)

34. 曲　qǔ　song (38)

35. 殊　shū　particularly; unique (39)

36. 賦　fù*　poetic essay (40)

37. 駢　pián　paired (42)

38. 脫　tuō　disrobe; flee (43)

39. 具　jù　tool (50)

40. 延　yán　prolong (52)

41. 敵　dí　opponent (56)

42. 巔　lǐng　mountain range (61)

1 白：馬教授早．

2 馬：早．一連串的下了兩天的大雨，今天路上都是
3 泥，很不好走．

4 白：可不是嗎！昨天聽廣播天氣報告，雨還要繼
5 續的下哪．

6 馬：在美國人人有車，在這兒就得走路了．

7 白：其實走路對身體倒好．不過從我那兒到學校
8 來一路上都是造房子的．路上很多石頭、木料
9 甚麼的，很不好走．

10 馬：今年雨下的太多了，很多地方有水災．明年春 11
天糧食一定要貴了．

12 白：水災的地方很多嗎？

13 馬：據說河南省跟湖南省最厲害．

14 白：河南出產麥子，是不是？

15 馬：是的．

16 白：比如糧食貴了的話，要貴到甚麼程度呢？

17 馬：貴到一個人作工的工錢供不了全家五六口
18 人吃飯．

19 白：我看報紙上說中國政府急於想法子買外國 20
的米哪．

21 馬：湖南也有水災，那是產米的區域．

22 白：您說湖南，我想起昨天的講演．簡教授把很多 23
省的名子都是用一個字代表．湖南他用湘．江 24 xiāng
西他用贛．
gàn

25 馬：中國每省都有簡單的名稱．像福建是閩．廣東 mǐn 26

是粵.

27 白： 很有意思.

28 馬： 昨天晚上錄音了嗎？

29 白： 昨天晚上外面下着雨,我在屋子裏錄的音.雨
30 下的聲音很大.所以錄的音好像沒有以前錄
的那麼清楚似的.同時我也一面聽着一面用
漢字把他寫下來了.一會兒您看看. 31 32

33 馬： 好極了.一會兒我們討論完了生詞以後我看
看.

1.0. 夢 做夢 夢見 紅樓夢

1.1. 我昨天晚上做了一個夢.很可怕.夢見了一個
鬼.

1.2. 紅樓夢是一部有名的長篇小說.

2.0. 儒 儒家 儒林外史

2.1. 中國人從前把念書的人叫做儒.

2.2. 你知道儒家的學說主張的是甚麼嗎？

2.3. 儒林外史是一部叙述知識分子故事的小說.
有的地方真可笑.我看的時候把我笑死了.

3.0. 殘 殘廢 老殘遊記

3.1. 他從前在軍隊的時候因為打仗受傷了,現在
他成一個殘廢人了.

3.2. 老殘遊記是一部有名的白話小說.常看這種
小說對於寫白話文多少有些幫助.

4.0. 欣賞

4.1. 有人欣賞茅盾寫的小說,有人欣賞魯迅寫的
小說.

5.0. 諷刺

5.1. 巴金,老舍寫的小說多半是諷刺舊社會的.

馬: 紅樓夢、儒林外史跟老殘遊記這三部書你都
看過嗎?

白: 我都看過了.

馬: 你最欣賞那部?

白: 我喜歡儒林外史.並不是罵人,那是一部諷刺
知識分子的著作.

馬: 老殘遊記跟紅樓夢呢?

白: 我對紅樓夢很有興趣.我認為書上每一個人
的口氣都是現代的語法.

6.0. 傑作

6.1. 許氏說文在中國文字學裏是一部傑作.

7.0. 體裁

7.1. 胡適寫的那篇文章是甚麼體裁? 是散文還
是詩?

8.0. 執政

8.1. 執政是掌握政治的意思

9.0. 精彩

9.1. 昨天晚上的戲劇精彩極了.

10.0. 創作

10.1. 毛澤東最有名的創作是甚麼,你知道嗎?

馬： 魯迅[xùn]跟老舍這兩個人的文章 你喜歡那[44]個人的？

白： 我對老舍的著作比較有興趣. 雖然老舍跟魯[46]迅[xùn]寫的體裁不一樣, 可是兩個人寫的都是諷[47][fēng]刺罵當時執政的文章. 兩個人的作品各[48]有各的優點. 魯迅[xùn]寫的東西叫人看了恨, 老舍[49]寫的叫你看了笑. 老舍寫的最精彩的地方是[50]他形容一個人, 形容的好像你看見了那個人了[51]似的.

馬： 我念中學的時候人家送我一本老舍的創[53]作真是一部傑作, 我看了以後把我笑的要死. 我們[54]同學的差不多那個時候每一個人手裏都有[55]一本.

白： 老舍的著作是一種大眾文學. 人人都能欣賞[57].

11.0. 運動　五四運動

11.1. 五四運動是提倡新文學的運動.

12.0. 新青年

12.1. 新青年上的文章都是白話文.

13.0. 登　登載

13.1. 他的作品向來是在雜誌上登載, 絕對不登在報上.

14.0. 刊物

14.1. 你在甚麼刊物上看見過陳獨秀的作品了？

15.0. 文藝

15.1. 他是喜歡文藝的人, 他願意作文藝工作.

58
白： 胡適是現代很有名的學者,是一個反對舊文
59
學的,他是五四時代提倡白話文很有力的一
分子.

60
馬： 在五四運動以前胡適先生寫了一篇要改革
61
舊文學的文章是在<u>新青年</u>雜誌上登出來的.
62
在那篇文章上,他一共提出了八個原則來.在
63
那個時候有的人贊成文學革命,有的人很反
64
對.

65
白： 聽說五四時代很多刊物都是提倡白話文的?
66
馬： 是的.因為一般青年受了西洋文藝的影響.大
67
家都反對文言文.

              qín   qín
16.0.   秦   先秦
         qín
16.1.   秦朝的年代雖然很短,但是在歷史上是很重
要的一個朝代.

16.2.   方先生昨天講演的題目是 "先秦文學"
                                    qín
         bǔ
17.0.   卜辭
         guō   bǔ
17.1.   郭沫若是對於甲骨文的卜辭最有研究.

18.0.   戰國   <u>戰國策</u>
         qín
18.1.   在秦朝以前有一個時期叫做戰國.<u>戰國策</u>這一
部書寫的就是戰國時代的事情.

19.0.   春秋

19.1.   在周朝末年有一個時期叫做春秋.

20.0.   <u>左傳</u>

20.1.   <u>左傳</u>是古書的名子,是周朝一個姓左的作的.

68
白： 請問先秦文學是甚麼？

69
馬： 就是秦朝以前的文學.

70
白： 中國最早時期的文學是甚麼呢？

71
馬： 就是甲骨文上的卜辭.

72
白： 戰國策是戰國時候寫的嗎？

73
馬： 是的.那上面是把戰國當時打伐國家的事情
記下來了.史記有一部分就是根據那本書寫
的.

75
白： 春秋這個詞兒是書名子,也代表時代,是不是？

76
馬： 春秋是孔子作的書.有的時候也代表那個時
77
代.孔子作春秋的時期就叫做"春秋時代."

78
白： 左傳還有別的名子嗎？

79
馬： 有.左傳也叫左氏春秋.關於這一類的古書你
都看過嗎？

81
白： 我看過倒是看過,可是內容太深了,有的地方
82
我看不懂.

21.0. 孟子

21.1. 孟子的學說是注重民主的.

22.0. 莊子

22.1. 莊子是戰國時代的學者.他寫的書也叫莊子.

23.0. 墨子

23.1. 墨子的學說類似佛教的學說嗎？

24.0. 阻止

24.1. 他的行動沒有甚麼人可以阻止的.

83
白：孔子跟孟子的學説我知道.莊子跟墨子是不
是同一個主張？

84

85
馬：墨子是主張愛自己也愛別人,阻止人類的戰
爭.莊子的學説和老子一樣.在莊子裏有一段
很有意思的問答.有一次莊子跟一個作大官
的一塊兒走到河邊兒上.莊子説："魚在河裏
來來去去的真快樂呀."那個大官説："你不
是魚,怎麽知道魚快樂呢？"莊子説："你也不
是我,你怎麽知道我不知道魚快樂呢？"

86
87
88
89
90
91

25.0. 詩歌
25.1. 有一個外國人研究中國文學.他最欣賞中國
古代的詩歌.

26.0. 論語
26.1. 論語是四書的一部分.是孔子的學生記錄的
孔子所説的話.

27.0. 楚辭
27.1. 楚辭是楚國屈原所創作的.

28.0. 總集
28.1. 中國古時候詩歌的總集是詩經.

29.0. 易經
29.1. 易經在古時候是作甚麽用的,你知道嗎？

92
白：馬教授,詩經這本書是古人作的詩歌嗎？
93
馬：是的.據説也就是那個時代的語言.論語上有

一句話,意思是如果不會詩經就不會説話.

白: 詩經跟楚辭有甚麼分別没有?

馬: 這兩本書都是詩跟歌的總集.他們的分別是楚辭所收的作品是長江流域的,可以説是南方文學.詩經所收的作品是黄河流域的,是北方文學.還有楚辭每一句話有四個字的,六個字的,七個字的.而詩經大部分是每一句話都是四個字的.

白: 易經呢?

馬: 易經是周朝時代編的.多數是卜辭

30.0. 樂府

30.1. 樂府是從漢朝開始有的.

31.0. 魏

31.1. 那篇古文是魏朝的時候一個有名的學者作的.

32.0. 晋

32.1. 晋朝自公元二六五年至四二零年.共有一百五十六年.

33.0. 成熟

33.1. 到了秋天農人種的東西都成熟了.

34.0. 劃 劃分

34.1. 自從民國成立,中國在政治上有劃時代的改革.

34.2. 把那個地方劃分為五個區域是根據甚麼劃的?

35.0.　雄壯

35.1.　女人唱雄壯的歌兒一定表達不出來那種雄
　　　壯的聲音.

104
白：馬教授,甚麼叫做樂府?
105   106
馬：樂府也是詩,是唱的,有的是從百姓嘴裏說出
　　來的,有的是從文人手裏寫出來的,一律叫做
107
　　樂府.
108
白：樂府是從甚麼時代有的?
109   wèi
馬：樂府是從漢代就有了的.經過了魏晉兩朝的
110   wèi   111
　　發展達到相當成熟了.在魏晉的時期劃分為
　　兩個,一個是南方樂府,一個是北方樂府.他們
112
　　各有不同的特點.南方的樂府是很溫和而有
113   114
　　感情的,北方的樂府是一種很雄壯而有力量
　　的.

36.0.　詞

36.1.　在中國文學史上宋朝的詞是最著名的.

37.0.　韻文

37.1.　我喜歡散文,不喜歡韻文.

38.0.　曲(子)　歌曲

38.1.　元朝的曲子,在中國文學史上最著名.

38.2.　有人喜歡聽古代的曲子,有人喜歡聽現代的
　　　歌曲.

39.0.　特殊

39.1. 特殊就是特別的意思.

40.0. 賦　漢賦

40.1. 在漢賦裏那一篇賦你最喜歡?

41.0. 限　限於　限制　有限

41.1. 馬教授叫我寫一篇文章,限三天寫完.

41.2. 王教授今天講文字學,因為限於時間只講字形,沒講字音和字義.

41.3. 有一個國家限制本國人出國,但是留學生是例外

41.4. 我手裏的錢有限,不能隨便用.

41.5. 那個學會的會員以大學教授為限.

115
白: 詞還有另外的一個意思,也是文學的一種嗎?

116
馬: 詞的本義是表示一種觀念.另外的一個意思就是韻文的一種,是從唐朝開始的.詞這種韻文是從樂府演變出來的.是一種特殊體裁.

119
白: 是不是也可以當作曲子?

120
馬: 詞的體裁跟樂府比較起來雖然有點兒特殊,可是也可以當曲子唱出來.

122
白: 賦是怎麼樣的一種體裁?

123
馬: 賦你看起來好像散文.句子有的長,有的很短.因為賦也注重聲,也有韻,所以跟詩的體裁差不多.賦在句子上看非常美麗.在一篇賦裏往往沒有限制的用形容詞.

42.0.　駢體文

42.1.　駢體文都是四個字跟六個字的句子.

43.0.　脫

43.1.　他是工廠的會計要是工廠的賬有錯誤,他就
　　　　脫不了責任.

44.0.　<u>新潮</u>

44.1.　在<u>新潮</u>裏一連串有幾篇文章都是討論新詩
　　　　和歌曲的.

45.0.　革新

45.1.　那個國家絕大多數的人民希望政治革新.

127
白：駢體文的特點是甚麼?
128
馬：駢體文的特點是＂四六句子.＂ 比方上一句
　　　　　　　　　129
　　　話是四個字,下句話也得用四個字.如果第一
　　　　　　　　　130
　　　句話是六個字,第二句話也得六個字.拿寫信
　　　　　　　　　　131
　　　來說吧,一封信從頭到尾的句子 都是 四個
　　　　　　　　　　　　　　132
　　　字和六個字的句子　同時也注重聲調從前了.
　　　　　　　　　　133
　　　念書學生都得背書.像駢體文更要背下來.
134
白：現在還有人用駢體文寫文章或者寫信嗎
136　　　　　　　　　　　　　　　　　135
馬：寫信現在很少人用駢體文了,可是寫文章,還
　　　　　　　　　　　　　　　　138　137
　　　有人用.但是都是一些念古書的老先生們,他
　　　們總脫不了寫這種文章的習慣.
139
白：聽說有一種文學刊物叫<u>新潮</u>,內容寫的都是
　　　　　　　　　　　　　　　140
　　　關於文學革新的文章.現在還買得到嗎?
142　　　　　　　　　　　　141
馬：現在恐怕很難買得到了.

46.0. 座談會

46.1. 昨天在座談會上談的都是語言問題.

47.0. 片　　打成一片

47.1. 他在船上看見遠遠的有一片陸地.

47.2. 打成一片就是"大家合作,不分彼此"的意思.

47.3. 從地下掘出來的龜甲是一片一片的,多半是很小的.

48.0. <u>國語</u>

48.1. 國語是書名,是古時周朝有一個姓左的作的.

49.0. 共產黨　　國共

49.1. 在中國對日本抗戰期間國共是合作的.後來共產黨就獨自行動了.

49.2. 他是國民黨,不是共產黨.

50.0. 工具

50.1. 語言是表達意思的工具.

51.0. 推動

51.1. 白話文是在甚麼時候推動的?

白: 昨天晚上在中國文學座談會上大家討論有[143] 兩個多鐘頭.[144]

馬: 參加座談會的同學多不多?[145]

白: 不少中國同學、外國同學都有.大家談來談去.[146][147] 都很談得來.我們大家簡直打成一片了.

馬: 昨天討論的是甚麼問題?[148]

149
白：都是關於新舊文學的知識．談到國語我才知
150
道國語也是一種歷史性質的書．
151
馬：是周朝的學者寫的．上面是記錄每個國家的
152
事情．
153
白：新文學一方面談到近代的幾位文學家．
154
馬：都談到那幾位？
155
白：談到陳獨秀郭沫若、巴金、茅盾和他們每一個
156
157
人作品的特點．大家也談到共產黨對於文學
158
的觀點跟文字改革的問題．又談到毛澤東對
文學的看法，文學是政治跟教育的工具．
159
馬：所以現在大陸上的學者都主張寫報告文學．
160
161
白：最後還討論到普及教育．有一位同學說，凡是
162
我們知識分子對普及教育這一方面應該負
163
一點兒責任，去推動普及教育．
164
馬：這是很有意義的．

52.0.　延安
52.1.　延安是地方的名子，在中國的西北部．
53.0.　展開
53.1.　五四運動展開了新文學的運動．
54.0.　全面
54.1.　中國在甚麼時候對日本展開了全面抗戰？
55.0.　救國
55.1.　他為甚麼不參加救國運動？
56.0.　敵人

56.1. 我們要知道誰是我們的敵人.

165
白: 延安有一個時期是共產黨的政治中心嗎?
166   167
馬: 是的.共產黨拿延安作政治中心從抗戰以前
到一九四八年.
168
白: 是不是在抗戰時期國共又合作了?
169   170
馬: 是的.中國在展開全面對日本抗戰的時候,大
家為了救國共同抵抗敵人又合作了一個短
171
時期.

57.0. <u>創造週刊</u>
57.1. 有人說<u>創造週刊</u>的目的是在推動新文學.
58.0. 使命
58.1. <u>創造周刊</u>和<u>新潮</u>都是推動新文學的.他們的
使命沒甚麼兩樣.
59.0. 背景
59.1. 欣賞文學要先知道當時的時代背景.
60.0. 思潮
60.1. 思潮就是思想的潮流,也就是思想的趨勢.

172
白: 馬教授,<u>創造週刊</u>也是五四時代的刊物嗎?
173   174
馬: 是的.那是當時負着一種改革文學使命的刊物.
175   176
白: 像<u>新潮</u>,<u>小說月報</u>都是有時代背景的刊物嗎?
177
馬: 是.因為受西方文藝思潮的影響,就拿這些個
178
刊物來推動白話文的運動.

179
白： 是不是當時也有人反對白話文呢？

180
馬： 當時當然有很多人反對．有人認為白話文並[181]
不是文學．其實白話文並不容易寫．

182
白： 我聽說文言文寫的好，並不一定寫得來白話文．[183]

184
馬： 那倒是實在的．

61.0. 分水嶺

61.1. 在青海有一個大山是黃河和長江的分水嶺．

62.0. 外史

62.1. 外史所寫的是歷史以外不大重要的事情．

63.0. 由此

63.1. "由此"是"從這裏"的意思．例如 "由此往南" 就
是 "從這裏往南"．

185
白： 馬教授，分水嶺是甚麼意思？

186
馬： 如果劃分兩個河流的時候用山來分，這個山
187
叫做分水嶺．

188
白： 還有，外史跟歷史有甚麼分別呢？

189
馬： 外史不是正式的歷史．在歷史上寫某一個皇
190
帝的歷史以外，又有人把那個皇帝日常生活
191
的事情另外寫出一本書來就是外史了．

192
白： 還有，"由此"這個詞兒在口語上不常用，是不是？

193
馬： "由此看來""由此可見" 都是不常說的，是寫
194
的時候用的．

生詞表 (p.385)

1. 夢
   做夢
   夢見
   紅樓夢
2. 儒
   儒家
   儒林外史
3. 殘
   殘廢
   老殘遊記
4. 欣賞
5. 諷刺
6. 傑作
7. 體裁
8. 執政
9. 精彩
10. 創作
11. 運動
    四五運動
12. 新青年
13. 登

14. 載刊
15. 文藝
16. 秦先秦
17. 卜辭
18. 戰國戰國策
19. 春秋
20. 左傳
21. 孟子
22. 莊子
23. 墨子
24. 阻止
25. 詩歌
26. 論語
27. 楚辭
28. 總集
29. 易經
30. 樂府
31. 魏

登載物藝
32. 晉
33. 成熟
34. 劃劃分
35. 雄壯
36. 詞
37. 韻文
38. 曲(子)歌曲
39. 特殊
40. 賦漢賦
41. 限於限止有限
42. 駢體文
43. 脫
44. 新潮
45. 革新
46. 座談會
47. 片

打成一片
48. 國語
49. 共產黨國共
50. 工具
51. 推動
52. 延安
53. 展開
54. 全面
55. 救國
56. 敵人
57. 創造週刊
58. 使命
59. 背景
60. 思潮
61. 分水嶺
62. 外史
63. 由此

語法練習 (p.385)

1. 張先生喜歡看散文跟短篇小說.張太太都喜歡看甚麼書?

2. 我到書店就買一本紅樓夢.你都買甚麼?

3. 你這次旅行都到那兒? 都跟誰去? 確定了沒有?

4. 福建都有甚麼地方的風景是有名的?

5. 他在座談會上都說甚麼話了?

6. 你不想參加這種愛國的運動是甚麼原因?

7. 我不喜歡看魯迅(xùn)的文章是因為他的文章太深了.

8. 他老阻止我,不準我參加那個座談會是因為那個會裏所討論的根本沒甚麼價值.

9. 他不參加五四運動是怎麼一回事?

10. 我不看諷(fēng)刺小說是因為多半都是罵人的.

11. 儒(rú)林外史,紅樓夢這兩部書都是長篇小說嗎?

12. 胡適、陳獨秀這兩個人都是提倡新文化運動的學者嗎?

13. 新青年、新潮跟創造週刊這三種刊物都是五四時代推動新文學的刊物.

14. 毛先生,毛太太會唱五省的歌曲.因為他們到過廣東、廣西、湖南、福建、江西這五省.所以他們會唱這五省的歌曲.

15. 我念過拉丁文,法文跟英文這三種文學.

講話 (p.386)

諸位同學：

　　今天要講的題目是中國的文學。這個題目很大，因為限於時間，只好選擇幾個要點來跟諸位說說：中國文學從體裁上來說可以分為兩大類，一類是韻文，一類是散文。甚麼是韻文？甚麼是散文呢？凡是詩、詞、歌、賦（fù）等等有韻的作品都是韻文。除了韻文以外其餘的可以說都是散文。

　　在中國文學史上，從古時候到現代，每個時代有每個時代的特殊的文藝。我們先就從古代說起，古代在商朝以前的甲骨文，其次人所說的，叫做卜（bǔ）辭。先秦（qín）朝的詩經，《詩經》是中國最早編訂的一部詩歌的總集，由孔子選的，裏面有三百多篇。在韻文方面有《易經》；在散文方面有《左傳》、《國語》、《戰國策》。後來到了春秋戰國時代，像《老子》、《孟（mèng）子》、《墨子》、《莊子》、《論語》，以及《楚辭》和屈原等都是很有文學價值的作品。

　　秦（qín）朝之後到了漢朝。漢朝文學最特殊的是漢賦（fù）；像《史記》、《漢書》都是最精彩的散文。樂府和傳記文學，在傳記文學裏……漢朝以後到了魏（wèi）晉南北朝有駢體文。又以後像唐朝的詩、宋朝的辭、元朝的曲，以及明、……

　　清兩朝的小說，其中像紅樓夢[25]、儒林外史[27]、老殘遊記[26]都是文學上的傑作。

　　公元一九一七年前後，因為西洋的時代背景[28]，中國國內產生了五四運動。這是思想文化運動[32]，像新青年[30]、新潮[31]、小說月報、小說週刊[34]等等，一般說來都是推動白話文運動的。當時也有許多人反對，他們都認為白話文的不是文學，決不登載和批評，可以阻止了。但是新文學這同時發展，像陳獨秀、胡適[29]、魯迅、茅盾、郭沫若[43]、創造[35]等，他們寫白話文，創造[35]新潮文學[36]。雖然[37]已經[38]全面[39]展開，在批評[41]舊社會[40]的許多文章和長篇、短篇小說在報上發表，很受一般人的歡迎。

　　從一九二八年到中國對日本抗戰的時期[45]，文學家像老舍、巴金、舊社會同都脫不了同情大眾[42]，他們的作品，尤其是抗戰[47]的文章，都是帶了在抗戰救國[48]的精神，有一種[46]一時期的文學。現在大陸的文學在延安，有許多諷刺[49]所有的……

　　說到這裏[50]，諸位也許有人要問，情形是怎麼樣？這個我們可以看毛澤東在延安……

文藝座談會上發表的談話,我們就可以知道他的
主張是文學跟政治,教育應該是打成一片.他說文
學是政治跟教育的工具,所以在這種原則之下,共
產黨執政底下的文學家應該負著新的文學使命.
這個新的文學使命就是把文學當作一種工具來
推動達到政治的目的.所以大陸一般文學家在大
陸今天情形之下,他們都在那裏推動所謂"報告
文學."

由此可見我們研究文學一定得知道他的時代
性,知道他的背景,政治的情形,社會的情形,然後我
們才能瞭解才能欣賞他們的作品.

復述 (p.388)

這盤錄音帶是中文第一組第十四號,十四次的
復述專題講話"中國的語言"是由白文山復述的.
這次的講話是由簡教授給我們講的,題目是"中
國的語言." 因為中國是一個文化古國,有幾千年
的歷史了,他的文化水平當然是很高了.而中國語
言也有兩種特點,一個是有詞調,一個是沒有屈折.
中國話是世界上重要的語言之一.按現在和將來
的趨勢來說,研究中國話的人將來越來越多.按照
以上的種種原因來分析中國話有必得研究的價
值.

簡教授首先給我們講中國語言的分區地區。他說現在的中國話可以分為兩個大方言。最重要的是說普通話的，佔中國人口總數的四分之三。而普通話又分成三大類。北方話是用北京的普通話代表，西南的普通話是用揚州話代表，南方的普通話是用四川的成都話代表。

他說整個兒中國說普通話的區域很廣。不管彼此離着的距離有多遠，要是說普通話分別並不太大。比方一個昆明人跟一個瀋(shěn)陽人初次見面，在語言上並沒有多大的問題。

簡教授接着又給我們講中國的幾種方言。他說粵(yuè)語是用廣州話代表，吳(wú)語用蘇州話代表。湘(xiāng)語又分為南北兩區作標準，北用長沙話代表。贛(gàn)語類似客家話。閩(mǐn)語又分為閩南、閩北，閩南話用廈(xià)門話作標準，閩北話用福州話作標準。

簡教授說這些大方言裏，自然是用普通話的範圍最大了。所以簡教授首先給我們講的是普通話，也就是北京話。

簡教授講北京話裏除了聲調以外一共有四百多個音節。每個音節有四聲，還有一個輕音和變調。輕音是從四聲基本聲裏變化出來的。比如"買賣"的"賣"字得念輕音。簡教授又講到變調。他說如果兩個第三聲，頭一個詞素在念的時候要變成第二聲。比如"作買賣"的"買"跟"埋葬"的"埋"本來不是同一個聲調。如果你說"mái馬"聽的人要

是不知道上下文就不知道是要用錢把馬買來,還
是要把死馬埋在地裏.
　簡教授又給我們講到北京話裏特有的兒化韻.
如"出去玩"北京話說:"出去玩兒","好好的"
北京話叫"好好兒的,"詞尾上有兒的音.
　簡教授又講印歐語裏有格的變化,在中國話裏
是沒有的.他又說到關於詞頭和詞尾.他說中國話
裏詞頭很少,可是詞尾到是很多.兒化韻也是詞尾
之一種.另外還有很多詞尾.詞兒後頭的"子"比如"兒
子,腦子,"還有"骨頭、石頭、外頭"的"頭"字也是詞
尾.
　簡教授又告訴我們北京話裏表示問話的時候
有三個方法.第一是用疑問代名詞,比如"誰?甚
麼?那兒?"第二是句尾用疑問詞"嗎吧,"比如
"你去嗎?""你去吧?"第三是疑問式,是把否定式
跟敘述式合在一塊兒,就成了一個疑問式.比如"他
買書""他不買書"在一塊兒就變成了"他買不
買書?"的一個疑問句子了.
　最後簡教授說他說的只是舉出幾個顯著的例
子,特別是跟印歐語不同的,讓我們作個參考.

溫習 (p.390)

1. 萬先生從前研究墨子學說.現在他在泰國學習
泰語.他說:"墨子的主張有些地方類似佛學.泰

國是一個佛教國家,所以我到泰國學泰國話好研究佛學. 他又說泰國語言恰巧和漢人的語言都是屬於漢藏語族,所以學習泰語比較容易.

2. 甲乙丙丁四個人研究中國文字的起源.甲說:"中國古書上說:"倉頡(jié)造字那就是中國最早的字." 乙說:"這種說法有甚麼確實証明嗎?"丙說:"古書就是証明." 丁說:"那只是古書上說的.沒有甚麼原始可靠的資料可以証明.如果按照原始可靠的資料來說,只有甲骨文才算是最早的文字,因為甲骨文是刻在一片一片龜甲的背上和一塊一塊牛骨頭上的字.這些龜甲跟牛骨頭都是商朝的,近代才從地下掘出來的."

3. 有一個學中文的外國學生對我說:"我所知道的中文很有限.請你告訴我甚麼是六書?"我告訴他:"象形、指事、會意、假借、形聲和轉注就是六書." 他又問我:"有人還說過象事、象聲.是不是也是六書之一呢?"我又告訴他:"象事就是指事.象聲是指着形聲裏的一部分說的."

4. 我們在學語音學的時候,關於常用的各種詞例如語音、音素、單音、單音字、單音節、多音節、音調等等的都要研究明白.

5. 甲魚跟龜看起來樣子很相同,可是有人說有分別.

6. 先生對小學生說:"你們開始學寫字最好不要

寫簡筆字." 有一天有一個小學生一連串寫了六七個簡筆字.先生看見了問他為甚麼一定要寫簡筆字? 小學生說:"簡筆字的筆劃少可以減少寫字的時間.請問先生,到底為甚麼要限制我們,不叫我們寫簡筆字呢?"

7. 構詞法和造句法有甚麼不同? 構詞法是研究一個詞是怎樣構成的.造句法是研究一個句子是怎樣構造的.

8. 人的生活有四大要素就是衣、食、住、行.在這四大要素裏那一種最要緊? 有人說:"食最要緊,因為人每天多半吃三頓飯.如果幾天不吃東西,怎麼能活呢?"

9. 有甲乙兩個印度學生,在一個中國語法座談會裏聽見別人談到名詞、動詞、副詞、代名詞和人稱代名詞、又聽到主詞、賓詞等等.甲對乙說:"中國語法裏詞的分類和我們語法裏詞的分類是不是大同小異?"乙說:"中國語言跟印度語言並不是一個語族,各有獨特的語法.比方說在印度語法裏有主格、賓格,在中國語法裏注意的是詞調.綜(zōng)括來說是不相同的."

10. 孔子孟(mèng)子的學說都是儒(rú)家學說.有人說:"儒(rú)家學說對於人民有的是有利的也有不利的."

11. 有一個外國人能說中國粵(yuè)閩(mǐn)兩省的方言,他又能說江蘇話.江蘇古時是吳(wú)國,所以他又算是能說吳^{wú}語.

12. 瀋^{shěn}陽是中國東北一個省的省會.一九三一年九月十八日的夜裏日本的軍隊進入瀋^{shěn}陽.日本軍隊強調的說,是中國軍隊首先對日本軍隊有不利的行動,所以日本軍隊才進入瀋^{shěn}陽.可是這種話誰能相信呢?這就是中國歷史上所說的九一八.

13. 在中國歷史上,隋^{súi}朝的年代比較短,秦^{qín}朝的年代更短.隋^{súi}朝有三十九年,秦^{qín}朝只有十五年.

14. 漢代文學的主要代表是賦^{fù},所以後來叫做漢賦^{fù}.

15. <u>尚書</u>是古代的書,從這本書裏可以知道古代的語言,所以研究上古漢語的認為<u>尚書</u>是必要研究的古書之一.

16. 唐朝有一個詩人,有一天晚上作了一個夢,夢見他作詩用的筆生出花來了.後來他的詩就越作越好,成了一個有名的詩人.

17. 我最不喜歡念拉丁文,可是先生一定叫我念.沒有法子只好念了.有一天有人問我:"拉丁文是不是一字一義,還是也有別義?"我說:"我雖然念拉丁文可是拉丁字我認識的都有限哪."

18. 有人說鬼最怕光明,所以光明是鬼的敵人.假設世界上到處都是光明,那麼鬼就沒法子存在了.

19. 弟弟太用功了,念了四個鐘頭的書也沒休息,我說:"弟弟,你應該換換腦子,聽聽錄音了." 弟弟說沒有甚麼可以聽的.我說:"你聽聽張先生錄的歌兒呀." 弟弟說:"他唱的歌兒我不想聽,都是那一套,不值得聽." 我說:"你不是最喜歡聽雄壯的歌兒嗎?"張先生這次錄的都是雄壯的歌兒." 弟弟說張先生的唱法一定表達不出來是雄壯的歌兒.

20. 有一家木廠生意不很好,信用也不大好.木廠的主人想請商會支持.他說:"如果沒人支持,到了年底我就不能維持了." 商會的人說:"你的廠本來生意很好.不但城裏的人常買你的東西就是離城不遠的大小屯(tún)子的人也常來買你的東西.那麼好的生意怎麼現在這麼糟糕呢? 真太可惜了."

21. 中國從前念書的人多半以為他比別人有一點兒優越.當時的社會把念書的人叫做士,也叫做儒(rú)也是有一點兒重視的意思.後來時代變遷了,農人、工人、商人在社會上大家都平等,一樣受到重視,沒有甚麼人例外.

22. 中央政府最近有正式命令在國外的人民限於三個月以內回國,過了三個月就不准他們回國了.

23. 有人問:"複合句和歸納法這兩個詞兒在甚麼學科裏常用?"我說:"複合句在語言學裏常用.歸納法在論理學和數學上都常用."

24. 人活在世界上好像做了一個夢.時間是很有限

的最多不過一百年左右,我們應該利用機會作點兒事情或者是研究學問.

25. "甚麼"這個詞兒時常用在問話裏,例如 "你甚麼時候走?" 可是有時候也不用在問話裏,比如"他甚麼也不知道." 這就不是問話了.

26. 我昨天晚上做了一個夢,夢見我小的時候在一個私塾裏念書,老師叫我背書,我背不下來,老師就打了我一個嘴巴,我哭着就回家了.

問 題 (p.392)

1. 中國文學從體裁上來說可以分幾大類? 詩詞、歌、賦 (fù) 屬於那一類?

2. 春秋戰國時代在韻文方面有甚麼創作? 是誰創作的? 在散文方面有甚麼有文學價值的作品?

3. 甚麼人推動新文化運動? 當時有甚麼刊物? 在這些刊物上登的作品是文言文還是白話文? 為甚麼沒有人可以阻止新文化的發展?

4. 魯迅、茅盾 (xùn máo)、郭沫若 (guō) 的文章為甚麼受人歡迎? 老舍、巴金的作品帶有一種甚麼精神?

5. 在延安文藝座談會上毛澤東對文學有甚麼主張? 共產黨執政底下的文學家負着甚麼使命?

6. 甚麼運動是中國文學史上劃分時代的分水嶺?

這個運動是不是把政治革新和新文化運動連串在一起？

7. 漢朝文學最特出的韻文是那幾種？除了韻文之外還有甚麼精彩的散文？

8. 南北朝時代的文學是駢體文. 宋朝、元朝時代的文學是以甚麼為最著名呢？

9. 甚麼小說是清代著名的小說？請你舉出三個小說的名子來. 也請你說說儒跟儒家是甚麼意思？

10. 請你用“確定、重疊、否定、會合、附加、轉成、綜括”每一個詞兒說一個短句子.

第十八課　溫習 (p.395)

復述 (p. 395)

這[1]盤録音帶是中文第一組第十五號,第十五次的專[2]題講話,講題是 "中國的文學." 由白文山復[3]述.

簡[4]教授這次講的是"中國的文學"，他所講的，也就是[5]舊[6]文[7]學所講的範圍。前一段是屬於歷史性的文學，後一段講的是近代文學。現在我把簡教授所講的復述一次。

簡[8]教授開始說中國文學，只選重要的，每個時代有每個時代的詩歌。簡教授說，商朝的詩歌是人民作的。先秦[qín]等等以前的人作的三百多篇詩，後來就叫做詩經[13]。詩經[14]本來[15]是經過孔子選的。他說中國文藝的範圍，包括的文學作品，周朝前那些是在經裏面有價值的。他的第[9]一部，易[9]六經詩歌是國的韻文，國的左傳、國語都有價值。他說的特殊的"卜辭"[bù]，至於散文，有公元國[10]時代[11][12]相當有價值的。接着又說到屈原的楚辭[17]，還有莊子、墨子、孟子[mèng]、論語、戰國策[16]，都是相當有價值的散文。範圍很大，從古代一直到今，在古代經[19]世紀裏面的一部論語書。

簡[19]教授又說漢朝文學最特殊的就是賦[fù]跟[21]樂府[20]。漢朝的散文，漢書[18]、史記、駢體文都是最有價值的。明朝、清朝的小說，紅樓夢[24]、儒[rú]林外史、老殘遊記[26]我都看過。以後就是說唐朝的小說。老殘遊記是寫一個旅行日記的體裁，儒[rú]林外史是一種怎麼壞官的，紅樓夢[25]是寫清朝文人的。唐朝的詩，簡教授說最有價值的就是唐朝的詩。宋朝[22]、清朝等等，魏[wèi]晉的詞有這裏面的，而且裏面是諷[fēng]刺的。南朝、元朝的詞最有名的幾種。還有北朝的部分，這些寫諷刺當時的小說事情，寫出來了當時[28]文人的。

簡教授接着又講從一九一七年的時候因為中國受了西方國家的影響，還有中國政治改革的背景，所以就在一九一九年發生了文學革新就是五四運動。那是中國文學劃時代的一個時期，在那個時候，胡適、陳獨秀他們都反對舊文學提倡新文學，就是提倡白話文。他們寫白話的文章辦白話文的雜誌，像新青年、新潮、小說月報甚麼的，他們利用雜誌為工具推行白話文。

簡教授說當時有一般學者非常反對提倡白話文這種運動。他們認為白話文並不是文學，雖然有人反對，但是時代的趨勢任何力量是阻止不了這種運動的。

簡教授接着又說在國共合作的時候就有好幾位同情大眾，反對舊社會的文學家，像魯迅、矛盾、郭沫若這些個學者他們寫的東西很受老百姓的歡迎。後來又有很多文學家出現，像老舍、巴金。他們的作品都是站在人民方面的一種文章，當然受到大眾的歡迎了。

簡教授又說了一點兒現在大陸上對文學的看法。他說毛澤東當初在延安座談會上說過，文學跟政治和教育應該打成一片，文學是政治跟教育的工具。根據了這種原則，所以現在大陸上的文學家，他們是負着使命的。他們現在推動着一種"報告文學"。

問答 (p.397)

I. 你為甚麼…? (p. 397)

（第十三課）

不喜歡燕兒
那麼含蓄
否認是你寫的
後悔沒去
首先算賬
退步了
模仿他
忽畧了這件事
養成這個習慣
跟他說不通
主修音韻學
表示不去

（第十四課）

不買許氏說文
說他是例外
買龜甲
不准他來
用這個法則
不喜歡背書
行動不自由

（第十五課）

不喜歡藝術品
要買切韻
除掉他的名字
不喜歡看戲
先看第二卷
說沒有兩點水
不念藝術
買戲劇簡要
對戲劇沒興趣
選擇這個劇本

（第十六課）

研究上古漢語
打他的嘴巴
強調這件事

（第十七課）

^{fěng}諷刺社會
不念易經
就喜歡寫詞
買這麼多刊物

要限制他用錢　　　　　　不看<u>紅樓夢</u>

II. ... 是甚麼 ? (p. 398)

（第十三課）	四角號碼兒	疑問代名詞
速成科	索引	詞調
主修科	讀物	複合句
胖子	遊記	
黃鶯 (ying)	年鑑 (jiàn)	（第十七課）
	括弧 (hú)	傑作
（第十四課）	雙十節	創作
甲魚	黑板	五四運動
木料	俗語	卜辭 (bǔ)
單音字	通訊報導	樂府 (fǔ)
音素	雙立人兒	漢賦
軍隊	三點水	駢體文
音調	提手	座談會
商會		分水嶺
生活的要素	（第十六課）	思潮
	詩經	工具
（第十五課）	尚書	新青年
京戲	副詞	戰國策

III. ... 是甚麼意思 ? (p. 399)

（第十三課）	辭不達意	千真萬確
鶯鶯燕燕 (yīng yīng)	心慌意亂	日積月累

（第十四課）　　　　否則的話　　　　　　（第十七課）

甲乙丙丁　　　　　　　　　　　　　　　　打成一片

一字一義　　　　　（第十六課）　　　　駢體文

zōng
綜括一句　　　　　　一連串的　　　　　　楚辭

會意跟假借　　　　　疑問代名詞　　　　　劃分地區

　　　　　　　　　　造句法　　　　　　　春秋

　（第十五課）　　　優越　　　　　　　　時代背景

開卷有益　　　　　　叙述式

勞而無功　　　　　　化學的成分

IV. … 在那兒？(p. 400)

（第十三課）　　　　新書預告　　　　　　成都

你的姊妹　　　　　　　　　　　　　　　　昆明

那位胖太太　　　　（第十五課）　　　　揚州

　　　　　　　　　　康熙字典　　　　　　shěn
　　　　　　　　　　　　　　　　　　　　瀋陽

（第十四課）　　　　通訊社　　　　　　　泰國

那套書　　　　　　　你的圖書簡介

說文　　　　　　　　國語彙編　　　　　　（第十七課）

我的韻書　　　　　　　　　　　　　　　　延安

省會　　　　　　　（第十六課）　　　　你那本易經

麻　　　　　　　　　福州

中央政府　　　　　　厦門

V. … 白話怎麼說？(p. 400)

（第十三課）　　　　是否　　　　　　　　能否

以便   預祝   閱讀
惟有如此   民俗
遲早   (第十四課)
進入   轉敗為勝   (第十七課)
與   由此
姊妹   (第十五課)   先秦 qín
早日   兒童   登載

VI. 你怎麼知道... ? (p. 401)

(第十三課)   他月底回來   原則上可以了
我的書丟掉了   他很有信用   他會唱戲
他的錯誤很多   表是他弄壞的
我的車碰壞了   那個山的形狀   (第十六課)
他說的不流利   他研究詩韻呢   英文屈折不難
他很熱情   他成為畫家了
我拿他作榜樣   (第十五課)   他的聲調不對
飛機掉下來了   明天要颱風 guā
他說的不真確   四點火不對   (第十七課)
他功課退步了   部首是立人兒   共產黨是黨派
                死傷的人很多   國共要合作
(第十四課)   他們要用風力   他們打成一片
絕大多數贊成   部首是人字旁   他做夢了
那個劇本不好   他稍微瘦了   大戰展開了
他找資料   那本書不適用   他喜歡唱歌曲

VII. 你甚麼時候… ? (p. 402)

（第十三課）	正式講演	（第十六課）
臉 紅	背 書	學閩南話
唱 歌 兒		用 歸 納 法
心 慌 意 亂	（第十五課）	喜 歡 換 腦 子
退 休	去 聽 戲	附 加 兒 化 韻
休 息	查 字 典	
運 用 比 喻	訂 雜 誌	（第十七課）
跟 他 們 接 觸	傷 風 了	做 夢
能 完 成 學 業	重 改 文 章	運 動 運 動
	到 鋪 子 去 買 鴨	開 始 念 <u>左 傳</u>
（第十四課）	種 草	買 的 <u>戰 國 策</u>
說 :"糟 糕 !"		

VIII. … 跟 … 有 甚 麼 不 同 ? (p. 402)

（第十三課）		本 義,	別 義
碰 見,	遇 見	洋 鬼 子,	外 國 人
討 論,	說 話	甲 骨 文,	簡 筆 字
頭 髮,	毛	六 書,	六 本 書
鳥,	雞	音 韻 學,	語 言 學
聲,	韻	優 點,	特 點
感 情,	熱 情	工 廠,	木 廠
		罵 人,	說 人
（第十四課）		麥 子,	糧 食
象 形,	象 聲	字 形,	字 義

一碗飯，一頓飯
骨頭，甲
大眾，老百姓
字音，字義
拉丁文，拉丁話
字義，字形
會合，碰見

（第十五課）
選集，全集
字彙，詞彙
辭源，辭海
傳記，自傳
風災，水災
草字，簡體字
叢書，全集
反切，拼音
部首，字
話劇，京戲

（第十六課）
漢藏語族，印歐語族
名詞，動詞
量詞，名詞
代名詞，人稱代名詞
語音學，語言學
變調，輕音
構詞法，造句法
叙述式，否定式
詞素，音素
上古漢語，中古漢語
詞頭，詞尾

（第十七課）
韻文，散文
歷史，外史
儒家，學者友
敵人，朋友
國語，國語集
全集，總集
執政，政治

IX. .... 的對面是甚麼？(p. 404)

（第十三課）　　　缺　　　　　　多音節
胖　　　　　　　　瘦　　　　　　減少
首先　　　　（第十四課）　　　底下
丟　　　　　　有利　　　　　　單音節

不利

(第十五課)
兒童
短篇小說
有趣味

留意

第十六課
詞頭詞格得
賓主值

賓格尾詞
詞主詞
主詞

第十七課
阻止

x. ... 是誰？ (p. 404)

(第十三課)
那個胖子
唱歌兒的

那個泰國人
廣播新聞的人

(第十七課)

(第十四課)
倉頡
jié
那位會計

胡適獨秀
陳獨
xùn
魯迅盾沫若
máo
茅沫若
guō
郭沫若
老舍金
毛澤東
měng
孟子子
莊子
墨子

(第十五課)
訂雜誌的
鋪子的主人
受傷的
編輯那本書的
。

(第十六課)
那位福建人
mǐn
會說閩北話的

XI. ... 的另外一個說法是甚麼? (p. 405)

（第十三課）　　　象事　　　　湘語 (xiang)

錯誤　　　　　　　　　　　　吳語 (wú)

丟臉　　　　　（第十五課）　閩語 (mǐn)

慌亂　　　　　　留心　　　　贛語 (gàn)

愉快　　　　　　準備　　　　泰語

不斷的　　　　　瞧見　　　　類似

　　　　　　　　假設

（第十四課）　　如何　　　　　第十七課）

指示　　　　　　否則　　　　欣賞

龜 (tūn)　　　　　　　　　　文藝

屯子　　　　　（第十六課）　特殊

因而　　　　　　粵語 (yuè)

XII. 甚麼是... 的? (p. 406)

（第十三課）　　有利　　　　重疊

生動　　　　　　光明　　　　有價值

有詩意　　　　　有意義　　　複合

純粹　　　　　　獨特　　　　最值錢

最寶貴

靈活　　　　　（第十五課）　（第十七課）

有效　　　　　　危險　　　　精彩

　　　　　　　　厲害　　　　雄壯

　　　　　　　　　　　　　　有限

　　第十四課　　　　　　　　全面

可惜　　　　　（第十六課）　人類創造

發音 (p.406)

1. 失意， 十一	8. 積累， 幾類
2. 以便， 一邊	9. <u>易經</u>， 己經
3. 不利， 不理	10. 會合， 會喝
4. 詩歌， 十個	11. 底下， 地下
5. 量詞， 兩次	12. 指示， 知識
6. 阻止， 組織	13. 使用， 適用
7. 背景， 北京	

會話：白文山跟高美英 (p. 407)

1 美： 文山來了.好久不見.

2 白： 好久不見,好嗎？高先生、高太太都好嗎？

3 美： 我們都好.

4 白： 他們兩位在家嗎？

5 美： 他們去看戲去了.六點鐘就回來了.你忙不忙？6

7 白： 這一個星期的確忙.你呢？

8 美： 我不怎麼忙.不過前幾天傷風傷的很厲害,這9兩天才好.

10 白： 沒找大夫看看嗎？

11 美： 小毛病不值得找醫生.自己買了一點兒藥吃了,休息休息就好了.這些日子你們的專題講12話都是甚麼題目？13

14 白： 講了五個題目,聽我告訴你：談談中國話、中15國的文字、參考書還有中國的語言跟中國的16

文學.

17 美： 都是關於語言跟文學這方面的.

18 白： 是的.

19 美： 下次得換題目了吧？

20 白： 為甚麼？

21 美： 得換換腦子呀.

22 白： 我現在還不知道下次講甚麼哪.

23 美： 你除了聽講以外還作甚麼呢？

24 白： 我呀,我找資料看看課外的書甚麼的.

25 美： 真用功.你課外都看甚麼書？

26 白： 我看左傳跟易經哪.雖然這兩部書很難懂,可是俗語說"開卷有益".

28 美： 當然用功是對的了,可是像你這樣也太苦了.

30 白： 我要是不多用點兒功在兩年裏頭拿不到學位,那就糟糕了,該後悔了.

32 美： 即使你不這樣兒用功,我相信你在兩年裏頭一定拿得到博士學位的.

34 白： 你知道洋鬼子念中文不能跟中國人比呀？

36 美： 洋鬼子跟洋鬼子不同.你是例外的.你跟中國人沒甚麼兩樣.

38 白： 在學問一方面就有分別了.

39 美： 那是你客氣.

40 白： 真的,昨天晚上我兩點半才睡覺.

41 美： 為甚麼要睡那麼晚呢？

42 白： 查辭源.

美：怎麼查那麼久？

白：我不只是查一兩個字，我是查一些詞兒的用法跟解釋．

美：怪不得，因為辭源、辭海上的解釋都是文言文，那當然要費很多時間了．

白：我現在想起來一個字我要請教你．你說決定的決應該寫三點水還是兩點水呢？

美：決字三點水是正寫，普通寫法是兩點水，是一個字，寫那個都可以．

白：謝謝你．

美：不客氣．

白：噢，我還忘了一件事，華太太說下星期五請高先生、高太太跟你到華家吃午飯，然後大家一起到那兒玩兒玩兒去．

美：好的，等一會兒我父親母親回來，我告訴他們．

白：華太太近來比以前精神好的多了，也比以前稍微胖了一些．

美：大概不像以前那麼想他的二兒子了．

白：見了面嘴裏還是不斷的提起他的二兒子，有一次華太太把二兒子在沒死以前錄音錄的唱歌兒拿出來聽，還沒聽完哪他就哭起來了．

美：華家二兒子死了真可惜，書念的好，對朋友熱情真是青年人的好榜樣．他活着的時候，跟學新弟兄兩個人的感情相當好．

白：學新也常跟我提到他弟弟．

68 美：學新近來怎麼樣？
69 白：他近來對畫畫兒很有興趣.在一個藝術學院
70 的速成科學畫兒哪.我看他對畫畫兒很有趣
味.
71 美：他都畫甚麼？
72 白：畫山水畫兒.美英,你有<u>紅樓夢</u>跟<u>老殘遊記</u>這
兩部小說嗎？
74 美：<u>儒林外史</u>我有,<u>紅樓夢</u>跟<u>老殘遊記</u>我沒有.你
為甚麼要看這兩本書呢？
76 白：這兩本書我看倒是看過了.這次我們的講話
又提到這幾本書.我想再重看一看.
78 美：<u>紅樓夢</u>這部作品雖然已經有二百年了,可是
79 他上面的語法跟我們現在的語法沒有多大
80 的距離.
81 白：是的.這部書對我學語言,多少有一些幫助.你
喜歡這部書嗎？
83 美：我對<u>紅樓夢</u>沒多大興趣.
84 白：你是個女孩子,怎麼不喜歡看<u>紅樓夢</u>呢？
85 美：是女孩子都得喜歡看<u>紅樓夢</u>嗎？其實我母
86 親最愛看<u>紅樓夢</u>.他看了不知道有多少遍了.
大概他都背下來了.我母親很會背書.他以前
念的<u>論語</u>、<u>孟子</u>、<u>詩經</u>、<u>楚辭</u>他現在還記得哪.
90 白：高太太新舊文學一定都不錯了.
91 美：他文言文寫的很好.
92 白：高先生字寫的好,高太太文學好,你畫兒畫的

好.府上是又有文學家又有藝術家.

美: 你説的太好了.

白: 美英,我們四點鐘到學生中心去好不好?

美: 是不是有個文學座談會?

白: 是.你有興趣沒有?

美: 去,去聽了可以增加知識.今天討論甚麼,你知道嗎?

白: 今天討論魯迅、老舍、茅盾他們每一個人作品的特點.今天因為限於時間的關係恐怕每一個人説話的時間可能不多.

美: 你常參加座談會嗎?

白: 我每個星期都去.參加的同學都很談得來,大家能打成一片去研究學問.非常有意思.

美: 這個座談會有甚麼背景沒有?

白: 絶對沒有.

美: 上星期討論甚麼題目?

白: 中國六書.

美: 現在我考考你.你説説六書都是甚麼名子.

白: 也許把我考住了.我試試:象形、象聲、指事、會意、假借、轉注.

美: 一百分.

白: 我上次寫的那篇東西你看過了沒有? 有很多地方要重改一次吧?

美: 我看過了.沒有甚麼大毛病.句子的構造好,文法用的對.文章也很流利.就是有的句子你心

裏想說的句子上不能夠表達出來.這種情形
倒是不太多.有一個字圖書簡介的簡你寫成
草字頭兒了.

白: 你沒給我改一改嗎?

美: 我都拿紅筆用括弧畫上了.

白: 謝謝老師.

美: 你才是老師哪.快到四點了.我們該走了吧?

白: 要是走路就該走了.坐車的話,還早一點兒.座
談會完了以後我們到那兒去玩兒玩兒呢?
看電影兒,好不好?

美: 這幾天每個電影兒院都沒有好片子.乾脆我
們去看話劇.

白: 我也聽說這幾天有一個話劇相當好,劇本是
巴金寫的.就怕買不著票.

美: 買不著票我們聽京戲去.你對京戲有興趣沒
有?

白: 京戲唱的我不大懂.可是我很喜歡看.表演的
多半是歷史故事.

美: 你看得懂嗎?

白: 我以前在這兒看過兩次.一次看的是三國上
的故事,一次是莊子的故事.我都看得懂.

美: 今天晚上是中華戲劇學校學生唱的.聽說相
當精彩.

白: 京戲幾點鐘開始?

美: 七點鐘.

143
白：是不是聽戲去得先訂座兒？
144
美：不必訂座兒,但是得先買票去.
145
白：我們座談會完了就去買票.

會話：白文山跟華學新 (p.411)

L
學：文山早.
2
白：早
3
學：你昨天回來的很晚,是不是？
4
白：十二點半了,我和美英看戲去了.
5
學：是不是看話劇？
6
白：不是,是京戲.
7
學：京戲你都懂嗎？
8
白：有的懂,不懂的經過美英一解釋就明白了.很
有意思.在戲劇裏的演員有的把臉用顏色畫
上.
11
學：那是表示好人跟壞人.
12
白：戲劇對教育很有關係.
13
學：是.戲劇小說對一般人民很有關係.昨天晚上
你們看的是甚麼戲？
15
白：昨天晚上演了兩個戲.一個是戰國時代的故
事.一個是根據元曲編的.我很欣賞.有一個演
員表演一個殘廢人走路.那個故事我懂.是有
一點兒諷刺性.

學 19: 你說諷(fēng)刺我想起來了.五四時代的刊物你要看 20 嗎?

白 21: 當然要看了.你有嗎?

學 22: 昨天我到朋友家去,看見朋友的父親有五四 24 運 23 動時期的雜誌新青年跟新潮.要是你看我 25 都有. 明天去借來.他甚麼書都有,連康熙字典的時候容 26 易. 他的書都編着號碼兒,為的是找他說他也歡迎別人借.

白 27: 新青年跟新潮上有陳獨秀跟郭(guō)沫若的作品 28 嗎?

學 29: 對不起,內容我没看.

白 30: 你去借的時候問問那位先生有没有創造週 31 刊.

學 32: 好.我問問看.像這些雜誌都是五四時代推動 33 白話文的一種工具.現在也不適用了.你借他 34 作甚麼?

白 35: 這都是我準備作論文的寶貴資料.我要寫中 36 國文學史.那時候新思潮成熟了,我要看看那個時 38 候 嶺,革新的文藝作品都是甚麼體裁的.

學 39: 我明天一定去借.是不是當時那些提倡新文 40 學運動的利用那些刊物作救國的宣傳?

白 41: 也不都是.不過五四那個時代的背景是拿救 國的口號來推動文學革命.文章一定都是新 42

的創作.[43]

44 學　我把他的書多拿點兒,你自己選擇有用的,就留下.

45 白　上次你說要圖書報導,是不是?

46 學　是的.

47 白　我前天收到了書店裏的新書預告,上面有好[48]幾種新書,我也想買幾本去.

49 學　我們一塊兒去買去.

50 白　好吧.

短文 (p.412)

1. 我離開家已經有六年了.在我剛到這兒的時候,我兒子才六歲,今年他已經十二歲了.昨天我接到我內人來信說這孩子已經認識很多字,普通的兒童讀物都能看了.有時寫短的白話文,都能把自己要說的意思表達出來,沒有辭不達意的地方.我看完了信之後,心裏愉快的簡直是形容不出來.我早就想在這裏給我的兒子買幾本兒童看了有趣味也適用的叢書,恰巧有一個同鄉這幾天就要回家,我就買了一套__兒童叢書__請這位同鄉給我兒子帶去.

2. 昨天老王給我來了一封信,信裏說他們那個地方是一個小海島,前幾天颱大風,風力很厲害,死傷了不少人,牛馬也有很多受傷的,連海裏的船都颳(guā)到陸地上來了。信裏又說他遲早要離開那個地方，否則再有大風就不得了了。可是他到底甚麼時候離開，信裏沒說。我很希望他早日離開那兒。

3. 張先生是一個學者。他的書很多。關於古書他有尚書、易經、詩經、左傳、國語、戰國策、孟(měng)子，還有魏(wèi)晉以及隋(suí)唐等朝代的名人著作。至於近代的書也不少。此外關於字典、詞彙、字彙更是多的不得了。他說："在舊文學裏我最喜歡詩歌，所有詩、詞、歌、賦(fù)我都愛看。在新文學裏我常看胡適的作品。"他沒事的時候把所有的書分類排列，又按著筆劃的次序編了一個圖書索引。他家真像一個圖書館。

4. 馬先生常給一個通訊社寫通訊報導。他說："寫通訊報導常常是勞而無功的，因為不論報導寫的怎樣好，假設報導的事實有一點兒疑問，那就一個錢也不值了。"

5. 我昨天晚上做了一個夢。夢見好像在抗戰的時候，國共合作對日本展開全面抵抗。我和我父親也參加戰爭。結果我被敵人打傷了，成了殘廢了。我正在難過，聽見父親叫我。原來是一個夢。

6. 在春秋戰國時代楚國有一個人因為國王要殺他，他就逃走了。逃到楚國的邊境。那裏有很多楚國的軍隊。他沒法子逃出國去，他就在朋友的家裏想辦法。朋友告訴他要等機會。等到機會成熟再行動.他想了一夜,又着急又憂愁.第二天的早上,他的頭髮都變成白的了.

7. 共產黨在延安的時候是毛澤東執政.他們生活非常的苦,困難也很多,可是他們都這樣說:"為了達成使命,任何困難都不要怕,而且一定要把困難克服."

8. 胡適是中國一個特殊的人才.他留學美國,中西文學都很好.五四運動時期他提倡白話文.他在新青年上發表了一篇文章對於文學有八項主張.有人說那是胡適的傑作.

9. 高先生有三個女兒.姊妹三個都很聰明.大女兒學文學,二女兒學畫畫兒,三女兒在大學主修家政.有一天姊妹三個人談起學甚麼最有用? 大女兒說是文學,二女兒說是畫畫兒,只有三女兒不說話.後來大家問他為甚麼不說話呢? 三女兒說 "最有用的是家政,這是最顯著的事實".

10. 一個外國學生說:"我覺得學中國語文最困難的是語音,也就是每個字的字音.中國語文雖然每個字是單音,但是在說話的時候要把這些單音連串起來,就感覺着非常不容易."

11. 我在一個賣舊書的鋪子裏看見一本閱讀隨筆.是一個文學家寫的.這本隨筆裏把許氏說文的字義有很多引申的解釋.並且對原來的解釋提出了許多疑問.又對六書的會意、形聲、假借、轉注、以及每個字的形狀和構成也有很多意見.另外還有一段是關於音韻學的,他對於古代韻書如詩韻等等在音韻上也都有意見。綜(zōng)括來說這本隨筆對於古書是不大相信的。恰巧我正在研究這些問題,所以我越看越覺得有興趣,我就把這本書買來了.

12. 有一個人研究中國民俗,他說:"從前中國有的地方如果人死了,多半得過了很多天,甚至過了三四十天,才埋葬。關於埋葬的地方也特別選擇。近來這種風俗漸漸的沒有了."

13. 作事免不了有困難,必得掌握機會克服困難才可以完成,否則的話是不會成功的.

14. 新潮登的作品,以白話文為限。在這些作品裏有的是報導新文學的發展,有的是主張政治革新.

15. 在漢藏語族裏在表示問話的時候用疑問詞或者用疑問式的句子。在印歐語族裏也是一樣.

16. 在中國對日本抗戰的時候,有不少救國的團體都是人民為了救國才組織的.

17. 有人告訴我:"邊境的戰事常有變化,將來能不能勝利現在還沒法子確定".

18. 甲問乙:"骨頭"的"骨"字,要查字典應該查甚麼部首?是不是查"月"字部?"乙說:"不是." 甲又說:"再不然是"肉"字部?因為"肉"字有時也寫的像"月"字." 乙又說:"不是." 甲說:"到底是那一部呢?" 乙說:"骨字本身就是部首,應該查'骨'字部."

19. 我念完中學,我父親說讓我念大學工科。我知道父親的心意不但願意我念工科而且還希望速成,我就念了工科的速成科.念了一年我想轉醫科,又想轉文科.結果都沒轉成,我現在仍然是念工科的速成科.

20. 有一個人,生活很苦.每天只吃一頓飯.他想在工廠找工作,工廠的人告訴他:"每月的月底可能有機會.可是找工作的人很多,按申請的次序排列,你是第三名.你先留下一個通訊的地方,有機會的話我寫信給你."

21. 張先生喜歡研究中國方言.他已經研究了湘粵^{xiāng yuè}閩贛四省的方言,現在他正研究吳語^{wú}.吳語^{wú}就是浙江的方言.

22. 那兩條河會合以後就變成一條大河.從大河的這一邊看對面的那一邊,甚麼也瞧不見.你說這條大河兩邊的距離有多麼遠呢?

23. 有一個四五歲的小孩子喜歡在海邊弄海水玩兒.要是海水退了,他就弄泥沙玩兒.他有的時候玩兒的高興了乾脆^{cuì}把衣服脫了.有人告訴他,海邊的人很多,不可以脫衣服.

24. 有一個人研究拉丁文.有人問他假設中文拉丁化是不是就容易了呢? 他說:"要是拉丁化了可能比較容易學了."

25. 張先生是一個很有信用的人.有人說張先生的信用只限於在他住的那個屯子^{tún}裏,出了屯子^{tún}就沒人信任他了.

26. 人人都說那所房子裏有鬼,所以沒有人住.有一個人說:"世界上有誰真的看見過鬼? 既然沒看見過,那裏會有鬼? 我一個人去住那所有鬼的房子,要是真的有鬼來,我願意和鬼談談.如果鬼說的話有點兒價值,我也許給鬼作一個傳哪."

27. 我從地下掘出來一片石頭,石頭上好像有幾個字,可是看不太清楚,只看出來有像"雙"字的,還有像"變遷"的"遷"字似的,又有一個像括弧形狀的,還有一個字又像"秦朝"的"秦"字,又像"泰國"的"泰"字,因為這個字的字頭很清楚,字的下邊就不清楚了.這是一塊甚麼石頭? 到現在也沒法子知道.

28. 昨天開會的時候,大家講了很多話,最後由會長把大家的意見歸納一下,大多數的意見是否定的,所以那件事在會議裏就沒法子通過了.

1	2	3	4	5	6	7
譜	奸	詐	勇	宣	繪	卉

8	9	10	11	12	13	14
敦	煌	壁	窟	牆	雕	築

15	16	17	18	19	20	21
騎	舞	跳	蹈	盛	繁	榮

22	23	24	25	26	27	28
昇	映	梨	訓	鞭	徵	姿

29	30	31	32	33	34	35
腔	奏	材	妃	宮	儀	陶

36	37	38				
玉	判	逐				

第十九課　藝術 (p.417)

1. 譜　pǔ*　list, chart
2. 奸　jiān　traitorous (4)
3. 詐　zhà　dishonest; crafty (4)
4. 勇　yǒng　brave (5)
5. 宣　xuān　proclaim (6)
6. 繪　huì　draw (8)
7. 卉　huì*　plants (9)
8. 敦　dūn*　to heat (12)
9. 煌　huáng*　brilliant (12)
10. 壁　bì　a wall (13)
11. 窟　kū*　a hole (14)
12. 牆　qiáng　a wall (15)
13. 雕　diāo　carve (17)
14. 築　zhù　construct (18)
15. 騎　qí　ride (astride) (19)
16. 舞　wǔ　dance (21)
17. 跳　tiào　jump (21)
18. 蹈　dǎo　trample (21)
19. 盛　shèng*　flourishing (23)
20. 繁　fán　complicated (24)
21. 榮　róng　glory (24)
22. 昇　shēng*　ascend (25)
23. 映　yìng　shine; reflect (27)
24. 梨　lí　a pear (29)
25. 訓　xùn　instruction (31)
26. 鞭　biān　a whip (32)
27. 徵　zhēng　recruit, draft (33)
28. 姿　zī　posture (35)
29. 腔　qiāng　tune, intonation (36)
30. 奏　zòu　perform (37)
31. 材　cái　material (44)
32. 妃　fēi*　imperial concubine (50)
33. 宮　gōng　palace (51)
34. 儀　yí　rite; standard (53)
35. 陶　táo*　pottery (55)
36. 玉　yù　jade (56)
37. 判　pàn　judge (58)
38. 逐　zhū　pursue (60)

1　白：馬教授早.

2　馬：早.上個星期到那兒去了沒有？

3　白：看京戲去了.

4　馬：你一個人去的嗎？

5　白：不是.我跟美英兩個人一起去的.

6　馬：在那兒看的？是不是看的中國戲劇學校學生表演的？

7　

8　白：是的.很好,很有意思.唱的聲調很好聽.戲裏說話也是有腔調的.我聽不懂.您喜歡聽京戲嗎？

9　

10　

11　馬：喜歡.我念中學的時候曾經請人教過我.

12　白：那麼您唱的一定不錯了.

13　馬：會是會一點兒,可是已經很多年不唱了.

14　白：昨天戲裏頭有一個小孩子表演的樣子很可笑,可是他唱的曲子跟說的話我都不懂.美英

15　

16　說他唱的是揚州聲調兒,說的話是揚州話.

17　

18　馬：昨天看戲的人多不多？

19　白：多.我先去買票,可是票都賣完了.恰巧有一個人退票,正好是兩張票,我就買了.您上個星期到那兒去了嗎？

20　

21　

22　馬：我本來不打算到那兒去的,就在家裏看看書.我正在看書呢,我內人說：“一連串的看了五天的書了,應該換換腦子了.還不出去走走去？”我太太對我真好.我說：“好,我出去一會兒.”他接着又說了.你猜他說甚麼？他說：“孩子們在家我不能做事,你把孩子也帶出去吧.”

23　

24　

25　

26　

27

　　　我才明白原來是叫我把孩子帶出去.

29
白：我差一點兒忘了,昨天美英學新說了下星期
30
我們三個人請您跟馬太太吃晚飯.

31
馬：我說請你們吃紅燒雞獅子頭還沒請哪.
32
白：不.我們還沒請過馬太太哪.我們三個人研究
33
了請馬太太去吃四川館子,不知道他喜歡不
34
喜歡？

35
馬：他甚麼菜都喜歡吃.要是你們請他吃四川菜
36
他更高興了.

37
白：好極了.那麼我們下星期六下午四點鐘到府
38
上去接你們,一塊先到那兒玩兒玩兒去,然後
再去吃飯.

39
馬：好.謝謝你們.現在我們把生詞兒研究研究.

1.0.　臉譜 (pǔ)

1.1.　在京戲裏用臉譜 (pǔ) 來表示一個人是好人或者
　　　是壞人.

2.0.　花　花臉　白臉

2.1.　他喜歡穿花衣服,我喜歡穿素衣服.

2.2.　在京戲裏有的人用顏色把臉畫成花臉.

2.3.　那個演員為甚麼畫白臉？

3.0.　人物

3.1.　張先生是社會上有名的人物.

4.0.　奸詐

4.1.　有人說他不是好人,因為他很奸詐.

5.0.　英勇

5.1.　在那本兒童讀物裏有不少兒童英勇的故事.

白：請問您,臉譜是甚麼?

馬：臉譜就是戲劇裏在演員臉上畫花臉的各種顏色.

白：中國戲劇裏的演員為甚麼有的要把臉畫成了花的呢?

馬：畫花臉是表示戲劇裏的人物是好人還是壞人.奸詐的人就畫成白臉.英勇的畫成花臉.

白：是不是看戲的人一看就可以從臉上看出來是好人還是壞人?

馬：是.很顯著的可以看出來.

6.0.　宣和

6.1.　宣和是那朝皇帝的年號?

7.0.　畫譜

7.1.　他才學了三天的畫兒就要買一本最貴的畫譜有人說值得,有人說不值得.

7.2.　我家有一本畫譜上面有唐朝王維畫的山水畫.

8.0.　繪畫

8.1.　我在學校學繪畫的時候就喜歡畫馬.

9.0.　花卉

9.1.　他喜歡畫花卉,不喜歡畫山水.

10.0. 書(法)

10.1. 錢先生的書法是最有名的.

11.0. 高度

11.1. 這本書在科學上是有高度的科學價值的.

50
白: 宣和是宋朝皇帝的年號,是不是?

51/
馬: 對了.現在常提到宣和畫譜(pǔ),因為宣和畫譜是
52
很有名的.這部畫譜(pǔ)是一共有六千三百多張
53
畫兒.

54
白: 畫畫兒和繪畫是不是一樣?

55
馬: 寫文章多數是寫繪畫,口語上說畫畫兒.

56
白: 聽美英說馬太太又能寫又能畫.

57
馬: 她小字寫得還不錯,畫兒不怎麼樣就會畫一
58 hui
點兒花卉.他沒正式的學過,就是自己看着畫
59
譜(pǔ)學着畫.

60
白: 中國字也是藝術,譬如字畫兒.

61/
馬: 書法跟畫兒是不能分開的.書法就是寫字.中
62
國的字跟畫兒都有最高度的藝術價值.

dūn huáng
12.0. 敦煌

dūn huáng
12.1. 因為王先生家住在敦煌縣,所以時常有很多
藝術家到他家裏去住.

13.0. 壁畫

dūn huáng
13.1. 敦煌壁畫有的是魏晉時候留下來的,有的是
唐朝人畫的.

14.0. 石窟(kū)

14.1. 有人說在那個石窟(kū)裏有不少壁畫.

15.0. 牆

15.1. 是誰往牆上寫字了.?

16.0. 石刻

16.1. 那些石刻是宋朝人刻的.

63 馬：現在問你一個問題,你知道敦煌(dūn huáng)壁畫在甚麼
64 地方發現的?

65 白：是在甘肅省敦煌(dūn huáng)縣.那裏有很多石窟(kū).壁畫就 66
是石窟(kū)裏牆上的畫兒.

67 馬：對了,因為石窟(kū)是石頭的.上面是石刻的六朝
68 跟唐朝的藝術.

69 白：我在一位中國朋友家裏看見一張畫兒.畫了一
70 個美人好像飛起來了似的.朋友說那是按着
敦煌(dūn huáng)壁畫的樣子畫下來的. 71

17.0. 雕刻

17.1. 福州的雕刻最出名.我每次到福州都買幾件
雕刻的東西.

18.0. 建築

18.1. 這些房子都是最新式的建築.

19.0. 騎

19.1. 我喜歡騎馬,不喜歡騎牛.

20.0. (音)樂　音樂會　音樂家　音樂系　音樂隊

樂器　國樂　西樂

20.1. 王先生最喜歡音樂。他組織了一個音樂隊，每月開一次音樂會。人家都說他是個好音樂家。

20.2. 國樂的樂器跟西樂的樂器大不相同。我們音樂系有國樂也有西樂。

21.0. 舞　跳舞　舞蹈　舞台　舞台劇　歌舞

21.1. 馬小姐學過舞蹈所以跳舞跳得很好。

21.2. 在舞台上表演歌舞的人一共有二十個。

21.3. 昨天我看的不是電影兒，是舞台劇。

72 白：石刻也是雕刻的一種嗎？

73 馬：是的。凡是在金子石頭或是木頭上刻上各種
74 東西都叫雕刻。

75 白：石刻是不是從商朝就有了？

76 馬：雖然在河南安陽掘出來有商朝的石刻，但是
77 中國最出名的是漢朝的石刻。據說是在山
東一百二十七年左右建築的。在一個祠堂發現的。那個祠堂現在雖然已經沒有了，在祠堂原來的地方發現很多石頭，石頭上面刻着坐車的跟騎馬的，還有樂隊舞蹈各種圖。

22.0. 禮　禮節　禮樂

22.1. 拜年是中國人在過年的時候的一種禮節。

22.2. "中國以禮樂治國。" 這句話是表示中國人重視禮樂的意思。

22.3.　春秋時代孔子是以禮樂教育人民.

23.0.　盛

23.1.　中國古代的歌舞以唐朝為最盛.

24.0.　繁榮

24.1.　一個國家要是沒有戰事,經濟就繁榮了.

25.0.　歌舞昇平
　　　　　　　shēng

25.1.　國家在太平時期,人民高興的又歌又舞這就
　　　叫做歌舞昇平.
　　　　　　　shēng

26.0.　以 A 為主

26.1.　你知道中國京戲用的樂器以甚麼為主嗎?

27.0.　反映

27.1.　老舍的小說多半是反映窮人的生活的.

27.2.　從人民的生活上就可以反映出來那個國家
　　　的經濟情形.

83
白：中國歷來是拿禮樂治國,當然是重視禮節和
　84
音樂了.就我所知道的,中國音樂最盛的時期
　85
要算唐朝了.
86
馬：是的.因為唐朝是一個太平時期,所以經濟很
　87
繁榮,大家生活好,當然就喜歡研究音樂、跳舞
　　　　　　　　　　　　　　　　　　　　　88
這一類的藝術了.

89
白：馬教授,歌舞昇平這個詞兒是口語上用的嗎?
　　　　　　　shēng   90
91
馬：不是.是寫的時候用的.演講的時候形容國家
　　　　　　　　　　　　　　　　　　　　　92
太平也可以說.

93
白："這次的音樂會以東方音樂為主". 這句話是

寫⁹⁴的,是不是?

95
馬: 對了,是寫的.
96
白: 反映這個詞兒呢?
97
馬: 口語跟寫文章都可以用.

28.0. 明皇

28.1. 那個地方戲演的是唐明皇的故事.

29.0. 梨　梨園　梨樹

29.1. 中國北方出產的梨比南方出產的多.

29.2. 梨園有兩個意思.一個是有梨樹的園子,一個是指着學唱戲的地方說的.

30.0. 子弟

30.1. 每個家庭都希望他的孩子好.換句話說,就是每一個家庭都希望有好子弟.

31.0. 訓練

31.1. 他在瀋陽訓練軍隊的時候叫軍人不許麻煩老百姓.

31.2. 他們訓練了幾十個男女青年,預備將來做演新戲的演員.

98
白: 在唐朝的時候唐明皇很喜歡歌舞跟戲劇⁹⁹是不是?
100
馬: 對了.他在梨園訓練很多男女學習唱歌舞蹈,¹⁰¹所以一直到現在叫中國戲劇的演員是"梨¹⁰²園子弟."

103
白： 我常在報紙上看戲劇消息有梨園這兩個字.
現在我明白了.梨園就是種梨樹的園子,是不
是？

106
馬： 是的.

32.0. 鞭子
32.1. 你騎馬的時候不要忘記拿鞭子.
33.0. 象徵
33.1. 在京戲裏有時候用一塊布象徵一個城.
34.0. 動作
34.1. 他在舞台上一連串有幾個動作大家都說表
演得很好.
35.0. 姿式
35.1. 你看那個演員手裏拿着鞭子,舞蹈的姿式多
麼好看.
36.0. 腔調
36.1. 他唱的腔調很特別,別人唱不上來.

107
白： 在京戲裏頭,我看見演員手裏拿着鞭子.看他
108
的樣子好像是上馬、下馬、打馬.
109
馬： 京戲是一種象徵式的藝術.一切的東西差不
110
多都是用動作表達出來.比如開門,舞台上根
111
本沒有門,就是用手作開門的姿式.騎馬的時
候就用一個鞭子,表示出來騎馬的種種動作.
114
白： 中國戲劇都是根據歷史編的嗎？

115
馬: 京戲跟地方戲差不多都是,雖然不見得都是
116
事實,但是總是些歷史性的故事.至於話劇,就
117
有很多是把西方的舞台劇翻譯成中文來表
演.
118
白: 京戲的對話都有腔調的,並不像普通人說話
119
一樣.
120
馬: 京戲雖然名子叫京戲,可是京戲的起源是湖
121
北省.是湖北省的音韻,有的地方類似湖北話.
122
白: 所以我聽京戲的時候他們說話或者唱我一
123
點兒也聽不懂.

37.0. 奏 合奏 演奏 演奏會
37.1. 那個音樂隊每次演奏都有一百多人合奏.
37.2. 今天演奏會所用的樂器都是中國做的.
38.0. 國粹
38.1. 有一個對古書有興趣的人說:"古書是中國
的國粹."
39.0. 那怕
39.1. 只要努力念書那怕考試不及格?
39.2. 那怕沒有人來聽,他還是要開音樂會.
40.0. 留傳(下來)
40.1. 我家有幾件樂器是我祖父留傳下來的.
41.0. 發揚
41.1. 馬教授在外國大學教中文,為的是發揚中國
文化.

42.0.　作曲(子)　作曲法

42.1.　他唱的那個歌兒是誰作的曲子,你知道嗎?

42.2.　你知道外國的作曲法和中國舊有的作曲法有甚麼不同?

124
馬:　表演京戲用的樂器你看見過沒有?
125
白:　我看見過.我們學校音樂系有國樂是不是?
126
馬:　有.大概再過兩三個星期他們要開一次國樂
127
演奏會.
128
白:　中國音樂合奏起來很好聽.
129
馬:　如果你沒事就去聽聽.
130
白:　我很喜歡聽.那怕我那天沒工夫我也想 法子
131   132
去聽去.據說中國人現在都很重視中國音樂.
133   134
馬:　是的.因為研究中國音樂的人認為是古人留
135
傳下來的,是中國的國粹,不但要保存,還要提
倡發揚.
136
白:　現在研究西樂的也一天比一天多了.
137
馬:　這是因為時代的潮流.很多人喜歡西樂.也用
138
西洋作曲法作曲子.用的樂器也都是西洋的.
139
樂器還有中小學的音樂課程都是學西洋音
140
樂了.

43.0.　美術

43.1.　他畫的畫兒很好.很多人說他有美術的天才.

44.0.　題材

44.1. 他寫的詩多半以窮人的生活為題材.

45.0. 教材

45.1. 詩經不是小學的教材.

46.0. 性格

46.1. 寫小說要把人物的性格寫出來.

47.0. 技巧

47.1. 有人能在一塊小石頭上刻一篇古文,那是一種技巧

48.0. 風氣

48.1. 現在的青年喜歡唱那種新歌兒,成了一時的風氣.

141
白: 請問,現在一般學美術的,拿畫畫兒來說吧,他 142
們所畫的題材都是那一種的? 是不是有規 143
定的教材?

144
馬: 不一定,得按着每一個學生的性格跟他們的 145
興趣來定.

146
白: 畫畫兒是一種天才.有這種美術天才才能够 147
學的好.同樣的學畫兒,有的人畫的很有技巧, 148
有的人畫的很平常.

149
馬: 是.我有個親戚他念書比誰都聰明,可是學畫 150
畫兒啊,畫甚麽不像甚麽.

151
白: 近來有很多人學畫兒,尤其是太太、小姐們. 152
馬: 這也是一時的風氣.

49.0. 記載

49.1. 根據中國歷史的記載唐明皇是最喜歡歌舞的.

50.0. 妃(子)　貴妃
_{fēi　　　fēi}

50.1. 從前中國的皇帝都是有很多妃子的.
_{fēi}

50.2. 貴妃是妃子的一種名稱.
_{fēi　fēi}

51.0. 宮(庭)

51.1. 宮庭裏邊兒的禮節很複雜.

52.0. 形式

52.1. 形式就是形狀和樣子,比方說那所房子的形式像一個廟.

52.2. 他們教小孩子用各種形式的教學法.

53.0. 儀式

53.1. 中國舊式的結婚儀式很麻煩.

153
白：據歷史書上記載,歷代的皇帝都有很多妃子.
這些妃子進宮的時候是用甚麼方式？

156
馬：據說先從民間選出很多漂亮女孩子,把他們帶進宮去,再從這很多女孩子裏再選出幾十個來,留在宮裏.在形式上是給皇帝選妃子,事實上據說有的妃子一生連皇帝都沒見着過.

160
白：選妃子還有甚麼儀式嗎？

161
馬：我想選妃子一定也有一個儀式了.

54.0. 竹器　木器　石器

54.1. 用竹子作的東西叫做竹器.

54.2. 他家裏用的木器都是新式的.

54.3. 在歷史上有一個時期叫做石器時代,因為那個時候人類會使用石頭作工具了.

54.4. 梨樹對人很有用.梨是水果,而梨樹又可以作木器.

55.0. 陶^{táo}　　陶^{táo}器

55.1. 陶^{táo}器是用一種特別的土做的,做好之後再用火燒,就成了陶^{táo}器了.

56.0. 玉　　玉(器)

56.1. 玉是一種最好的石頭.用玉做的東西叫做玉器.

57.0. 純

57.1. 你知道甚麼是純文學嗎?

162 白: 中國的陶^{táo}器很早就有了嗎?

163 馬: 中國民族從新石器時代就用陶^{táo}器了.而且做

164 陶器的技術比同一時期別的國家做的都好.

165 白: 竹器跟木器是近代的東西吧?

166 馬: 木器現在用的很普遍.至於竹器,就有點兒地

167 方性了,在中國大部分是南方人用,因為竹器

168 是用竹子做的,竹子出產在南方.

169 白: 玉是石頭一類的東西,是不是?

170 馬: 是石頭一類的,可是比石頭值錢.但是他的價

171 值並不一樣.有的很值錢,有的不很貴.

172 白: 玉是那種的最好呢?

173 馬: 最寶貴的是一種純白色的.

58.0. 判斷　下判斷

58.1. 那兩國的戰事將來誰勝誰敗現在沒法子判斷.

58.2. "最後勝利一定是我們,"這是我們自己下的判斷.

59.0. 轉變

59.1. 近來他的思想有點兒轉變了.

60.0. 逐漸

60.1. 他在泰國有三年了.他對泰國的風俗逐漸瞭
解了不少.

61.0. 密切

61.1. 中日兩國在地理上,歷史上都有密切的關係.

62.0. 譯成

62.1. 請你把這本中文小說譯成了英文.

174
白: 判斷是不是有決定的意思?
175
馬: 有一點兒分別.我舉個例子:"能不能發生第
三次世界大戰,要看將來世界上的轉變.現在
很難判斷."
178
白: 逐漸就是漸漸的意思?
179
馬: 對了.密切這個詞兒我想你會用.
180
白: "我們兩個人的關係很密切."
181
馬: 對.今天的詞兒都討論完了.我想這次的演講你
聽了以後請你把演講詞譯成了英文我看一看.
183
白: 好.我試試看.
184
馬: 我們明天見了.
185
白: 明天見.

生詞表 (p.428)

1. 臉譜 (pǔ)	音樂家	30. 子弟	49. 記載
2. 花	(音)樂隊	31. 訓練	50. 妃(子)
花臉	樂器	32. 鞭子	貴妃
白臉	國樂	33. 象徵	51. 宮(庭)
3. 人物	西樂	34. 動作	52. 形式
4. 奸詐	21. 舞	35. 姿式	53. 儀式
5. 英勇	跳舞	36. 腔調	54. 竹器
6. 宣和	舞蹈	37. 奏	木器
7. 畫譜 (pǔ)	舞台	合奏	石器
8. 繪畫 (huì)	舞台劇	演奏	55. 陶 (táo)
9. 花卉	歌舞	演奏會	陶器 (táo)
10. 書法	22. 禮	38. 國粹	56. 玉
11. 高度	禮節	39. 那怕	玉(器)
12. 敦煌 (dūn huáng)	禮樂	40. 留傳(下來)	57. 純
13. 白話	23. 盛	41. 發揚	58. 判斷
14. 石窟 (kū)	24. 繁榮	42. 作曲子	下判斷
15. 牆	25. 歌舞昇平 (shēng)	作曲法	59. 轉變
16. 石刻	26. 以 A 為主	43. 美術	60. 逐漸
17. 雕刻	27. 反映	44. 題材	61. 密切
18. 建築	28. 明皇	45. 教材	62. 譯成
19. 騎	29. 梨	46. 性格	
20. (音)樂	梨園	47. 技巧	
音樂會	梨樹	48. 風氣	

語法練習(p.429)

1. 雖然梨很貴,可是他很喜歡吃.那怕五塊錢一個,他也買着吃.

2. 那個孩子就喜歡在牆上寫字.那怕他母親天天罵他,他還是照樣在牆上寫.

3. 王先生講中國書法好像念書.

4. 那位老先生念<u>詩經</u>好像唱歌兒.

5. 甲國跟乙國打仗了.甲國的軍隊雖然都很英勇,可是他們打不過乙國的軍隊.

6. 雖然我也研究了不少日子的語音學,可是我的成績還比不過你.

7. 我最近想到甘肅(sù)去看敦煌(dūn huáng)壁畫.恰巧這幾天很忙,我想過一天兩天再走.

8. 我們學校歷史系有很多唐代跟明代的陶(táo)器.我看最少也有三十件五十件的.

9. 歌舞是甚麼呢? 就是唱歌跟跳舞的總名稱就叫做歌舞.

10. 石刻就是把圖畫或者是文字雕刻在石頭上就叫做石刻.

11. 你看那個花臉的臉畫的好可怕呀!

12. 你看舞台上跳舞的那幾個小姐好漂亮啊!

13. 上課的時候先生問我下判斷是甚麼意思,是動詞還是名詞? 我怎麼也想不起來了.

14. 我有一本很寶貴的畫譜(pǔ)讓老王給借去了.我怎

麼也跟他要不回來了.

15. 明天白天我請你去看舞台劇 "楊貴妃^{fēi}" 好不好?…謝謝你了,我每天忙的要死那兒來的時間去看戲?

16. 你真是說笑話兒呢,我那兒來的錢買玉呢?

17. 那個音樂家才來不久又要到廈^{xià}門去了.

18. 他才買了畫譜^{pǔ}不久又要買畫譜.

19. 他學畫花卉^{huì}才有兩個星期就畫的這麼好.

20. 我們學校音樂系上課才有一個多月就要開音樂會了.

講話 (p.430)

諸位同學:

今天講話的題目是中國的藝術.藝術是反映一個國家的文化的.中國是文明古國,藝術發達的最早,古時候的藝術品留傳下來的相當的多.我們現在可以看得到的有石刻、銅器、陶器玉器等等.還有竹器、木器、雕刻、建築以及文藝、詩歌音樂、舞蹈和戲劇都是有高度藝術價值的.

藝術的範圍包括的很廣.有人把現代藝術分為八類: 第一是文學,第二是音樂,第三是繪畫,第四是戲劇,第五是建築,第六是雕刻,第七是舞蹈,第八是電影.這八種藝術如果一種一種詳細的講,在這短短的時間裏當然講不完.現在只說一說音樂、舞蹈、繪畫和戲劇。[14]

　現在先說音樂和舞蹈。中國是以禮樂[15]治國。禮是儀式[16]，樂就是音樂。古時宮庭[18]和民間，禮節[17]和儀式裏多半離不開音樂跟歌舞[19]，所以音樂歌舞在文化上向來[20]有很高的地位[21]。到了唐朝的時候，國家很太平，所以經濟很繁榮[22]，可以說是歌舞昇(shēng)平[23]的時代。唐明皇是喜歡音樂和歌舞的人才[24]。那時候要用幾百人演奏[25]的歌舞，用楊貴妃(fēi)和梨園子弟，所以在唐朝是最盛的。梨園專門訓練音樂歌舞的人，就有一百多種，合奏的時候舞蹈也很發達。這都在古書上有記載。可以說中國古代的音樂舞蹈在唐朝是最有名的。

　到了近代[26]因為受了歐美文化的影響，中國藝術都有了新的轉變[27]。在中學、小學的音樂課[28]成[29]，多半以西洋音樂為主，將許多歐美歌曲譯成[30]國樂[31]或[31]國曲[32]作為教材。大學的音樂系也分了西樂和國樂兩系，不少的音樂家用西洋的作曲法作曲，用西洋的樂器演奏，或指揮樂隊。至於舞蹈[33]，不少青年男女喜歡學西洋的跳舞，成了一時的風氣。

　其次[34]說到繪畫。繪畫就是畫畫兒。有人說中國[35]的繪畫是藝術裏的一種純美術。這句話很有道理[36]。中國古代的畫兒，以唐、宋兩朝為最盛時期。唐朝[37]有名的畫家王維，他畫的山水最出名。還有在近代發現[38]

的敦煌(dūn huáng)石窟(kū),石窟(kū)裏有很多壁畫,都是唐朝[39]畫家的作品。宋朝有一部宣和畫譜[40](pǔ),在這[41]部畫[42]譜(pǔ)裏有六千三百多張畫兒,都是研究中國畫的寶貴資料。此外,中國畫有一個特點,是和"書"有密切關係。"書"是書法,也就是寫字。在中國畫[43]上不但都要寫上和畫兒有關係的字,而且寫字也能[44]獨自成為一張藝術品。我們常看見中國人[45]的家裏,書和畫兒在創作[46]的過程中所用的技巧是完[47]全相同的,所以書和畫兒是姊妹藝術。甚至於工具是完全一樣的。中國畫兒原[49]有的題材[48]有人物、山水、花卉(huì)等類。這都是指[50]着中國原有的繪畫說的。

自從西方文明傳到了中國,中國的繪畫也受[51]了影響。今後中國畫兒的趨勢會怎麼樣[52]?現在下一個判斷還是太早。

現在說到戲劇[53]。中國的戲劇,無論京戲或者是地方戲[54]都有幾種特點:

第一[55],凡是戲裏的聲音差不多都是以唱的方法表演。例[56]如戲裏的人說話的腔調跟平常人說話就[57]不同。

第二[58]是所有的動作都是舞蹈的姿式。例如戲裏的人走起[59]路來的姿式也類似舞蹈,和平常人走路的姿式不同[60]。

第三[61]是舞台上用的東西是象徵的,並不用真的[62]東西。例如用鞭子象徵騎馬。

第四是用臉譜^{pǔ}表現人物的性格.例如白臉表示奸詐,花臉表示英勇.這都是指着中國以前的戲劇說的.

民國以來因為受了西洋戲劇的影響,產生了一種新的戲劇形式.這種新的戲劇是以對話為主.和中國原來以歌舞為主的大不相同,所以這種戲叫做話劇也叫做新戲.

綜^{zōng}括來說,中國的音樂、舞蹈、繪畫和戲劇雖然逐漸有新的發展,但大多數的人仍然喜歡舊有的.尤其是近來大家提倡發揚中國國粹,所以中國舊的音樂、舞蹈、繪畫和戲劇不但能保存而且是天天在進步.

温　習 (p.432)

1. 中國的粤、湘、閩、贛四省都是在中國的南部.這四省彼此的距離並不太遠,為甚麼粤語、湘語、閩語和贛語大不相同呢?因為這四省的距離雖然不遠,可是這幾省的邊境都有大山.因為受了自然環境的影響,所以這四省就各說各的方言了.

2. 王教授是江蘇人,他就會說江蘇話,就是吳語.有一天有一個新來的學生去聽王教授講演.因為王教授說的是江蘇話,這個學生一直聽到完,一句也沒聽懂.原來這個學生是新從福建來的,他

就懂閩南語,所以他聽不懂.後來他問別的同學,
是不是就他一個人聽不懂.別人告訴他,別人也
聽不懂.

3. 田先生在對日本抗戰的時候,從瀋陽到了揚州,
後來又從揚州到了成都.在成都住了一年,又到
了昆明.他說:"這次抗戰就東北人被日本人害
的太苦了.我從東北就一個人逃出來,走了很多
省.每到一個地方就用心研究那個地區的語音.
後來我寫了一本書,在書裏畫了一張中國語音
分區圖.有時候我心裏想要不是抗戰也許我不
會走這麼多省,更不會寫這本書."

4. 昨天我去看馬先生,馬先生正在家裏看書.我問
他近來看甚麼書? 他說:"最近看尚書和詩經
還要看些關於音韻的書." 我問他為甚麼看這
些古書呢? 他說:"為的是研究上古漢語和中
古漢語."

5. 有一位語言學家寫了一本書,書裏對於漢語的
聲調、變調以及輕音、兒化韻都寫的很詳細.他說
這是漢藏語族裏的特點,在別的語族像印歐語
族裏是没有的,所以他特別寫出來.

6. 在研究構詞法之前要先懂得甚麼是動詞,甚麼
是副詞,也要懂得甚麼是名詞、代名詞.

7. 有一個外國學生開始學中文.先生告訴他要注
意造句法,又告訴他甚麼是複合句,甚麼是叙述

式和疑問式的句子,應當怎樣用疑問詞和疑問代名詞才可以表示出來是問話,還有否定式的句子要用甚麼詞來表示否定…這個學生說:"謝謝您一連串說了這些問題.我的腦子實在記不住這麼多.請您等一會兒再說.我先去到外邊換換腦子.我回來您再說".

8. 有一個外國學生說:"我在念中國古詩的時候知道唐明皇的宮裏有妃子三千人,我認為這是一個疑問." 有人告訴他:"那不過是詩人的一種說法,形容唐明皇的妃子太多了,並不是一定有三千個妃子."

9. 有一個外國學生喜歡看中文小說紅樓夢.他說:紅樓夢裏有一位長得最美的小姐,詩也作的最好.這位小姐的名字的第一個字我不認得,第二個字是一個玉字,我就管她叫"甚麼玉小姐吧".這位"甚麼玉小姐"的性格很特別.她曾把落在地上的花埋在土裏.他說:"現在花落了有我來葬花.將來我死了,又知道是誰來埋葬呢?"

10. 最近有一個國王在宮庭裏開音樂會.他把演奏的音樂用無線電廣播到外面去.他說:"就我一個人聽很沒意思.叫人民也有機會聽聽宮庭裏音樂會的演奏."

11. 尾是後邊的意思.句尾就是一個句子後邊的字.

12. 這次我到泰國就三天.我不懂泰國語,也不認識泰國字.我看泰國的報紙,都是有人給我譯成中文.後來我買了一本<u>泰語會話課本</u>,看了半天連一個字也沒懂.

13. 先生叫學生分析女孩子這詞兒的成分.學生說:"這個詞兒有三個詞素.女和孩還有子都是詞素.子字是詞尾.女字是不是詞頭,我不大清楚."

14. 在東漢的時候有一個姓孔的小孩子,他在四歲的時候和他家裏的人在一塊兒吃梨.他拿了一個最小的梨來吃.有人問他為甚麼不拿一個大的梨呢?他說:"我年歲最小,應當拿小的."有人說這個孩子真好.將來大起來一定是個不得了的人物.

15. 有人喜歡看舞台劇.有人喜歡自己在舞台上歌舞叫別人看.還有人一天到晚就喜歡跟女人跳舞.

16. 請你說甚麼是人稱代名詞?甚麼是量詞?甚麼叫詞調?甚麼叫強調?最好你能分別舉出例子來.

17. 在印歐語族的語法裏有主格和賓格.在漢藏語族的語法裏有主詞和賓詞.主格和主詞、賓格和賓詞是不是一樣?如果不是一樣有甚麼分別?

18. 那個國家所以成為強國,是因為他在地理上有優越的條件.

19. 我在一本畫譜(pǔ)上看見一張畫兒據說是隋(suí)朝人畫的.畫的題材是山.有近的山,有遠的山.遠的山以外還有更遠的山.那些山看起來越看越多,越看越遠.有人說這張畫兒叫做"遠山重疊".

20. 在印歐語族裏動詞的變化很多.有人想把各種變化歸納為幾個原則.

21. 有一個人很喜歡說話.不論那件事跟他有關係沒關係,他都要批評批評.有一次不知道是甚麼事情,他把話說錯了,人家打他一個嘴巴,而且還問他"你的嘴以後還多說話不多說話了."

22. 把幾個詞連串在一起,就是一個句子.很多句子連串在一起就是一篇文章.

23. 有人說漢語裏的名詞沒有屈折的.這個屈折的意思是說沒有很多的變化.

24. 我昨天在飯館吃飯,飯錢是三塊錢,附加三毛錢是小費,一共用了三塊三.

25. 從前中國人念書,多數念詩經、易經.因為時代的變遷,現在差不多沒人念了.

26. 有一個外國學生在中國學中文.最初他說很難.後來他的中文程度高起來了,他又說念中文並不很難了.最近他能用中文把文章寫得很好.他說中文越學越有意思.

問題 (p.434)

1. 現代藝術分為多少類?請你說一說.

2. 中國是以禮樂治國.甚麼是禮樂?禮樂為甚麼在文化上有很高的地位?

3. 唐朝的時候歌舞昇平，唐明皇最喜歡音樂歌舞，他在甚麼地方訓練歌舞人材？甚麼人歌舞最有名？

4. 甚麼是藝術裏的純美術？中國古代的畫以那兩朝為最盛？

5. 唐朝有名的畫家是誰？近代發現的石窟裏面有唐朝的壁畫是在甚麼地方？

6. 宣和畫譜是那一朝代的？這部畫譜有多少張畫兒？

7. 甚麼是書法？書法和畫畫兒為甚麼叫做"姊妹藝術？"

8. 甚麼叫做京戲？演京戲的時候所用的東西有時是象徵的，你知道用鞭子象徵的是甚麼？

9. 京戲裏的臉譜有甚麼用？白臉表示甚麼樣的人？花臉呢？

10. 中國戲劇自從民國以來產生了一種新形式，那種新形式的名稱是甚麼？是不是以對話為主？

1	2	3	4	5	6	7
督	瑪	竇	徒	牧	僚	尊

8	9	10	11	12	13	14
崇	罰	韓	君	兼	攻	擊

15	16	17	18	19	20	21
靜	倫	臣	仁	聖	奉	寺

22	23	24	25	26	27	28
擾	湧	摈	閥	吸	寧	袖

29						
翰						

第二十課　思想和宗教 (p.438)

1. 督　dū　supervise (1)
2. 瑪　mǎ*　agate (6)
3. 竇　dòu*　a hole (6)
4. 徒　tú　disciple (8)
5. 牧　mù　pasture (9)
6. 僚　liáo　bureaucrat (11)
7. 尊　zūn　to honor (12)
8. 崇　chóng　to honor (12)
9. 罰　fá　punish(ment) (15)
10. 韓　hán*　(a surname) (18)
11. 君　jūn　ruler; Mr. (19)
12. 兼　jiān　both; joint (20)
13. 攻　gōng　attack (21)
14. 擊　jí　strike (21)
15. 靜　jìng　quiet (24)

16. 倫　lún　human relationship (26)
17. 臣　chén　minister (27)
18. 仁　rén　human; kernel (33)
19. 聖　shèng　a sage (34)
20. 奉　fèng　offer (35)
21. 寺　sì*　temple (36)
22. 擾　rǎo　disturb (41)
23. 湧　yǒng　well up (43)
24. 捩　lì*　turn around (45)
25. 閥　fà　clique (47)
26. 吸　xī　inhale, absorb (51)
27. 寧　níng nìng　rather (53)
28. 袖　xiù　sleeve (55)
29. 輸　shū　lose (61)

563

白：馬教授,您來得真早.

馬：我六點半就來了.

白：您為甚麼來這麼早啊?

馬：前些日子有一本刊物讓我給他們寫一點兒
文藝的東西.他們限我在這個星期必得給他
們.我是一天忙到晚,白天根本沒時間寫.

白：那麼您都在甚麼時候寫呢?

馬：我都是在晚飯以後.

白：您星期六跟星期不寫東西嗎?

馬：我星期六跟星期一天到晚都得幫助我太太
看孩子那兒來的工夫寫東西呢.

白：您寫文章的那本刊物甚麼時候出版?

馬：大概再有兩個星期就可以出版了.

白：那個時候可以看見您的傑作了.

馬：你以後也可以在我們學校的學生通訊上寫
點兒東西.

白：我怎麼敢在刊物上寫東西呢.

馬：作家們還不都是一點兒一點兒慢慢兒的練
習出來的.

白：我對寫作差的太遠呢.

馬：不見得.你客氣呢.昨天我給你那篇東西你譯
成中文了嗎?

白：我才翻譯了一半.有的句子很難,有時候很不
容易找到一個中文句子跟英文的意思完全

一樣的.

24
馬 翻譯東西有的時候就會發生這種困難.
25
白 是的,要是用詞兒用的不太好,把原文的味兒
26
就表達不出來.
27
馬 可不是嗎! 翻譯文章很不容易.上星期的<u>遠</u>
28
<u>大週刊</u>上有一位外國同學翻譯了一篇"古
29
羅馬的美術" 你看過沒有?
30
白 我看了,翻譯的不錯.
31
馬 所以我讓你也寫點兒試試.今天晚上學校有
32
音樂演奏會你來不來?
33
白 不一定,也許來,要看我的時間怎麼樣.
34
馬 有國樂也有西樂.指揮西樂的是一位很有名
35
的音樂家.
36
白 聽說很多學校用他作的曲子當教材.
37
馬 所有的中小學,十分之九是用他作的曲子.我
38
們現在討論討論今天講話裏面的詞兒.
39
白 好的.

1.0   基督教
1.1.   中國人信佛教的多於信基督教的.
2.0.   天主教
2.1.   他信天主教有二十多年了.
3.0.   景教
3.1.   唐朝時候的景教就是基督教.

4.0. 信教　傳教

4.1. 你信甚麼教?

4.2. 清朝有一個時期限制外國人來傳教.

5.0. 神父

5.1. 從前中國人做神父的很有限,後來漸漸的多了.

6.0. 利瑪竇

6.1. 利瑪竇到了中國以後,天主教的傳教工作就展開了.

馬40: 你知道不知道,基督教在甚麼時候分新舊兩派41?

白42: 大概是在十七世紀的時候,舊的叫天主教,新的叫基督教43.

馬44: 開始傳到中國的時候叫甚麼名子?

白45: 叫景教.我忘了是不是在唐朝的時候傳到中國來的46?

馬47: 是在唐朝的時候傳到中國的,據說隋48唐的時候傳教曾經停止過一個時期.

白49: 後來甚麼時候他們又到中國來傳教呢?

馬50: 等到明朝的時候又有意大利神父中國名字51叫利瑪竇再到中國來傳教.

7.0. 傳入

7.1. 佛教在甚麼時候傳入中國的,你知道嗎?

8.0. 徒　信徒

8.1. 這個城裏基督教的信徒比佛教徒少的多.

9.0. 牧師

9.1. 那個外國牧師在中國傳教有二十多年了.

10.0. 勢力

10.1. 在民國初年各地方軍人的勢力大於中央政府.

白[52]: 基督教在中國最盛的時期是唐朝嗎?

馬[53]: 基督教雖然是唐朝傳入中國的,可是當時信[54]的人並不多.從明末到清朝的時候信徒才逐[55]漸的增加,民國以來信的人就很多了.

白[56]: 我想開始的時候神父跟牧師們傳教一定相[57]當困難.

馬[58]: 那是免不了的.要轉變人的思想跟宗教並不[59]是一件容易的事情.

白[60]: 在中國是天主教的勢力大呢,還是基督教的勢力[61]大呢?

馬[62]: 這個很難說.

11.0. 官僚

11.1. 在民國初年,他父親是一個大官僚.

12.0. 尊　尊重　尊崇

12.1. 古代的時候尊皇帝好像是神.

12.2. 現在國共兩方面都尊重孫中山先生.

12.3 中國念書的人向來是尊崇孔子的學說.

13.0. 道德　道德經

13.1. 那個人又有學問又有道德.

13.2. 道德經是文言的.很多人看不懂.

14.0. 專制

14.1. 中國政治從前是專制的.現在是不是民主的?

63 白：據說在明朝的時候有幾個官僚也信教了.

64 馬：那是受了利瑪竇的影響.利瑪竇不但中西文 65
學好,而且他天文.地理、數學甚麼都懂.因為尊 66
重利瑪竇的學問,所以有幾個做官的也信教了. 67

68 白：在專制時代做官的可以信一個外國的宗教
69 嗎?

70 馬：可以.利瑪竇所以跟明朝的大官打成一片,主 71
要目的是為了在中國傳教.

15.0. 信賞必罰

15.1. 信賞必罰的意思就是："說了賞,就一定賞.應
該罰的,就一定要罰."

16.0. 以法治國

16.1. 以法治國是用法律治理國家.

17.0. 法家　墨家

17.1. 法家、墨家的學說都是戰國時代的學說.

18.0. 韓非子

18.1. 韓非子和孟子都是戰國時代的思想家.

19.0. 君　君子　商君

19.1. 王君、李君就是王先生、李先生的意思，都是寫的時候才用君。

19.2. "君子"是"好人"的意思。

19.3. 商君在秦朝作官他實行以法治國。

72
白：馬教授,信賞必罰是甚麼古書上的？

73
馬：是漢書上的,我現在問你幾個問題"以法治
74
國是甚麼意思？"

75
白：這是法家的道理,意思是拿法律治理國家。

76
馬：中國古時候最有名的兩個法家是誰？

77
白：韓非子跟商君。

78
馬：都是甚麼時候的人？

79
白：都是戰國時候的人。

80
馬：其實韓非子本來叫韓非,他寫的書叫韓非子
可是後來人們就不分了,書也叫韓非子,人也
叫韓非子。

20.0. 兼愛

20.1. 兼愛主義是不是愛自己也愛敵人？

21.0. 攻擊

21.1. 有人欣賞老殘遊記,說是寫的很好,也有人攻
擊老殘遊記說是寫的不好。

22.0. 道　道家　道教

22.1. 道家所謂"道"和儒家所說的"道"是不是相同？

22.2. 中國人信佛教的最多,其次就是信道教的,也

有又信佛教又信道教的.

23.0. 始祖

23.1. 佛教的始祖是那國人,你知道嗎?

24.0. 清靜

24.1. 我家住在鄉村.環境很清靜.

25.0. 無為　清靜無為　無為而治

25.1. 道家的主張是"無為".這種學說你贊成嗎?

25.2. 如果人人都"清靜無為"是不是阻止了社會的進步?

25.3. 請你用"無為而治"說一個寫的句子.

83
白: 墨家就是墨子的學說嗎?
84
馬: 是的,請你說一說墨子的哲學是拿甚麼作基礎?
85
白: 墨子的哲學拿兼愛作基礎.兼愛的意思就是愛自己也愛別人.
87
馬: 對了.因為戰國的時候社會上有很大的動亂,人跟人,國跟國都是互相攻擊,墨子感覺到如果要維持人類和平,必需愛自己也愛別人.是看別人好像是自己一樣,就不會對別人好了.要是看別的國家好像自己的國家,也就不會打仗了.
93
白: 創造道教的是老子嗎?
94
馬: 並不是老子創造的,可是道家都拿老子當始祖.
96
白: 道德經就是老子的著作,是不是?

馬：⁹⁷對<u>道德經</u>一共有五千句話，人們常説"道德⁹⁸
　　五千言，"就是指着這本<u>道德經</u>説的。

白：⁹⁹"清靜無為""無為而治"是老子的學説嗎？

馬：¹⁰⁰是的"清靜"就是沒有各種麻煩"無為"就是心裏¹⁰¹
　　沒有甚麼事情"無為而治"就是不要計劃怎樣¹⁰²
　　治國，要純自然的治理。

26.0.　倫　五倫

26.1.　"五倫"就是人跟人的五種關係。

27.0.　臣　君臣

27.1.　"臣"是專制時代做官的名稱。

27.2.　凡是民主國家沒有君臣嗎？

28.0.　父子

28.1.　他們父子兩個人都是社會上有名的人物。

29.0.　夫婦

29.1.　在五倫裏，夫婦的關係是不是最密切的？

30.0.　封建

30.1.　他的家是一個封建的家庭，家裏的一切事情
　　　都得聽他父親的命令。

馬：¹⁰³中國人很注重五倫，請你説説是那五倫？¹⁰⁴

白：¹⁰⁵君臣、父子、兄弟、夫婦、朋友。

馬：¹⁰⁶對了，意思就是這五種關係要是維持好了就¹⁰⁷
　　是好人。

白：¹⁰⁸這是封建時代的道德觀念。

109
馬：這也可以說是中國人一種傳統的道德觀念。110

31.0. 諸子百家
31.1. 諸子百家是形容春秋戰國時候各家的學說太多了的意思。

32.0. 主體
32.1. 這本詩歌總集裏以詩經為主體。

33.0. 仁
33.1. "仁"是甚麼？是甚麼學說的主張？

34.0. 聖(人)
34.1. 中國尊孔子為聖人是從漢朝開始的。

111
馬：在春秋戰國的時候，諸子百家各有各的思想
112跟他們的學說。你知道儒ru家拿誰的學說做主
113體。
114
白：拿孔子的學說作主體。
115
馬：孔子的學說，中心是甚麼？
116
白：是仁。
117
馬：對了。仁是對人類的同情。請你說一說孔子的
118政治思想是甚麼？
119
白：是用禮樂來教育人民，治理國家。請問馬教授，120
為甚麼叫孔子是聖人？
121
馬：聖人的意思就是一個人的學問道德，都比普
122通人高的多。因為中國文化的形成跟發展受123
孔子的影響最大，所以尊孔子是聖人。124

35.0. 奉

35.1. 中國戲劇演員奉唐明皇為始祖.

36.0. 寺 (sì)

36.1. 寺就是廟的意思,佛教的廟多數叫做寺.

36.2. 長生寺裏有很多梨樹.

37.0. 佛經

37.1. 中國有一部著名的小說,寫的是一個人到西方去求佛經的故事.

38.0. 創始

38.1. 中國的禮節多半是周朝創始的.

39.0. 產物

39.1. 新潮和創造週刊都是新文學新思想的產物.

125
白: 馬教授,請問"奉"是甚麼意思?

126
馬: "奉"這個詞兒要是說話就是尊的意思,比如"道家奉老子為始祖"意思是道家尊老子是始祖.
127

128
白: "寺"就是廟嗎?

129
馬: "寺"就是廟,我們附近的長生寺(sì)你沒去過嗎?

130
白: 去過了,上星期天我跟美英一塊兒去的,那個
131
廟很大,裏面有很多佛經.您去過沒有?

132
馬: 你說我多忙吧!長生寺(sì)離我家這麼近,我連
133
去都沒去過.

134
白: "創始"是寫文章用的嗎?

135
馬: 是,說話不用"創始",口語上是用開始創造.
136

137
白: 請問,"產物"是甚麼意思?

馬：說話的時候就是"產生的東西." 我給你舉個
　　例子應該怎麼用,像"那是一種文學產物."

40.0. 田產
40.1. 他沒有田產,就有一所房子.
41.0. 煩擾
41.1. 他寫作的時候,就怕有人來煩擾.
42.0. 無疑的
42.1. 據考古家的判斷,那件玉器無疑的是唐朝的東西.
43.0. 湧進
43.1. 昨天開音樂會的時候很多沒有票的人從出
　　口的門湧進來了.
44.0. 潮水
44.1. 那個海邊每天晚上潮水很大.我常去看.
45.0. 轉捩點
45.1. 那個國家變成強國的轉捩點是實行了民主.

白："田產"是甚麼意思?
馬："田產"就是可以種田的土地叫"田產".現在請你
　　用"煩擾"說一個寫的句子.
白："我家住的地方很清靜,沒有車馬之煩擾."
馬：這個句子要是說話應該怎麼說?
白：要是說話就是:"我家住的那個地方非常清
　　靜,又沒有車又沒有馬,一點兒聲音也沒有."
馬：對了.

149
白：“無疑的”就是口語上沒問題的或者是一定的
150
馬：是.
151
白：“湧進”也是寫的吧？
152
馬：是寫的.我舉個例子：“那個主義像潮水似的
153
湧進了那個國家.”
154
白：“轉捩點”怎麽用？
155
馬：“轉捩點”在口語上說是“轉變的那個時候”.我舉
個例子：“甲乙兩個國家打起仗來了.開始是甲
157
國打敗了,乙國打勝了.後來甲國又轉敗為勝.”
158
那個最初的轉敗為勝的時候就是轉捩點.
160
白：我明白了.

46.0. 打倒　打倒孔家店
46.1. 要革新政治必得打倒官僚.
46.2. “打倒孔家店！”就是不贊成孔子學說的意思.
47.0. 軍閥
47.1. 從前中國軍閥的勢力很大.現在沒有軍閥了.
48.0. 活動
48.1. 他從來不參加政治活動.
49.0. 反抗
49.1. 反抗就是反對和抵抗的意思.
50.0. 民主主義　社會主義　共產主義
50.1. 民主主義的國家是以多數人民的意思為主.
50.2. 現在有多少國家是社會主義的國家？
50.3. 共產主義是不是從外國傳入中國的？

白：從前學生們的愛國運動常用"打倒"這個詞兒，
　　是不是？

馬：那是五四運動學生們愛國運動常常用的詞兒．

白：聽說軍閥時代學生作政治運動，有不少的學
　　生死了．

馬：是的．我父親有一個同學，他就是一個喜歡作
　　政治活動的人．他把功課放在一邊兒，整天的
　　都是出去宣傳救國．結果當時執政的說他反
　　抗政府，還說他是共產黨，宣傳共產主義，把他
　　給殺了．其實他並不是．

51.0.　吸收

51.1.　在三民主義裏也吸收了西方的新思想．

52.0.　馬克斯

52.1.　有人說馬克斯是共產主義的始祖．

53.0.　列寧

53.1.　你研究過列寧所寫的共產主義嗎？

54.0.　革命

54.1.　法國大革命是歷史上的一件大事．

55.0.　領袖

55.1.　列寧是蘇聯革命的領袖

馬：中國人在甚麼時候就吸收了馬克斯跟列寧
　　主義？

白：中國在五四運動前後就吸收了這個主義．

馬: 中國共產黨在延安的時期革命領袖是誰?
白: 是毛澤東.
馬: 共產黨政府原來在甚麼地方?
白: 原來在延安.

56.0. 唯物論
56.1. 唯物論是共產主義主要的理論之一.
57.0. 史大林
57.1. 史大林本來是研究宗教的,後來又成了馬克斯的信徒了.
58.0. 作風
58.1. 我們應當學民主作風.
59.0. 變動
59.1. 新校長來了以後,學校裏一切沒有很大的變動.

馬: 你知道不知道誰是唯物論這種學說的信徒?
白: 馬克斯、列寧跟史大林都是這種學說的信徒.
馬: 史大林在甚麼時候作蘇聯的政治領袖?
白: 史大林在一九二五年左右到一九五三年是蘇聯的政治領袖.
馬: 他的政治作風跟現在共產黨政治領袖是不是相同?
白: 有人說他們政治原則沒有甚麼改變,也有人說有很大的變動.

60.0.　盛行

60.1.　韻文在魏[wèi]晉兩朝很盛行.

61.0.　輸入

61.1.　那些西式木器都是在本地做的,不是從外國輸入的.

62.0.　處理

62.1.　處理那件事情的辦法他想的比我還要好.

[188]
白：“盛行”這個詞兒是說的嗎?

[189]
馬：多數是寫的.我舉個列子.“近來盛行一種奇[190]怪之跳舞”.

[191]
白：輸入也是寫的嗎?

[192]
馬：是的.比如“基督教輸入中國在甚麼時期?”
要是說話是[193]“基督教傳到中國來是在甚麼時候[194]?”

[195]
白：“君”就是先生的意思嗎? 我看見有人寫的東西[196]上有“張君、王君、馬君”.

[197]
馬：對了.就是“張先生、王先生、馬先生[198]”的意思.還有“君子”就是“好人”的意思.比如處理事情很公平,[199]不奸詐,不做壞事就是君子”.

生詞表(p.449)

1. 基督教	4. 信教	6. 利瑪[mǎ]竇[dòu]
2. 天主教	傳教	7. 傳入
3. 景教	5. 神父	8. 徒

信徒

9. 牧師
10. 勢力
11. 官僚
12. 尊
尊重
尊崇
13. 道德
道德經
14. 專制
15. 信賞必罰
16. 以法治國
17. 法家
墨家
18. 韓(han)非子
19. 君
君子
商君
20. 兼愛
21. 攻擊
22. 道
道家
道教
23. 始祖

24. 清靜
25. 無為
清靜無為
無為而治
26. 倫
五倫
27. 臣
君臣
28. 父子
29. 夫婦
30. 封建
31. 諸子百家
32. 主體
33. 仁
34. 聖(人)
35. 秦
36. 寺(si)
37. 佛經
38. 創始
39. 產物
40. 田產
41. 煩擾
42. 無疑的
43. 湧進

44. 潮水
45. 轉捩(li)點
轉捩(lie)點
46. 打倒
打倒孔家店
47. 軍閥
48. 活動
49. 反抗
50. 民主主義
社會主義
共產主義
51. 吸收
52. 馬克斯
53. 列寧
54. 革命
55. 領袖
56. 唯物論
57. 史大林
58. 作風
59. 變動
60. 盛行
61. 輸入
62. 處理

語法練習 (p.450)

1. 他的思想很前進.他没有一天不跟別人討論社會主義的.
2. 他是研究古代文學的.他只要看見春秋左傳跟國語,那怕是價錢很貴他也没有一本不買的.
3. 簡牧師昨天跟我研究論語跟儒林外史.他是早晨來的,到了夜裏十點鐘才走的.
4. 昨天晚上那個音樂演奏會到了夜裏一點鐘才完的.
5. 那個音樂學院的學生要到二年級才學作曲法.
6. 這個地方要到十年以後經濟才能繁榮起來.
7. 你如果想到那個地方去傳教,你要先學那個地方的語言才能到那兒去.要不然你怎麼對那個地方的人傳教呢?
8. 如果你想參加那個佛教團體,他們的辦法是你要先學佛經你才能够參加.
9. 這麼看起來他對駢體文很有研究了.
10. 你說你學過雕刻,這麼說起來你也會石刻了.
11. 在軍閥裏面,像胡大為那樣有學問的太少了.
12. 像馬先生這樣注重舊道德的人,在這個年代有多少?
13. 現在做父母的,做的像王先生夫婦對兒女那麼專制的很少.
14. 研究楚辭,研究的像那位美國教授那麼好的在外國人裏恐怕没有幾個人.

15. 老王,梨還有没有了? 我再來一個梨成不成?

16. 昨天晚會表演的是舞台劇.那位女同學表演的
非常精彩,演完了以後大家都説:"再來一個."

17. 現在用玉雕刻的東西很少,很難買.

18. 道家的道理很不好懂,所以研究的人非常少.

19. 今年西洋樂器從外國來的很多,非常好買.

20. 老張父子兩個人都是石刻工人.父子兩個每一
個月的工錢剛够吃.

講話 (p.450)

諸位同學:

今天講話的題目是中國的思想和宗教這個題目和哲學很有關係,所以也可以説是也説到哲學.哲學分為兩起的社會個題目和哲學很有關係,所以也可以説是也説到哲學.

中國的思想和宗教按着起源來説可以分為輸入世紀的因為諸子百家,第一是起源在中國,第二是從外國來的.起源在中國的都是發生在公元前五世紀,四世紀時代活動很大.其中最主要的學説是儒家,道家,還有法家跟墨家.

儒家的學説是以孔子和孟子的學説為主體.他們的主張是"仁"甚麽叫做"仁"呢 中國古書上説"仁者人也."就是告訴人怎樣做人,也就是説人應當懂得做人的道理。儒(rú)家把人對人[16]的各種各樣的關係分成五類，叫做五倫。五倫的關係是君[17]臣、父子、夫婦、兄弟、朋友。人如果把這五倫處[18]理的好了，那麼就是做人最理想的了。中國從漢[19]朝末年，都是儒家的學說最受尊重[20]，儒家的書，像論語、孔子、孟子(mèng)等等，成了讀[21]書的人必讀的書，甚至尊崇孔子、孟子(mèng)為聖[22]人。可見儒家的學說在過去是佔重要地位的。

　　道家[23]的學說是老子的學說，後來又有莊子[24]。老子[25]和孔子是同時的人，他的思想和孔子不同。老子[26]寫了一部書叫道德經，是一部高深的哲學。老子的主張是「清靜無為」。「清靜」就是「沒有煩擾[27]」的意思，「無為[28]」就是「不要做甚麼」。「清靜無為」的意思就是說「無為而治」。

　　法家[29]的學說也是發生在戰國時代。這派學說[30]主張「以法治國」、「信賞必罰」。法家最著名的是韓[31](hán)非子、商君等。

　　墨家[32]的學說主張「兼愛」。兼愛[33]就是人應當愛別人像愛自己一樣。人人都知道兼愛，自然沒有爭[34]奪了。這派學說是戰國時墨子的思想。

　　以上[35]所說的都是起源在中國的思想。在這些思想[36]裏，後來發展成為一種宗教的，只有道家[37]成了道教。道教的創始是在東漢時代，奉老子[38]為始祖，到了唐朝，道教很盛行。現在中國的民間[39]也有很多人是信道教的。

　　現在[40]說說從外國輸入中國的思想和宗教[41]。中國古時候對外國的接觸不多，所以在思想上也[42]不容易傳入中國。印度佛教[43]起源在印度，是最早從外國傳入的宗教。[44]佛經[45]翻譯成中文，在當時知識[46]階級各地都有。在當時佛教起源在中國，各地也有。到了唐朝[47]末年，[48]地主一直到近[49]代，佛教在中國是有很大勢力的。

其次[50]是由中國回教的人最多，佛教傳到中國北部。回教起源在西亞細亞，所以在各地也有。基督教起源當時叫做景教，意大利人利瑪竇[56][57]現在教裏傳做神父[60]，並且[61]把西方[58][59]傳教的道理傳到了中國。民間都有勢力，大多數唐朝的[51]回教[52][53]西教是到了中國來的。唐朝六、[55]基督教舊不化、接觸[64]有了重大運動。

又其次[54]傳入明朝基督兩主，基督教傳入中國，天主教的人叫做神父，新教的人叫做牧師[55]。到了近代時代轉變[62]，這種轉變當時有一個大反抗，這當時又受了變的一個大反抗。

更[63]大的五四儒家思想，因為潮流[?]點，無疑的是五四[65]運動。這是對封建思想攻擊。口號是"打倒孔家店"[66]，這是對過去[67]封建的作風也攻擊。同時對於官僚的專制[68]作風，對於當時的軍閥、官僚的專制、和西方文化的影響，所以[64]有了重大運動。甚至對於當時的軍閥、官僚...

接着共產主義等是二十世紀的影響。社會主義、史達林雖然是十九、二十世紀中國思想上[69]的新學說，可是今後中國思想，應該是一方面吸收外來的新學說，一方面要不忘了中國民族原有的思想。

這一次大革命、列寧主義、社會主義，這些都是對於中國，可是今後中國思想的影響。像[70]馬克斯了係[71]，這些思想對於中國思想上，但是這些思想很難說。思想和進一步有關，一般很有重要[74]產物。國學論[72]一般有產物，中國新物論、唯物論，這真是中國來於水政治[73]思想。甚至像些西方實際方怎麼[75]樣？現在還有人說，應該是怎麼樣的趨勢[76]的[77]。這個影響很厲害，從甚至像些西方，就是產學說，和世紀響的。

復述 (p.453)

這[1]盤錄音帶是中文第一組第十六號，是由白文[2]山[3]復述的。題目是藝術。

這次的專題講話是請中文先生來講的。講題是中國的藝術。一個國家的藝術是反映[6]一個國家的文化[4]。藝術學院院長張[4]先生開始說[8]，一個國家的文化如何，從[8]古[8]有價值[10]，分四八，藝術[5]很早就發達了。雕刻、建築的藝術可[11]畫[12]、繪[15]畫、舞[14]蹈，在很短的時間。現代音樂[9]，第三是雕刻，第[13]是戲劇。

中國是一個古國[7]，所以傳留下來的藝術有石刻、陶(táo)器、雕刻、建築的藝術、繪畫、舞蹈，這都是很廣的。他說藝術的範圍包括第一是文學、詩歌、音樂跟舞蹈，第二是雕刻，第五是建築，第六是雕刻，第七是繪畫，到音樂、舞蹈、繪畫、戲劇。時候他說藝術分成八類，第八是戲劇是電影。張先生說講中國藝術講不完的，所以這次只談到音樂、舞蹈、繪畫、戲劇。

張先生說中國是禮樂治國的國家,古時候要是宮庭裏跟民間有甚麼儀式,都有音樂跟舞蹈.所以音樂跟舞蹈在中國文化上是很重要的.他說中國的音樂跟歌舞在唐朝很盛,原因是在那個時候國家很太平,所以經濟非常繁榮,而唐明皇自己又非常喜歡音樂跟歌舞,可以說是一個歌舞昇平的時期.唐明皇在梨園訓練音樂、舞蹈的人才,同時唐明皇的妃子楊貴妃跟梨園子弟的歌舞都相當好.在古書上都是有記載的.

張先生說中國現在受了西方文化的影響.中國一切的藝術都有新的轉變.比方音樂吧,所有中學、小學課程都是用西樂當作教材了.中國的大學裏音樂系也分中樂、西樂了.中國的樂器有很多種類.合作起來要很多人.

張先生講到繪畫.他說中國畫兒要算甚麼叫作敦煌壁畫的時期了.近來有人發現敦煌壁畫呢?就是在甘肅省敦煌縣的石窟裏有很多壁畫.都是六朝和唐代的畫家所畫的.還有一部最有名的畫譜叫宣和畫譜,是研究中國畫兒最有價值的資料.

張先生又說中國書法跟畫兒是分不開的.寫字跟畫畫兒的技巧都是相同的.中國畫兒有人物山水、花卉等題材.畫兒也受到了西方的影響.將來畫的趨勢怎麼樣現在還不能下判斷.

張先生又說到中國戲劇.他說京戲跟地方戲戲

裏的人唱和說都是有腔調的.舞台上演戲的動作
完全都是用舞蹈來表達.走路的姿勢也和平常人
走路的姿勢不同.戲劇裏所有的東西,真的東西也
很少,都是象徵的.比如手裏拿着鞭子就象徵騎馬.
還有臉譜就是畫花臉的樣子,演員畫花臉是表示
那個人的性格.張先生說從民國以來,因為西方文
化的影響又轉成了一種新的戲劇,不唱,只是對話.
這種戲劇叫做話劇.

　　張先生最後說中國的音樂,舞蹈跟繪畫雖然是
往新的一方面發展,而人們還是喜歡舊有的.近來
有很多人提倡保存中國的國粹,發揚中國原來有
的藝術.因此中國音樂,舞蹈跟戲劇還是能够保存
而且也在進步着.

温習(p.455)

1. 在一個文學座談會裏有人提到先秦文學,又有
　人提到古時的卜辭以及<u>易經戰國策</u>,漢賦樂府
　等等.這兩個人說了又說,很多人都沒興趣聽.有
　人說那都是很難瞭解的應該打倒的東西.
2. 有一個音樂隊每次演奏的曲子都很好聽.聲調
　更是雄壯.
3. 張先生是一個軍人,對日本打仗的時候非常英
　勇,後來受傷了,現在成了殘廢了.
4. 五四運動之後全面推動白話文.青年學生對於

文言的詞賦,都不研究了.

5. 我每天晚上都做夢.昨天晚上夢見我飛到一個
很高的山上.這個山是一個分水嶺.我看見遠遠
的有兩條河,一條往東邊流到海裏去了.一條往
西邊流流到了沙漠.

6. 有一個小孩子用各種顏色的鉛筆往牆上畫.他
畫了又畫,畫了又畫的.牆本來是白的,後來變成
花的了.

7. 中國對日本抗戰的時候,很多人逃難去到四川.
四川的木器很貴,貴到普通人買不起,多數的日
用品是用竹子做的.當時有人說:"我們現在是
竹器時代."

8. 文學作品都有時代的背景.現在是新時代,有了
新思潮也應當有新的創作.不應該老是模仿紅
樓夢,老殘遊記那種寫作了.

9. 那本刊物登的作品以政治性的為限.好像有甚
應特殊使命似的.

10. 中國古人有一句話,大意是:"做工的人要想把
工作做好,必得先有好的工具."

11. 有一個教員在上課的時候對學生說:"中國和
印度的邊境都是大山.兩國的邊界很難劃分現
在的邊界是甚麼時候劃的? 劃的時候是不是
兩國都承認? 這是很重要的一個問題...現在
因為限於時間等到下次再講."

12. 現在的男孩子有的頭髮留的很長,頭髮的形式

看起來甚至於像女人.這種風氣不知道是怎麽開始的.

13. 凡是做成一件事一半靠人力,一半靠機會.如果機會成熟了再加上人力一定能成功的.

14. 我看見一本小說叫<u>梨園外史</u>.書裏把唱戲的寫的壞到不能再壞.由此看來有人還是脫不了舊觀念,看不起唱戲的人.

15. 道家的學說是"無為"."無為"的意思好像是說"不要做"的意思.可是如果人人都不要做,世界還成了甚麽世界?"無為"的真正意義是在叫治國的人不要做太多對人民沒好處的事.最高的理想是無為而把國家治好了.

問題 (p.456)

1. 中國的思想和宗教的起源可以分為幾方面?是那幾方面?

2. 春秋戰國時代諸子百家各有各的學說.其中主要的學說是那幾家?

3. 儒家學說以誰為主體?主張的是甚麽?儒家把人和人的關係分成五類叫做五倫.甚麽是五倫?

4. 道家的學說最初是誰的學說?後來又有誰的主張也是道家的學說?老子寫了一部書是甚麽?他的主張是甚麽?

5. 法家學說主張的是甚麼？戰國最著名的法家是甚麼人？

6. 墨家的學說有甚麼主張？是誰的主張？

7. 道教創始在甚麼時代？奉甚麼人為始祖？在甚麼朝代很盛行？

8. 佛教起源在甚麼地方？甚麼時候傳入了中國？甚麼時候是最盛時期？

9. 回教起源在甚麼地方？傳入中國是在甚麼時代？在中國甚麼地方信回教的人最多？

10. 基督教在甚麼時候傳入中國？當時叫做甚麼教？基督教後來有幾派？都是甚麼派？天主教的傳教人叫做甚麼？基督教的傳教人叫甚麼？這些傳教人除了傳教以外還傳來了甚麼？

1	2	3	4	5	6	7
膨	脹	漲	穩	擔	混	崩

8	9	10	11	12	13	14
潰	貿	恢	械	礦	煤	棉

15	16	17	18	19	20	21
紡	倍	配	畜	肥	拖	營

22	23	24	25	26	27	28
灌	溉	嚴	歡	橋	權	躍

29	30	31				
壩	庫	企				

第二十一課　經濟 (p.438)

1. 膨 péng　distended (1)
2. 脹 zhàng　swollen (1)
3. 漲 zhǎng　to swell (5)
4. 穩 wěn　steady, stable (6)
5. 擔 dān　a load (7)
6. 混 hǔn　mix up, confuse (8)
7. 崩 bēng*　collapse (9)
8. 潰 kuì　disintegrate (9)
9. 貿 mào*　commerce (12)
10. 恢 huī　recover (16)
11. 械 xiè　tools (19)
12. 礦 kuàng　a mine; ore (20)
13. 煤 méi　coal (22)
14. 棉 mián　cotton (26)
15. 紡 fǎng　spin, reel (27)
16. 倍 bèi　times, -fold (28)

17. 配 pèi　mate; match; fit (29)
18. 畜 xù / chù　keep (animals)(32) / beast
19. 肥 féi　fat, fertile (33)
20. 拖 tuō　drag (35)
21. 營 yíng　(military) camp (40)
22. 灌 guàn　pour (into) (41)
23. 溉 gài　flow (41)
24. 嚴 yán　strict (42)
25. 歉 qiàn　deficient (43)
26. 橋 qiáo　a bridge (46)
27. 權 quán　power (47)
28. 躍 yuè　jump (50)
29. 壩 bà*　dike, dam (54)
30. 庫 kù　warehouse (55)
31. 企 qǐ　expectant (59)

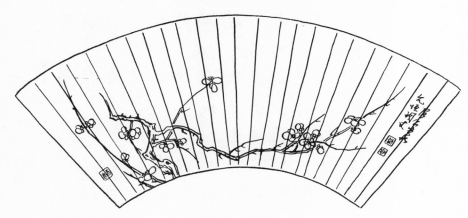

591

1 白： 馬教授早.

2 馬： 早.今天很熱.

3 白： 可不是嗎！今天可能有九十幾度.前幾天那
4 麼冷,這兩天又這麼熱

5 馬： 我內人前天把熱天的衣服都收起來了,昨天
6 又都拿出來了.

7 白： 我也是.我以為不會再熱了,把熱天穿的衣服
8 也都收起來了.今天早晨我穿了學新一件衣
9 服.

10 馬： 學新近來怎麼樣?

11 白： 學新很好.華家這兩天都不在家.他們有一個
12 親戚結婚請他們全家去了.親戚家裏離這兒
13 很遠,所以他們得在那兒住幾天.

14 馬： 就你一個人在家裏很清靜,正好用功.

15 白： 清靜倒是很清靜,不過有點兒寂寞.

16 馬： 這兩天都看甚麼書了?

17 白： 我看了點兒歷史.我看中國現代史.

18 馬： 看完了嗎?

19 白： 看完了.我是像看小說似的看了一遍.

20 馬： 你是從那兒看起的.?

21 白： 從五四學生愛國運動,反抗軍閥,學生被殺,一
22 直到國民政府在南京成立.

23 馬： 這幾天我也在家看書.

24 白： 您看的是關於那一方面的書?

25 馬： 我看的是一個朋友寫的,是關於中國文化一
26

方面的.我帶來了.你沒事的時候可以看看.

白: 這本書對我寫論文,關於文化一方面一定有很多參考的資料.

馬: 他寫的很詳細.他把中國人原有的道德跟宗教、思想都寫了.

白: 您這位朋友現在那兒呢?

馬: 他在日本呢.前幾天接到他的信,他說他最近到歐洲去旅行去,可能不久到這兒來參觀各大學.

白: 將來希望有機會見着他.

馬: 他來了我一定給你介紹.

白: 好的.今天專題講話講經濟,是不是?

馬: 是的.這張生詞表給你.我們把詞兒研究研究.

白: 這次的詞兒一定有很多我不懂的.我想關於經濟一方面的專門名詞,一定有很多.

馬: 也不見得你不懂.

1.0. 膨脹

1.1. 任何東西一熱的時候一定要膨脹的.

2.0. 通貨　通貨膨脹

2.1. 政府發行的紙幣如果沒有限制就要發生通貨太多的問題了.

2.2. 通貨太多在經濟學上就叫做通貨膨脹.

3.0. 貨幣

3.1. 從前的貨幣多數是金、銀和銅.現在的貨幣大多數是紙幣.

4.0.　物價

4.1.　因為物價一天比一天高所以生活一天比一
　　　天困難.

5.0.　漲　　漲價　　高漲

5.1.　"水漲船高" 是中國一句俗話,意思是說水如
　　　果漲的很高,在水上的船也就高起來了.

5.2.　這幾天日用品全都漲價了.

5.3.　雨下的太大了,所以河水高漲.

白42: 膨脹這個詞兒是物理學上用的詞兒,是不是?

馬43: 在經濟上也常用.比如 "通貨膨脹."

白44: 通貨是甚麼?

馬45: 通貨是貨幣,就是錢.報紙上關於經濟的消息46
　　常有 "近來通貨膨脹,物價高漲."

白47: 是的.我在大華日報上關於經濟的那一頁上48
　　看見過這些句子.

6.0.　穩定

6.1.　戰時的物價多半是不穩定的.

7.0.　負擔

7.1.　我家的人口很多,就我一個人工作養家.我的
　　　負擔太重了.

8.0.　混亂

8.1.　晉朝末年是中國歷史上最混亂的時期.

9.0. 崩潰
   bēng

9.1. 通貨不斷的膨脹無疑的經濟就要崩潰了.
                 bēng

49
白: 馬教授,從民國以後,中國在經濟一方面甚麼
               50
  時候最穩定?

51
馬: 我記得從民國初年到抗戰以前,物價一方面
               52
  還算穩定.至於整個的經濟並不穩定.在抗戰
               53
  的時候,政府增加了負擔不得不多印票子,所
               54
  以東西弄的越來越貴了,物價也不穩定了.

55
白: 中國內戰的時期聽說經濟的情形非常混亂.
               56
57   bēng
馬: 所以後來經濟崩潰了.

10.0. 財政

10.1. 財政和經濟有密切的關係.

11.0. 國際

11.1. 我看報紙先看國際大事.
   mào

12.0. 貿易

12.1. 現代國家都很注意對外國的貿易.
              mào

13.0. 政策

13.1. 有很多人攻擊現在的教育政策.

14.0. 資本 資本家 資本主義

14.1. 張先生是一個大資本家,在很多實業公司裏
  都有他的資本.

14.2 有的資本主義國家經濟發展的結果是工人
  很苦,資本家得到很大的利益.

58
白： 我在圖書館看見一本<u>財政與經濟問題</u>.
59
馬： 是誰編的？
60
白： 書上印着 "周大為編著"
61
馬： 內容你看了嗎？
62
白： 沒有.我就看了目錄了.有中國國際貿易之政 63
策,資本主義國家的工商業概況等等.
64
馬： 周大為教授是現在有名的經濟學家.他這本 65
書有很多研究經濟的拿着作參考.
66
白： 我從圖書館借來了.有時間看一看.
67
馬： 俗語說 "開卷有益"
68
白： 要充實自己,各方面的知識都應該吸收.

15.0. 航業

15.1. 發展航業是中國經濟政策之一.

16.0. 恢復

16.1. 我現在天天和學生們在一起.我又恢復學生
時代的生活了.

17.0. 貨物

17.1. 去年這裏出口的貨物比進口的多.

18.0. 市場

18.1. 因為有大量貨物湧進市場,所以物價近來不
漲了.

19.0. 機械

19.1. 有的國家在農業方面還用人力,有的國家已
經機械化了.

馬: 你知道不知道,在亞洲的國家裏,那個國家的航業最發達?

日: 日本的航業最發達.可是在第二次大戰以後,有一個短時期不行,但是不久又恢復了.

馬: 日本戰後不但航業恢復了,近來經濟也繁榮的不得了.

白: 日本的貨物出口的很多,是不是?

馬: 是,你看報紙上的商業通訊,世界各國的市場上都有日本貨.

白: 據說日本在機械一方面也很發達.

馬: 日本的重工業、輕工業都不落後.

20.0. 礦　礦業　礦產

20.1. 山西省甚麼礦最多,你知道嗎?

20.2. 又沒有水,又沒有電,這裏的礦業怎麼能發展?

20.3. 中國地大物博,地裏有很多礦產.

21.0. 石油

21.1. 甘肅省出產石油是近來發現的嗎?

22.0. 煤

22.1. 煤的用處很多,尤其是在工業方面.

23.0. 鋼鐵　鋼鐵廠

23.1. 中國東北有一個大鋼鐵廠,每年生產的鋼鐵佔全國的第一位.

24.0.　開發

24.1.　非洲還有沒開發的地方嗎？

馬：我們現在談談關於中國的礦產.請問你,中國[81]
　　出石油的地方都在那兒？

白：新疆、甘肅[sū]都出石油.

馬：甚麼地方出煤最多呢？

白：東北、河北、山西出產的最多.

馬：你知道甚麼地方出產鋼鐵？

白：中國的東北出鋼鐵.四川跟河北也有鐵礦.

馬：對了.

白：中國地大物博,相信有很多礦產等着開發[89]呢？

馬：你說的一點兒也不錯.

25.0.　出產品　農產品

25.1.　那個鋼鐵廠的出產品是全國最好的.

25.2.　秋天是農產品成熟的時候.

26.0.　棉花

26.1.　種棉花長蟲子是一個大問題.

27.0.　紡織

27.1.　中國從古來就注重紡織.那時候男的要種地,
　　女的要紡織.

28.0.　倍

28.1.　今年那個小學校幼稚園的學生比去年增加
　　了一倍.

29.0. 分配　配給

29.1. 打仗的時候糧食跟日用品多半是由政府配給.因為東西少人多很不容易分配.

30.0. 供應

30.1. 香港人民吃的水,多半是由大陸供應的.

91 白　請問馬教授,農產品裏的棉花中國出產[92]的多不多?

93 馬　出產的不少.

94 白　中國紡織工業的情形怎麼樣?

95 馬　在戰前中國的紡織工業就很發達,據說現在[96]比以前更發達.比方說布的生產比以前增加[97]了幾倍.

98 白　說到紡織我想起來一個問題.是不是在抗戰[99]的時候買布都是配給.

100 馬　有的時候在供應上怕不夠,就按着人口配給.

31.0. 適合

31.1. 在經濟上說那種政策在現代是不適合了.

32.0. 牧畜業

32.1. 這個地方就出草只適合牧畜業.

33.0. 肥料

33.1. 這種化學肥料是從國外買來的.

33.2. 往田裏放肥料最好的時候是下過雨以後.

34.0. 機器

34.1. 印刷機器是誰創始的?

35.0. 拖拉機

35.1. 有幾個農人合買了一個拖拉機.

101
白: 請問您,是不是中國西北部有的地方不適合
102
種田,而適合牧畜業?

103
馬: 是的.在西北高原一帶,有的地方只能養馬跟
104
養牛、羊.

105
白: 是不是因為土地裏沒有肥料的關係?
106
馬: 我想並不是沒有肥料的關係,是因為那個地
107
方的土地和天氣不適合種東西.

108
白: 現在中國人種田用機器的多不多?
109
馬: 據說多數還是用人力.不過有的地方使用拖
110
拉機了.希望將來中國能夠整個兒農業機械
111
化,種田都是用機器,一來是快,二來免得農人
那麼受苦.

36.0. 農場

36.1. 我們的農場,因為旱災的關係,今年所種的農
產品長不大就死了.

37.0. 集體

37.1. 那本書是三位學者的集體創作.

37.2. 基本合作社跟集體農場都是合作事業.

38.0. 互助組

38.1. 參加互助組的人應該彼此互相幫助.

生詞

39.0. 農作業

39.1. 中國的農作業從前都是使用人力,現在逐漸的使用機器了.

40.0. 經營

40.1. 那個農場是國家經營的,不是私人的.

白[113]: 中國大陸上的集體農場跟蘇聯的一樣嗎?

馬[114]: 我想是大同小異,沒有多大的分別.

白[115]: 聽說大陸上在土地改革的時候先組織了互助組[116],然後才有集體農場.

馬[117]: 我看報紙上的論文常說這種組織對於農作[118]業上是很有幫助的.

白[119]: 中國有沒有大規模的農場?

馬[120]: 我聽說東北有,至於規模怎麼樣,我不大清楚.

白[121]: 要是私人辦一個農場是不是很不容易?

馬[122]: 不容易,我有一個朋友辦了一個農場.經營了不到三年就不辦了.[123]

白[124]: 難處是甚麼?

馬[125]: 比如種菜長蟲子,養豬養雞長不大就死了.我[126]那位朋友他辦農場的第一年養了五百多隻[127]雞,不知怎麼的,忽然一個一個的都死了.

41.0. 灌溉

41.1. 有的水田利用河水灌溉,有的水田只靠下雨.

42.0. 嚴重

42.1. 嚴重是很要緊,很重要的意思.

43.0. 歉收

43.1. 那個地方今年有旱災,所以農產品整個兒的
歉收

44.0. 造林

44.1. 政府提倡造林為的是甚麼,你知道嗎?

128
白: 請問灌溉這個詞兒常用嗎?
129   130
馬: 寫東西的時候常用.你看報上有這個例子:"久
不下雨旱災相當嚴重.即使用人工灌溉,今年
的糧食也要歉收."
132
白: 甚麼叫造林?
133   134
馬: 就是種樹.可不是像在院子裏種樹,一棵兩棵
的.是種很多的樹.

45.0. 增建

45.1. 中國近來增建了很多鋼鐵廠.

46.0. 橋

46.1. 我家的前邊有一條小河,河上有一個小橋.

47.0. 政權　權勢

47.1. 你知道現在中國掌握政權的是誰?

47.2. 他雖然地位不高,可是他的權勢很大.

48.0. 修

48.1. 這條路是誰修的? 甚麼時候修的?

49.0. 鐵路

49.1. 中國最早的一條鐵路是在一八七六年英國人在上海修的.

白: 增建這個詞兒並不是說的吧？

馬: 不是說的,是寫的.比如 "增建大橋,增建鋼鐵廠."

白: 是不是共產黨得到了政權以後,修了不少的鐵路,還造了一個大橋？

馬: 是的.他們鐵路修了不少.他們造了一個最大的橋叫長江大鐵橋.

50.0. 大躍進

50.1. 大躍進是中國共產黨的口號,意思是進步很快.

51.0. 加上　加重

51.1. 那個國家工業本來落後,加上外國貨湧進,所以工業更不容易發展.

51.2. 新的財政政策實行以後人民的負擔加重了.

52.0. 缺少

52.1. 那個國家缺少棉花,因為出產的不夠用,所以必得從外國買.

53.0. 消費

53.1. 那個國家的經濟政策是增加生產,節制消費.

54.0. 水壩　水庫

54.1. 水壩的功用是阻止水的.有了水壩才可以做成水庫.

白： 過去中國大陸上有一個口號是"生產大躍[142]
進[143]."實際上是不是大躍進了呢？

馬： 據我所知道的[144],糧食生產一方面並不理想[145].因
為在農業的計劃上發生了錯誤,加上天災糧[146]
食歉收,所以糧食缺少,生產的不夠消費的[147].

白： 那幾年的天災相當嚴重[148].

馬： 又有水災又有旱災[149].

白： 聽說大陸上新修了幾個水壩(bà)跟水庫[150].

馬： 修水壩(bà)、水庫為的是發電跟灌溉[151].

55.0. 運　運貨　運輸　運河

55.1. 這些貨物都是要運到英國去的.

55.2. 運貨用航空比航海快.

55.3. 從前中國南方出產的米運到北京,是由運河
運輸的.

56.0. 貨車

56.1. 運貨的車叫做貨車.

57.0. 組成

57.1. 現在的聯合國是由一百多個國家組成的.

57.2. 三友小學是幾個信教的人組成的.

58.0. 企業

58.1. 凡是經營一種事業希望得到利益的就叫做
企業.

58.2. 那家企業公司專門經營拖拉機.

59.0. 金屬

59.1. 金、銀、銅、鐵都是屬於金屬一類的.

60.0. 中產階級

60.1. 中產階級不是窮人也不是富人.是不窮跟不富之間的.

152
白: 中國的運河是不是在隋朝就有了?
153
馬: 運河的工程都是歷代一段一段的修的.江蘇、
154   155
浙江這一段是從隋朝修起的,一直到元朝才
修好.
156
白: 中國的運河在世界上是一個很大的工程.據
157
說運河有四千四百四十公里那麼長.
158
馬: 在歷史上是這麼說.
159   160
白: 是不是中國很早以前運輸貨物都是靠著運
河?
161
馬: 不但運輸貨物而且南方跟北方人民的來往
162
也很方便.
163
白: 以前運貨除了水路用船以外,在陸地上也用
164
貨車運嗎?
165   166
馬: 也有貨車.可是跟現在的貨車不同.都是用牛
車跟馬車.
167
白: "組成"在普通說話的時候是組織成了的意
168
思,是不是?
169
馬: 是的.你看報紙上這一段:"甲乙二人組成一
170
家企業公司,專門經營各種金屬."
171   172
白: 經營企業的就是資本家.請問,中產階級是指

着那一種人説的？

173
馬：中產階級是指着中等的資產階級，就是不很
174
窮也不很富的人．

61.0.　改進
61.1.　因為棉花出產的很不合理想，所以他們開座
談會，研究改進棉花生產的方法．
62.0.　原料
62.1.　這個工廠用的原料是從那裏來的？
63.0.　收入
63.1.　有的工人每天的收入連吃飯都不夠．

175
白：請問您，改進這個詞兒是説的嗎？
176
馬：改進是寫文章或者演講用的．比如："某某工
177
廠出產品因為原料的關係，又加上工人的技
178
術不好，所造的東西不合理想，應該想法子改
179
進."你也用改進説一句話．
180
白："如不努力改進我們的工業生產，那麼在世界
181
上永遠是落後的."
182
馬：好極了．詞兒都討論完了．
183   184
白：時間到了．現在就去聽邊教授講中國的經濟.前
185
幾天我看見邊教授了，他的精神好像很不好似的．
186   187
馬：他的負擔太重，收入又不很多，加上他太太時常生
病．他的經濟狀況據説很不好．
188
oh
白：噢！原來是這個原因．

生詞表 (p.449)

1. 膨脹	16. 恢復	31. 適合	50. 大躍進
2. 通貨	17. 貨物	32. 牧畜業	51. 加上
通貨膨脹	18. 市場	33. 肥料	加重
3. 貨幣	19. 機械	34. 機器	52. 缺少
4. 物價	20. 礦	35. 拖拉機	53. 消費
5. 漲	礦業	36. 農場	54. 水壩 bà
漲價	礦產	37. 集體	水庫
高漲	21. 石油	38. 互助組	55. 運
6. 穩定	22. 煤	39. 農作業	運貨
7. 負擔	23. 鋼鐵	40. 經營	運輸
8. 混亂	鋼鐵廠	41. 灌溉	運河
9. 崩潰 bēng	24. 開發	42. 嚴重	運貨車
10. 財政	25. 出產	43. 歉收	56. 成業
11. 國際	農產品	44. 造林	57. 組
12. 貿易 mào	26. 棉花	45. 增建	58. 企業
13. 政策	27. 紡織	46. 橋	59. 金屬
14. 資本	28. 倍	47. 政權	60. 中產階級
資本家	29. 分配	權勢	61. 改進
資本主義	配給	48. 修	62. 原料
15. 航業	30. 供應	49. 鐵路	63. 輸入

語法練習 (p.450)

1. 這裏種田用拖拉機,從前年就有了.

2. 中國的運河是從隋朝就開始造的.

3. 我今天有事,不到農場去了,你見了馬先生請你給說一聲兒.

4. 我不明白通貨膨脹的意思,請你給我解釋解釋.

5. 我們明天去參觀那個大水壩去,要是你願意去呢,就跟我們一塊兒去,不願意去呢,就不必去.

6. 航業公司的工作,如果你喜歡做呢,你就做,不喜歡呢,你就不必去做.

7. 國際貿易公司的張經理,人好着呢,不論對誰都那麼和氣.

8. 礦業公司離這兒可遠着呢,你走的了,走不了?

9. 為了要改進如何運輸貨物這個問題,張先生和李先生之間就發生了意見.

10. 在思想上儒家和法家之間有很大的分別.

11. 在這種混亂的時期誰也幫助不了誰.

12. 不論在甚麼時候,誰也不敢說誰要革命.

13. 這位新財政部長,一心一意的要想法子把貨幣穩定了.

14. 我們附近有個鋼鐵廠,所以每天路上一來一往的都是工人.

15. 他辦農場還是辦企業公司,這我可不知道.

16. 鋼鐵都漲價了,這是真的嗎?

17. 他信上沒寫着那件事情那麼嚴重.

18. 邊先生現在沒經營着那家紡織公司.

19. 這兒出產的農產品,那兒消費的多我們就往那兒運.

20. 我們現在討論糧食歉收的問題,誰的意見好我
　　們就採用誰的意見.

講話 (p.450)

諸位同學[1]:
　　今天[2]講話的題目是:"中國的經濟." 中國是一[4]
個[3]農業國家,經濟的重心一直在農業.這種情形[5]幾
千年來都沒有多大的變動.可是到了十九世紀[6]中
外通商以後,就有點不同了.尤其是近幾十年來[7]變
動的更大.今天所講的就是近幾十年來經濟演變
的情形.
　　在一九三七年中國對日本抗戰以前,中國[9]的經
濟[8]組織有三個特點.在制度上說,是自由[10]經濟.把市
場供應給中國和外國的商人.在社會[11]上說,是以中
產的階級為主.在國家的收入[12]來說以農業為最重要
的綜(zōng)括來說,那個時候[13]中國的經濟,農業是主要的,
商業是自由的.工業是落後[14]的.
　　那時候[15]的工商業有兩個大勢力.一種是外國[16]工
商業的資本家.他們的資本多,組織好,很多重要[17]的
企業像航業,礦業等等差不多都在他們的掌握[18]裏.
另外一種是中國社會上有權勢的人,他們[19]在沿海
大的城市經營工商業.後來這兩種勢力[20]都受抗戰
的影響.勢力一天比一天小了[21]中國整個經濟情形
也受抗戰的影響.一天比[22]一天壞了.後來更因為內

戰的關係，經濟情形就更[23]壞了。

通[24]貨膨脹是對日本抗戰以後經濟混亂的主要[25]原因。抗戰之前政府穩定了貨幣，在戰時因為為了支持抗戰，增加了貨幣的發行，市場上貨物缺[27]少[26]，因而[28]很快的形成了通貨膨脹，物價的高漲，結果經濟崩[bēng]潰[29]。這也是中國國民[30]經濟在大陸上失敗，以及後來成立了中華人民共和國[31]的主要原因之一[32]。

一九四九年中國新政權成立以後，他們實行有計[34]劃的經[33]濟，政策和以前完全不同。他們的第一個五年計劃在一九五三年開始，這個計劃經濟的各方面，如農業、工業、貿[mào]易、財政、運[36]輸[35]等，影響了整個經濟。

在農業[37]方面，毛澤東早就強調農業是一切問題的基本出發點，那是中國革命的第一步，就是土地改革。另一步就是農村合[41]作事業。合作社的組成、集體農場的組成、集體農業的生產，就是人民公社[39]的成立。同時為了增加農田[38]的生產，大量使用水，農業機[46]械化，適[47]合經濟[48]的主要部分。他們希望將來整個中國合[40]基[42]的肥料[43]、水壩[bà]、水庫[43]開始，化學肥料用的更多，又造了很多作物。棉花也很重要。在蒙古等地區牧畜業也是經濟的主要部分。尤其是造林，以便灌溉和發電，主要的就是用拖拉機。

在工業方面,也很重視,尤其是重工業.增[50]建了很多鋼鐵廠,出產機器,運貨的貨車,拖拉機等[51]對於消費的工業,如紡織等不太注重.為了要供應工業原[52]料,所以大量開發金屬等礦產.尤其是煤、鐵、石油這[53]三種礦產都增加了生產.

因為經濟進步的很快,所以加重了運輸上的負[54]擔.他們就修鐵路,造大橋,也改進了運河的運輸.

在國際貿易上,在五十年代裏,主要對外貿易是[56]對蘇聯和其他社會主義國家.後來對西方資本主[57]義國家的貿易也增加了.但是中國經濟的發展不[58]很平均,在一九五七到一九五九大躍進的時候,有[59]的地方發展了,有的地方落[60]後了.原因是計劃上的錯誤再加上天災和農產品歉收[61]造成了嚴重的糧食缺少,甚至於需要配給[62]一九六一年以後,經濟才漸漸的恢復了.

復述 (p.553)

這盤錄音帶是中文第一組第十七號.白文山復[2]述的思想和宗教.

這次的專題講話是哲學系系主任錢友文[4]教授講的.題目是思想和宗教.錢教授先講思想跟宗教[5]的來源.他說有兩個來源,一個是從外國而來的.一[6]個是起源在中國的.他說中國[7]的哲學思想開始是在公元前四世紀的時候.那個[8]時期社會上的情形

變動的很厲害.所以諸子百家都活動起來.各有各
的學說.雖然所講的東西各有各的道理.但是最主
要的學說是儒家墨家道家跟法家.

　　錢教授先從儒家講起的.他說儒家的學說是拿做
孔子跟孟子的學說做主體.孔子的學說拿仁字做人的
基礎.仁的意思就是作人的道理.儒家把人跟人的
關係分成五種.叫作五倫.就是君臣、父子、夫婦、兄弟、
朋友.如果把五倫的關係維持好了.那就是作人最
理想的.中國從古到現在一直的尊孔子是聖人.可
見儒家學說在中國的重要.

　　錢教授說墨家的學說是兼愛.意思是愛自己也
要愛別人.必需這樣才能和平.

　　他又講到道家的學說.道家無為而治是老子的
學說.他的哲學是清靜無為.老子寫了一本書叫道
德經.是一本很高深的中國哲學理論.

　　錢教授又說到法家.他說中國古時候最有名的
法家是韓非子.跟商君.法家學說也是戰國時代的
產物.他們主張"信償必罰以法治國".

　　錢教授說以上他所講的幾家只有道家後來演
變成了一種宗教.道教開始是在東漢時期尊老子
是道教的始祖.

　　錢教授又講從外國輸入的思想和宗教.他說外
國的宗教很早就傳到中國了.他先說的佛教.他說
佛教的起源是印度.從漢朝的時候傳到了中國的知識
佛教在中國最盛的時期是唐朝.那個時候的知識

階級翻譯佛經.人民信佛的很多.到處都有廟.佛教
的勢力很大.信徒也多.一直到現在佛教信徒的人
數還是佔第一位.

錢教授說中國信回教的人也不少.回教也是從唐
朝傳到中國的.信回教最多的地區是中國西北部.

錢教授又說到基督教是怎麼傳進中國的.當時叫作景教.到
也是在唐朝的時候傳進中國的神父利瑪竇到中國來
了明末的時期有意大利的神父利瑪竇分成了新舊兩派.教
傳教.那就是天主教.基督教後來分成了新舊兩派傳教
舊的就是天主教.新的就是基督教.天主教的傳把宗
人叫神父.基督教的傳教人叫牧師.他們不但把宗
教傳入中國,同時也把西方的科學文化也傳入了
不少.

錢教授又說到思想一方面.他說關於思想一方
面近來因為跟西方國家接觸的機會多了.又因為
時代潮流的影響,有了更大的轉變.都是受了五四
運動的影響.一些新的學說像民主主義、社會主義、
共產主義、唯物論跟馬克斯列寧、史太林的政治學
說都傳到了中國.

溫習 (p. 455)

1. 有人攻擊張市長說他是封建思想.官僚作風.又
說他尊重有權勢的人,支持資本家,他對人民有
種種的煩擾,從他當市長以來他把人民的負擔

　　加重了一倍.

2. 中國自從漢朝以來就尊崇孔子的學說歷代的
　　皇帝多半用這種學說支持他的政權實行專制.
　　在專制時代甚至於君叫臣死,臣必得死.簡直是
　　不能反抗.可是到了民國初年.西方的新思想像
　　潮水似的湧進了中國.中國就起了革新的運動,
　　一般青年主張"打倒孔家店""打倒舊的道德"
　　這種運動是中國思想上一個轉捩點.

3. 道家所謂"道"是一種很高深的哲學思想.我們看
　　看道家的創始人老子所寫的道德經就可以知
　　道了.至於道教奉老子為始祖是在老子以後很
　　多年才盛行的.

4. 有人問我道教的廟是不是叫做寺? 我告訴他,
　　佛教的廟都是叫做寺,道教的廟很少叫做寺.

5. 他是這個地方人民的領袖.他說這個地方的礦
　　很多,應當開發,他又說開礦雖然需要很多資本,
　　可是如果由當地一些有錢的人拿出錢來,資本
　　是不成問題的.

問 題 (p.456)

1. 中國的經濟為甚麼以農業為中心? 從甚麼時
　　候起才有點兒變動? 甚麼時候變動的最大?

2. 中國經濟在對日本抗戰以前有三個特點,請你
　　說說那三個特點是甚麼?

3. 中國在對日本抗戰以前,工商業有兩大勢力.是那兩種勢力？這兩種勢力後來怎麼樣了？

4. 中國對日本抗戰以前,在經濟上有很大的成功,是甚麼？後來因為甚麼東西漲價甚至於經濟崩潰？

5. 中國新政權在一九四九年成立以後,他們的經濟政策和以前相同嗎？他們實行甚麼政策？

6. 毛澤東為甚麼強調主張分配農田給農人？中國鄉村改革第一步是甚麼？另一步是甚麼？

7. 合作事業的成立有四步.是那四步？

8. 中國的農作業是不是已經機械化了？他們在甚麼地方開始使用拖拉機？

9. 中國主要的農產品除了糧食以外還有甚麼？在不適合農業的地方做甚麼？在蒙古等地區甚麼是經濟的主要部分？

10. 中國在工業方面重視那種工業？對於消費的工業怎麼樣？在國際貿易上從前都和甚麼國家貿易？後來呢？在所謂大躍進的時候,為甚麼不能平均發展？

1	2	3	4	5	6	7
焚	坑	侯	滅	亡	裂	患

8	9	10	11	12	13	14
匈	奴	侵	威	跨	率	衰

15	16	17	18	19	20	21
翁	騫	羣	鄭	促	鴇	辛

22	23	24	25	26	27	28
亥	召	壓	夏	冬	憶	疼

1.	焚	fén	burn (1)	15.	弱	ruò	weak (31)
2.	坑	kēng	a pit (1)	16.	騫	qiān*	defective (34)
3.	侯	hóu*	a noble (13)	17.	羣	qún	crowd, flock (39)
4.	滅	miè	extinguish (17)	18.	鄭	zhèng*	(a surname) (40)
5.	亡	wáng	perish (18)	19.	促	cù	hurry (41)
6.	裂	liè	decay (21)	20.	鴉	yā	a crow (48)
7.	患	huàn	misfortune	21.	辛	xīn	8th Celestial Item (50)
8.	匈	xiōng*	Huns (24)	22.	亥	hài*	12th Earth's Branch (50)
9.	奴	nú	slave (24)	23.	召	zhào	summon (51)
10.	侵	qīn	invade (27)	24.	壓	yā	press down (55)
11.	威	wēi	prestige (28)	25.	夏	xià	summer; Hsia (59)
12.	跨	kuà	step astride (29)	26.	冬	dōng	winter (62)
13.	率	shuài	command (30)	27.	憶	yì	remember (63)
14.	衰	shuāi	decay (31)	28.	疼	téng	hurt (64)

白　　馬教授早.

馬　　早.這塊圖章給你.

白　　您己經刻好了?

馬　　刻的不大好.這塊玉很不好刻,又加上我好幾年没刻了.

白　　好極了.您怎麼說刻的不好呢? 謝謝您,將來有機會我跟您學刻圖章吧.

馬　　好啊.刻圖章並不難.你懂了它的技巧很容易.昨天關於經濟的講話你錄音復述了嗎?

白　　没有.這兩天我有點兒傷風.昨天晚上燒的很厲害.很早就睡了,連晚飯也没吃.

馬　　這幾天天氣不好,一會兒冷一會兒熱,很容易傷風.要不要休息休息?

白　　不必.没關係,今天好的多了.

馬　　今天專題講話,講的是中國歷史.我們現在討論討論生詞兒.

白　　好的.

1.0.　　焚書坑儒
　　　　　　qín　　rú
1.1.　　秦朝焚書坑儒為的是甚麼,你知道嗎?
　　　　　qín
2.0.　　秦始皇
　　　　qín
2.1.　　秦始皇的時候宮庭裏的妃子多的不得了.
　　　　　　　　　　　　　　　fēi
3.0.　　活埋

3.1.　　中國甚麼朝代曾經活埋了許多念書的人?

4.0.　　統一

生詞

4.1. 戰國以後秦朝統一了中國.

5.0. 引起

5.1. 清朝末年因為政治不好引起了革命.

18 馬：你知道那朝的皇帝曾經焚書坑儒？

19 白：是秦(qín)始皇.

20 馬：甚麼叫焚書坑儒？

21 白：焚書就是把書燒了,坑儒就是把念書的人活22埋了.

23 馬：請你說一說焚書坑儒的經過.

24 白：秦(qín)始皇把中國統一了以後,他聽了一個大臣的話,25為了統治思想凡是有諸子百家的書都給燒了.26同時因為秦(qín)始皇那種政策引起27念書人的批評,所以他把念書的活埋了四百六十28多人.

29 馬：對了.

6.0. 漢高祖

6.1. 漢高祖是漢朝第一個皇帝.

7.0. 封

7.1. 漢高祖封很多人為王.

8.0. 盛唐

8.1. "盛唐"是說中國唐朝最盛的時期.

9.0. 改朝換代

9.1. 改朝換代的主要原因是政治不好.

10.0. 腐敗

10.1. 政治腐敗就要引起革命。

11.0. 失　損失

11.1. 他失了一個念中文的機會。

11.2. 敦煌(dūn huáng)石窟(kū)裏的壁畫壞了很多,這是藝術上一個很大的損失。

12.0. 民心

12.1. 政府因為時常加重人民的負担,所以失去了民心。

白[30]：是不是秦朝(qín)的時候取消了封建制度,在漢朝[31]又恢復了? 為甚麼又要恢復了呢?

馬[32]：有兩個原因。第一個是漢高祖當了皇帝以後,[33]他想周朝是封建制度,做了八百年的皇帝,而[34]秦朝(qín)取消了封建制度,才有十五年的歷史。第[35]二個原因是漢高祖雖然本來是個平民,但是他還[36]脫不了封建思想,所以他一作了皇帝就先封[37]他的同姓。

白[38]：是不是漢朝是中國最盛的時期?

馬[39]：唐朝也是中國最盛的時期,歷史上有的時候[40]談到唐朝就說盛唐。

白[41]：中國歷代改朝換代的主因都是因為政治腐[42]敗嗎?

馬[43]：差不多都是政治腐敗失去民心。

13.0. 諸侯 (hóu)

13.1. 在封建時代諸侯 (hóu) 的權勢很大.

14.0. 君主

14.1. 英國和日本都是君主國家.

15.0. 王室

15.1. 周朝末年王室的權勢一天比一天小了.

16.0. 興　興起

16.1. 明朝興起的原因你知道嗎?

17.0. 滅

17.1. 戰國時代到了後來秦國把別的國都滅了,中國就統一了.

18.0. 亡　滅亡　興亡

18.1. 清朝因為甚麼亡的?

18.2. 秦 (qín) 朝滅亡以後就是漢朝.

18.3. 國家的興亡人人有責任的.

44 白: 請問諸侯 (hóu) 是甚麼?

45 馬: 就是封建時代皇帝所封的各地方的領袖.

46 白: 都是皇帝有關係的人嗎?

47 馬: 是這樣.首先封同姓.如果對國家有功 48 的,不是同姓的也封.

49 白: 君主是皇帝的另一個名稱,是不是?

50 馬: 是.現在英國,日本還是君主國家.

51 白: 王室是甚麼意思?

52
馬： 王室本來的意思是皇帝的家.因為古來國家
53
是屬於皇帝的,所以也有國家的意思.
54
白： 興亡這個詞兒是文言的吧?
55
馬： 對了.興就是興起,亡就是滅亡.

19.0. 治世

19.1. 中國歷史上所謂治世就是國家治理的很好
而且沒有戰爭的時候.

20.0. 亂世

20.1. 你說現在是不是亂世?

21.0. 分裂　四分五裂

21.1. 越南在一九五四年分裂了,分成南越北越.

21.2. 一個國家如果四分五裂那個國家就要亡了.

22.0. 胡　胡人　五胡十六國

22.1. 據說胡人都能騎馬,騎馬的姿勢都很英勇.

22.2. 五代十國在五胡十六國以前還是以後呢?

56   57/
馬： 在歷史上看,常有治世跟亂世.請你說一說甚
58
麼叫治世,甚麼叫亂世?
58   59
白： 治世就是沒有戰爭,社會很安定的時期.亂世
60
就是國家四分五裂,社會混亂人民生活不安
定的時期.
61
馬： 對了.
62
白： 在歷史上看,亂世的時期很多.
63
馬： 是的.比如春秋戰國,五胡十六國,五代十國都

是亂世[64].

[65] 白：請問您五胡是甚麼？

[66] 馬：在長城以外的五個民族,叫做五胡.

[67] 白：十六國都是五胡嗎？

[68] 馬：不.有的是五胡組織的,有的是漢族組織的,一共是十六個國家[69].

23.0. 外患

23.1. 清朝末年的外患太多,簡直是沒法子抵抗了.

24.0. 匈奴 (xiōng)

24.1. 漢朝的時候有的漢人和匈奴(xiōng)結婚.

25.0. 為(了)... 起見

25.1. 為了適合國際需要起見,中國鋼鐵出產的水平也提高了.

26.0. 武力

26.1. 那個國家有了新的軍隊又加上新武器,他的武力比從前增加了好幾倍.

27.0. 侵入　侵畧

27.1. 從甚麼時候起匈奴(xiōng)侵入了中國？

27.2. 文化侵畧比武力侵畧還厲害.

[70] 白：秦朝(qín)的時期最大的外患是不是就是匈奴(xiōng)？

[71] 馬：是秦始皇(qín)造長城,就是為了匈奴(xiōng).現在請你用[72]匈奴(xiōng)說一個寫的句子.

[73] 白："秦始皇(qín)為了怕匈奴(xiōng)武力侵入起見而造萬里長城[74]".

75
馬：這個句子很好.

76
白：匈奴也是胡人嗎？
　　xiōng

77
馬：是.匈奴就是五胡裏頭的一種.
　　　xiōng

28.0. 聲威

28.1. 中國聲威最大的時候是元朝,其次是漢朝跟唐朝.

29.0. 跨

29.1. 蘇聯的領土跨歐亞兩洲.

30.0. 率領

30.1. 那個國家通貨膨脹,物價高漲.有人說是公用事業率領漲價的.

31.0. 衰弱

31.1. 他的身體一天比一天衰弱.

32.0. 國勢

32.1. 清朝末年因為外患太多國勢逐漸衰弱了.

78
白：聲威這個詞兒我知道是寫東西的時候用的.
79
　　可是我不大會用.請您給我舉個例子.

80
馬：我舉個例子. "元朝的皇帝率領着軍隊征服
81
　　了很多國家.那個時候的領土跨歐亞兩洲,所
82
　　以聲威很大".

83
白：我明白了.衰弱是強的對面嗎？

84
馬：是.比如說: "那個國家時常發生戰爭,所以國
　　　　　　　　　　　　　　　　　　　　　85
　　勢一天比一天衰弱."

33.0. 派

33.1. 政府派他到外國研究原子能.

34.0. 張騫 (qiān)

34.1. 張騫 (qiān) 是中國歷史上有名的人物.

35.0. 西域

35.1. 中國古時所謂西域就是現在的新疆.

36.0. 漢武帝

36.1. 漢武帝以武力征服西域.

37.0. 受苦

37.1. 張騫 (qiān) 被匈 (xiōng) 奴留下了是不是受苦了?

86 白: 派張騫 (qiān) 到西域去的是漢朝那個皇帝? 我忘了. 87

88 馬: 是漢武帝.

89 白: 歷史上記載, 張騫 (qiān) 往西域去的時候, 路過匈 (xiōng) 奴 90 的地方, 被匈 (xiōng) 奴給留下了, 一住·就是十幾年.

91 馬: 對了. 據說那一段時間裏張騫 (qiān) 受了很多苦. 92

93 白: 是不是從那次張騫 (qiān) 到西域, 中國西北很多地 94 方才跟漢朝有了來往?

95 馬: 是.

38.0. 南洋

38.1. 那些貨物都是從南洋運來的.

39.0. 羣島   南洋羣島

39.1. 有一些島彼此距離很近就叫做羣島.

39.2.　南洋羣島在中國的西南,離中國不遠,所以在那裏有不少華僑.

40.0.　鄭和 (zhèng)

40.1.　明朝的時候,鄭和 (zhèng) 率領了很多人去過南洋羣島,而且去了很多次.在歷史上就叫"鄭和 (zhèng) 下西洋."

41.0.　促成

41.1.　有幾個音樂家想要組織一個音樂隊,很久也沒組成,後來還是我幫忙促成的.

42.0.　一目瞭然

42.1.　一目瞭然是"一看就明白的意思."

[96] 白　請問您,在明朝的時候所說的西洋是 [97] 指着現在的甚麼地方?

[98] 馬　就是南洋羣島.

[99] 白　在明朝的時候派鄭和 (zhèng) 下西洋,目的是甚麼? [100]

[101] 馬　有兩個目的.一個是明朝第二個皇帝逃走了, [102] 第三個皇帝要想找到他.因為那個時候南洋 [103] 羣島的華僑很多,他們想可能是逃到南洋羣 [104] 島去了.還有一個目的是當時想要促成對外 [105] 的貿易 (mào) 的發展.為了這兩件事所以派鄭和 (zhèng) 下 [106] 西洋.

[107] 白　鄭和 (zhèng) 到南洋去了七次,不知道一共用了多少 [108] 時候?

[109] 馬　前後一共用了二十七年的時間.

110
白：是不是<u>中國大事年表</u>上都有？
111
馬：都有。那朝那年都發生甚麼事情全都有記載。
112
表上可以一目瞭然。

43.0. 宣揚
43.1. 我們不可宣揚別人的短處。
44.0. 後世
44.1. <u>宣和畫譜</u>有高度的美術價值，所以能留傳到
後世。
45.0. 圖強
45.1. 圖強就是想法子要強起來的意思。
46.0. 極
46.1. 昨天的音樂會演奏的很好，聽的人極多。
47.0. 空間
47.1. 歷史是由時間和空間織成的。

113
白：馬教授，宣揚跟發揚是同一個意思嗎？
114
馬：意思差不多。例如宣揚文化，發揚文化都可以。
115
白："後世"口語就是"將來的世界"對嗎？
116
馬：對了。
117
白：請問您圖強是甚麼意思？
118
馬：就是 "希望國家成了一個強國" 的意思。
119
白：請問您單獨一個"極"字怎麼用？是文言的嗎？
120
馬："極"在形容詞前邊就是文言的。比如極大就是
121
最大的意思。極盛就是最盛的意思。

白： 生詞表上"空間"這個詞兒是不是就是在抗戰
的時候有一個口號意思是拿"時間"換"空間"的
那個"空間"？

馬： 是.

48.0. 鴉片

48.1. 英國運鴉片到中國來,中國把這些鴉片都給
燒了,並且不准再運.因此引起戰爭.歷史上叫
做鴉片戰爭.

49.0. 內亂

49.1. 一個國家有了內亂人民就要受苦了.

50.0. 辛亥[hài]革命

50.1. 辛亥[hài]革命的時候有人下判斷說革命一定能
成功的.

51.0. 號召

51.1. "七七"以後中國政府就號召人民全面對日
本抗戰.

52.0. 起義

52.1. 辛亥[hài]革命以前人民就有好幾次起義了.

白： 鴉片戰爭中國損失很大啊!

馬： 香港就是從那個時候做了英國的殖民地.

白： 是不是那次的戰爭也引起了中國的內亂？

馬： 是.從那個時候起一直到辛亥[hài]革命時常有內
亂.

131
白：辛亥革命的時候用甚麼號召人民？
132
馬：革命開始的時候,孫中山先生用三民主義來
號召.
134
白：是不是辛亥革命起義了幾次才成功了？
135
馬：是的,起義了好幾次,死了不少的革命分子.

53.0. 正統
53.1. 中國的思想以儒家學說為正統是從漢朝開
始的.
54.0. 陳舊
54.1. 他的思想太陳舊,跟不上時代了.
55.0. 壓倒
55.1. 那棵梨樹叫牆給壓倒了.
55.2. 中國共產黨有一個口號是 "東風壓倒西風."
56.0. 總結
56.1. 我把這次座談會的談話做一個總結.
57.0. 變法
57.1. 清朝末年政府雖然有一次變法可是那次的
變法是失敗了.
58.0. 唐人
58.1. 中國人為甚麼也叫唐人呢？
59.0. 夏　夏天
59.1. 據中國古書上記載商朝以前是夏朝.
59.2. 有一個城每年夏天都缺水,人們不得不從很
很遠的地方去運水.

136
白：馬教授,正統這個詞兒怎麼用?

137
馬：我舉個例子:"中國古時候只承認儒家的學
　　說是正統的思想."

139
白：陳舊就是古老的意思是不是?

140
馬：比如"現在的新文學是壓倒了從前的古文
　　學."

141
白：總結是不是說話總而言之的意思?

142
馬：是的.我現在問你一個詞兒.變法你知道是甚
143
　　麼意思嗎?

144
白：就像清朝最後的時期有些大臣看國勢越來
145
　　越衰弱.所以希望清朝皇帝改革政治,那就是
146
　　變法.

147
馬：你知道為甚麼管中國人叫唐人?

148
白：是指着唐朝說的.因為唐朝是中國最盛的時
149
　　期.所以後來管中國人叫唐人.

150
馬：對了.

151
白：詞表上的夏就是夏天的夏嗎?

152
馬：是.夏天夏朝都是這個夏.

153
白：也有人姓夏是不是?

154
馬：是.也是個姓.

60.0.　交流

60.1.　中美學會的組織為的是中美文化交流.

61.0.　物質

61.1.　在物理學上說物質是永遠不滅的.

62.0. 冬　　冬天

62.1. 日子過得真快.又是秋去冬來了.

62.2. 我想以 "冬天的農場" 作為繪畫的題材.

63.0. 記憶　記憶力

63.1. 按着我的記憶,他出國有三年多了.

63.2. 昨天的事,我今天就忘了.我的記憶力真不好.

64.0. 疼　　頭疼

64.1. 我寫字太多了,寫的我手都疼了.

64.2. 我現在頭不疼了.我們出去走走去好不好?

155
馬: 交流這個詞兒你知道怎麼用嗎?
156
白: "兩個國家彼此訪問,目的是促成兩國的文化
157
交流".
158
馬: "物質"你明白它的意思嗎?
159
白: "精神"的對面是"物質",物質就是東西.
160
馬: 對了.
161
白: 馬教授,我想起一件事情來.在前些日子您說
162
讓我們外國學生在冬天組織一個國樂研究
163
會.原因是因為有好幾個外國同學對中國音
164
樂有興趣.不知道甚麼時候才組織?
165
馬: 對不起,這件事情我給忘了.要是你不提,我一
166
點兒也不記得了.我近來的記憶力非常壞.說
167
過的事情必得用筆記下來,要不然就忘了.我
168
想等我們的專題講話完了以後,請幾位對國
169
樂有興趣的同學,大家在一塊兒討論一下兒.

170
白： 我也參加.

171
馬： 就是你不參加我也請你.好,今天的詞兒都討論過了.有甚麼問題沒有?
172

173
白： 沒有.

174
馬： 還有十幾分鐘才下課呢.你要不要休息一會兒?

175
白： 也好.我還有一點兒頭疼.

生詞表 (p.490)

1. 焚書坑儒	15. 王室	24. 匈奴 (xiōng)	38. 南洋
2. (秦)始皇	16. 興	25. 為(了)..起見	39. 羣島
3. 活埋	興起	26. 武力	南洋羣島
4. 統一	17. 滅	27. 侵入	40. 鄭和 (zhèng)
5. 引起	18. 亡	侵畧	41. 促成
6. (漢)高祖	滅亡	28. 聲威	42. 一目瞭然
7. 封	興亡	29. 跨	43. 宣揚
8. 威唐	19. 治世	30. 率領	44. 後世
9. 改朝換代	20. 亂世	31. 衰弱	45. 圖強
10. 腐敗	21. 分裂	32. 國勢	46. 極
11. 失	四分五裂	33. 派	47. 空間
損失	22. 胡	34. 張騫 (qiān)	48. 鴉片
12. 民心	胡人	35. 西域	49. 內亂
13. 諸侯	五胡十六國	36. (漢)武帝	50. 辛亥革命 (hài)
14. 君主	23. 外患	37. 受苦	51. 號召

52. 起義	57. 變法	61. 物質	64. 疼
53. 正統	58. 唐人	62. 冬	頭疼
54. 陳舊	59. 夏	冬天	
55. 壓倒	夏天	63. 記憶	
56. 總結	60. 交流	記憶力	

語法練習 (p.491)

1. 有一個畫家在敦煌 (dūn huáng) 住着呢⋯在敦煌 (dūn huáng) 住着一個畫家.

2. 有一個貨車從前邊兒開過來了⋯前邊兒開過來了一個貨車.

3. 有一個音樂家從台上走下來了⋯從台上走下來了一個音樂家.

4. 有很多梨都從山東出口了⋯從山東出口了很多梨.

5. 你聽完了音樂以後還到那兒去嗎?

6. 你學完了舞蹈以後還到城裏頭買甚麼嗎?

7. 演奏會完了以後你還看誰去嗎?

8. 一會兒開完了關於提高出產鋼鐵的那個會以後,你還要跟主席說甚麼嗎?

9. 那個運貨的工人天天不言不語的就是做工.你看他一會兒的工夫把那麼多的貨物都運完了.

10. 你看這兩個字你寫的不清不楚的,你寫的是不是羣島兩個字啊.?

11. 這裏的天氣永遠是不冷不熱的,最適合牧畜業.

12. 他管財政管的不明不白的.

13. 昨天晚飯在西域樓吃飯我吃了四大塊紅燒羊肉.

14. 今天上歷史課的時候,先生叫我站起來,念從秦^{qin}朝興起到滅亡那一小段兒歷史.

15. 那一大車原料都是供應肥料工廠造肥料用的嗎?

16. 王先生要寫一部清代興亡史,所以他一整桌子都是參考書.

17. 夏先生心好,他常常幫助別人.

18. 我最不喜歡跳舞,我一聽說有人要請我跳舞我就頭疼.

19. 人民的負擔又要加重了.聽見這個消息,誰能不頭疼?

20. 我現在頭不疼了,可以到音樂會去了.

講話 (p.492)

₁諸位同學:

₂今天講話的題目是:"中國的歷史". 講這個題目正像中國一句俗話所說的:"一部二十四史不₄知₃從那裏說起." 要講的資料既然有這麼多,所以₅就不得不選擇幾個要點來講.我們現在所選的要₆點是從兩方面看.一方面是從時間上來看.中國歷⁷

史有三千多年。在這三千多年裏,一個朝代接着一個朝代。究竟有多少朝代? 都是些甚麼朝代? 這是研究中國歷史最基本的知識,也是我們首先應當知道的。另一方面是從空間上來看,就是在每一個朝代當時有甚麼大事,尤其是能夠影響到後世的大事。這是歷史的中心,更是我們要研究的。這些都是今天要講的範圍.

在中國的歷史上有治世和亂世的分別。治世就是國家統一,社會安定的時期。亂世就是國家分裂,社會混亂的時期.

我們先說治世時期的朝代。一般講古代歷史都是從夏朝開始說起,但是因為夏朝沒有事實的根據,所以我現在從商朝說起。從紀元前一千多年的商朝,以後就是周朝。周朝之後,就是秦、漢、晉、隋、唐、宋、元、明、清一直到現在的中華民國,以及中華人民共和國。這些朝代就政治的制度來說,在中華民國以前的都是君主專制的。就統制的人來說,大多數都是漢人,只有建勢力的。就統制的人來說,大多數都是漢人,只有元朝是蒙古人,清朝是滿洲人.

中國歷史上亂世的時期可以說是有四個。第一是周朝的末年春秋戰國時期。當時的中國分成很多小國,後來成了七個國家比較大的成漢十六末年中國分成三國。第二的五胡十六國和南北朝。那是中國最混亂的時期了。不但國的小國互相打仗,而且國外的匈奴等族也侵入了

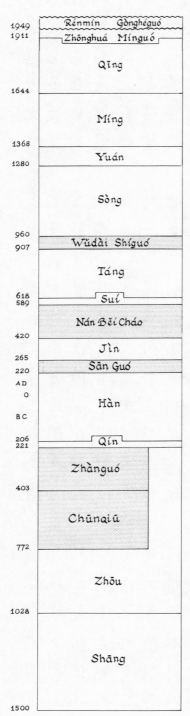

中國年代表（圖）

1949	Rénmín Gònghéguó（人民共和國）
1911	Zhōnghuá Mínguó（中華民國）
1644	Qīng（清）
1368	Míng（明）
1280	Yuán（元）
960	Sòng（宋）
907	Wǔdài Shíguó（五代十國）
618	Táng（唐）
589	Suí（隋）
420	Nán Běi Cháo（南北朝）
265	Jìn（晉）
220	Sān Guó（三國）
AD 0 / BC	Hàn（漢）
206 / 221	Qín（秦）
403	Zhànguó（戰國）
772	Chūnqiū（春秋）
1028	Zhōu（周）
1500	Shāng（商）

十了。

代為先後，這[39]樣一目瞭然，[40亂][41按]圖[42朝]之[39]時，着諸代就歷史上有[45]四千[46]年裏所講的[47]這幾件[50]的大事[44]。有現代在的看到一目大事，五[48]代在這四千年所講的一件大事了。

第一是記一個對於現在中國也容易畫圖了。

現在講講中國歷史。中國既然有很多，歷史當然有影響[48]。

(一)商朝[49]的甲骨[48]文[44]。甲骨[52]文字，這些[50]文字，商朝[51]在河南省[53]地[51]下都[52]發現[53]，所以在研究[54]的[55]歷史[56]上都有很大的[57]價值。商朝公元，中國最古[44]的文字[52]，因為[53]牛[54]骨和龜[55]甲都刻[56]在上面[56]，甲骨文和歷史上都有很大的價值。這種甲骨文被刻在甲骨上叫甲骨文，對後來的中國文化有很大的影響。中國各種文化，只是九八年被刻在甲骨上叫甲骨文化值。

(二)封建制度[57]。中國從[58]周[58]朝起，王室給諸[59hóu]侯[60]一直到[61]封[62]建制度[63]。封建制度，把土地[59hóu]封了很多諸侯，王室把土地這種制度用了。諸侯[61]做服從[62]朝廷，諸[hóu]侯要服從秦[62]朝[63]了，一直到秦朝才不和城候，在中國。實行同姓諸[hóu]侯，諸[hóu]侯一直到封建的人要服從[63]了。

(三)萬里[63]長城[64]和焚書[rú]坑儒。秦[qín]始皇[64]時候[64]，在中國的北部築[rú]萬里長城[qín]，焚書坑儒。秦了築…

一道很長的城.長城是從河北省的東邊一直到了甘
肅省西邊,長有七千多里.因為太長了所以叫做萬
里長城.築長城為的是不讓匈奴進來.現在這個長
城還存在哪.當時還有一件驚人的大事是焚書坑
儒.秦始皇把古代的書都燒了,又把許多念書的人
都活埋了.秦始皇的想法,如果沒有書又沒有念書的
人,人民就沒有知識,就不會反抗他了.

(四)平民皇帝.　漢朝第一個皇帝是漢高祖.他本
來是一個平民,這是中國歷史上第一個平民皇帝.
漢朝到了漢武帝的時候,對內是尊崇儒家.從這個
時候起儒家的思想就成了中國的正統思想.漢武
帝對外他征服匈奴,又派張騫到西域去.所以漢朝
在中國歷史上佔很重要的地位.

(五)盛唐時期.　唐朝在中國歷史上是一個極盛
時期,所以歷史家叫它是盛唐.在唐朝最盛時期不
但國內歌舞昇平,文化發達,而且國土也很大.連朝
鮮,安南和亞洲別的很多小國也都服從唐朝了.所
以一直到現在還有人叫中國人是唐人.

(六)領土跨歐亞.　元朝時代的武力最強,不但統
治了中國,並且征服了歐亞兩洲很多的國家.他的
領土跨歐亞,是古今中外第一個大國.當時因為元
朝軍隊打到歐洲,所以促成中西文化的交流.中國
的火藥、印刷的方法等都是那時候先後傳到了西
方的.同時西方的文明也漸漸的傳到了中國.這是
元代在歷史文化上一個很大的貢獻.

(七)鄭和下西洋. 明朝的時候曾經派鄭和到西
洋去.那時候所謂西洋就是現在的南洋羣島一帶.
鄭和從公元一四零五年起到一四三二年,一共去
了七次.每次都是率領很多船和很多人,為的是宣
揚中國的聲威.這在中國歷史上是以前所沒有的
事.

(八)鴉片戰爭. 在公元一八三八年清朝的時候
中國為了禁止英國運鴉片到中國,就引起了中英
兩國的戰爭.這就叫做鴉片戰爭.這次戰爭對中國
的影響很大.戰爭之後西方的思想和物質文明壓
倒了中國陳舊思想.中國人雖然也想變法圖強,可
是國勢還是一天比一天衰弱了.

(九)辛亥革命. 清朝末年國勢一天比一天衰弱
外患內亂都很多,於是引起了人民的革命.國民黨
的領袖孫中山先生用他寫的三民主義來號召革
命.在一九一一年就是陰曆的辛亥年革命的,所以
叫做辛亥革命.這次的革命成功了之後就成立了
中華民國.這是中國歷史上劃時代的大事.過去幾
千年來的君主專制的制度從此沒有了,新的民主
政治也就從此開始.

(十)國共問題. 中國歷史到了現代,發生一件很
重大的事,就是國共問題.國就是國民黨,共就是共
產黨.這兩黨的政策是大不相同的.有時候合作,有
時候不合作.共產黨在一九四九年在北京成立了
中華人民共和國人民政府.同時中華民國國民政

府就不得不去到台灣,這就形成了國共兩個政府.
這不但是中國的重大的問題,也影響了世界,成了
國際間的大問題.

現在總結來說,中國整個歷史都是記錄歷代的
興亡大事,我們研究每次改朝換代的原因,大多數
是因為政府腐敗,人民受苦,政府失去了民心.所以
治國的人必需得民心.一個朝代失去民心,人民就
要起義革命了.

復述 (p.496)

這盤錄音帶是中文第一組,第十八號,是白文山
復述的專題講話"經濟".

這次的專題講話是我們學校經濟系張教授給
我們講的.他所講的正是我們需要知道的.同時因
為張教授是北京人,他說的是純粹的北京話,我們
不但知道了不少過去跟現在中國經濟的情形,而
且也等於上了一課國語.

張教授首先給我們講,中國幾千年以來都是以
農業為中心的國家.他說中國既然是農業為中心
的國家,當然經濟中心也是農業了.可是從十九世
紀跟外國通商以後,情形就改變了.

張教授說在一九三七年中國對日本抗戰以前,
經濟制度是一種自由經濟,市場都是由中國商人
跟外國商人自由做生意.在那個時候,國家的經濟

最主要的是農業.工業是落後的.張教授說當那個時候中國工商業有兩大勢力.第一是外國的大資本家.他們的資本多,所以中國的重要企業像航業、礦業,都掌握在他們手裏.第二是中國社會上有勢力的人,他們在沿海的大城市經營着工商業.這兩種勢力受了抗戰的影響,後來他們的勢力才越來越小了.

張教授又講到通貨膨脹的原因.他說在中國抗戰以前,貨幣是穩定的.因為抗戰的原因,政府需要支持抗戰.用錢的地方太多,只有大量發行貨幣才能支持抗戰.後來一多了,物價就漲了.等到內戰一開始,中國的經濟很快的就通貨膨脹.結果經濟崩潰了.

在一九四九年,共產黨得到政權以後,經濟政策就改變了.他們有一個新的經濟計劃,在一九五三年開始第一個五年計劃.這個計劃影響了整個的中國經濟,像工業、貿易、運輸等等的.

張教授說毛澤東在農業方面,他主張把農田分給農人,這是中國革命的基本出發點.第二是辦合作社,互助社、集體農場,還有人民公社化學電.造了很多水壩跟水庫,為的是灌溉和發電.

張教授講到農業的工具拖拉機.他說在中國東北,農作業已經用拖拉機了.他們希望整個中國的農業將來都是機械化.

張教授説中國農產品裏糧食是主要的農產.棉花在農產品裏也佔很重要的地位.近來政府也提倡造林.他們也注意牧畜業,因為牧畜業在經濟上也是重要的.

張教授説,中國大陸上對於重工業非常重視,增建了很多鋼鐵廠,已經出產了不少的各種機器,像貨車,拖拉機等等.對於紡織工業跟其他消費工業,並不怎麼重視.他們很努力開發礦產,尤其是煤鐵跟石油.為了交通和運輸,造大橋修鐵路,同時把運河也改進了.

最後張教授講到中國對國際貿易的問題.他説中國開始是對蘇聯和另外幾個社會主義的國家貿易.近來對資本主義國家的貿易也漸漸增加了.

張教授又説到大躍進.他説在一九五七到一九五九年大躍進的時候,有的是成功了,有的是失敗了.原因是計劃上的錯誤,加上天災,糧食歉收.所以在大躍進以後那兩三年裏頭糧食生產不夠,甚至於人民需要的糧食都得配給.

温習 (p.497)

1. 有一個畫家最喜歡畫花卉.只要是有人請他畫畫兒,他就給人家畫花卉.他説:"只有花卉才是純美術."

2. 昨天的晚會,先是音樂會,是西樂合奏.在樂器裏

有幾件的樣子很特別,這種樂器我從來沒看見
過.據說這次演奏是以這幾件樂器為主.後來是
舞台劇,有些人表演歌舞,動作很美.最後是跳舞,
很多人把臉都畫花了.我看見很多花臉跳來跳
去.有人說:"這個晚會反映人們心裏的快樂,真
是歌舞昇平啊!"

3. 唐明皇和楊貴妃都很喜歡歌舞戲劇,唐明皇就
訓練了許多梨園子弟.所以後來管唱戲的地方
叫梨園,唱戲的人就叫做梨園子弟.

4. 中國的禮節多半起源在周朝.周朝很注重禮樂,
也注重祭神的儀式.

5. 中國京戲裏用各種形式的動作象徵各種事情.
比如站在桌子上就是表示登山,舉起鞭子就表
示騎馬.

6. 那個地方有很多出產品,而且還有金屬的礦.從
前因為缺少工人,又因為用舊的方法分配工作,
所以不能大量開發.近來改進很多.比如使用機
器增建鐵路等等,所以那個地方很快就繁榮起
來了.

7. 有一個老年人說,據他的記憶在六十多年前這
個羣島有十幾個小島.在一次大風之後忽然失
去了一個小島.因為很多人到那個島上去旅行,
所以損失很大.

8. 京戲裏的臉譜是象徵人的性格.如果要表示一

個奸詐的人，就把他的臉畫成白的，看戲的人一
看見白臉就可以判斷這個人一定不是好人。

9. 有人說："近來社會的風氣比從前轉變的太大
了，就拿學校的學生來說吧，你如果問從前的學
生"除了上課之外你都做甚麼？"他們的回答多
半是說，看看書、練習練習書法。現在呢，多半是唱
歌兒跳舞。唱歌的腔調很特別，非常難聽。要是叫
他們做事甚麼也做不來，這真是一個嚴重的問
題，大家應該密切注意。

10. 王先生有一種病，一到冬天就頭疼。他說："我為
了治病用了很多錢，好幾年也沒治好。我家以前
雖然是一個中產階級，可是近來每年的收入只
夠維持生活，那兒有錢治病呢？"

11. 中國有一句常說的話："滅別人國家的，人家也
必滅他的國家。" 這句話是告訴我們人不要用
武力滅別人的國家。可是我們從歷史上看一個
國家的滅亡多半是因為先失去民心。如果不失
民心國家不會亡。所以一個國家不怕別人來滅，
就怕失了民心。

12. 有人問我："在歷史上有石器時代，是否有陶器^{táo}
和玉器時代？"我告訴他古時雖然也有陶器^{táo}、玉
器，但是沒有陶器^{táo}時代，也沒有玉器時代。

13. 他作曲是用西洋作曲法。有時候還把西洋的曲
子也不譯成中文，就用這些曲子直接作教材了。

所以有些要保存國粹的人都說不應當用這種曲子作教材.

14. 有一個人最喜歡研究古代的建築,雕刻石刻.他說從這些古代的東西裏可以知道當時藝術的作風.

15. 我家用的木器都是我祖父留傳下來的,又有幾件竹器據說是祖父從南方買來的,所以全家的人對於這些東西,都認為是很寶貴.

問題(p. 499)

1. 中國歷史上有治世和亂世.甚麼是治世? 甚麼是亂世? 從商朝到現在,治世是那些朝代? 亂世有幾個時期? 甚麼時期最混亂?

2. 中國歷史就政治的制度上和社會的關係上以及統治的人來說是怎樣的情形?

3. 甚麼叫封建制度? 從甚麼朝代開始? 到甚麼朝代就不用了?

4. 秦始皇為甚麼造長城? 為甚麼焚書坑儒?

5. 中國歷史上第一個平民做皇帝的是誰? 那個朝代對內對外有甚麼大事?

6. 歷史家為甚麼叫唐朝是盛唐時期? 盛唐時期國內國外是怎樣情形? 現在還有人叫中國人是甚麼人?

7. 元朝領土跨歐亞，它在文化上有甚麼貢獻？

8. 明朝為甚麼派鄭和下西洋？甚麼時候開始去的？去了多少次？

9. 甚麼是鴉片戰爭？它對中國有甚麼影響？

10. 清朝末年為甚麼引起人民的革命？為甚麼叫辛亥革命？用甚麼來號召？這次革命為甚麼是劃時代的大事？

1	2	3	4	5	6	7
檢	依	鼓	勵	濂	晃	描

8	9	10	11	12	13	14
固	日	居	罷	幹	操	縱

15	16	17	18	19	20	21
幸	虧	警	察	秩	覽	健

22	23	24	25	26	27	28
舒	涉	激	烈	虛	仔	蝴

29	30	31	32	33	34	35
蝶	辨	犯	罪	志	血	擁

36	37	38	39	40	41	42
護	潑	眼	睛	超	矛	抱

43	44	45	46	47	48	
拒	惡	善	衝	突	季	

第二十三課　文言和白話(p.502)

1.	檢	jiǎn	inspect (1)	25.	烈	liè	ardent; severe (32)

1. 檢　jiǎn　inspect (1)
2. 依　yī　according to (4)
3. 鼓　gǔ　a drum (5)
4. 勵　lì　encourage (5)
5. 濂　lián*　waterfall (6)
6. 冕　miǎn*　royal crown (7)
7. 描　miáo　depict (9)
8. 固　gù　solid, firm (11)
9. 曰　yuē　say (12)
10. 居　jū　reside (15)
11. 罷　bà　quit (17)
12. 幹　gàn　do, manage (18)
13. 操　cāo　to drill (19)
14. 縱　zòng　release (19)
15. 幸　xìng　fortune (21)
16. 虧　kuī　deficiency (21)
17. 警　jǐng　warn (24)
18. 察　chá　observe (24)
19. 秩　zhì　order(liness) (25)
20. 覽　lǎn　look over (26)
21. 健　jiàn　healthy (27)
22. 舒　shū　relax (28)
23. 涉　shè　wade; involve (29)
24. 激　jī　incite (32)

25. 烈　liè　ardent; severe (32)
26. 虛　xū　empty (35)
27. 仔　zǐ　minutely (36)
28. 蝴　hú　butterfly (41)
29. 蝶　diè　butterfly (41)
30. 辨　biàn　distinguish (43)
31. 犯　fàn　offend (44)
32. 罪　zuì　a crime (45)
33. 志　zhì　will, ambition (46)
34. 血　xiě / xuě　blood (47)
35. 擁　yōng　support (48)
36. 護　hù　protect (48)
37. 潑　pō　spill (49)
38. 眼　yǎn　eye (50)
39. 睛　jīng　eye (50)
40. 超　chāo　surpass (54)
41. 矛　máo　a lance (55)
42. 抱　bào　embrace (56)
43. 拒　jū　refuse (57)
44. 惡　è / wù　evil (59) / loathe
45. 善　shàn　good (59)
46. 衝　chōng / chòng　rush towards (60) / towards
47. 突　tù　suddenly (60)
48. 季　jì　a season (61)

[1] 白：馬教授早。

[2] 馬：早。這兩天很冷，好像冬天似的。

[3] 白：可不是麼！昨天我到高家去了。高先生夫婦
問您跟馬太太好。

[5] 馬：他們都好吧？

[6] 白：都好。高先生說下月要到南洋去一次。

[7] 馬：去多少時候呢？

[8] 白：他自己沒說。美英告訴我他大概要去兩個月。

[9] 馬：他們書店的生意很好吧？

[10] 白：看情形是不錯。同時高先生也說書店太忙了[11]。還需要再找一個人幫忙。昨天[12]高先生送我兩本書，都是新出版的。一本中國近代史[13]，一本文字學簡要。這兩本書我很需要，尤其是中國近代史，那上頭寫的很詳細[16]。我想寫一點兒清末[15]鴉片戰爭、變法、辛亥[hài]革命。我寫的論文裏[17]，文字[14]學簡要更有用，因為我們怎麼樣兒去研究文字學，所以那本書[18]也很有用。

[19] 馬：三友書店的書很多。從前我時常去，這[20]一兩年因為太忙了，老也沒去了。

[21] 白：您真忙。

[22] 馬：昨天的講話錄音了沒有？

[23] 白：錄了。

[24] 馬：自己聽了覺得怎麼樣？

[25] 白：還是有許多錯兒。

[26] 馬：我想慢慢的就會好了。今天的專題講話是"文[27]

言和白話." 現在我們就討論討論這些個生[28]
詞兒.

白[29]: 專題講話今天是最後一次了.

馬[30]: 可不是嗎!

1.0.　檢討

1.1.　我們檢討歷代興亡的原因,多半由於得民心
　　　或者是失民心.

2.0.　心得

2.1.　你研究唯物論有甚麼心得?

3.0.　限度　最低限度

3.1.　政治活動是有限度的.如果出了限度就變成
　　　反抗政府了.

3.2.　我念書最低限度要念到中學畢業.

4.0.　依　依靠

4.1.　這件事就依你的意見去辦吧.

4.2.　唐朝末年有人依靠胡人成立了一個小國.

5.0.　鼓勵

5.1.　共產主義鼓勵人民要有受苦的精神.

白[31]: 馬教授,我自己檢討自己,我覺得雖然在功課
　　　一方面多少有了一點兒心得而且我也很用[32]
　　　功,可是知道的還是不夠.最低的限度應當比[33]
　　　現在還懂的多一點兒.[34]

馬[35]: 依我看,你知道的相當多了,而且你的成績,根

據[36]學校的統計,十年以來你是外國學生裏最
優[37]秀的一個.

白[38]: 這是您鼓勵我的話.

馬[39]: 這是實在的.

6.0. 宋濂 (lián)

6.1. 宋濂 (lián)是明朝人,他的著作很多.

7.0. 王冕傳 (miǎn)

7.1. 宋濂作的王冕傳 (miǎn)我沒看過.據說是文言的. (lián)

8.0. 回

8.1. 紅樓夢一共有一百二十回.前八十回是一個
人寫的,後四十回又是另外一個人寫的.

9.0. 描寫

9.1. 紅樓夢裏把幾百個男女老少的樣子和性格
都描寫得像活的似的.

10.0. 生動

10.1. 在那篇小說裏描寫父子兩個人的對話十分
生動.

11.0. 固然

11.1. 法家的學說跟墨家固然不一樣,可是在思想
上來說,都是有價值的.

白[40]: 請問您,宋濂 (lián)是甚麼時候的人?

馬[41]: 是明朝一位很有學問的人.王冕傳 (miǎn)就是他用[42]
文言寫的.

43
白：文言的<u>王冕傳</u>我没看過.<u>儒林外史</u>上的第一
回也是<u>王冕傳</u>.那個我看過了.那是白話的,描
寫的生動極了.文言的怎麽樣?

46
馬：文言的固然有文學價值,可是我認為還是白
話的好,人人都看得懂.那篇文言的多數人看
不懂.

12.0. 曰

12.1. 在四書上常有"子曰"兩個字."子"是指着"孔
子,""曰"就是"說"."子曰"就是"孔子說"的意思.

13.0. 引用

13.1. 他在論文裏引用馬克思、列寧以及史大林的
說法.

14.0. 效果

14.1. 他雖然吃了藥,可是效果怎麽樣現在還不知
道.

15.0. 居住

15.1. 一連幾年都有內亂,燒了不少房子.很多人的
居住都有了問題.

16.0. 何處

16.1. 王先生最近寫了一篇文章,題目是"何處是
我家?"

49
白：在文言裏的"曰"就是白話的"說;"這個我知
道.那個"曰"字還能作别的解釋嗎?

51
馬： 大多數是"說"的意思.
52
白： "引用"這個詞兒,請您給我舉個例子.
53
馬： 比如 "他那篇文章雖然寫的是文學,可是引
  54
  用了不少佛經上的句子."
55
白： "效果" 是成績的意思嗎?
56   577
馬： 要看在那兒用.有時候是成績的意思,有時候
  也是結果的意思.
58
白： 我明白了.
59
馬： 我問你一個句子你看是說的還是寫的:"府
  60
  上居住何處?"
61
白： 是寫的.如果在口語上是"府上住在那兒啊?"

17.0. 罷了

17.1. 你不去就罷了,不必再多說話了.

18.0. 能幹

18.1. 他是一個很能幹的人,所以他做的事都很好.

19.0. 操縱

19.1. 物價混亂是因為有人操縱.

20.0. 解答

20.1. 你寫出來的那幾個問題,我現在沒法子解答.

21.0. 幸 幸虧 幸而

21.1. 他本來沒錢念大學,幸虧得了獎學金才念的
  大學.

21.2. 前幾年的內亂我們鄉下損失很大.幸而當時
  我搬到城裏去了.

62
白：馬教授"罷了"這個詞兒,我總是用的不很對.請
63
您舉個例子.
64
馬：好."我一點兒也不能幹,不過是為了生活努
65
力工作罷了."
66
白："操縱"這個詞兒我不大懂.
67
馬："近來物價有這麼大的變動,都是一般商人們
68
操縱的."
69
白："解答"跟"解釋"一樣嗎?
70
馬：有一點兒分別."解答"是專為解釋問題說的.比
71
如"這個問題我不能解答.""解釋"是任何
72
事情不明白,都可以解釋.
73
白：昨天有一位同學跟我說,他走在路上差一點
74
兒讓車給碰了,幸虧是車走的慢.他說的那個
75
"幸虧"就等於"幸而",是不是?
76
馬：是."幸虧"跟"幸而"是一樣的意思.

22.0. 除此之外
22.1. 我的記憶裏只記得我小的時候,曾經在上海
念過小學.除此之外我甚麼也不記得了.
23.0. 便利
23.1. 為了上學便利起見我必得買車.
24.0. 警察
24.1. 你知道警察和軍隊有甚麼分別嗎?
25.0. 秩序
25.1. 難民像潮水一樣湧進城裏.幸虧有警察維持

秩序,否則的話城裏就混亂了.

26.0. 展覽　展覽會

26.1. 那個學校在每年夏天都開展覽會,展覽的都是學生的成績.

白: 寫東西的時候常用除此之外.要是說話的時候不常用吧?

馬: 演講的時候可以說.平常說話都是說:"除了這個以外."

白: 便利就是方便.

馬: 是.比如 "近來這裏的鐵路比以前增加了三分之一,所以交通非常便利."

白: 我明白了.

馬: 請你用警察、秩序跟展覽會說一句話.

白: 這次物產展覽會,參觀的人太多了,所以秩序很亂,連警察都維持不了.

馬: 很好.

27.0. 健康

27.1. 他的身體從前很健康.近來一天比一天衰弱了.

28.0. 舒服　不舒服

28.1. 能受苦的將來不一定受苦喜歡舒服的人將來不一定舒服.

28.2. 我這幾天身體有點兒不舒服.

29.0. 交涉

29.1. 清朝末年對外國的交涉都是失敗的.

30.0. 爭論

30.1. 他們夫婦為了孩子們上學的問題發生了爭論.

馬: 今天下午,我還得到醫院去看朋友去.

白: 您的朋友生病了嗎?

馬: 是的.本來這位朋友的身體非常健康.有一天忽然感覺有點兒不舒服.不到兩天就病的很厲害.別的朋友馬上送他到醫院去,可是醫院不收因為病人太多,沒地方了.

白: 那怎麼辦呢?

馬: 那位朋友交涉了半天,醫院才把他留下了.

白: 您的朋友現在好點兒了嗎?

馬: 前天我看他去,稍微的好一點兒.危險是沒有了,不過他得休息一個相當的時期.

白: 他家裏有別人嗎?

馬: 就他一個人.本來他太太也在這兒.因為夫婦兩個感情不好,時常為了一點兒小事情就爭論起來了.有一次夫妻兩個不知道為了甚麼,在語言上又起了衝突.他太太一生氣,收拾行李帶着孩子回老家了.

白: 那麼他很寂寞了.

馬: 可不是嗎!

31.0. 廢止

31.1. 五倫裏的君臣是不是現在已經廢止了呢?

32.0. 激烈

32.1. 在會議的時候他們兩個人爭論的很激烈.

33.0. 優勢

33.1. 商君治秦國的時候以法治國,信賞必罰,所以
當時法家的學說最佔優勢.

34.0. 結論

34.1. 大家討論了半天也沒得到一個結論.

108
馬: 昨天下午五點鐘文學座談會開會.
109
白: 您參加了嗎?
110
馬: 我去了.
111
白: 昨天討論的是甚麼題目?
112
馬: 題目是 "各學校的中文課程是否應該廢止
113
文言文."
114
白: 討論的情形怎麼樣?
115
馬: 有反對的,有贊成的.大家爭論的很激烈.
116
白: 反對的佔優勢還是贊成的佔優勢呢?
117
馬: 會開了半天,始終也沒得到一個結論.

35.0. 虛字

35.1. 文言裏所用的虛字在白話裏不一定都有用.

36.0. 仔細

36.1. 新思想所以能夠壓倒了陳舊的思想是甚麼

　　　原因,你仔細研究過了嗎?

37.0.　嚴格

37.1.　他説話有點兒山東口音,嚴格的説起來他不
　　　能教國語.

38.0.　初步

38.1.　從前外國人到中國傳教,他們初步的工作是
　　　辦學校.

39.0.　實質　實質上

39.1.　要注重實質,不要注重形式.

39.2.　用文言寫的王冕(miǎn)傳和用白話寫的王冕(miǎn)傳在
　　　實質上都是寫王冕(miǎn)的事情.

118
馬：説到文言和白話,我問你一個問題.你知道文
　119
　言裏的之、也、乎等等的字有一個名稱叫甚麼?
120
白：叫虛字.
121
馬：對了.虛字在文言裏很不容易用.有人常把虛(122)
　字用錯了.所以要仔細研究,要嚴格的分清楚了.
123
白：研究虛字的初步應該是甚麼?
124
馬：初步要明白虛字的意思,而且要知道在實質
　125
　上都等於白話的甚麼字.
126
白："之"等於"的","乎"等於"嗎","也"等於"呀".
127
馬：對了.

40.0.　雙音節

40.1.　有人説:"古時候没有雙音節的詞.這種説法

是不是可靠呢?

41.0.　蝴蝶

41.1.　在 <u>莊子</u> 上說,莊子做了一個夢,他化了一個蝴蝶.

42.0.　情況

42.1.　我沒去過南洋羣島,我不知道那個地方的情況.

43.0.　辨　辨別

43.1.　那天晚上天很黑,我沒法子辨別來的人是誰.

白[128]:　有人說古文裏沒有雙音節的詞兒.您認為怎[129]麼樣?

馬[130]:　我認為那個說法不對.像 <u>莊子</u> 上蝴蝶那個詞[131]兒就是雙音節嘍.
me

白[132]:　對了.蝴蝶是雙音節.

馬[133]:　你可以說說莊子變蝴蝶的故事嗎?

白[134]:　莊子從前曾經做過一個夢,夢見他自己變成[135]一個蝴蝶了.他很高興的飛着.在當時那個情[136]況裏,他辨別不出來他是莊子哪還是蝴蝶哪.[137]

44.0.　犯　犯法　犯(…的)毛病

44.1.　他又犯了不愛上學的毛病了.

44.2.　人人都說他是君子,他不會犯法的.

44.3.　他是一個信教的,他不應該做犯法的事.

45.0.　罪　犯罪

45.1. 神父對信徒說:"人人有原始的罪".

45.2. 尊重道德的人一定不會犯罪的.

46.0. 志氣

46.1. 他是一個又有志氣又很能幹的青年.

47.0. 血氣
hai

47.1. 辛亥革命之前有七十二個有血氣的青年起義,可是沒成功都死了.

48.0. 擁護

48.1. 他是這個團體的領袖.很多人都擁護他,可是也有人攻擊他.

138
白: 馬教授,請問"犯罪"跟"犯法"是一樣的意思嗎?
139
馬: 差不多一樣.比如 "那個人犯了甚麼法了?" 也可以說 "那個人犯了甚麼罪了?"
140
141
白: 請您再說說"志氣"跟"血氣"這兩個詞兒的意思.
142
馬: 我舉個例子 "凡是有志氣的都應該擁護這種愛國運動". "他當兵去了,他真是有血氣的青年."
143
144

49.0. 活潑

49.1. 那個小女孩又好看又活潑.

50.0. 眼睛

50.1. 我的眼睛太大.他的眼睛不大也不小.

51.0. 表情 表情達意 達意表情

51.1. 有的人能用眼睛表情來代表說話.

51.2. 語言、文字都是表情達意的工具.

52.0. 混雜

52.1. 那個地方盛行玩紙牌,而且是男女混雜在一塊兒玩.你是喜歡清靜的人.你不要去.

53.0. 概念

53.1. 概念是心理學和論理學上常用的名詞.他的意思就是有了很多感覺以後的那個觀念.

145
白： 活潑是用來形容人的.比方 "那個小孩子很
146
活潑." 也可以形容別的嗎?

147
馬： 也可以形容語言文字.比如 "那篇文章寫的
148
非常活潑生動."

149
白： 要是形容一個人的眼睛,能不能用活潑呢

150
馬： 那得用"靈活"來形容.我舉個例子 "那個演員
151
很會表演,表情好極了.尤其是他的兩隻眼睛,
152
相當靈活."

153
白： "混雜"就是"不純粹"了,是不是?

154
馬： 是.

155
白： "概念"就是"觀念"嗎?

156
馬： 不是"概念"是心理學上的名詞.意思就是有了
157
很多感覺以後的那個觀念,叫作概念.

54.0. 超　　超過

54.1. 今年展覽會展覽的東西比去年多起來了.今年參觀的人可能超過了去年的人數.

54.2. 他說的話超出了我們所討論的範圍.

55.0. 矛盾

55.1. 昨天他說他最喜歡率領學生去參觀展覽會. 今天他又說他最不喜歡帶學生出去. 他前後的說法太矛盾了.

56.0. 抱

56.1. 在打仗的時候, 最苦的事情是抱着小孩子逃難.

56.2. 凡是學一種東西, 必得抱一定要把他學好的目的.

56.3. 他時常抱着一種失敗的想法, 所以他甚麼事也做不成功.

158
馬: 你現在知道的詞兒已經超過三千了吧?
159
日: 我想超過了, 可是確實的數目我也不知道.
160
馬: 我想寫一本普通常用詞或者常用字的書, 可是心裏很矛盾, 不知道寫甚麼好? 161
162
日: 這兩種都很有用, 最好您都寫.
163
馬: 我是抱着讓學生們能在課外多知道一點兒 164 的目的, 所以我要寫這種書.

57.0. 拒絕

57.1. 有一位牧師叫我信基督教, 讓我給拒絕了.

58.0. 取得

58.1. 他有一種圖強的作風, 所以他能取得人民的擁護.

59.0. 惡　善惡　罪惡

59.1. 那個人太惡了.看見小孩兒不是打就是罵.

59.2. 他的目的是救人.不論別人善惡他都救.

59.3. 人人都說軍閥的罪惡太大了.

60.0. 衝突

60.1. 那兩國的軍隊在邊境上衝突起來了.

60.2. 他這幾天又犯了老毛病了.一跟人說話就跟人家衝突.

61.0. 季　　四季　　春季　　夏季　　秋季　　冬季

61.1. 一年有四季我最不喜歡冬季,因為冬天太冷了.

61.2. 這裏的天氣,春季跟秋季最好夏季跟冬季天氣最壞.

165
馬: 現在還有四個生詞.我想你都會用.請你用"拒
166
絕"說一句話.

167
白: "他們讓我參加那個學生運動我拒絕了."
168
馬: 對了."取得"怎麼用?
169
白: "甲乙兩國打仗.因為地勢的關係甲國取得優
170
勢".

171
馬: "罪惡"這個詞兒怎麼用?
172
白: "那本小說完全是描寫民國初年官僚和軍閥
173
的罪惡".

174
馬: 請你用"衝突"說一句話.
175
白: "張先生跟李先生不知道為甚麼兩個人說着
176
說着就衝突起來了."

177
馬: 對了."季"是甚麼意思?

178
白：「季」,就是「四季」的意思.比如「天氣真好.雖然冬
　　季了,好像是春季的樣子.」

180
馬：說冬季我想起來了,從下星期一起,我們上課
　　要按冬季時間了.

182
白：是.

183
馬：現在詞兒都討論完了,時間也到了,今天是我
　　和外國同學講話,題目是「文言和白話.」

185
白：好極了.我們很早就希望您給我們講一次.您
　　的學問那麼好,而且教學的經驗那麼豐富,所
　　講的一定給我們增加學識不少.

生詞表 (p.513)

1. 檢討	11. 固然	幸而	32. 激烈
2. 心得	12. 曰	22. 除此之外	33. 優勢
3. 限度	13. 引用	23. 便利	34. 結論
最低限度	14. 效果	24. 警察	35. 虛字
4. 依	15. 居住	25. 秩序	36. 仔細
依靠	16. 何處	26. 展覽	37. 嚴格
5. 鼓勵	17. 罷了	展覽會	38. 初步
6. 宋濂 lián	18. 能幹	27. 健康	39. 實質
7. 王冕傳 miǎn	19. 操縱	28. 舒服	實質上
8. 回	20. 解答	29. 交涉	40. 雙音節
9. 描寫	21. 幸	30. 爭論	41. 蝴蝶
10. 生動	幸虧	31. 廢止	42. 情況

43. 辨
　　辨別
44. 犯
　　犯法
　　犯(..的)毛病
45. 罪
　　犯罪
46. 志氣

47. 血氣
48. 擁護
49. 活潑
50. 眼睛
51. 表情
　　表情達意
　　達意表情
52. 混雜

53. 概念
54. 超
　　超過
55. 矛盾
56. 抱
57. 拒絕
58. 取得
59. 惡

善惡
罪惡
60. 衝突
61. 季
　　四季
　　春季
　　夏季
　　秋季
　　冬季

語法練習 (p.514)

1. 冬季犯罪者多於夏季.... 冬天犯罪的比夏天的多.
2. 這個兒童的眼睛大於那個兒童.... 這個孩子的眼睛比那個孩子的大.
3. 那個蝴蝶小於這個蝴蝶.... 那個蝴蝶比這個蝴蝶小.
4. 他的記憶力好於我.... 他的記憶力比我好.
5. 中學生研究韓非子的極少.... 中學生研究韓非子的少極了.
6. 擁護王先生者極多.... 擁護王先生的人多極了.
7. 中國元朝時期國勢極盛.... 中國元朝的時期國勢盛極了.
8. 清朝末年中國之政治極腐敗.... 清朝末年中國的政治腐敗極了.

9. 那個運動以民主主義為號召.．．那個運動是拿民主主義作號召.

10. 那個團體以吸收青年為目的.．．那個團體拿吸收青年作目的.

11. 那個學術研究會以儒家之學說為主體.．．那個學術研究會拿儒家的學說作主體.

12. 學校這次的旅行,是以南洋羣島為目標.．．學校這這次的旅行,是拿南洋羣島作目標.

13. 那些軍閥都為中央政府所打倒.．．那些軍閥都讓中央政府給打倒了.

14. 文言之王冕^{miǎn}傳為明朝宋濂^{lián}所寫.．．文言的王冕傳是明朝宋濂^{lián}寫的.

15. 那兩國的文化交流為某某人所促成.．．那兩國的文化交流是某某人促成的.

16. 秦朝為漢朝所滅.．．秦朝叫漢朝給滅了.

17. 曰者說也.．．曰就是說.

18. 何處者那裏也.．．何處就是那裏.

19. 宣揚者宣傳也.．．宣揚就是宣傳.

20. 極者最也.．．極就是最.

講話 (p.515)

諸位同學:

　　我們的專題講話已經講了十九次,今天是第二十次,也是最後的一次.在沒講本題之前我們先把

過去所講的作一個撿討,看看從這些講話裏得到效果:第
了甚麼效果,諸位有甚麼心得? 如果有一些效果:第容
有一些心得,大致不會超出下邊所說的兩點的內經
一屬於實質方面的,就是我們從這些講話的已濟
裏所得到的好處,我們從內容方面最低限度經是
知道了中國的民族,教育,歷史,地理,宗教,藝術就文
以及中國人的發明和風俗習慣,換一句話說,語知
對於中國的文化有了初步的認識.第二屬於詞說,
方面的,我們從這些講演詞裏學習了不少的詞,值
道了一些語法,多練習了不少的會話,換一句話說,得
就是對於中國語文有了相當的進步.這都是值得
我們高興的.

除此之外,我們在這些講演詞裏看出來都是用
的白話,只有一小部分引用了文言.因此就引起一
個新問題,那就是("文言和白話" 的問題.那麼我
們今天就討論這個題目.

中國在幾十年前,對於文言和白話的問題曾經
有過一個很激烈的爭論.那就是五四運動以後的
一段期間.當時提倡白話的有胡適,陳獨秀等他們
說白話是活文學,文言是死的.擁護文言的更是多話
的不得了.他們說文言是國粹,應當保存,後來白話就連
取得了優勢,不但小學的教課書都改用白話,用上文
中學教課書大部分也用白話,而且在實際應用白話的
寫信,寫論文,寫小說等等也多數用白話了.所以文
言和白話的問題到現在已經是一個不成問題的

問題,也就是已經成為一個不再爭論的事實.這是我們首先應當知道的.

其次我們要知道的是文言和白話有甚麼分別?有些人說文言和白話是中文的兩種體裁.這兩種體裁往往互相混雜,文言裏也常用白話,白話裏也常有文言,很難嚴格劃分.這種說法固然是事實,但是既然是兩種體裁,就一定有不同的地方.現在我們把顯著不同的地方在下邊說一說.

第一,用字和用詞上.舉個例子來說,我們所說的"口"在白話就叫做"嘴".文言所說的"曰"白話就是"說".文言所說的"目"白話就叫做"眼睛".文言所說的"辨善惡"白話就是"辨別好和壞". 文言的"有志者"在白話裏就是"有志氣的人." 文言的"在何處居住?"在白話就是"在甚麼地方住?"還有文言裏的虛字是用"之、乎"在白話裏就用"的、嗎"等等.比方說在專題講話第一課裏有孔子說的一句話"有朋自遠方來不亦樂乎?"這句話是文言我們早就知道了.如果再從文法上來看."不亦樂乎"的"乎"字是一個疑問詞,等於白話裏的"你好嗎?"的"嗎"字.我們一看到是用的"乎"字,就知道這個句子是文言的.

第二,文法上.我們也舉例子來說.在第二十課裏有"仁者人也";我們也早就知道這是一句文言.這種"A者B也"的句子的意思用白話來講是"A就是B".要是再從文法上來看,也只是在文言上用,

那麼一看見這種文法就知道這句話一定是文言[56]
了。又比方說："冬季犯罪者多於夏季."這句話如[57]
果用白話來說就是："冬天犯罪的人比夏天的多."[58]
我們在這兩句話裏可以看出來第一句文言裏的[59]
文法是"A多於B,"在第二句白話裏的文法是"A比[60]
B多."這也是文言和白話在文法上的不同。[61]

此外有人說："在語音上也有不同."這種說法[62]
是說文言是古人的語言，白話是現代人所說的話，[63]
古代的音節多，現代的音節少，古代都是單音說[64]
詞，現代有很多多音節的詞。依我看來這個用[65]
完全正確。古代音節最多也不會超過四千個[66]
比現在的音節多兩倍多，可是仍然當時的概念幾萬個[67]
呢？因為中國自從有了文字，當時的概念最多[68]
經很複雜了，所有日常生活上的表幾萬個單音節[69]
個用四千個單音節遠不夠用的詞都是十[70]
不能說在古書上所有用第二[71]
個例子來說，在專題講話第一個故事"蝴蝶夢"[72][73]
提到了莊子。莊子有一個故事化了莊子[74]
莊子化了蝴蝶還是蝴蝶化了的詞[75]
用的"蝴蝶"就是雙音節的說法是不正確的了，這樣[76]
子也用"蝴蝶"這個雙音節的詞為甚麼呢？[77]
古代都是單音節的詞的說法是不正確的了，這樣
的多音節在古書上有不少呢。[78]

綜括來說，文言和白話都是達意表情的一種工[79]
具。這種工具都隨着時代的變化而變化。變化的結[80]

果是那一種工具最便利當時的應用,那種形式就最受當時人的歡迎.在中國近代有名的文學作品裏有兩個王冕傳一個是明朝的學者宋濂用文言寫的,一個是儒林外史裏第一回用白話寫的.如果把這兩個作品比較比較,就可能有兩個結論.第一個結論是多數人一定認為儒林外史裏的王冕傳寫的好,他把王冕描寫的是一個有血氣有感情,能說會笑,生動活潑的人.第二個結論是宋濂寫的王冕傳有很多人看不懂.這就可以證明文言是少數人的文學,白話是大眾的文學.

最後我們所要知道的是外國人研究中文對於文言和白話要抱着一種甚麼態度呢 我想這個問題是很容易解答的.我們即使不仔細的想也能很快的說出,我們要先從白話着手,也要學習一些常用的文言,一來是因為白話裏常引用文言,一來是中國現在還沒廢止文言.

復述 (p.518)

這盤錄音帶是中文第一組,第十九次的錄音.是白文山復述的專題講話 "歷史".

這次的專題講話是文教授給我們講的中國歷史.文教授說,講中國歷史拿時間來說,中國是有三千多年歷史的一個國家了.在幾千年裏改朝換代不知有多少次了.在空間上發生的事情也太多了.

文教授又說,中國歷史上有治世跟亂世.治世就混亂，有起明、君有時了[19]統[21]一，三唐亂……社會還講[10]元，是只有……裂[11]上商、唐、宋都制……說朝都中國，一來六國第……史[14]，從漢以後，分歷就漢，革命統……國家前我們有辛亥[12]漢……國[15]以後來都是滿洲人。

家前我們有辛亥漢……四就們有……分歷就把[他]成南個……時小其三北[24]個……朝[23]期，國第期……後六國第……一來國[22]家第……個[20]成給第四是最……朝[27]他甲省因在……國[26]畫骨省因在大……河南頭現有很……封[35]姓的同朝……中封[36]到……封姓的……

時了[19]統一三，唐[亂]朝完，文安為所的制是候……國[27]他甲南頭到河骨……一清[28]關在牛傳化不多……中封到……國他到秦……

亂世商明[16]。周朝這些歷代，清朝是古來中國的……古[17]時候，中國的這期又有[五代]十國。漢朝[五代]又有十國，胡以上……本來的年末十六胡以上……

是朝所以在都是滿洲。亂世本來裏國朝又分跟四……有來的秦，又六的這……四有很國又分國這……

國以以後來都是滿洲人。有多把成南個……個小其三北個……

家前我們有辛亥[亥]漢……畫的很文家甲、流文面的差度，制皇以……上[31]寫甲考[29]古龜[30]面的制……黑板代的朝是出甲以封就是了……

四就們有辛亥革命人……了，很清楚。一清關在牛化不多。中封到秦……國他到秦……朝完[32]文安為所的制是候……

分歷就把他成南個……在的商見挖掘在研的建……就史上講一點底，刻對大周的封諸侯[hòu][33]……歷他過地或骨的到始分給諸侯……

的接着有甚麼周朝這些歷代，清朝是古來中國的古時候……講中國講說從文字。教授又講周朝地……

期又有甚麼周朝這……到國講過地說，從甲骨說講周朝地……教授把接我地方甲骨教授[又]從周土把……

時接着有甚麼周朝……講把接我地方甲骨文。教授又從周土把……

定他沒後到現的。中國人……教授表後給那朝叫甲文值[34]是諸侯……文圖[25]以人那朝叫甲文……

的接有現在中國人，……教授表後給那朝叫甲文……

安期，可朝一直制是蒙古……教授講戰國，結果這個末年又有五……講中國……

家安時期，可朝一直制是蒙古……教授講戰國，結果這個末年又有五……

國的朝[18]商清主元……是七一是晉以後的時……

是亂夏商[13]清主元……文期[25]七一是以的……代了，有陽商以價……度諸侯就取消了這種封建制度.

　　文教授又講到秦始皇造萬里長城跟焚書坑儒兩件大事.秦始皇造萬里長城是怕匈奴侵入中國.焚書就是把所有諸子百家的書都燒了.坑儒是把念書的人給活埋了.

　　文教授又說到漢朝的第一個皇帝就是漢高祖.他是一個平民作了皇帝.到漢武帝的時候對內因為尊重就成了中國正統的思想了.對外征服了匈奴,派儒家的學說,所以從那個時候起儒家的思想張騫又講到西域也是漢朝的大事.

　　又講到唐朝就是盛唐時期.文教授說唐朝最盛的時候不但國內是歌舞昇平,而且國土的範圍也很大.朝鮮、安南都服從唐朝.

　　文教授說元朝的武力最強.元朝的領土跨歐亞兩大洲.因為那個原故所以中國造火藥、印刷等等的方法都傳到西方去了.同時西方的文明也輸入中國來了.可以說對中西文化的交流元朝是有功的.

　　又講到明朝派鄭和下西洋.西洋就是現在的南洋羣島.派鄭和下西洋主要目的是宣揚中國的聲威跟發展對外貿易.

　　又講到鴉片戰爭那是中國跟英國的戰爭.原因是那個時候英國人把鴉片運到中國的太多了.有一次中國禁止他們把鴉片進口,為了這件事兩國就衝突起來了.從這個時候起中國國勢越來越衰

弱.雖然清朝政府想變法圖強也不行了.⁶³

文教授說清朝的政治越來越腐敗.再加上外患.⁶⁴ ⁶⁵
國勢一天不如一天,所以就有愛國分子起義革命.⁸⁶
在一九一一年,就是陰曆辛亥(hài)年,革命就成功了.那⁶⁷
就是辛亥(hài)革命,也就是孫中山先生以三民主義作⁶⁸
號召的革命.⁶⁹

最後文教授說,在歷史上看,歷代改朝換代大多⁷⁰
數是因為政治腐敗,失去民心.

溫 習(p.520)

1. 有一個外國人研究中國道家的學說和道教.他
說:"道家學說創始的是老子.他主張清靜無為,
無為而治.無為的意思就是不煩擾.他寫的書有
<u>道德經</u>.至於道教是在東漢時候才奉老子為始
祖.有些人把道教看作老子創始的.我想這種說
法是有問題的."

2. 墨家的學說主張"兼愛."孔子的學說主張的
是"仁."仁也有"兼愛"的意思,兼愛也有仁
的意思,所以這兩種學說並不衝突.

3. 中國從漢朝以後歷代都把儒(rú)家的學說看為比
甚麼學說都好,尊孔子為聖人.為甚麼在五四運
動的時候要打倒孔子,甚至於有打倒"孔家店"
的口號呢?

4. 周朝初年全國統一,在歷史上是一個治世.後來

到了末年王室衰弱,國內分裂為很多小國.這些小國從興起到滅亡,時間都不太長.各小國之間常有戰事,所以在歷史上是一個亂世.

5. 天主教最初傳入中國的時候叫作景教.當時信天主教的人很少.後來利瑪竇到中國來傳教.他是一個很能幹的人.他不但傳教,並且把西方的科學傳入了中國.

6. 在專制時代,有權勢的人就是打了人甚至於殺了人也不一定算是犯法或是犯了罪的.

7. "君臣"的"臣"是專制時代作官的人的名稱.民主國家是沒有這種名稱的.

8. 如果判斷一個人的善惡,不能只從他的說話上來下判斷.

9. 田先生的身體本來很健康.昨天他病了.我問他甚麼地方不舒服? 他說,頭有點疼.我給他拿來治頭疼的藥,讓他吃.他拒絕吃,他說:"不過有點頭疼罷了.就是不吃藥也會好的."

10. 昨天參觀展覽會的人太多了,幸虧大門外有警察維持秩序,讓參觀的人依次序從大門進去.

11. 現在政府的政策是鼓勵人民增加生產以便促成經濟繁榮.

12. 為甚麼管中國人叫唐人呢? 這無疑的是因為唐朝的時候國家的聲威很大,所以一直到現在還管中國人叫唐人.

13. 中國從前只注重文學,不注重科學,更不注重物質文明.自從鴉片戰爭以後才知道物質文明是有實用的,於是開始學習,所以說鴉片戰爭是中國注意物質文明的轉捩點.

14. 佛教的廟有的時候也叫做寺(sì),從前有一個寺有不少田產,政府打算處理這些田產,寺(sì)裏的人和政府交涉,後來寺(sì)裏的人勝利了.寺(sì)裏的人說:"幸而交涉勝利了,否則我們就沒有飯吃了."

15. 我把中國歷來的朝代畫一張圖.我一看這張圖歷代的名稱就一目瞭然了.

16. 軍閥和官僚都是舊時代的產物.他們互相利用,操縱政權,無疑的是對國家人民都不利的.

17. 秦(qín)朝的興和秦(qín)朝的亡,在後世的人看來真是太快了.

18. 他寫的這一篇文章大致說來還不錯,但是犯了一個最大的毛病,是在總結的幾句話裏好像和前邊所說的有點矛盾.

問題(p.521)

1. 文言和白話的問題在甚麼時期爭論的最激烈?提倡白話的是甚麼人?他們為甚麼提倡白話文?

2. 文言和白話的爭論,白話取得了優勢,有甚麼事實的証明?

3. 文言和白話在用字和用詞上很有分別,請你舉

幾個例子來說說.

4. 我們從文法上也可以看出文言和白話的分別，請你舉幾個例子來說說.

5. 有人說文言是古人的語言,白話是現代人所說的話.古代的音節多,現代的音節少,古代都是單音節,現代有很多多音節.這種說法,是不是完全正確？古代音節最多不超過多少個？比現在多多少？

6. 請你說說莊子"蝴蝶夢"的故事.這個故事裏的"蝴蝶"是不是雙音詞？從莊子上"蝴蝶"這個詞可以證明甚麼？

7. 文言和白話都是達意表情的一種工具.這些工具是不是隨着時代變化？變化的結果受歡迎的是那一種？

8. 在中國近代有名的文學作品裏有兩個王冕(miǎn)傳,這兩個王冕(miǎn)傳有甚麼不同？甚麼時候甚麼人用文言寫的？在甚麼書上有用白話寫的王冕(miǎn)傳？

9. 把文言的王冕(miǎn)傳和白話的王冕(miǎn)傳比較一下,就能得到兩個甚麼結論？

10. 聽了這二十次的專題講話以後,我們的心得可以從那兩方面來說？在實質上有甚麼心得？在語文上有甚麼效果？

第二十四課　溫習 (p.524)

復述 (p.524)

　　這一盤錄音帶是中文第一組第二十號是白文山復述錄音第二十次的專題講話,題目是"文言和白話."

　　我們的專題講話這次是最後一次了.是馬教授給我們講的.現在我把馬教授的講話復述一次.

　　馬教授首先對我們說,專題講話講過的已經有……十九次了，得到甚麼效果了？大家都有甚麼心得？我想最低限度大家知道了中國的民族、教育、歷史、地理、宗教、藝術以及中國人的發明和風俗習慣等。在語言一方面，大家學了不少詞兒，會話也學了不少，都是用的白話。同時我們有時候也在演講裏引用，題目也好，講演也好，引用裏也有文言的。可以知道我們學的東西裏也有文言的詞兒跟句子，因為我們……所以今天就拿"文言和白話"做題目和大家談一談。

馬教授說關於文言和白話這個問題，從五四以來大家爭論的很激烈。提倡白話文的就說白話文是活文學，文言文是死文學，結果是大眾文學的勝利。贊成文言文的說文言文是國粹，應該保存，文言文人人都懂，是中國文學的……現在一般的教科書大部分都是白話文，應用一方面，像寫信、作論文多數是用白話文了。

馬教授講到文言和白話的分別。他說文言和白話本來是不同的體裁，但是有人在寫文章的時候，文言和白話混雜着用了。白話裏有文言，文言裏也有白話，這是很不容易嚴格的劃分。他舉了幾個很簡單的例子，把甚麼是文言，甚麼是白話給我們分析了一下兒。

馬教授說比如"嘴"文言是"口"，"曰"就是說"眼睛"文言是"目"。"辨別好和不好"文言是"辨善惡"，

"有志氣的人," 文言是 "有志者." "在那兒住啊?"
文言是 "在何處住?"還有虛字裏的"之"跟"乎"
就是白話 "的" 跟 "嗎."

馬教授又說在第一次專題講話校長講話裏引
用了一句孔子所說的話,是 "有朋自遠方來不亦
樂乎?"這句話是文言的.從文法上看, "不亦樂乎"
的"乎"字是疑問詞,"乎"就等於"嗎."我們一看句
尾疑問詞用的是"乎"就知道是文言的.在二十課
裏頭有 "仁者人也" 也是文言的.在文法上看是
"A者B也." 白話就是說 "A就是B." 這種句子
一看就知道是文言的.

馬教授又說,文言和白話有人說在語音上也有
很多不同的地方.文言是古人所說的話,白話是現
在人所說的話.有人說古人說話都是單音節的,現
在說話都是多音節的.這種說法恐怕不一定確實
他說我們從前講過老子跟莊子.莊子有一段故事
是莊子化蝴蝶."蝴蝶"就是多音節,所以要說古代
的語言都是單音節這話不很對.

馬教授又說到音節.他說古代的音節有差不多
四千個,雖然多於現在兩倍,可是拿來作單音節的
詞兒,仍然是不夠用.原因是中國自從有了文字之
後,社會的情況就一天比一天複雜了,在日常生活
概念上有好幾萬.幾千個音節怎麼會夠用呢?

馬教授又說,無論文言或白話,都是人與人之間
達意表情的工具.隨着時代的變化,那一種工具便
利,那一種工具就受大眾的歡迎.馬教授說比如<u>王</u>

<u>冕</u>傳有兩個人寫的，一個是明朝宋濂所寫文言的，一個是在<u>儒林外史</u>第一回的<u>王冕傳</u>。<u>儒林外史</u>上的<u>王冕傳</u>是白話的。把王冕一切一切描寫的非常生動有感情而且活潑有力。

　　最後馬教授說，雖然白話文容易懂，可是文言文要先也應該學一點兒，外國學生開始學中文，固然要學從白話文學起，但是一有了中文基礎之後，也要學習一點兒文言文，因為文言文並不能完全廢止不用而且古書都是文言的。

問答 (p.526)

I. 你為甚麼…? (p.526)

《第十九課》
學舞蹈
把字寫在牆上
說這種風氣好
把意思轉變了
《第二十課》
尊崇道教
說打倒孔家店
研究景教
攻擊他
那麼尊重他
不作政治活動
反抗政府

不信教
《第二十一課》
說收入不夠
買石油
念財政
念國際貿易
反對這個政策
不許吃
反對通貨膨脹
用馬車運貨
要學機械
要研究紡織
《第二十二課》

不喜歡夏天
說政府腐敗
要起義
《第二十三課》
不自己檢討
依靠他
不鼓勵他念書
不引用古文
沒有表情
有了這個概念
又犯了罪了
不注意實質
跟他爭論

II. ... 在那兒? (p.527)

（第十九課）　　　　　那塊玉　　　　　　　買來的原料
美術研究所　　　　　　（第二十課）　　　那個企業公司
花兒　　　　　　　　　王神父 (sì)　　　　（第二十二課）
畫譜 (pù)　　　　　　大佛寺　　　　　　　西域
他們的樂器都　　　　　他的田產　　　　　　南洋
我的鞭子　　　　　　　（第二十一課）　　　匈 (xiōng) 奴的本土
壁畫　　　　　　　　　新開的煤礦　　　　　（第二十三課）
你預備的教材　　　　　運河　　　　　　　　展覽會
掘出來的石器　　　　　他經營的公司　　　　蝴蝶
敦煌 (dūn huáng) 石窟 (kù)　　最大的鋼鐵廠
宣和畫譜 (pù)　　　　你買的農產品

III. ... 白話怎麼說? (p.528)

（第十九課）　　　　　（第二十一課）　　　一目瞭然
繪畫　　　　　　　　　貨幣　　　　　　　　圖強
以他作主　　　　　　　通貨　　　　　　　　（第二十三課）
逐漸　　　　　　　　　增建　　　　　　　　冬季
歌舞昇平 (shēng)　　灌溉　　　　　　　　居住
（第二十課）　　　　　（第二十二課）　　　何處
清靜無為　　　　　　　極大　　　　　　　　效果
信賞必罰　　　　　　　興亡　　　　　　　　除此之外
以法治國　　　　　　　侵入　　　　　　　　便利
無疑的　　　　　　　　後事　　　　　　　　達意表情

IV. 你怎麼知道…? (p.529)

（第十九課）

他很奸詐
他不會跳舞
唐朝很繁榮
他們很密切
他判斷不對
這不是玉器
他會作曲
他很英勇
他就會畫花卉 (huì)
那是純文學
他的技巧不好
他會雕刻
他的性格
那是最盛時期
那是象徵藝術

（第二十課）

他們是主體
他是佛教信徒
他的勢力很大
他是革命頭袖
他們夫婦都來
他外號叫聖人
現在是轉捩點 (lì)

潮水要湧進
他們父子都來
他近來的作風
白話文盛行
是他創始的

（第二十一課）

那兒不穩定
配給的不公平
出產品不够
他反對大躍進
他要爭奪政權
資本不够
水壩 (bà) 修好了
農作業落後
物價要高漲
負擔要加重
市場很混亂
物價要有變動
經濟要崩潰 (bēng)
資本主義失敗
他是資本家
那裏有礦產
要恢復和平了
人口增加一倍

是他分配的
是他供應武器
這裏適合造林
他的病很嚴重
那是金屬

《第二十二課》

他買鴉片
他很能受苦
政府失了民心
國勢要衰弱了
要變法了
他的損失很大
他時常頭疼
能引起革命
就要改朝換代
敵人就要滅亡
國家不會分裂
國勢衰弱
是我牽顧的
是我促成的
他的思想陳舊
物質不滅
他的記憶力好
那是文化交流

元朝聲威最大　　他不很健康　　他沒犯法
元朝不算正統　　他不舒服了　　他是很惡的人
他不能號召　　　文言不能廢止　旅館男女混雜
　(第二十三課)　他犯法了　　　我有初步基礎
秋季比春季冷　　爭論的很激烈　那是虛字
他是警察　　　　他們思想衝突　他不辨別善惡
他的眼睛不好　　他拒絕合作　　軍閥們的罪惡
我有心得　　　　他擁護政府　　他又犯了毛病
他很能幹　　　　他超過十八歲　他的文章矛盾
他沒法子解答　　邊境的情況　　他喜歡舒服

v. 你甚麼時候…? (p.530)

　(第十九課)　　處理這個問題　參加了互助組
用臉譜 (pǔ)　　　尊他是老師　　加上的肥料
吃梨　　　　　　　(第二十一課)　(第二十二課)
騎馬　　　　　　買煤　　　　　到南洋羣島
學書法　　　　　種棉花　　　　講五胡十六國
用陶器 (táo)　　過橋　　　　　說說辛亥革命 (hài)
把書譯成英文　　用肥料　　　　　(第二十三課)
跟他合作　　　　修理這部機器　仔細看過
　(第二十課)　　到市場去　　　跟他交涉的
去看王牧師　　　去看水庫　　　取得了學位
吸收了新思想　　買的那些貨物

VI. ⋯跟⋯ 有甚麼不同? (p.531)

(第十九課)　　　道德經, 佛經　　　(第二十二課)

妃子, 貴妃 (fēi, fēi)　　儒家, 道家 (rú)　　治世, 亂世

花臉, 白臉　　　　神父, 牧師　　　唐人, 漢人

國樂, 西樂　　　　傳教, 傳入　　　外患, 內亂

竹器, 木器　　　　　第二十一課)　　胡人, 匈奴 (xiōng)

音樂家, 音樂會　　農業, 牧畜業　　空間, 時間

判斷, 下判斷　　　航業, 礦業　　　(第二十三課)

梨樹, 梨園　　　　拖拉機, 汽車　　冬季, 夏季

(第二十課)　　　　農塲, 工廠　　　志氣, 血氣

法家, 墨家　　　　運輸, 輸入　　　結論, 總結

天主教, 基督教　　改進, 大躍進　　回, 次

　　　　　　　　　　　　　　　　　限度, 限制

VII. ⋯的對面是甚麼? (p.532)

(第十九課)　　　陳　　　　　　歡收

花衣服　　　　　專制政府　　　(第二十二課)

寶貴　　　　　　君　　　　　　興起

國樂　　　　　　(第二十一課)　　冬天

(第二十課)　　　缺少　　　　　亡

VIII. ⋯是甚麼人? (p.532)

(第十九課)　　　唐明皇　　　　那幾個人物都

楊貴妃 (fēi)　　　梨園子弟　　　舞台上的人

（第二十課）　　　（第二十一課）　　焚書坑儒(rú)的

馬克斯　　　　　　中產階級　　　　　活埋念書的

列寧　　　　　　　資本家　　　　　　最初封諸侯(hóu)的

史太林　　　　　　開發礦的　　　　　滅秦(qín)朝的

利瑪竇(ma dòu)　　組成互助組的　　政府派的

韓(hàn)非子　　　（第二十二課）　　（第二十三課）

商君　　　　　　　漢高祖　　　　　　宋濂(lián)

軍閥　　　　　　　秦(qín)始皇　　　操縱物價的

諸子百家都　　　　張騫(qiān)　　　講演最生動的

官僚都　　　　　　漢武帝　　　　　　維持秩序的

道教的始祖　　　　鄭(zhèng)和　　　抱着很多書的

ix. ...有甚麼特點?(p.533)

（第十九課）　　　中國人的禮節　　　集體農場

舞台劇　　　　　　（第二十課）　　　那條鐵路

中國禮樂　　　　　民主主義　　　　　（第二十二課）

他跳舞的姿勢　　　社會主義　　　　　諸侯(hóu)這種階級

他們訓練舞蹈　　　共產主義　　　　　君主國家

宮庭裏的生活　　　唯物論　　　　　　盛唐文化

中國建築　　　　　道教　　　　　　　（第二十三課）

他的作曲法　　　　封建社會　　　　　白話的王冕(miǎn)傳

京戲的動作　　　　（第二十一課）

發音(p.534)

1. 腔調，強調　　　2. 打倒，打到　　　3. 勢力，十里

4. 消費, 小費　　8. 優勢, 有事　　12. 時期, 石器
5. 貨車, 火車　　9. 興起, 星期　　13. 題材, 體裁
6. 統一, 同意　　10. 儀式, 義士
7. 武力, 物理　　11. 筆劃, 壁畫

會話　學新和文山 (p.534)

1 學：文山, 早. 你前幾天不舒服現在完全恢復了嗎?
2 白：完全恢復了. 謝謝你.
3 學：健康第一. 吃了早飯以後我們到全國物產展
   覽會去參觀參觀, 好不好?　　　　　　　　　4
5 白：好啊. 聽說展覽的都是農產品, 是不是?
6 學：農產品不過就是棉花麥子水果甚麼的, 還有 7
   礦產跟紡織品等等.
8 白：礦產是不是就是煤、鋼鐵金屬??
9 學：不只這三種, 還有其他別的礦產.
10 白：我們甚麼時候去?
11 學：吃完了早點我們就走. 要不要問美英去不去? 12
13 白：她早上有事, 我想她不會去的. 我今天下午和 14
   美英見面. 我這個月裏很少見着她.
15 學：你天天跟她說電話不是一樣嗎?
16 白：這幾天就給她打過一次電話.
17 學：真的嗎?
18 白：當然是真的了.
19 學：要是我有女朋友每天至少也給她打兩次電話. 20

21 白：幸虧你沒有女朋友,否則府上的電話費可不
22 得了.我想起來了.你老說你沒有女朋友,這個 23
話是真的嗎?

24 學：你瞧我像有女朋友的樣子嗎?
25 白：要是有女朋友還有甚麼特殊的樣子嗎?

26 學：最低的限度衣服要穿的漂亮一點兒,像你一
樣.

27 白：我的衣服比你漂亮嗎?
28 學：當然了.

29 白：真是笑話.我是一個沒有別的收入靠獎學金 30
念書的窮學生,那兒有漂亮衣服.一年四季只 31
有兩套衣服.別說笑話了.我們的專題講話昨 32
天是最後一次.

33 學：我聽說昨天是馬教授給你們講的.
34 白：對了.專題講話這個課程,對外國學生的幫助 35
非常大.現在有幾個外國同學他們的程度都 36
可以研究專門的學術了.有的人對經濟有興 37
趣就可以念經濟,要是喜歡哲學就可以念哲 38
學了.

39 學：你的聰明跟用功都超過別人.我想你對各種 40
學術都一定很有心得了.

41 白：我有時候自己檢討一下兒,我稍微有一點兒
心得,都是教授們的鼓勵和朋友們的幫助.同 42
時得到你的好處也不少. 43

44
學：還是靠你自己努力的結果.我們現在該走了.
45
我們到展覽會去吧.

46
(白文山參觀完了物產展覽會以後,又到高家
47
去看高美英小姐).

48
白：美英好.好久不見了.
49
美：真是好久不見了.
50
白：其實也不過就有幾天沒見,好像有很多日子
51
似的.
52
美：你連電話也很少打來了.我本來想給你寫一
53
封信,可是拿起筆來沒話可說的,所以也沒寫.
54
白：一來是太忙,二來是傷風了,不舒服了幾天.
55
美：傷風傷得很厲害吧?
56
白：相當厲害,每天頭疼的不得了.
57
美：怪不得你好像瘦了似的.
58
白：瘦倒不是傷風的原因,是因為這些日子太忙了.
59
60
美：現在完全好了嗎?
61
白：完全好了.
62
美：你們去參觀展覽會有意思嗎?
63
白：很好,值得去看看.展覽得都是全國各地方的
64
出產品.中國真是地大物博,出產的東西實在
65
豐富,你真不應該不去.
66
美：其實我真想去,可是親戚結婚一定得去幫忙
67
啊!

68 白： 你要不要去？我們現在去好不好？

69 美： 你們早上去人多不多？

70 白： 今天人太多了，秩序很壞．

71 美： 沒有警察維持秩序嗎？

72 白： 有是有，參觀的人太多了，警察不能維持了，後 73
來 沒法子，凡是以後去的人都拒絕他們進去 74
參觀．

75 美： 要是那麼亂我可不去．

76 白： 那麼我們去看電影兒去？

77 美： 看看報紙上，那個電影兒院的片子好．

78 白： 你喜歡看歷史片子，現在中國電影兒院正演 79
"羅馬興亡史"呢．

80 美： 我們就到中國去看吧！

81 白： 我們現在就走，先買票，然後再去吃飯去．

82 美： 好．

83 白： 美英，我從下星期起，就不會像以前那麼忙了． 84
我們可以常常有機會在一塊兒玩兒了．

85 美： 最低的限度你可以常到這兒來大家談談．

86 白： 可不是嗎！今天恰巧高先生，高太太不在家， 87
也沒看見他們．

88 美： 他們一會兒就回來，我們看完了電影兒回來
你就見着他們了． 89

90 白： 看完電影兒我還要回來嗎？

91 美： 母親在出門以前告訴我了，說我們不論到那 92
兒去玩兒，晚飯一定得回來吃，你喜歡吃的菜

93
94 她都預備好了.

白: 那麼我們一定得回來吃飯了.

短文 (p.537)

1. 我們的校長年紀太大了, 早就應該退休了. 可是他還不肯休息還天天到學校來. 但是他一天辦不了多少事了. 在形式上他是校長, 實質上他的事都是教務長給辦了.

2. 我們是鄉下人, 是中產階級的家庭, 就是小自耕農了. 我們的田地都是祖宗留傳下來的, 父親每天在田裏種地, 每天很早就出去, 天黑了才回家, 中午是母親給他送飯. 我們弟兄五個人, 我最大, 我們幾個人都在一個私塾裏念書, 所以每天母親忙的不得了, 除了管孩子跟管家事以外, 還得幫助父親在農場裏作工. 比如往田裏放肥料等等都是母親的工作. 我們時常為了一點小事弟兄幾個就衝突起來. 有一次母親又要到田裏去工作, 走的時候把菜飯都給我們預備好了, 讓我們幾個人在一塊兒吃. 吃着吃着為了吃肉大家打起來了, 把盤子都打破了. 母親回家一看很生氣. 他說: "以後吃飯我分配給你們吃, 要各吃各的." 於是母親給我們說了一個故事. 他說在三國的時候有一個小孩兒才四歲大家在一塊兒吃梨他在盤子裏邊兒拿了一個最小的梨. 別人問他為甚麼拿小的不拿大的? 他說他年紀最小,應該吃小的.母親說完了這個故事,對我們說:"你們都比那個孩子大,為了吃肉打起來多麼讓人家笑話."

3. 有一個國家近來通貨膨脹,物價高漲,通貨膨脹的原因是因為那個國家有戰事而政府發出的紙幣太多了,又加上一般資本家操縱物價如果政府不想一個辦法嚴格管理,可能弄到經濟崩潰,社會混亂.我有一個朋友就在那個地方.昨天給我來信說他們那裏的戰事相當激烈.他本來在那裏經營了一個企業公司,生意非常不合理想.他想在別的地方趕快另外找個適合他的工作,全家就都離開那裏了.

4. 中國大陸上有一個時期因為天災的關係,年年歉收,農作業和牧畜業受了很大的損害,所以影響他們大躍進.

5. 中國以前南北貨物的運輸全靠着運河.提起運河的歷史,是相當長了.雖然說是隋朝造的,可是實際上只是江蘇浙江這一段是隋朝造的.運河不但運輸貨物,它對南北文化的交流也有很大的貢獻.

6. 那個國家自從新政權執政以來,開發了不少的礦比如金屬礦,石油礦等.同時也修了不少的水壩跟鐵路又增建了幾個鋼鐵廠.在航業一方面他們也很重視.聽說最近的將來他們也要發展國際貿易.

7. 我弟弟今年雖然年紀不小了,可是很不懂事,常常不是跟人家打起來就是跟人家罵起來了.但是他很能幹,有組織能力,在學校裏同學們都聽他的指揮.同時他也有號召的能力,要是他發表一個意見大家都擁護他.他的作風,我父親非常不贊成.有一次他又犯了毛病跟人家打起來了,警察要把他帶走,他跟警察說:"我沒犯法,你為甚麼要把我帶走?"幸而父親的老朋友看見了,跟警察說了半天好話,結果警察沒把他帶走.又有一次他跟父親說,他要當兵去,他說凡是有血氣的人都應該去當兵.於是大聲說了一個口號"好男要當兵!"

8. 我一家八口人全靠我在工廠作工生活,所以我的負擔很重.下個月我內人又要生孩子了,我的負擔更加重了.幸虧我作工的那個工廠供應我們工人房子住,而且日用品跟糧食都是按著人口配給.同時工廠裏也有消費合作社,買東西也不貴.所以生活雖然苦一點兒還算穩定.

9. 昨天王先生給了我一本畫冊,是五位畫家的集體創作,有幾種不同的題材,有花卉,蝴蝶,山水甚麼的.我最喜歡的是一張"鄉村風景圖"上面畫的是農人,有的在種田,有的在灌溉,畫的生動極了.我看了這張畫真想去當農人.畫兒畫的那麼好,這畫家一定是有很高的藝術水平了.

10. 一個有錢的人說他丟了很值錢的東西,找了很多警察來.這件事情看着好像很嚴重.警察們來調查好久又仔細的研究,也不明白他們的東西是怎麼丟的,始終得不到一個結論.忽然有一天他們的東西找到了.原來是他太太把東西收起來了,可是他忘了收在那兒了.

11. 有一個落後的國家,自從某資本主義的國家在財政經濟一方面幫助了他們,於是他們的貨幣就穩定了,市場上也慢慢繁榮起來了.他們和某工業國家買了很多機器,像托拉機、紡織機等等.他們的政策是造林和提倡牧畜業.除此之外也要改進他們的交通工具,修水庫、造水壩,他們還有一個口號是"農作業要機械化".後來他們的工商業也都漸漸發達起來,他們的農業產物也一天比一天多.他們的政府和官都抱着一種必定成功的思想,所以他們成功了.

12. 我現在心裏頭很矛盾.原因是本來我想學一點兒法文,到法國去念書,希望在法國取得一個學位.可是我對中文也非常有興趣,而中國文學藝術有極高度文化價值.昨天和我父親研究,依他老人家的意思是叫我到中國去,他的意思是中國的文化好到不能再好了,所以弄的我的心裏非常矛盾.

13. 這裏的合作社最近組織了一個生產互助組.互助組的意思是在種田的時候要是缺少人力或

者是工具甚麼的,大家都彼此幫助.

14. 有一位老先生從來不穿西裝,人家問他為甚麼
不穿西裝,他說是保持國粹.他見着青年人老說
文言,嘴裏不是"子曰"就是"辨善惡"有一天我跟他
在路上走着,他忽然說:"何處是我家?"我沒明
白他的意思.我說:"您的家不就在前邊嗎?"後
來我才明白,他的意思是他的老家在那兒.

15. 一個大企業公司在某工廠訂了很多工業原料.
把貨運來之後經過檢查,結果和原來訂的樣子
不同.經過幾次交涉,企業公司希望把貨全部退
了讓他們運回去.那個工廠負責任的人說:"原
來訂的就是這種貨,我們不能運回去.還有,這麼
遠的路,現在交通又這麼困難,如果我們運回去,
就是在運貨這一方面我們的損失也相當大了."

16. 普及教育是相當重要的.在十年以前這裏犯法
的人佔人口總數的百分之二十.自從普及教育
實行以來,他們初步的調查結果,近十年裏頭只
有百分之三的人犯法.

17. 我們念中學的時候國文老師張大文先生是一
個反對白話文的人.他常對我們說,白話文嚴格
說起來不能拿它當做文學作品,只能用它寫寫
通俗小說罷了.他每次讓我們作文都是拿文言
文作主體,像寫日記甚麼的才可以用白話文.他
家裏供孔子.他說:"念書的人應該奉孔子是神."

18. 中國人有一句俗話是"鬼怕惡人" 就是說一

個人要是太厲害了連鬼都怕他.可是世界上有鬼沒有,誰也不能解答這個問題.

19. 儒(rú)林外史上第一回就是寫的王冕(miǎn)的故事.雖然題目不是王冕(miǎn)傳,可是實質上記載的是王冕.另外還有一個王冕(miǎn)傳,是宋濂(lián)寫的.雖然体裁是文言的,可是故事是大致相同的.

20.　　美英:

昨天晚上離開府上,到家裏已經十二點鐘了.寫完了日記我就睡覺了.昨天我們在一塊兒談的很高興,高太太給我們做了那麼好吃的菜,同時我們看的那部電影也相當精彩.你看羅馬的建築多麼雄壯.還有描寫宮庭禮節儀式,以及生活上的種種風俗,還有形容戰爭的罪惡.我雖然沒去過羅馬,我相信羅馬在當時確實像電影所演的那種情形.羅馬本來是有極高度文化的古國.因為戰爭把那麼好的建築都燒了.古代羅馬的建築是壓倒任何一個國家的.

本來我們明天又可以見面了,可是我覺得好像有很多話還沒跟你說完似的,所以又拿起筆來寫.我們從現在起,又可以常在一塊兒玩兒了.我能常和你在一塊兒玩兒我非常的高興.你呢?祝好.

　　　　　　　　　　　　　　　文山

　　　　　　　　　　　十月九日

SUMMARY CHART I. CHARACTERS ARRANGED BY LESSON

(Numbers below characters refer to radicals.)

①	墨 32	噢 30	嘿 30	成 62	組 120	解 148	釋 165	繼 120	續 120	例 9	舉 134	翻 124	譯 149	溫 85	註 149	清 85	楚 75	非 175	講 149
尊 41	復 60	述 162	形 59	許 149	術 144	青 174	優 9	秀 115	努 19	相 109	達 162	求 85	包 20	括 64	範 118	圍 31	各 30	程 115	劃 18
感 61	滿 85	足 157	此 77	贊 154	採 64	決 85	諸 149	庭 53	寂 40	寞 40	樂 75	孔 39	職 128	參 28	加 19	況 15	亦 8	乎 4	②
炒 86	尤 43	倒 9	修 9	辦 160	輔 159	導 41	任 9	留 102	務 19	制 18	度 53	績 120	及 29	格 75	凡 16	醫 164	立 117	取 29	良 138
博 24	士 33	碩 112	均 32	捐 64	獎 37	金 167	申 102	濟 85	困 31	系 120	物 93	律 60	室 40	盤 108	總 120	織 120	係 9	育 130	環 96
境 32	合 30	瞭 109	盡 108	據 64	根 75	詳 149	細 120	農 161	新 69	聞 128	樓 75	哲 30	枝 75	③	步 77	私 115	塾 32	設 149	官 40
限 170	規 147	章 117	造 162	消 85	堂 32	趨 156	勢 19	增 32	身 158	體 186	團 31	世 1	界 102	展 44	之 4	基 32	普 72	遍 162	推 64
般 137	受 29	標 75	需 173	落 140	使 9	深 85	末 75	漸 85	舊 134	稱 115	變 149	流 85	潮 85	響 180	渡 85	幼 52	稚 115	異 102	屬 44
式 56	趕 156	充 10	選 162	拔 64	向 30	唐 30	似 9	香 186	港 85	台 30	灣 85	④	產 100	米 119	豐 151	富 40	致 133	災 86	旱 72
害 40	損 64	區 23	域 32	黃 201	積 115	風 182	景 72	洲 85	澳 85	歐 76	亞 7	蘇 140	聯 128	俄 9	置 122	熱 86	島 46	陸 170	性 61
殖 78	商 30	通 162	佔 9	疆 102	藏 140	蒙 140	交 8	印 26	緬 120	甸 102	靠 175	洞 85	鄱 163	陽 170	江 85	揚 64	浙 85	珠 96	沿 85
鄉 163	沙 85	漠 85	低 9	麗 198	雨 173	泥 85	石 112	養 184	羊 123	冷 15	含 30	利 18	益 108	入 11	⑤	喂 30	遷 162	搬 64	禍 113
指 64	戰 62	爭 87	仗 9	川 47	態 61	動 19	狀 94	游 85	模 75	換 64	集 172	孫 39	傳 9	統 120	願 181	節 118	按 64	照 86	調 149
查 75	億 9	確 112	速 162	密 40	稀 115	僑 9	移 115	被 145	逼 162	迫 162	族 70	佈 9	僅 9	村 75	亂 5	至 133	殺 79	死 78	倡 9
驚 187	複 145	雜 172	零 173	慣 61	竟 117	質 154	際 170	絕 120	觀 147	量 166	測 85	頁 181	答 118	⑦	笨 118	紐 120	藩 140	漂 85	獅 94
糖 119	宗 40	並 1	皇 106	帝 50	佛 9	源 85	喇 30	嘛 30	維 120	吾 30	爾 89	雲 173	約 120	甘 99	肅 129	彝 58	僮 9	苗 140	仲 9
康 53	改 66	革 177	鮮 195	俗 9	整 66	奪 37	擴 64	領 181	抵 64	抗 64	鄰 163	德 60	彼 60	析 75	旗 70	創 18	若 140	干 51	互 7
構 75	⑧	筷 118	鋼 167	鉛 167	餃 184	謂 149	階 170	佃 9	户 63	窮 116	何 9	服 74	嫁 38	由 102	切 18	祖 113	兄 10	僕 9	礎 112
祠 113	廟 53	責 154	負 154	無 86	耕 127	持 64	苦 140	反 29	存 39	讀 149	遞 162	供 9	類 181	匠 22	技 64	謀 149	福 113	保 9	障 170
擇 64	詩 149	誌 149	週 162	刊 18	篇 118	支 65	義 123	批 64	評 149	⑨	絲 120	綢 120	緞 120	品 30	蟲 142	蠶 142	吐 30	線 120	衣 145
穿 116	另 30	途 162	守 40	秘 115	羅 122	抓 64	周 30	竹 118	叉 29	藥 140	炮 86	爆 86	武 77	器 30	禁 113	止 77	刷 18	板 75	宋 40
針 167	空 116	航 137	軍 159	銅 167	鐵 167	證 149	曾 73	銀 167	幣 50	仍 9	偶 9	哥 30	征 60	光 10	貢 154	獻 94	花 140	汁 85	⑩

婦38 聚128 屈1 委38 誤149 與 骨 伸188 彙9 象58 鋪 藩85 腦130 刺18 驪187 築118 儀 靜174 擔64 歡76 率95 勵19 激85 惡61

牌91 兵 端117 掃64 強57 克10 效66 丁1 引57 擇64 雙172 串2 諷58 昆72 潘167 藩85 宮172 撃 嚴 跨157 鼓207 穩115 雕154 賦154 驊187

神 壞32 隻172 擺 愁掉 遲 丙1 糧119 藝140 險 殊 牆90 妃38 攻66 漲85 灌85 侵9 威38 依 舒135 抱64 檢75 健 矛110

臘130 既 未桌 憂 惟掉 寶 乙5 食184 劇危 26 廈27 曲73 窟 材75 奏 兼12 賬130 130 營86 奴38 覽 超156

爺88 待60 探賞 息61 臉130 唱30 甲102 素120 鴨196 孤57 贛154 納120 嘴 折 欣 殘78 壯 壁37 君30 膨130 疼104 秩睛 眼109

祭113 招64 林75 洋85 派85 否30 歌76 糕119 准15 閩 歸77 儒 雄 煌 腔130 韓178 拖64 匈20 惠61 憶61 警察 眼109

灶86 兔10 樹終75 黨203 即26 仿9 糟119 則18 罵122 鑑 散66 閃169 ⑮

管 避162 登105 救10 粹119 ⑪ 餅184 某 喻30 純120 髮190 眾109 麥 頓 脆 ⑭ 弄55 廠53 叢167 吳30 夢36 熟85 姿38 罰122 輸159 肥130 忿61 ⑬

席50 禮113 精75 肯130 鷺196 斷69 項181 底53 鬼193 乾 訂149 湖85 值181 澤 巧48 敦66 徵60 紫46 袖145 畜102 裂145 冬15 潑85 ⑫

餘184 味 秋115 靈173 討149 減85 減85 建54 恰61 舍135 晉72 卉24 寧40 亡 夏35 護149 ⑯

貨154 遊162 忽18 首185 掌64 慌61 韻180 頡181 童117 颱182 疑109 盾 叙66 郭163 莊140 勇19 宣 訓149 鞭177 罰122 ⑤

財154 司運212 划18 忌61 示113 氏83 倉9 閱26 尾44 策118 奸38 昇72 詐149 映72 梨75 牧93 閒169 吸9 寧 尊41 僚9 配164 亡 贖149

吉 戲62 旁70 燕86 握64 愉61 韻180 闌181 屬149 副 迅162 卜25 譜 孟103 映72 徒60 痰64 棉75 紛120 召30 倍9 滅32 厭壺51 志61

磕 座 局44 首185 尋64 示113 套37 掘64 卷9 訊149 轟102 魯195 秦 異72 實116 擾 硭64 煤86 坑32 亥9 操志 血143

恭61 承64 示113 ⑦ 段79 姊38 資154 央37 熙86 瞧109 葬140 陳170 載159 ⑲ 繁120 督109 攪96 礦 焚86 辛160 幹51 罪122 夏護149

布50 裝145 ⑬ 龍 轉159 屯37 適 ⑥ ⑯ 榮75 寺41 瀉85 罪 嶺46 威108 丟1 稍 綜120 媒 ⑳ 判18 仁 聖128 貿154 壩32 擎123 固31

威62 失37 ⑰ 執32 延54 跳157 逐162 ⑳ 奉37 恢61 械75 企75 促居 鵝198 罷122 犯94 罪122

燈86 敗66 哭53 境32 料68 拉170 索 排64 隋170 播170 裁145 具12 舞136 玉96 臣131 崩146 權 翁 晃13 虛141 衝116 仔9 突39 季39

歷72 陰170 夕36 屋44 令61 愛61 獨94 破112 碰112 退162 背130 惜61 龜213 缺121 視147 榜75 春72 預181 哭53 ⑰ 混85 橋75 衰145 濂85 烈86 善30 遣162 須181 投64 急61 命30 稜119 尚42 泰85 傑9 脫130 騎187 陶170 倫

SUMMARY CHART II. CHARACTERS ARRANGED BY NUMBER OF STROKES

(Numbers below characters refer to lessons.)

①	乙	②	入	丁	卜	③	士	凡	之	川	干	义	夕	大	亡	④	孔	及	尤
	14		4	14	17		2	2	3	5	7	9	10	11	22		1	2	2
互	支	反	切	户	仍	止	屯	引	氏	仁	曰	⑤	乎	加	包	申	立	台	幼
7	8	8	8	8	9	9	14	14	14	20	23		1	1	1	2	3	3	3
末	世	石	印	仗	甘	刊	兄	由	汁	另	失	令	司	布	未	示	央	丙	甲
3	3	4	4	5	7	8	8	8	9	9	10	10	10	10	11	13	14	14	14
巧	玉	卉	冬	召	奴	匈	矛	犯	仔	⑥	亦	此	各	成	合	任	向	充	式
16	19	19	22	22	22	22	23	23	23		1	1	1	1	2	2	3	3	3
羊	江	交	米	死	至	仲	匠	存	光	竹	守	衣	吐	吉	划	扔	休	仿	丢
4	4	4	4	5	5	7	8	8	9	9	9	9	9	10	11	11	13	13	13
列	危	曲	迅	妃	奸	寺	臣	企	亥	血	⑦	況	決	足	求	努	秀	形	系
15	15	17	17	19	19	20	20	21	22	23		1	1	1	1	1	1	1	2
困	均	良	似	身	私	步	利	含	冷	低	沙	甸	估	旱	災	村	佈	抗	改
2	2	2	3	3	3	3	4	4	4	4	4	4	4	4	4	5	5	7	7
吾	佛	批	技	何	佃	抓	宋	序	兵	局	投	克	否	即	伸	弄	串	折	尾
7	7	8	8	8	8	9	9	10	10	11	11	13	13	13	14	14	16	16	16
吳	壯	判	材	吸	攻	君	辛	坑	志	⑧	青	述	非	例	炒	枝	育	物	金
16	17	19	19	20	20	20	22	22	23		1	1	1	1	2	2	2	2	2
取	制	拔	使	受	官	泥	雨	沿	性	亞	迫	狀	爭	析	彼	抵	並	宗	供
2	2	3	3	3	3	4	4	4	4	4	5	5	5	7	7	7	7	7	8
服	花	征	空	板	刷	武	周	味	命	招	免	夜	委	肯	忽	承	屆	林	姊
8	9	9	9	9	9	9	9	10	10	10	10	10	11	11	11	11	11	11	13
拉	底	卷	弧	尚	昆	延	具	阻	孟	欣	舍	沫	昇	奉	牧	拖	肥	固	季
14	14	15	15	16	16	17	17	17	17	17	17	17	19	20	20	21	21	23	23
拒	抱	幸	居	依	⑨	括	相	係	室	律	度	香	界	限	洞	俄	洲	風	頁
23	23	23	23	23		1	1	2	2	2	2	3	3	3	4	4	4	4	5
查	按	指	若	俗	革	苗	約	帝	皇	保	苦	持	負	祠	祖	軍	炮	品	待
5	5	5	7	7	7	7	7	7	7	8	8	8	8	8	8	9	9	9	10
屋	神	春	派	某	逃	急	洋	兔	秋	首	胖	退	段	食	背	則	訂	恰	建
10	10	10	11	11	11	11	11	11	11	13	13	13	13	14	14	14	15	16	16
刺	盾	茅	胡	奏	姿	映	宣	勇	恢	促	威	侵	突	⑩	庭	根	捐	格	留
17	17	17	17	19	19	19	19	19	21	22	22	22	23		1	2	2	2	2
修	倒	哲	唐	流	般	展	消	造	益	珠	浙	通	島	害	致	倡	被	速	孫
2	2	2	3	3	3	3	3	3	4	4	4	4	4	4	4	5	5	5	5
紐	耕	貢	哥	航	針	秘	途	穿	座	哭	既	席	財	破	桌	旁	隻	息	討
7	8	9	9	9	9	9	9	9	10	10	10	10	10	11	11	11	11	11	13
缺	效	純	悔	鬼	倉	素	准	套	料	骨	訊	草	脆	索	泰	納	值	埋	殊
13	13	13	13	14	14	14	14	14	14	14	15	15	15	15	16	16	16	16	17
晉	秦	彩	逐	宮	訓	袖	倫	兼	徒	庫	配	畜	倍	紡	疾	夏	弱	衰	烈
17	17	17	19	19	19	20	20	20	20	21	21	21	21	21	22	22	22	22	23
涉	秩	⑪	參	寂	採	術	許	專	清	組	細	務	異	設	深	推	基	堂	章
23	23		1	1	1	1	1	1	1	1	2	2	3	3	3	3	3	3	3
規	商	陸	域	區	產	竟	殺	族	移	密	動	康	策	週	責	偶	貨	婦	祭
3	4	4	4	4	4	5	5	5	5	5	5	7	7	8	8	9	10	10	10

①
亦 5
僑 5
傷 15
兔 10
制 2
勇 19
屬 15
商 4
吳 16
域 4
奪 7
孟 17
道 2
崇 20
度 2
弱 22
憶 5
抵 7
排 16
效 13

世 3
交 7
傳 16
兇 11
利 4
勵 23
厦 16
喂 23
嘴 16
壞 10
失 10
季 23
寺 20
朋 21
廟 8
舉 15
恭 10
戰 7
擴 7
折 16
散 15

並 7
丈 13
佛 7
傑 7
切 8
包 1
匈 22
取 2
周 9
召 22
執 17
埋 17
奏 19
央 14
竇 1
尊 20
川 5
序 10
廠 14
彩 17
忽 11
戲 1
批 11
扳 16
敦 17

丢 13
亡 22
俗 7
儀 19
入 4
刊 8
尊 20
仲 14
哥 22
善 19
壁 19
嫁 4
富 4
尤 2
帝 7
底 14
形 1
急 11
尸 8
抓 7
投 23
料 14

丙 14
例 1
仙 14
仿 13
充 13
凡 5
加 1
印 4
哲 2
味 10
境 2
夕 10
威 22
宣 19
居 19
尾 16
幹 23
微 8
恢 11
憂 11
愁 11
採 1
招 11
描 23

丁 14
優 2
僅 7
兵 20
划 11
匠 17
則 14
劇 1
區 4
義 9
器 9
壞 21
坑 22
婦 40
害 4
展 1
幣 3
席 10
布 10
建 16
復 7
悔 2
擴 2
抱 23

串 3
修 2
何 8
企 21
兼 20
劇 1
區 4
列 15
副 3
博 3
叢 15
吐 9
困 10
壓 22
宗 7
屋 10
延 17
律 2
惟 1
括 7
秋 11
投 11
拒 23
操 23
新 2

任 2
供 3
仁 20
具 17
之 3
使 3
保 5
佃 8
促 22
覺 23
刺 19
赤 19
墨 1
吉 10
固 23
士 2
姿 19
妃 19
宋 7
屈 9
帳 16
延 17
彼 7
慌 13
據 13
捐 7
扔 11

亂 5
佔 6
仍 9
仔 23
冷 4
姊 13
命 10
墨 1
司 1
各 10
姊 13
尾 16
干 7
寶 13
局 7
尾 16
守 9
姦 19
彼 7
征 14
惜 5
技 5
承 11
支 8
旗 11
族 5

乙 14
低 3
俄 3
令 10
冬 22
加 1
印 4
哭 2
均 2
夏 22
奸 19
委 1
席 10
卜 1
噢 1
命 10
司 1
各 10
尾 16
幹 23
居 19
微 8
恢 11
徵 23
徒 20
憶 22
按 5
拉 1
整 7

乾 15
俄 3
佈 5
仿 13
令 10
冬 22
務 2
即 13
向 3
喻 13
否 3
塾 3
夢 17
奴 22
營 19
宮 19
夏 22
姦 19
奸 19
尾 16
寶 13
坐 10
批 11
持 8
撃 2
攻 13

互 7
倡 5
伸 14
兄 8
勢 15
唐 3
唯 13
增 3
基 3
獎 2
存 5
專 11
嶺 17
庭 2
孤 15
性 4
惡 23
撒 5
擇 15
救 11
普 11
早 4
掘 14
掌 13

僅 5
倉 14
光 1
劃 1
勝 11
合 4
唱 13
動 9
危 13
孫 4
島 4
引 14
感 2
志 23
指 5
旁 11
既 10

700

根₂械₂₁殊₁₇渡₃泰₁₆炮₉ （91）登₁₁ （112）（115）窄₁₉ （119）絕₅鈌₁₃聚₁₀臣₂₀落₃蝴₂₃觀₅誌₈質₅蹈₁₉達₁適₁₅

格₂榮₂₁殘₁₇潮₃澎無₈牆₁₉甘₇ （100）禮₁₀穿₉竈₉築₁₉縮₄ （121）聯₄若₁₇蟲規₃謂₈贊₇距₁₆退₁₃

枝₂梨₅死₅漸₃湘₁₆照₅壯₁₇ （99）矛₂₃示₁₃竈₁₀策₁₇縱₂₃聞₂肥₂₁ （131）謀₈足₂農₂遲₁₁

楚₁材₁₉殖₄灣₆減₁₄熱₄ （90）瑪₂₀瘦₂₂眼₂₃神₁₀空₉管₁₀織₂紡₂₁職₄脹₈ （140）若₃裂₈讀₈象₁₄逃₁₁

樂₁榜₁₃ （78）流₁派₄災₄爾₇玉₁₉ 瑪₂₀睛₃祭₂窮₂竹₁細₂繁₇ 蝴躯₂₃裂讀 逃

服₈未₂止₉深₄汁₉ （86）爺₁₀環₃珠₄疑₁₆督₂₀禁₃篇₈績₂繪₁₉ 脫₁₇般₁₉莊₁₇裁₁₇設₁₇ 趄₃辦₂避₁₀

棍₁₁武₉港₄漂₇激₂₃ 畜₁₃瞻₂福₂穩₁禾秩₂₁筷₃繼₁系₃納₁₆ 腦₆舞₁₉葬₁₆衣₉詳₂₂變₈ 趄辦避

某₁₁歸₁消₇ （88）疊₃率₅節₁₇續₃綜₃ 耕₈腔₁₉膨₈ 虧₂₃袖₂₀調₅豐₄趨₃超₂₃游₉

曲₁林₁₁此₁滿₃測₃潑₂₃ 甲₁睡₁₀禍₁稍₂答₅組₁素₁₄摩₂₂脆₁₅ 草₁複₂註₈訓₁賦₁₉載₁₇週₈

替₁₁樹₁₁ （77）清₁游₁濱₂₃烈₂₃犯₁暑₂瞭₂ 秋₂範₁絕₁₃義₈背₁₄舒₂₃艷₈被₁₅ 譯₂諷₁₇資₁₄軍₉速₈

曾₉板₄歇₄溫₄沅₂減₂楚₅獨₁由₂ 碼₁₅稀₁童₁₅糧₁₄ 絕素綜 諾₁₅譜₁₉贛₁₆轉₁₄遷₂

升₁₉橫₇歌₁₃求₁決₃浙₁灌₂₁混₃營₃獻₁₁疆₄ 糕₁₄綢₄緞₁₄ 脆 詐₁₉賓₁₆輯₁₄遞₈

映₁₉構₇歌₁₃求₁漠₄漲₂₁煤₂₁狀₂₃獅₈句₁威₄碰₃ （109）相₁礦₂₁秘₉ 肯₁₁與₁₉花₉街₁訊₁₅賞₁₁軍₂遍₂

（73）某₁₁武₉ （74）（75）服₈未₂止₉ 破₅移₅端₁₁竟₂ 義背舒 粵₁₆終₁₁羊₄胖₁₃舍₅ 街術₁許₁₅

晉₁₇查₅ （76）異₃盤₃桂₃破₅異碰₃ 稀童糧 臉₁₃背舒 藥₇衛₂譯₂諷₁₅資 討₁₃貨₁₀身₃通₄

昆₁₆村₃檢₂₃泥₄漬₂₁熙₁₅ 盤₃桂₃稱₃ 碼稀童 臉胖舍 血₂₃解₂₃觸₁₃誤₁₃財₁₀身₃選₁

（83）（85）氏₁₄沿₃渺₂₁熟₁₇牧₂₀申₂盡₂ 碼₁₅稀₁童₁₅ 脆草複 討貨₁₀身 證₉員₈躍₂₁跨₂₂

春₁標₃橋₁段₁₃洞₁湧₂₀燕₁₃物₁留₂ 精₁₀維₁羅₂肅₃至₅藏₄ 譯諷資 議₁₁貢₉躍₂₁遍₃

曆₁₀末₃權₂₁殺₅洲₃澤₁₇燈₂ 程₁石₁突₂₃糖₇約₂置₄ 蒙₂蠶₂覽₂₃ 蘇₄蝶₂₃視₁₁詩₈責₈跳₁₉述₁

景₄樓₂棉₂₁ （79）江₄沫₁₇爆₁₀牌₁₀產₄ 碩₂秀₁寶₂₀實₂₀米₄統₅ 聖₂₀致₅ 蒙蠶覽

（93）（102）（106）（108）（117）（122）（129）（130）（133）（134）（143）（144）（145）（148）（149）（151）（152）（156）（157）（160）（161）（162）

701

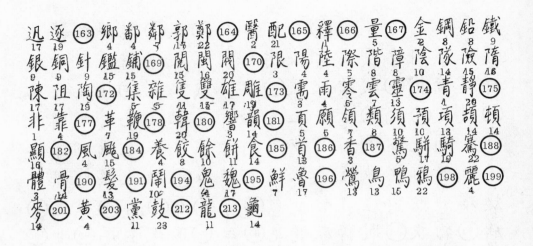

VARIANT FORMS OF CHARACTERS

In <u>Beginning Chinese Reader</u> (Summary Chart VI. Variant Forms of Characters) a number of characters appearing in that text are listed together with their variant forms in printed or written style. Many of the characters appearing in the present text also have variant forms. No attempt is made here to list all of these. Instead, a few representative examples, chiefly ones actually introduced in the text, are listed below:

蒙蒙　měng 'Mongolia' The first form is commonly used in writing, the second in printing. The character is always listed under the grass radical (no. 140).

叙敘　xù 'narrate' The first form is commonly used in writing, the second in printing. The character is always listed under radical 66.

灶竈　zào 'stove' The first form, a simplified character, is commonly used in writing, the second in printing. The first form is listed under the fire radical (no. 86), the second under the cave radical (no. 116).

賬帳　zhàng 'account' Some Chinese use the two characters interchangeably in this meaning, others reserve the first for 'account' and the second for 'tent.' The first is listed under the cowry radical (no. 154), the second under the cloth radical (no. 50).

迫迫　pò 'compel' Some Chinese use the two forms interchangeably, others use one form or the other according to the context. The first is listed under radical 162, the second under radical 54.

罵罵　mà 'curse' Both forms are frequently written; the second is the most common printed form. The character is listed under radical 122.

宝寶寶　bǎo 'precious' The first form is simplified, the second informal, the third printed style. All are listed under the roof radical (no. 40).

宁宁寧寧寧寗　níng 'peaceful; rather' The first form is simplified, the next three are commonly used in writing, the last two are common printed forms. All forms are listed under the roof radical (no. 40).

702

INDEX

(Numbers before periods refer to lessons, after periods to the
order within the vocabulary at the beginning of the lesson.)